KB180579

형태소와 차자표기

형태소와 차자표기

김홍석

도서출판 역락

머리말

　'무식한 자가 용감하다'라는 말이 있다. 그동안 국어학에 대해 고민했던 내용들을 논문으로 작성하고 싶었다. 그렇게 몇 차례의 과정을 거친 후, 여기저기 학회지나 학술지에 실을 논문을 제출한 것이 여러 번. 1999년부터 시작한 무식한 자의 용감무쌍한 행동은 현재까지 진행 중이다. 그러한 행동의 결과로 몇 편의 논문을 내놓게 되자 이내 욕심이 발동하여 그 논문들을 한 곳에 모아야겠다는 생각으로 한 권의 논문 모음집을 내놓는다.

　공부할 때, 지도교수님께 항상 논문은 실증적이고 논리적이어야 함을 귀가 따갑도록 들었다. 필자 나름대로 그런 논문을 쓰고자 노력은 많이 하였다. 그러나 無知의 所致인지 그러지 못한 것도 많으리라. 보다가 견해가 다르면 허드렛말이라 생각하지 말고 '이런 생각도 있구나!' 하면 그 자체로 고마울 따름이다.

　이 책은 필자가 공부해 오면서 의아스레 생각했던, 形態素와 借字表記 등에 관한 논문을 정리한 것이다. 형태소 부분은 아직도 해결해야 할 문제가 많은 요소이다. 연구할 과제가 많지만 그 중에서 몇 부분을 잡아 이렇게 생각하면 어떨까 하는 마음에서 써 본 것이다. 借字表記에 대한 연구는 현재 口訣學會에서 활발하게 진행 중이다. 그 중에서 필자는 口訣 資料를 비롯해, 여타의 借字表記 資料를 대상으로 몇 가지 살펴본 것이다. 특히 자료의 차자 표기 형태를 살펴보고, 그 어휘들을 정리한 논문 4편도 실었다. 그리고 기타 부분에는 한 편이 방언 연구에 山經表를 도입해야 함을 주장한 것이고, 다른 한 편은 외래어 표기에 관한 필자의 의견을 몇 자 적어 본 것이다.

이 책을 만들면서 많은 분들의 얼굴이 생각난다. 이 분들에게 民弊도 많이 끼쳤다. 항상 자상하게 보살펴주시며 격려를 아끼지 않으신 강헌규 선생님, 밝은 미소로 노력하는 모습을 지켜보아 주시며 조언을 해 주신 김진규 선생님, 학자의 면모를 갖출 수 있도록 다듬어 주신 남풍현 선생님, 전광현 선생님, 남성우 선생님, 송철의 선생님, 여러 자료들을 제시해 주고 연구의 핵심을 조목조목 지적해 주신 홍윤표 선생님, 학부 때부터 죽 격려와 관심으로 정감있게 대해 주신 모교의 국어교육과 교수님들, 바쁜 가운데에서도 부족한 글을 보듬어 주신 최순길 선생님께 깊은 감사를 드린다.

마지막으로 풀리지 않고 꽁꽁 얼어붙은 어려운 경제 상황 속에서 부족한 이 책을 흔쾌히 출판해 주신 역락출판사 이대현 사장님, 벽자가 많고 틀거리가 조잡했던 내용을 정갈하게 가다듬어 주신 김보라 씨께도 고마운 마음을 전한다.

2006년 2월 김홍석

차 례

一. 형태소에 대하여

I. 후행음절 고유어의 경음화에 대하여
- 이음절의 同綴異音語를 대상으로

흔히 한글 표기가 같은 이음절어[1] 중에서, 후행음절이 경음으로 나타나는 경우와 그렇지 않은 경우가 있다. 이를 同綴異音語[2]라 명명할 수 있는데, 이에 대한 국어학적인 규명을 시도하고 서로 발음을 달리하는 원인을 살펴보며, 사람마다 똑같은 의미를 달리 발음하는 경우에, 어떠한 발음이 옳은 것인가, 그 正誤를 따져 보고자 한다. 특히 그 正誤를 따지는 것은 잘못된 언어현상을 바로 잡는 중대사의 일부이기 때문이다. 요즈음 언중들 사이뿐만 아니라 각종 언론매체마저도 이에 대해 혼동하는 사례가 다반사다. 따라서 본고는, 발음의 출현 양상을 알아보고, 그렇게 발음하는 원인을 밝혀내며, 이에 따라 올바른 발음법을 제시하고자 한 것이다. 본 연구의 Text는 50만 어휘 가량을 국립국어연구원에서 엮어 정의한 2001년판 <표준국어대사전>이다. 이 책을 저본으로 하여 이음절의 同綴異音語를 대상으로 후행음절 고유어가 경음으로 나타나는 현상을 살펴보았다. 이음절의 同綴異音語를 대상으로 삼은 것은 같은 음운론적 조건 속에서, 발음이 달리 나타나는 원인을 규명하기에 가장 적절한 점 때문이다. 이음절어 중에서 후행음절이 고유어인 경우는 사전 전체를 조사해 본 결과, 총 16으로 고유어가 경음으로 나타나고 있었다.

---

1) 이음절어로 한정한 것은, 삼음절어 이상일 경우, 대다수가 합성어일 가능성이 높아서, 여기서 나타나는 후행음절의 경음은 사잇소리 현상에서 비롯된 것이기 때문에 연구의 대상으로 적절하지 않다.
2) 同綴異音語란, 한글 표기는 같지만, 선행음절의 長短音이나 후행음절의 경음 등처럼 그 소리가 달리 나타나는 경우를 일컫는다.

　이음절어에서 후행음절 경음화 현상은 크게 두 가지로 나눌 수 있다. 필수적 경음화와 수의적 경음화가 그것이다. 필수적 경음화는 음운론적 조건에 의해서 일어나는 경음화로, 초성 /ㄱ-, ㄷ-, ㅂ-, ㅅ-, ㅈ-/ 이 종성 /-ㄱ, -ㅂ/ 뒤에서 경음화가 일어나는 '원칙적 경음화'와 한자어 에만 적용되는 초성 /ㄷ-, ㅅ-, ㅈ-/ 이 종성 /-ㄹ/ 뒤에서 경음화가 일어나는 '특수 경음화'가 있다. 수의적 경음화는 의미·통사론적 조건 에서 일어나는 경음화를 말한다. 본고는 특히 수의적 경음화[3]에 초점을 맞춘 것이다.

　여기서 '同綴異音語'의 의미와 '多義語', '同音語' 등과는 의미상 어떤 차이인가를 확실히 할 필요가 있다.

　우선, 多義語(polysemy)는 한 단어가 여러 가지 의미를 가지는 경우를 일컫는 것으로, 1차적이고 중심적인 의미에서 주변적으로 확대된 것이 다. 따라서 서로 의미상 유사성 때문에 사전에서는 같이 배열한다.

　반면에 同音語(homonym)는 일명 同音異義語로, 발음은 같지만, 의미의 차이가 커서 서로 별개의 표제어로 다루는 경우이다. 엄밀히 구분하면 두 가지가 있는데, 同音異綴語(homophone)라 하여 발음은 같지만, 표기가 다른 경우가 있고, 同綴異義語(homograph)라 하여 표기와 발음이 같으나, 뜻은 다른 경우가 있다.

　多義語와 同音語, 두 어휘의 정의에서 '발음'이 어디까지를 범위로 삼는지가 문제되는데, 여기선 음운의 개념에서 분절 음운인 '音素'에 한정한 것으로 보인다. 그러나 본 연구자는 더 세밀히 들어가 비분절 음운인 '韻素'의 개념까지 염두에 둔 것으로 '同綴異音語'라는 용어를 사용한다. 따라서 同綴異義語와 비슷하지만 전혀 별개의 용어인 것이 다. 同綴異音語는 의미상 유사성이 전혀 없고, 사전에서도 표제어를 달 리 둔다.

---

3) 김진규(1986 : 85)는 '固有語에서 硬音化현상은 音聲的·形態的인 두 가지 條件이 겹쳐서 나타나는 變異이므로 普遍性과 共通性을 지니기가 여간 어렵지 않다. 그 것은 結合變異가 아니라 任意變異로 보아야 할 것이다'라는 견해를 보인 바 있다.

참고로, 본고는 기술상의 편의를 위해서 다음과 같은 약호를 사용한다.

    ㉮ : 이음절의 同綴異音語 중에서, 후행음절 고유어가 경음으로 나는 경우
    ㉯ : 이음절의 同綴異音語 중에서, 후행음절 고유어가 경음으로 나지 않는 경우

그러면, 이음절의 同綴異音語 중에서 후행음절 고유어가 경음으로 나타나는 현상에 대해 자세히 알아보자.

1. 가

    ㉮ : 강가(江-), 창가(窓-)

한자어와 고유어가 결합한 합성어에서, '가'가 '변두리, 물건의 가장 바깥쪽, 주변' 등의 의미일 때, 이음절어의 후행음절에서 경음으로 나타난다. 즉, 이음절어 중 [-front]에서 '邊'의 의미로 쓰인 '가'는 '경음성 형태소'[4]다. 이때 ㉮ 어휘들의 구조적 의미는 '전체 + 부분'이다. 이음절어 중 한자어끼리의 결합에서는 減價, 決價, 高價, 單價, 代價 등의 경우처럼, '價'[5]가 대체로[6] 경음으로 나타난다.

㉮와 이음절의 同綴異音語 중, 한자어끼리의 결합인, '강가(降嫁)', '창가(唱歌, 娼家)' 등이 후행음절에서 경음으로 나타나지 않는다.

---

4) '경음성 형태소'란, 반드시 경음으로밖에 나지 않는 경우의 형태소를 말한다.
5) 이렇게 늘 경음으로 나타나는 형태소를, 임홍빈(1981 : 32)은 'ㅅ-前置名詞', 배주채(2003 : 263)는 'ㅅ 전치성 형태소'라 명명한다.
6) '대체로'를 넣은 것은 비록 유일 예이나 '雇價(품삯의 의미)'가 후행음절이 경음으로 나타나지 않기에, 이를 염두에 두었기 때문이다.

2. 감

⑦ : 물감¹(물건에 물을 들이는 물질)
④ : 물감²(감의 하나. 모양이 좀 길둥글며 물이 많고 맛이 달다)

⑦의 '물감¹'은 물[色]과 감[材料]이라는 두 고유어 명사가 결합한 합성어로, '대상물 + 재료'의 구조적 의미를 지닌다. '감'이 '재료'의 의미일 때, 이음절어의 후행음절에서 경음으로 나타난다. 즉, 이음절어 중 [−front]에서 '材料'의 의미로 쓰인 '감'은 '경음성 형태소'다. 감[柿]의 의미일 때는 경음으로 나타나지 않는다. 일반적으로 선행음절의 말음이 'ㄹ'을 가질 경우, 후행음절을 경음으로 만드나, 이 경우는 예외이다. ⑦의 '물감¹'은 統辭上 '물을 들이는 재료'라는 의미에서 비롯된 것으로 보인다.

3. 골

⑦ : 등골¹(등 한 가운데로 길게 고랑이 진 곳), 등골²(등골뼈. 척수)

'골'이 '고랑, 고을, 골짜기'의 의미일 때, 이음절어의 후행음절에서 경음으로 나타난다. '등골'의 '골'도 '고랑'의 의미이다. 이 의미일 때, 경음으로 나지 않는 경우는 없다. 따라서 '고랑, 고을, 골짜기'의 의미로 '골'이 쓰일 때는 반드시 경음으로 나타남을 알 수 있다. 즉, 이음절어 중 [−front]에서 '谷'의 의미로 쓰인 '골'은 '경음성 형태소'다. ⑦의 '등골¹'은 '소재처 + 소재물'이라는 구조적 의미를 지닌다.

고유어 '등골¹'의 경우는 '등에 있는 고랑'의 의미로, '골'이 경음으로 나타나고, '등골²'은 '등골¹'이 의미 확장을 통해 등골뼈의 의미로까지 쓰이게 되면서 경음이 나타나는 것으로 보인다. 한자어의 경우 '관골(臏骨, 顴骨)'과 '등골(鐙骨)'처럼, 한자 '骨'은 이음절어의 후행음절에서 경음으로 나타나지 않는다.

4. 금

⑦ : 손금

'금'이 '線'의 의미일 때, 이음절어의 후행음절에서 경음으로 나타난다. 즉, 이음절어 중 [−front]에서 '線'의 의미로 쓰인 '금'은 '경음성 형태소'다. '손금'은 고유어끼리의 결합으로 '소재처 + 소재물'이라는 구조적 의미를 지닌다. '금'이 '소재물'의 의미를 지닐 때, 경음으로 나타나고 있다. 同綴異音語인 '손 : 금(損金)'은 술목관계로 결합한 한자어의 경우로 경음으로 나타나지 않는다.

5. 기

⑦ : 살기¹(몸에 살이 붙은 정도)
⑭ : 살기²(살기과의 민물고기), 살기³(사루기), 살기⁴('살쾡이'의 방언),
   살기⁵('살구'의 방언)

고유어 '기'가 '정도'의 의미일 때, 이음절어의 후행음절에서 경음으로 나타난다. 즉, 이음절어 중 [−front]에서 '程度'의 의미로 쓰인 '기'는 '경음성 형태소'다. 이러한 '기'는 기원적으로 한자 '氣'에서 비롯된 것으로 보이며, 현대국어에서는 '끼'로까지 확대되어 사용하고 있다. ⑦는

'대상 + 정도'의 구조적 의미를 지닌다. 그러나 魚名에 접미사로 붙는 '-기'는 ㉯의 '살기²'처럼 경음으로 나타나지 않는다. 또 방언에 나타나는 '-기'도 경음으로 나타나지 않는다. 同綴異音語인 한자어 '殺氣'는, '氣'가 후행음절에서 경음으로 나타나지 않는다. '氣'는 경음으로 나는 경우7)와 그렇지 않은 경우8)가 수적으로 비슷하다.

6. 달

㉮ : 산 : 달(産-), 상 : 달(上-), 전달(前-), 안달¹(바로 전달)
㉯ : 산달(山-)9)(산으로 된 곳), 안달²(속을 태우며 조급하게 구는 짓)

달이 '月'의 의미일 때, 이음절어의 후행음절에서 경음으로 나타난다. 달이 '月'의 의미가 아닌 경우는 경음으로 나타나지 않는다. 즉, 이음절어 중 [-front]에서 '月'의 의미로 쓰인 '달'은 '경음성 형태소'다. ㉮는 주로 '시기 + 출현물'의 구조적 의미를 지닌다. '안달'은 후행음절의 경음 여부에 따라, 그 의미를 달리한다. 同綴異音語인 '산달(山獺), 상 : 달(上達), 전달(傳達)'은 한자어로서, 경음으로 나타나지 않는다.

---

7) 간기(-氣), 간 : 기(癎氣), 불기(-氣), 산 : 기(産氣), 인기(人氣), 진 : 기(津氣), 초기(峭氣), 풍기(風氣)-風俗. 풍도와 기상을 아울러 이르는 말. 風病.
8) 간 : 기(間氣), 감기(感氣), 산기(山氣), 살기(殺氣), 장 : 기(壯氣), 진 : 기(振氣).
9) 임홍빈(1981 : 16)은 '單音節 漢字語가 고유어를 만나서 複合語를 이룰 때는 거의 例外없이 사이시옷을 가짐을 보인다. 이 현상은 基本的으로 고유어와 漢字語가 한 단어 내에서 統辭的인 構成을 이루는 方法이 없기 때문에 결과되는 현상이라 생각된다. 漢文의 논리도 성립할 수 없고 國語의 논리도 성립하기 어려운 統辭的인 破格이 형성되는 것이다'라고 했으나, 산달(山-), 연실(蓮-), 연줄(緣-), 은줄¹(銀-) 등의 예외가 나타난다.

7. 대

㉮ : 간대(竿-)(간짓대), 등대(燈-)(선술집의 등을 달아 놓은, 4미터 가
　　량의 대), 산대¹(고기 잡는 그물의 하나), 삼대(삼의 줄기), 선대(禪-)
　　(禪房에서 참선을 시작하거나 끝낼 때에 치는 제구), 심대(心-)(바
　　퀴나 팽이 따위와 같이 회전하는 물체의 중심을 이루는 막대),
　　장대(長-)(대나무나 나무로 다듬어 만든 긴 막대기)

㉯ : 간대('바지랑대'의 방언), 등대(검은 밑동에서 첫째 마디 사이 부
　　분), 산대²(조릿대), 산대³('산가지(算L)'의 잘못), 선대¹('상앗대'의
　　잘못), 선대²(창이나 문짝 좌우의 뼈대), 장대('양태'의 방언), 잔
　　대(초롱꽃과의 다년초)

'대'가 '대롱, 줄기'의 의미일 때, 이음절어의 후행음절에서 경음으로
나타난다. 즉, 이음절어 중 [−front]에서 '筒・幹'의 의미로 쓰인 '대'는
'경음성 형태소'다. 방언이나 잘못됨에서 나타나는 '대롱'의 의미일 경
우, 그리고 ㉯의 '잔대'처럼 '대롱'의 의미가 없으면, 경음으로 나타나지
않는다. '목적 + 사용물'이라는 구조적 의미로 '등대(燈-), 산대, 선대(禪-),
심대(心-)' 등이 쓰였고, '전체 + 부분'의 의미로 '삼대', '형태 + 사용물'
의 의미로 '간대(竿-), 장대(長-)' 등이 쓰였다. 한자어에서 '代, 待, 對, 貸,
臺' 등은 경음으로 나타나지 않으며, '臺'도 대체로 경음이 나타나지 않
으나, '잔대(盞臺)'의 경우는 예외적으로 경음으로 나타난다.

8. 도

㉮ : 날도(윷판의 끝에서 다섯째 자리, 곧 쨀밭에서 날밭 쪽으로 첫째
　　자리)

윷판에서 날밭과 개의 사이의 첫째 자리를 일컫는 '도'가 선행음절의

말음 '르'의 영향을 받아, 이음절어의 후행음절에서 경음으로 나타나고 있다. 그러나 同綴異音語 '날도(-度)' - 經度의 의미 - 는 경음이 나타나지 않는다. 후행음절 '도'가 '대상 + 정도'의 구조적 의미를 지닌다.

9. 돈

㉮ : 안돈(여자들이 가지고 있는 작은 액수의 돈), 양돈(兩-)(한 냥 가
      량 되는 돈)

돈이 '화폐'를 의미할 때, 이음절어의 후행음절에서 경음으로 나타난다. 즉, 이음절어 중 [-front]에서 '錢'의 의미로 쓰인 '돈'은 '경음성 형태소'다. ㉮의 '안돈'은 '소재처 + 소재물'의 구조적 의미를 지닌다. ㉮와 同綴異音語 '안돈(安頓), 양 : 돈(養豚)'은 경음으로 나타나지 않는다.

10. 배

㉮ : 종배(終-)(한 해에 여러 번 새끼를 치는 짐승이 그해에 마지막으
      로 새끼를 침)
㉯ : 종배('돌배'의 방언)

'배'가 의존명사로 '짐승이 새끼를 낳거나 알을 까는 횟수를 세는 단위'를 일컬을 때, 이음절어의 후행음절에서 경음으로 나타난다. '시기 + 단위'의 구조적 의미를 지닌다. 同綴異音語 '종배(終杯)'나 방언 '종배'에서는 경음으로 나타나지 않는다.

11. 보

㉮ : 공보(空-)(기둥과 기둥 사이의 벽을 치지 않은 곳에 얹는 들보),
맘보('마음보'의 준말), 장보(長-)(중간에 기둥을 받치지 아니하고
길게 짠 들보), 천 : 보(賤-)(비천하고 누추한 본새나 버릇)

'마음보'의 준말인 '맘보'는 마음과 보의 결합과정에서 생긴 사잇소리 현상이 준말이 된 이후에도 그대로 유지되고 있음을 알 수 있다. 이는 심술보의 준말인 '심보'에도 적용된다. 그러나 같은 준말 형태인 '늘보 (느림보의 준말), 뚱보(뚱뚱보의 준말)'은 경음으로 나타나지 않는다.

'보'가 보[桁의 의미이거나 유달리 즐기거나 그 정도가 심한 사람의 의미일 때, 이음절어의 후행음절에서 주로 경음으로 나타난다. 특히 이 음절어 중 [−front]에서 '桁'의 의미로 쓰인 '보'는 '경음성 형태소'다. 그러나 後者의 의미로 쓰인 '−보'는 '먹보, 울보' 등처럼 동사 어간에 연 결된 경우는 경음으로 나타나지 않는다. 한자어끼리의 결합에서 '褓'는 '床褓'처럼 경음으로만 나타난다. 同綴異音語인 '공보(公報), 맘보(mambo), 장보(章甫), 천보(天步)' 등은 경음으로 나타나지 않는다. ㉮에서 '공보(空-)' 는 '소재처 + 소재물', '장보(長-)'는 '형태 + 사용물'의 구조적 의미를 지닌다.

12. 봉

㉮ : 연봉(蓮-)(막 피려고 하는 연꽃 봉오리), 은봉(銀-)(미술 장식품
따위에 은을 본위 화폐로 하는 화폐제도)

'봉'이 꽃봉오리나 화폐의 의미일 때, 이음절어의 후행음절에서 경음 으로 나타난다. 즉, 이음절어 중 [−front]에서 '꽃봉오리'나 '錢'의 의미

로 쓰인 '봉'은 '경음성 형태소'다. 한편 같은 환경에서 '峰'의 의미를
지닌 '봉'은 경음성 형태소가 아니다. ㉮의 '연봉'은 '전체 + 부분', '은
봉'은 '대상물 + 단위'의 구조적 의미를 지닌다. 同綴異音語인 '연봉(年俸,
連峰), 은봉(隱鋒)' 등은 경음으로 나타나지 않는다.

13. 불

㉮ : 산불(山-)(산에 난 불), 삼불(해산 후 胎를 태우는 불), 삼불(蔘-)
(蔘毒)
㉯ : 산불(살아 있는 불이라는 뜻으로, 활활 타오르거나 이글이글 피
어오르는 불을 이르는 말)

㉯의 '산불'은 동사의 관형형 '산'으로 인해 경음으로 나타나지 않
았다. 이는 앞서 '11. 보'의 '먹보, 울보'와 같이, 제1음절이 동사에서
비롯된 경우 경음이 나타나지 않음을 알 수 있다. '불[火]'은 이음절어
의 후행음절에서 경음으로 남이 일반적이다. ㉮의 '산불'과 '삼불(蔘-)'
은 모두 '대상 + 출현물'의 구조적 의미를 지닌다. '毒'의 의미로 쓰인
'불'도 경음으로 나타난다. 同綴異音語인 '삼불(三佛)'은 경음으로 나타나
지 않는다.

14. 실

㉮ : 명실(命-)(발원하는 사람이 쌀을 담은 밥그릇 가운데 꽂은 숟가
락에 잡아맨 실), 연실(鳶-)(연줄로 쓰는 실)
㉯ : 명 : 실(무명실), 명실('명일(名日)'의 방언), 연실(蓮-)(연의 줄기에
있는 올실)

'실'이 '絲'의 의미일 때, 이음절어의 후행음절에서 경음으로 나타난다. 그러나 ④의 경우처럼, 제1음절에 長音이 나타나거나 방언일 경우는 그렇지 않다. ④의 연실(蓮-)의 경우는 예외의 경우이다. ⑦의 어휘들처럼 '목적 + 사용물'의 구조적 의미를 지닐 때, 후행음절이 경음으로 나지만, ④의 연실(蓮-)은 그렇지 않다. ⑦와는 同綴異音語인 '명실(名實), 연실(鉛室, 煙室, 蓮實)' 등은 경음으로 나타나지 않는다.

15. 줄

⑦ : 연줄(鳶-)(연을 매어서 날리는 데 쓰는 실), 은줄(銀-)^2(銀脈)
④ : 연줄(緣-)(인연이 닿는 길), 은줄(銀-)^1(은실로 만들었거나 은빛이
  나는 줄)

'연줄, 은줄'은 각각 同綴異音語의 형태를 지닌다. 즉, ④의 '연줄(緣-), 은줄(銀-)^1' 등은 경음으로 나타나지 않는다. 특히 '은줄(銀-)'의 경우는 후행음절의 경음 여부에 따라, 그 의미가 달라진다. ⑦의 '연줄'은 '목적 + 사용물'의 구조적 의미를 지닌다.

16. 집

⑦ : 총집(銃-)(총을 보호하기 위하여 넣어 두는 주머니)

'집'이 '囊'의 의미일 때, 이음절어의 후행음절에서 경음으로 나타난다. 즉, 이음절어 중 [−front]에서 '囊'의 의미로 쓰인 '집'은 '경음성 형태소'다. '총집'은 '목적 + 사용물'의 구조적 의미를 지닌다. ⑦와 同綴

異音語인 '총집(叢集, 叢集, 總集)' 등은 경음으로 나타나지 않는다.

이음절의 同綴異音語는 우선 '의미의 모호성'을 해결하고, 음성 실현으로 語感의 차이를 표현하려는 의도에서도 나타난 것이다. 그런데 발음상의 차이가 정형화된 원칙 속에서 이루어지지 않기 때문에, 이에 대한 탐색을 하고자 하였다. 그러나 언어 현상의 특수성으로 말미암아, 그 원칙을 발견하는 것이 힘들다는 것을 알 수 있었다. 본고는 이음절에서 후행음절 고유어의 경음화에 대해 대체적인 윤곽을 찾아내는 시도이다.

이상의 내용을 간략하게 정리하면 다음과 같다.

이음절의 同綴異音語 중에서 후행음절 고유어가 경음으로 발음하는 경우는 단일어와 복합어에서 전부 나타난다.

우선, 단일어로는 '살기¹, 산대¹, 삼불' 등이 있다.

복합어로는 고유어끼리 결합한 '물감¹, 등골¹, 등골², 손금, 안달¹, 삼대, 날도, 안돈, 맘보' 등이 있으며, 한자어와 고유어가 결합한 '강가(江-), 창가(窓-), 산 : 달(産-), 상 : 달(上-), 전달(前-), 간대(竿-), 등대(燈-), 선대(禪-), 심대(心-), 장대(長-), 양돈(兩-), 종배(終-), 공보(空-), 장보(長-), 천 : 보(賤-), 연봉(蓮-), 은봉(銀-), 산불(山-), 삼불(蔘-), 명실(命-), 연실(鳶-), 연줄(鳶-), 은줄(銀-)², 총집(銃-)' 등이 있다.

같은 고유어와 결합한 어휘로 長短音의 차이는 없이, 후행음절의 경음으로 그 의미가 달라지는 경우는, '물감, 살기, 안달' 등이 있고, 고유어와 한자어가 결합한 어휘로 그러한 경우는, '은줄(銀-)'이 있다.

이와는 별개로 후행음절에서 경음으로 나타나는 준말이 두 단어가 나타나는데, '간대(간짓대), 맘보(마음보)' 등이 그것이다. 이들은 모두 원말에 나타나는 사잇소리 현상이 준 뒤에도 그대로 유지되어 경음으로 나타나는 것이다.

또 이음절의 同綴異音語 중, 선행음절의 종성이 유성자음 / m, n, ŋ, l /일 때만 경음으로 나타난다.

이음절어 중에서 후행음절 고유어가 경음으로 나타나는 경우의 구조적 의미를 간단히 정리하면 다음과 같다.

'전체 + 부분' : 강가(江-), 창가(窓-), 삼대, 연봉(蓮-)
'대상물 + 재료' : 물감[1]
'소재처 + 소재물' : 등골[1], 등골[2], 손금, 안돈, 공보(空-)
'대상 + 정도' : 살기[1], 날도
'시기 + 출현물' : 상달(上-), 전달(前-), 안달[1]
'대상 + 출현물' : 산불(山-), 삼불(蔘-)
'시기 + 단위' : 종배(終-)
'대상물 + 단위' : 은봉(銀-)
'목적 + 사용물' : 등대(燈-), 산대[1], 선대(禪-), 심대(心-), 명실(命-), 연실(鳶-), 연줄(鳶-), 총집(銃-)
'형태 + 사용물' : 간대(竿-), 장대(長-), 장보(長-), 은줄[2](銀-)

반면에 이음절어 중에서 후행음절 고유어가 경음으로 나타나지 않는 경우의 구조적 의미를 간단히 정리하면 다음과 같다.

단일어 : 살기[2], 안달[2], 등대, 산대[2], 잔대
방언 : 살기[4], 살기[5], 간대, 장대, 종배, 명실
준말 : 살기[3], 명 : 실
잘못됨 : 산대[3], 선대[1]
'소재물 + 소재처' : 물감[2], 연줄(緣-)
'재료 + 대상물' : 은줄[1](銀-)
'형태 + 소재처' : 산달(山-)
'전체 + 부분' : 선대[2], 연실(蓮-)
'동작 + 대상' : 산불

위에 정리한 사항을 자세히 살펴보면, 경음이 나타나는 경우는 복합어 구성이 일반적이며, 소재처나 대상(물)이 제1음절에 나타나고 있음을 알 수 있다. 또 이음절어 중 후행음절이 반드시 경음으로 나타나는 경음성 형태소와 그 형태소로 쓰일 때의 의미를 제시하면, '가[邊], 감[材料], 골[谷], 금[線], 기[程度], 달[月], 대[筒, 幹], 돈[錢], 보[桁], 봉[꽃봉오리, 鏠], 집[囊] 등이 있다. 한편, 이음절의 同綴異音語 중, 후행음절 한자어의 경음 현상은 고유어보다 훨씬 수적으로 많다. 앞으로 이에 대한 면밀한 검토도 있어야 한다고 본다.

II. 이음절 한자어의 후행음절 경음화에 대하여

1. 들어가는 글

인간의 사고가 시대가 흘러감에 따라 다양해지고 복잡해지면서, 자기 표현과 의사소통의 수단인 언어가 다양화하는 현상 또한 불가피하다. 이에 따라 의미와 음성이 각각 분화되고 多義語(polysemy)와 同音語(homonym)가 출현하였으며, 同音語 중에는 심지어 同綴異音語까지 등장하게 된다. 同音語에서 의미의 모호성을 해결하고 음성 실현상의 語感 차이를 표현하고자 '同綴異音語'[1]는 나타나는 것이다.

본고에서는 국립국어연구원에서 펴낸 <표준국어대사전>(2001년판, 두산 동아)에 등재한 어휘들 중에서 이음절 한자어를 대상으로 하였는데, 삼음절 이상에서는 '감정가(鑑定家) : 감정가(鑑定價)'처럼 대다수가 복합어일 가능성이 높아 경음화의 원인이 사잇소리 현상에서 비롯된 것이 많기 때문에 이음절어로 한정한 것이다. 그 중 同綴異音語는 같은 음운론적 조건 속에서 발음이 달리 나타나는 원인을 규명하기에 적절하기 때문에 그 대상으로 삼았다.

그 동안 경음화의 원인을 규명하는 여러 연구가 있었다. 특히 두 형태소의 조합과 통사적인 측면을 고려한 연구가 많았다. 그러나 어느 한 가지로 딱 떨어지게 설명되는 것은 없다. 따라서 본고는 한자 형태소의 음 자체에서 그 원인이 있었나를 알아보기 위해, 통시적 관점에서 중국의 자전 상에 나오는 반절음과 우리의 원음을 알아보고, 같은

---

1) 同綴異音語란, 한글 표기는 같지만, 선행음절의 長短音이나 후행음절의 硬音 등처럼 비분절 음운인 '韻素'까지 고려한 개념이다.

음운론적 조건에서 그 음이 달리 나타나는 원인을 알아보고자 同綴異
音語를 대상으로 살펴보았다. 또 <표준국어대사전>에 실린 그 한자
형태소의 용례를 전부 찾아 경음으로 나타나는 경우와 그렇지 않은
경우를 수치화, 도식화하여 표준발음의 실상을 알아보았다.[2] 참고로
본 연구자는 이음절 한자어의 의미 형성 관계나 통사론적 관계는 자
세히 살펴보지 않을 것이다. 그 이유는 기존 연구에서 본 바처럼, 이
들로 경음화 현상을 정확하게 설명하는 것 자체가 어렵기 때문이다.
따라서 본고는 표준발음상의 통계적 수치를 통해 각 한자 형태소의
경음성 강도를 밝히는데 주목적을 둔다.

참고로 본고는 기술상의 편의를 위하여 다음과 같은 약호를 사용
한다.

> ㉮ : 康熙字典 — 王引之校改本(上海古籍出版社, 1996년) 속에 나타난
> 　　그 字의 半切音
> ㉯ : 우리의 문헌들 속에 나타난 그 字의 訓音
> 　　(훈몽) : 訓蒙字會(1527년)
> 　　(광천) : 光州千字文(1575년)
> 　　(백련) : 百聯抄解 동경대본(1576년)
> 　　(신합) : 新增類合(1576년)
> 　　(석천) : 石峰千字文(1583년, 壬亂 이전)
> 　　(유합) : 類合(17세기)
> 　　(왜어) : 倭語類解(18세기 초)
> 　　(주천) : 註解千字文(1804년)
> ㉰ : 同綴異音語 중, 그 字가 후행음절에서 경음으로 나는 경우
> ㉱ : 同綴異音語 중, 그 字가 후행음절에서 경음으로 나지 않는 경우
> ㉲ : 同綴異音語 중, 音價가 같은 다른 字로써, 후행음절에서 경음으
> 　　로 나지 않는 경우
> ㉳ : 사전수록어 중, 그 字가 후행음절에서 경음으로 나는 경우의 예
> 　　와 總數
> ㉴ : 사전수록어 중, 그 字가 후행음절에서 경음으로 나지 않는 경우
> 　　의 예와 總數

2) 한자 형태소의 용례 중 '북한어'의 경우는 제외하였다.

　맨 앞의 빈도그래프는 <표준국어대사전>에서, 경음으로 나타난 경우를 '%'로 표시하는 그림이다. ㉮는 강희자전 속의 반절음을, ㉯는 16세기부터 19세기에 이르기까지 우리의 문헌 속에 나타나는 字의 訓과 音을 표시한다. ㉮와 ㉯는 그 音價를 정확히 알아보고, 硬音化의 원인이 한자 원음이나 전통적인 우리의 音價 때문인지 살펴보기 위해 조사한 것이다. ㉰~㉳는 同綴異音語들을 구분해, 같은 음운론적 조건 속에서 달리 발음되는 경우를 알아보기 위한 것이다. ㉴와 ㉵는 <표준국어대사전>에서, 이음절의 한자어 중 그 字가 후행음절에서 경음으로 나타나는 경우와 그렇지 않은 경우의 몇 가지 例와 그 경우의 총 횟수를 괄호로 나타낸 것이다.

　우선 표준발음법에 규정된 한자어 경음화 현상 부분을 살펴보자.

> **<표준발음법> 제6장 된소리되기**
> 제23항 받침 'ㄱ(ㄲ, ㅋ, ㄳ, ㄺ), ㄷ(ㅅ, ㅆ, ㅈ, ㅊ, ㅌ), ㅂ(ㅍ, ㄼ, ㄿ, ㅄ)' 뒤에 연결되는 'ㄱ, ㄷ, ㅂ, ㅅ, ㅈ'은 된소리로 발음한다.
> 제26항 한자어에서, 'ㄹ' 받침 뒤에 연결되는 'ㄷ, ㅅ, ㅈ'은 된소리로 발음한다.
> 제28항 표기상으로는 사이시옷이 없더라도, 관형격 기능을 지니는 사이시옷이 있어야 할(휴지가 성립되는) 합성어의 경우에는, 뒤 단어의 첫소리 'ㄱ, ㄷ, ㅂ, ㅅ, ㅈ'을 된소리로 발음한다.

　위 규정에 특히 한자어와 관련이 많은 항목은 제23항과 제26항이다. 표준발음이 이에 따라 모두 이뤄지면 문제는 없다. 그러나 그렇지 못하기 때문에 문제가 되는 것이다. 즉 표준발음에서 이 법칙은 많은 예외 현상이 나타남으로 인해 경음화 현상(된소리되기)을 법칙으로 규정하여 일반화시키기가 어렵다는 것이다. 그 예로 제23항에 벗어나는 경우로, '식보(食褓), 곡식(穀食), 각수(脚鬚)' 등이 일상어에서 나타나고, 잘못된 말에서 온 '막사(莫斯), 막장('끝장'의 잘못)' 등과 방언에서 온 '옷가('옷자락'의 경남 방언), 법자('벙어리'의 경상방언)' 등이 있다. 또 제26항에 벗어나는 경우로, '궐점(闕點)'이 있다.

2. 한자 형태소들

1) 價

(92%)

㉮ : <唐韻> 古訝切, <集韻>, <韻會>, <正韻> 居迓切
㉯ : 갑 가 <왜어, 상, 55b>
㉰ : 감 : 가(減價), 결가(決價), 고가(高價), 고가(雇價), 단가(單價), 대 : 가(代價), 동가(同價), 등 : 가(等價), 반가(半價), 본가(本價), 선가(船價), 선 : 가(善價), 시 : 가(市價), 시가(時價), 연가(煙價), 유가(油價), 절가(折價), 정 : 가(定價), 정 : 가(正價), 종가(終價), 주가(酒價), 株價, 증가(增價), 진가(眞價), 토가(土價), 토 : 가(討價), 평가(平價), 평 : 가(評價), 후 : 가(厚價)
㉱ : 고가(估價)
㉲ : 감 : 가(轗軻), 결가(結跏), 고가(高架), 단가(團歌), 단 : 가(短歌), 대 : 가(大家, 大駕), 동가(同家,東家), 등가(燈架), 반가(班家), 본가(本家), 선가(禪家, 船歌, 仙家, 仙駕, 船架), 시 : 가(市街), 시가(媤家, 詩歌), 연가(連枷, 煙家), 연 : 가(戀歌), 유가(遊街, 儒家), 절가(絕佳, 絕家), 종가(宗家), 주가(主家), 주 : 가(住家), 증가(增加), 진가(眞假), 후 : 가(後家, 後嫁)
㉳ : 乾價, 建價, 穀價, 工價, 貢價 등(총 89개)
㉴ : 肩價, 估價, 驅價, 船價, 收價 등(총 8개)

㉮의 기록으로 미루어, 價의 音은 '가'가 옳다. ㉯의 문헌상 기록도 이를 뒷받침해 주고 있다. ㉰의 어휘들은 '價'가 경음으로 나타나는 것들이다. 통상 이로 보아 '價'는 이음절어에서 후행음절일 경우 경음으로 나는

것이 원칙3)으로 보인다. 따라서 强硬音性 形態素다. 그 문헌상 근거를 찾으려 하였으나, 발견되지는 않는다. 특기할 만한 것으로 ㉣의 '估價'가 있다. '가격'의 의미이다. 일상적으로 사용 빈도수가 많은 '高價'의 '價'가 경음으로 나타남에 따라, '估價'는 상대적으로 빈도수가 적고, '高價'와의 혼동을 회피하고자 하는 심리적 현상에서 나타난 것으로 보인다. ㉤의 경우는 후행음절에서 경음이 되지 않는 한자를 여럿 확인할 수 있다. '軻, 跏, 架, 歌, 家, 駕, 街, 枷, 佳, 加, 嫁' 등이 바로 그것들4)이다.

2) 件

```
                                                    (96%)
```

㉮ : <唐韻> 其輦切, <集韻>, <韻會>, <正韻> 巨展切
㉯ : 됴건 건<신합, 하, 51a>, 벌 건<왜어, 하, 39a>
㉰ : 物件¹
㉱ : 物件²
㉲ : 事件, 條件, 與件, 文件, 空件 등(총 25개)
㉳ : 物件²(총 1개)

㉮와 ㉯로 미루어, 그 음은 '견, 건'이다. ㉰의 '物件¹'은 '법률적으로 권리의 객체가 될 수 있는 것'의 의미이고, ㉱의 '物件²'은 '일정한 형체

---

3) 항상 경음으로 나타나는 형태소를, 임홍빈(1981 : 32)은 'ㅅ-前置名詞', 배주채(2003 : 263)는 'ㅅ전치성 형태소'라 하였으며, 김홍석(2005a : 149)은 이음절의 고유어 속에서 반드시 경음으로 나타나는 형태소를 '경음성 형태소'라 하였다. 본 연구자는 이음절의 한자어 속에서 경음의 성질을 가진 형태소를 '경음성의 강도'에 따라 더 세분하여, 强硬音性 形態素, 中硬音性 形態素, 弱硬音性 形態素로 나눈다. <표준국어대사전>에 등재한 이음절어에서 强硬音性 形態素는 후행음절 위치에서 경음으로 발음되는 빈도수가 백분율로 70% 이상을, 中硬音性 形態素는 30% 이상 70% 미만, 弱硬音性 形態素는 30% 미만인 경우를 말한다.
4) 배주채(2003 : 266)는 경음화가 되지 않는 한자어계 접미사로 '-哥, -家, -街, -歌'를 제시한다.

를 가지고 있는 모든 물질적 존재'의 의미이다. ㉱와 ㉲의 '物件'은 한
자 표기까지도 동일하면서 경음의 有無에 따라 의미를 달리하는 특수한
경우다. ㉳와 ㉴의 빈도수로 미루어, '件'은 强硬音性 形態素다.

3) 契

```
                                                              (32%)
```

㉮ : <廣韻> 苦計切, <集韻>, <韻會> 詰計切, <正韻> 去計切
㉯ : 글월 계<훈몽, 상, 18b>, 어험 계<신합, 하, 36b>
㉰ : 공 : 계(貢契)
㉱ : 공계(空界), 공계(恐悸), 공계(桛枡)
㉳ : 甲契, 墨契, 默契, 白契, 索契 등(총 15개)
㉴ : 家契, 科契, 關契, 交契, 密契 등(총 32개)

㉮로 미루어, '계, 혜' 등이 그 음이다. 그러나 ㉯로 봐서는 '계'이다.
'契'는 경음성이 약한 中硬音性 形態素다. ㉳와 ㉴가 이를 잘 보여주고
있다. ㉱를 통해 볼 때, '界, 悸, 枡'는 경음성이 거의 없거나 약한 形態
素로 보인다. '契'는 ㉳의 몇 예처럼 표준발음법 제23항과 제26항이 대
체로 잘 지켜지는 형태소다.

4) 科

```
                                                              (50%)
```

㉮ : <唐韻>, <集韻>, <韻會>, <正韻> 苦禾切
㉯ : 무들 기<훈몽, 상, 18a>, 등례 과<신합, 하, 39a>, 과거 과<왜
    어, 하, 38a>

㉣ : 강 : 과(講科), 경과(京科, 經科, 慶科), 공과(工科), 내과(內科), 문과
　　　(文科)[1], 범 : 과(犯科), 병과(兵科), 선과(禪科), 선 : 과(選科), 실과
　　　(實科), 외 : 과(外科), 전과(全科, 前科), 전 : 과(轉科), 죄과(罪科)
㉤ : 경과(輕科), 문과(文科)[2]
㉥ : 강과(剛果), 경과(經過), 공과(公課, 功過), 내과(內踝), 범 : 과(犯過,
　　　泛過), 병과(兵戈), 선 : 과(選果, 善果), 실과(實果), 외 : 과(外踝),
　　　전과(前過), 죄과(罪過)
㉦ : 甲科, 大科, 警科, 工科, 菊科 등(총 46개)
㉧ : 柑科, 講科, 乞科, 兼科, 京科 등(총 46개)

㉮와 ㉯로 미루어 ‘과’가 그 음이다. ㉣를 통해 볼 때, ‘科’는 일반적
인 상용 어휘 속에서 경음으로 많이 나타나며, ㉤의 경우, ‘경과’는 同
綴異音語 중에서 후행음절의 경음화가 많이 나타나, 의미를 변별하고자
하는 심리적 요구에서 ‘輕科’가 경음으로 나타나지 않은 것으로 보인다.
‘文官을 뽑던 과거’를 뜻하는 ‘文科[2]’ 또한 “理科’의 반의어’의 뜻으로
현대의 일상어인 ‘文科[1]’와 의미를 변별하고 역사적으로 死語가 되어버
린 흔적으로서 경음으로 나타나지 않은 것으로 보인다. ‘科’는 中硬音性
形態素다. ㉥를 통해 볼 때, ‘果[5]), 過, 課, 踝, 戈’ 등은 대체로 경음이
나타나지 않음을 알 수 있다.

5) 課

　　　　　　　　　　　　　　　　　　　　　　　　　　　　　　(10%)

---

5) ‘果’는 선행음절의 말음이 ‘k’계열일 경우는 예외 없이 후행음절에서 경음으로
　나타나지만, ‘p’계열은 세 단어 ‘業果, 雜果, 莢果’만, ‘n’계열에서는 유일하게 ‘戰
　果’만 그 후행음절에서 경음으로 나타난다. 즉, 弱硬音性 形態素다. 이 외에는 전
　부 경음이 일어나지 않는다. 따라서 요즘 항간에 논의가 많이 되는 ‘效果’는 예
　삿소리로 발음하는 것이 옳은 것으로 보인다. 이에 대해, 국립국어연구원의 홈페
　이지 게시판에서도 [효 : 과]가 옳은 발음임을 밝혔다. 그러나 신기철 외(1986 :
　3807) <새우리말 큰사전>과 KBS 편저(1993 : 665) <표준 한국어발음대사전>에
　는 [효 : 꽈]로 보고 있다. 이는 잘못 본 것이다.

㉮ : <唐韻>, <集韻>, <韻會>, <正韻> 苦臥切
㉯ : 헬 과<훈몽, 하, 9b>, 일과 과<신합, 하, 43b>, 일과 과<유합, 七類, 27a>
㉰ : 고과(考課), 전과(全課), 정 : 과(正課)
㉱ : 공과(公課)
㉲ : 고과(孤寡), 공과(功過), 전과(前過), 정 : 과(正果)
㉳ : 督課, 分課, 學課(총 3개)
㉴ : 加課, 缺課, 闕課, 晚課, 月課 등(총 26개)

㉮로 미루어, '課'의 음은 '과'이며, ㉯가 이를 뒷받침한다. ㉰와 ㉱를 통해 볼 때, 課程이나 기구의 의미일 경우는 경음이 나타나나, 부담이나 세금의 의미일 경우는 그렇지 못했다. '課'는 弱硬音性 形態素다. ㉲를 통해 '寡, 過, 果'는 경음으로 나타나지 않음을 알 수 있다. ㉳와 ㉴를 보면, 弱硬音性 形態素임이 드러난다.

6) 卦

(9%)

㉮ : <唐韻>, <集韻> 古賣切, <正韻> 古畫切
㉯ : 걸 괘<유합, 七類, 28b>
㉰ : 점괘(占卦)
㉱ : 점 : 괘(漸卦)
㉲ : 剝卦, 復卦, 上卦, 益卦, 革卦 등(총 6개)
㉴ : 艮卦, 坎卦, 乾卦, 蹇卦, 謙卦 등(총 61개)

㉮로 미루어, 그 음은 '괘' 또는 '과'이다. ㉯는 '괘'임을 밝혔다. ㉰와 ㉱는 선행음절의 장단음뿐만 아니라 후행음절의 경음 등으로 변별적 의미를 확실하게 하고 있다. ㉰의 '占卦'는 '漸卦'와의 변별성을 표시하는 심리적 요구에서 경음화가 나타났을 것이다. '卦'는 弱硬音性

形態素임을 ⑭와 ㉔를 통해 알 수 있다. 한편 '卦'는 ㉹의 '占卦'와 ⑭의 '上卦' 외에는 k계열 뒤에 원칙적으로 경음화 현상이 나타남을 알수 있다.

7) 句

(65%)

㉮ : <唐韻> 九遇切, <集韻>, <韻會> 俱遇切
㉯ : 굿굿 구<훈몽, 상, 18a>
㉹ : 결구(結句), 경구(驚句), 금구(金句), 금 : 구(禁句), 기구(奇句, 起句), 난구(難句), 대 : 구(對句), 문구(文句), 사 : 구(死句), 시구(詩句), 연구(聯句), 유 : 구(類句), 자구(字句), 전 : 구(轉句), 탈구(脫句)
㉣ : 경 : 구(警句)
㉺ : 결구(結構), 경구(耕具, 硬球), 경 : 구(敬具), 금구(金口), 금 : 구(衾具), 기구(氣球, 器具, 機構), 난구(難球), 대구(大口), 대 : 구(帶鉤), 문구(文具), 사 : 구(四球, 死球), 시 : 구(屍柩, 屍軀, 屍軀), 연 : 구(研究, 軟球), 유구(悠久, 遺構), 자구(自求, 自救), 전 : 구(電具, 電球, 戰具), 탈구(脫臼)
㉻ : 鉤句, 禁句, 奇句, 起句, 落句 등(총 40개)
㉔ : 古句, 管句, 狂句, 末句, 妙句 등(총 22개)

㉮와 ㉯로 미루어, 그 음이 '구'임을 알 수 있다. 同綴異音語에서 '句'는 ㉣의 '警句'를 제외하고는 모두 경음으로 나타난다. 이처럼 '句'는 경음성이 강한 中硬音性 形態素다. ㉺를 통해, '構, 具, 球, 口, 鉤, 柩, 軀, 究, 久, 求, 救, 臼' 등은 모두 경음으로 나타나지 않았다. 특히 '構'는 어떠한 경우에도 경음으로 나타나지 않았다. 따라서 '弱硬音性 形態素'라 할 수 있다.

8) 圈

(82%)

- ㉮ : <唐韻> 其卷切, <集韻> 驅圓切, 去爰切, <正韻> 逵眷切
- ㉯ : 어리 권<훈몽, 하, 4b>
- ㉰ : 상권(商圈)
- ㉱ : 상 : 권(上卷)
- ㉲ : 閑圈. 極圈, 根圈, 氣圈, 大圈 등(총 22개)
- ㉴ : 煖圈, 豕圈, 翰圈, 衡圈, 會圈 등(총 5개)

㉮와 ㉯로 미루어, 그 음은 '권'이다. '圈'은 强硬音性 形態素다. ㉲와 ㉴가 이를 잘 보여준다.

9) 權

(82%)

- ㉮ : <唐韻> 巨員切, <集韻>, <韻會>, <正韻> 逵員切
- ㉯ : 드림 권<훈몽, 중, 6b>, 드림쇠 권<신합, 하, 20a>, 권세 권<왜어, 하, 37b>
- ㉰ : 가권(家權), 강권(强權), 상권(商權), 인권(人權), 전권(全權, 專權), 정권(政權), 친권(親權)
- ㉱ : 가권(家券), 강 : 권(强勸), 상 : 권(上卷), 인권(引勸), 전권(全卷), 정권(呈券), 친권(親眷)
- ㉲ : 公權, 官權, 敎權, 國權, 君權 등(총 66개)
- ㉴ : 堅權, 經權, 達權, 當權, 威權 등(총 18개)

㉮와 ㉯로 미루어, 그 음은 '권'이다. ㉰를 통해 볼 때, '權'은 대체로 경음으로 나타난다. ㉲와 ㉴를 통해 볼 때, '權'은 强硬音性 形態素다. ㉱에서 '券, 勸, 卷, 眷' 등은 경음으로 나타나지 않는다.

10) 技

(15%)

⑦ : <唐韻> 渠綺切, <集韻>, <韻會>, <正韻> 巨綺切
⑭ : 지조 기<훈몽, 하, 13b>, 지조 기<신합, 하, 33a>
㉓ : 장기(長技)
㉤ : 장 : 기(壯妓, 壯氣, 將器, 臟器), 장기(長期)
㉲ : 薄技, 百技, 力技, 雜技, 特技 등(총 9개)
㉳ : 劍技, 工技, 巧技, 奇技, 多技 등(총 53개)

⑦와 ⑭로 미루어, 그 음은 '기'이다. '技'는 弱硬音性 形態素로 ㉤를 통해 '妓, 氣, 器' 등은 경음으로 나타나지 않았다. ㉲와 ㉳를 통해, '技' 가 경음으로 나타나는 경우에 어떤 의미상이나 통사상의 공통점이 나타 나지 않는다. 따라서 무조건적으로 나타나는 경음으로 보아야 한다.

11) 氣

(17%)

⑦ : <唐韻> 去旣切, <集韻>, <韻會>, <類篇> 丘旣切
⑭ : 긔운 긔<훈몽, 상, 17b>, 긔운 긔<광천, 16a>, 긔운 긔<백련, 9a>, 긔운 긔<신합, 상, 4b>, 긔운 긔<석천, 16a>, 긔운 기<유합, 七類, 3a>, 긔운 긔<왜어, 상, 20a>, 긔운 긔<주천, 16a>
㉓ : 간기(-氣), 간 : 기(癎氣), 불기(-氣), 산 : 기(産氣), 인기(人氣), 진 : 기(津氣), 초기(峭氣), 풍기[1](風氣)[6]
㉤ : 간 : 기(間氣), 감기(感氣), 산기(山氣), 살기(殺氣), 장 : 기(壯氣), 진 : 기(振氣), 풍기(風氣)[2][7]

---

6) '風病'의 의미일 때.
7) '풍속, 풍도'의 의미일 때.

ⓓ : 간기(刊記), 간 : 기(懇祈, 懇祈), 불기(不起, 佛紀, 不羈), 산 : 기(産
期, 酸基), 살기[8], 인기(人器), 진 : 기(振起), 초기(抄記, 初忌, 初期,
礎器), 풍기(風紀)

ⓑ : 俗氣, 淑氣, 習氣, 濕氣, 惡氣 등(총 51개)

ⓢ : 多氣, 短氣, 疸氣, 達氣, 大氣 등(총 257개)

ⓐ와 ⓓ로 미루어, 그 음이 '기'이다. '氣'는 弱硬音性 形態素다. 이
字는 생활 속에서 터득하고 따로 발음에 대해 익혀야 할 것으로 보인다.
ⓓ를 통해, '記, 祈, 起, 紀, 羈, 期, 基, 器, 起, 忌' 등의 한자와 고유어
'기'가 경음으로 나타나지 않았다. 위에서 風氣는 의미에 따라, 그 발음
이 달리 나타난다. ⓑ에 제시된 한자어 용례에서처럼, k계열이나 p계열
뒤의 '氣'는 원칙에 맞춰 경음화 하여 나타나고 있다.

12) 記

(11%)

ⓐ : <唐韻>, <集韻>, <韻會> 居吏切

ⓝ : 긔디 긔<신합, 하, 17a>, 긔록 긔<유합, 七類, 25a>

ⓓ : 건기(件記), 장 : 기(帳記)

ⓔ : 간기(刊記), 암 : 기(暗記), 초기(抄記)

ⓜ : 간 : 기(懇祈), 건기(乾期), 장 : 기(壯妓, 將器, 臟器), 장기(長期),
초기(初忌, 初期, 礎器)

ⓑ : 望記, 木記, 速記, 略記, 雜記 등(총 12개)

ⓢ : 單記, 到記, 登記, 謄記, 明記 등(총 98개)

ⓐ와 ⓝ로 미루어, 그 음이 '기' 또는 '긔'이다. '記'는 弱硬音性 形態
素다. 따라서 이 字도 단어마다 발음에 대한 암기가 필요하다. '技, 氣,
記'의 경우, 경음의 有無는 음운론상의 조건이 아닌, 무조건에서 유래한

---

8) '살기과의 민물고기'의 의미일 때.

것으로 보인다. ㉣를 통해, '祈, 期, 妓, 器, 忌' 등의 한자가 경음으로 나타나지 않았다. '11) 氣'의 ㉣항과 거의 비슷하나, '妓'가 추가되었다.

13) 臺

(16%)

㉮ : <廣韻> 徒哀切, <集韻>, <韻會>, <正韻> 堂來切
㉯ : 딧 디<훈몽, 중, 3a>, 디 디<신합, 상, 22b>, 디 디<유합, 七類, 14a>, 디 디<왜어, 상, 33a>
㉰ : 잔대(盞臺)
㉱ : 등대(燈臺), 산대(山臺), 선대(船臺)
㉲ : 등 : 대(等待), 등 : 대(等對), 산대(蒜薹), 선대(先代), 선대(先貸), 잔대
㉳ : 角臺, 鹿臺, 木臺, 式臺, 億臺 등(총 20개)
㉴ : 架臺, 供臺, 果臺, 棺臺, 絞臺 등(총 104개)

㉮와 ㉯로 미루어, 그 음이 '대, 디'임을 알 수 있다. ㉰와 ㉱를 보면, '臺'는 대체로 경음으로 나타나지 않음을 알 수 있다. 이는 ㉳와 ㉴에서도 확인된다. 따라서 弱硬音性 形態素다. ㉰의 '잔대(盞臺)'는 고유어 '잔대'와의 변별적 차이를 두려는 심리적 현상에서 경음화된 것으로 보인다. 그 외 경음으로 나타나지 않는 한자로, '待, 對, 薹, 代, 貸' 등이 있다. 그러나 고유어 '대'의 경우는 '등대(燈-), 산대(물고기를 뜨거나 하는데 쓰는, 장대에 그물주머니를 단 기구), 선대(禪-)' 등의 경우처럼, 경음으로 나타나는 것이 일반적이다. 이를 임홍빈(1981 : 16)은 한자어와 고유어 사이에서 나타나는 사이시옷 현상으로 설명한다. 이러한 현상을 그는 한자어와 고유어가 한 단어 내에서 통사적인 구성을 이루는 방법이 없기 때문에 결과 되는 현상으로 보아, 통사론적인 접근 방식으로 설명하고 있다. '臺'는 ㉳의 몇 예처럼, 대체로 표준발음법 제23항과 제26항을 지키는 형태소다.

14) 德

(15%)

㉮ : <唐韻>, <正韻> 多則切, <集韻>, <韻會> 的則切
㉯ : 큰 덕<훈몽, 하, 13b>, 큰 덕<광천, 9b>, 어딜 덕<신합, 하, 1b>, 큰 덕<석천, 9b>, 큰 덕<유합, 七類, 19b>, 큰 덕<왜어, 상, 22a>, 큰 덕<주해, 9b>
㉰ : 인덕(仁德)
㉱ : 인덕(人德)
㉲ : 覺德, 達德, 薄德, 福德, 色德 등(총 30개)
㉳ : 嘉德, 建德, 乾德, 健德, 儉德 등(총 167개)

㉮로 보아서는 그 음이 '득, 딕, 즉, 직', ㉯로 미루어는, '덕, 덕'이다. 중국음이 우리나라로 유입하면서 바뀐 것이다. '德'은 弱硬音性 形態素로 ㉰와 ㉱를 통해, '인덕'이라는 同綴異音 현상이 의미의 변별을 위해 경음으로 나타나는 것으로 보인다. '德'는 ㉲의 몇 예처럼, 대체로 표준발음법 제23항과 제26항을 지키는 형태소다.

15) 毒

(12%)

㉮ : <唐韻>, <廣韻>, <集韻>, <類篇>, <韻會> 徒沃切
㉯ : 독홀 독<신합, 하, 23a>
㉰ : 돈 : 독(-毒)
㉱ : 제 : 독(制毒), 제독(除毒)
㉲ : 돈독(敦篤), 제독(提督)
㉲ : 劇毒, 服毒, 束毒, 惡毒, 藥毒 등(총 14개)
㉳ : 奸毒, 減毒, 苦毒, 鑛毒, 拳毒 등(총 101개)

㉮와 ㉯로 미루어 그 음이 '독'이다. ㉰와 ㉱에서 '毒'은 弱硬音性 形態素다. ㉲를 통해 볼 때, '篤, 督'은 경음으로 나타나지 않는다. '毒'은 ㉰의 '돈독(-毒)'처럼 고유어와 한자어 형태소의 결합이 아닌, 한자 형태소끼리 결합에서 ㉳의 몇 예처럼, 대체로 표준발음법 제23항과 제26항을 지키는 형태소다.

16) 犢

(33%)

㉮ : <唐韻>, <集韻>, <韻會> 徒谷切
㉯ : 송아지 독<훈몽, 상, 10a>, 쇼야지 독<광천, 38b>, 쇼야지 독<백련, 6b>, 쇼야지 독<신합, 상, 13b>, 쇠야지 독<석천, 38b>, 쇼야지 독<유합, 七類, 9a>, 쇠야지 독<왜어, 하, 22b>, 쇼야지 독<주천, 38b>
㉰ : 제 : 독(祭犢)
㉱ : 제 : 독(制毒), 제독(除毒, 提督)
㉳ : 祭犢(총 1개)
㉴ : 牲犢, 禽犢(총 2개)

㉮와 ㉯로 미루어 그 음은 '독'이다. '犢'은 ㉳와 ㉴를 통해 볼 때, 中硬音性 形態素다. ㉱에서 中硬音性 形態素 '毒'과 弱硬音性 形態素 '督'이 나타난다.

17) 房

(16%)

㉮ : <唐韻>, <集韻>, <韻會>, <正韻> 符方切

㉯ : 집 방<훈몽, 중, 3a>, 구들 방<광천, 35b>, 집 방<백련, 16b>, 방 방<신합, 상, 22b>, 방 방<석천, 35b>, 방 <유합, 七類 14a>, 구들 방<왜어, 상, 31b>, 구들 방<주천, 35b>

㉰ : 젼 : 방(廛房)

㉱ : 젼방(專房)

㉲ : 젼방(前方), 젼방(傳方), 젼방(傳榜)

㉳ : 各房, 甲房, 客房, 金房, 獨房 등(총 23개)

㉴ : 茄房, 假房, 開房, 京房, 契房 등(총 124개)

㉮와 ㉯로 미루어, 그 음은 '방'이다. '房'은 弱硬音性 形態素다. ㉲로 보아, '方, 榜'은 경음으로 나타나지 않는다. 오대순(1998 : 107)은 '房'이 경음화 현상을 보이는 경우로, '어떠한 일을 하는 곳'이나 '집에 있는 房'을 뜻할 때가 있다고 하였다.

18) 法

(71%)

㉮ : <唐韻> 方乏切, <集韻>, <韻會> 弗乏切

㉯ : 법 법<훈몽, 상, 18b>, 법홀 법<광천, 25b>, 법뎐 법<신합, 하, 19b>, 법 법<석천, 25b>, 법 법<왜어, 상, 53b>, 법 법, 본바들 법<주천, 25b>

㉰ : 가법(加法), 병법(兵法), 비법(秘法), 사법(私法, 射法), 수법(手法), 수 : 법(數法, 繡法), 제법(除法), 주 : 법(走法, 呪法, 奏法), 준 : 법(遵法), 진법(陣法), 창 : 법(唱法), 창법(槍法)

㉱ : 가법(家法), 가 : 법(苛法), 병 : 법(秉法), 비법(非法), 사법(邪法, 師法), 수법(受法, 修法), 제법(諸法), 주법(主法), 준 : 법(峻法), 진법(眞法)

㉳ : 曲法, 工法, 公法, 空法, 貢法 등 (총 192개)

㉴ : 見法, 古法, 高法, 鼓法, 骨法 등 (총 80개)

㉮로 미루어 원음은 '뱝'으로 보이나, ㉯를 통해 볼 때, '법'이 우리의 음이다. '法'은 ㉳와 ㉴를 통해 볼 때, 强硬音性 形態素다.

19) 甁

(16%)

㉮ : <廣韻> 薄經切, <集韻>, <韻會> 旁經切
㉯ : 뻗 병<훈몽, 중, 7a>, 병 병<신합, 상, 27a>, 병 병<왜어, 하, 13b>
㉰ : 초병(醋甁)
㉱ : 화병(花甁) 화병(畵甁)
㉲ : 초병(哨兵), 화병(花柄), 화 : 병(火兵, 畵屛, 畵餠)
㉳ : 北甁, 藥甁, 玉甁, 入甁, 觸甁 등 (총 7개)
㉴ : 空甁, 金甁, 牛甁, 寶甁, 洗甁 등 (총 22개)

　㉮와 ㉯로 미루어, 그 음은 '병'이다. '甁'은 弱硬音性 形態素다. '甁'은 ㉳의 몇 예처럼, 대체로 표준발음법 제23항과 제26항을 지키는 형태소다. ㉲에서 '兵, 柄, 屛, 餠' 등은 경음으로 나타나지 않는다.

20) 病

(26%)

㉮ : <唐韻>, <集韻>, <正韻> 皮命切
㉯ : 뻗 병<훈몽, 중, 16a>, 병 병<신합, 하, 11b>, 병 병<유합, 七類, 23b>, 병 병<왜어, 상, 51a>
㉰ : 감병(疳病), 농병(膿病), 산병(疝病), 중병(中病), 화 : 병(火病)
㉱ : 중병(重病)
㉲ : 농병(農兵), 산 : 병(散兵), 산 : 병(散餠), 화병(花柄), 화 : 병(火兵, 畵屛, 畵甁, 畵餠)
㉳ : 疳病, 狂病, 急病, 冷病, 膿病 등(총 39개)
㉴ : 悸病, 苦病, 故病, 怪病, 救病 등(총 110개)

㉮로 미루어 그 음이 '평'이다. 그러나 우리의 문헌들(㉯) 속에서는 '병'이 그 음이다. '病'은 弱硬音性 形態素다. ㉰에서 '兵, 餠, 柄, 屛, 甁' 등은 경음으로 나타나지 않는다.

21) 步

(19%)

㉮ : <唐韻>, <正韻> 薄故切, <集韻>, <韻會> 蒲故切
㉯ : 거름 보<훈몽, 하, 11b>, 거롬<신합, 하, 5b>, 거롬 보<유합, 七類, 21a>, 거름 보<왜어, 상, 29a>
㉰ : 산 : 보(散步)9)
㉱ : 상보(常步)
㉲ : 산 : 보(刪補), 상보(相補), 상보(商報)
㉳ : 却步, 國步, 蹋步, 急步, 踏步 등(총 16개)
㉴ : 減步, 巨步, 健步, 騎步, 半步 등(총 67개)

㉮로 미루어, 그 음이 '보, 포'이나, ㉯로 보아 우리의 음은 '보'다. ㉳와 ㉴를 통해 볼 때, '步'는 弱硬音性 形態素다. ㉲에서 '補, 報'는 경음으로 나타나지 않는다. 한편 '步'는 ㉳의 몇 예처럼, 대체로 표준발음법 제23항과 제26항을 지키는 형태소다.

22) 褓

(25%)

㉮ : <唐韻> 博抱切, <集韻> 補抱切

---

9) 배주채(2003 : 279)는 일정한 규칙성 없이 경음화가 일어나는 한자어로 제시한 단어다.

ⓝ : 보로기 보<훈몽, 중, 12a>
ⓓ : 상보(床褓)
ⓜ : 상보(相補), 상보(常步), 상보(商報)
ⓗ : 床褓, 藥褓, 合褓(총 3개)
ⓢ : 襁褓, 官褓, 門褓, 民褓, 食褓 등(총 9개)

ⓖ와 ⓝ로 미루어, 그 음이 '보'이다. '褓'는 弱硬音性 形態素다. ⓜ에서 '補, 步, 報'는 경음으로 나타나지 않는다. ⓢ의 '食褓'는 표준발음법 제23항을 위배한 대표적 경우이다.

23) 性

(21%)

ⓖ : <唐韻>, <集韻>, <韻會>, <正韻> 息正切
ⓝ : 셩 셩<훈몽, 상, 15a>, 셩 셩<광천, 17a>, 셩 셩<신합, 하, 1a>,
    셩 셩<석천, 17a>, 셩<유합, 七類, 19b>, 뎐셩 셩<왜어, 상,
    22a>, 셩품 셩<주천, 17a>
ⓓ : 인성(靭性), 점성(黏性)
ⓡ : 인성(人性)
ⓜ : 인성(人聲), 점성(占星)
ⓗ : 覺性, 極性, 急性, 黨性, 德性 등(총 38개)
ⓢ : 氣性, 記性, 民性, 件性, 乾性 등(총 140개)

ⓖ로 미루어, 그 음이 '셩'이나, ⓝ를 통해 볼 때는 '셩'이다. '性'은 弱硬音性 形態素다. '聲'과 '星'은 경음이 나타나지 않는다. 권인한(1997 : 253)은 '-性'의 경우, 선행어가 단음절 형태소일 때는 [-성], 2음절 형태소일 때는 [-썽]으로 실현됨이 일반적이라 하였다. 이러한 견해는 ⓢ를 통해서도 확인할 수 있다.

24) 數

(42%)

⑦ : <廣韻> 所矩切, <集韻> 爽主切
⑭ : 두새 수<유합, 七類, 1a>, 혬 수<왜어, 상, 54b>
⑮ : 권 : 수(卷數), 대 : 수(代數)[10], 대수(臺數), 동수(同數), 면 : 수(面
數), 명수(名數)[11], 문수(文數), 보 : 수(步數)2[12], 분수(分數)2[13],
연수(年數), 점수(點數), 참 : 수(站數), 품 : 수(品數), 함 : 수
(函數)
⑯ : 대 : 수(大數), 대 : 수(代數)2[14], 명수(名數)2[15], 보 : 수(步數)[16],
분 : 수(分數)[17]
⑰ : 권 : 수(卷首, 卷鬚), 대 : 수(大水, 大壽, 大綬, 大綬), 동 : 수(童豎),
면 : 수(免囚, 俛首), 명수(名手), 문수(文殊), 보 : 수(保囚, 保守),
분수(分水, 分受), 연수(年收, 年首, 淵邃, 淵藪), 점수(點水, 點授),
참 : 수(斬首), 품 : 수(稟受), 함 : 수(艦首)
⑱ : 角數, 個數, 件數, 刧數, 格數 등(총 90개)
⑲ : 加數, 家數, 假數, 貢數, 算數 등(총 123개)

⑦와 ⑭로 미루어 그 음이 '수'이다. ⑱와 ⑲를 통해 볼 때, '數'는
中硬音性 形態素다. ⑰에서 '首, 鬚, 水, 壽, 綬, 豎, 囚, 手, 殊, 守,
受, 收, 邃, 藪, 授' 등은 경음으로 나타나지 않는다. ⑮와 ⑱를 통해
볼 때, 대체로 '숫자, 수효'의 의미일 때는 경음이 나타나나, ⑯와 ⑲
처럼 '숫자, 수효'의 의미가 약하거나 없을 때, 경음으로 나타나지 않
는다.

---

10) 世代의 수효.
11) 사람의 수효.
12) 걸음의 수효.
13) 어떤 수를 다른 수로 나누는 것을 분자와 분모로 나타낸 것.
14) 代數學의 준말.
15) 어떤 단위의 이름을 붙여 나타낸 수치. 무명수의 반의어.
16) 바둑이나 장기에서 어려운 수를 푸는 방법.
17) 자기의 처지에 마땅한 처지.

25) 字

(61%)

㉮ : <唐韻>, <集韻>, <韻會> 疾置切, <正韻> 疾二切
㉯ : 글월 ㅈ<훈몽, 상, 18a>, 글월 ㅈ<백련, 6b>, 글ㅈ ㅈ<신합, 상, 1b>, ㅈ<유합, 七類, 1a>, ㅈ ㅈ<왜어, 상, 13b>
㉰ : 계 : 자(啓字), 고 : 자(古字), 난자(難字), 단자(單字), 문자(文字)[18], 서자(書字), 성 : 자(姓字), 성자(省字), 소 : 자(小字), 언 : 자(諺字), 연 : 자(衍字), 영자(英字), 음자(音字), 인자(印字), 정자(丁字), 철자(綴字), 첨자(添字), 평자(平字)
㉱ : 문자(文字)[19], 문자(問字), 외자(-字), 외 : 자(外字), 음자(陰字), 정 : 자(正字, 定字)
㉲ : 계 : 자(季子), 고 : 자(告者), 난 : 자(卵子, 亂刺), 단자(單子), 서 : 자(庶子, 逝者), 성 : 자(盛者, 聖子), 소 : 자(小子), 언자(言者), 연자(蓮子), 영자(令姉, 英姿, 英資, 纓子), 외 : 자(外資, 外子, 外瓷, 煨瓷), 인자(人子, 仁者, 仁慈, 因子), 정자(亭子, 晶子, 精子), 철자(鐵-), 첨자(籤子), 평 : 자(評者)
㉳ : 各字, 角字, 檢字, 國字, 落字 등(총 87개)
㉴ : 黥字, 金字, 奇字, 大字, 同字 등(총 55개)

㉮로 미루어, 그 음이 '지'이나, ㉯로 볼 때는 '자'이다. ㉰와 ㉱로 미루어, '字'는 경음성이 강한 中硬音性 形態素다. ㉲에서 '子, 者, 刺, 姉, 姿, 資, 慈, 瓷' 등은 경음으로 나타나지 않는다.

26) 資

(12%)

---

18) 인간의 의사소통을 위한 시각적인 기호 체계. 학식이나 학문을 비유적으로 이르는 말.
19) 예전부터 전하여 내려오는, 한자로 된 숙어나 성구(成句) 또는 문장.

㉮ : <唐韻> 卽夷切, <集韻>, <韻會>, <正韻> 津私切
㉯ : 부를 ᄌ<훈몽, 하, 13b>, 부늘 ᄌ<광천, 11a>, ᄀ슴 ᄌ<신합, 하, 28a>, ᄌ뢰 ᄌ<석천, 11a>, 지물 ᄌ, 도울 ᄌ, ᄌ질 ᄌ<주천, 11a>
㉰ : 물자(物資)
㉱ : 영자(英資), 외 : 자(外資)
㉲ : 물자[20], 영자(令姉, 英姿, 纓子), 외자(-字), 외 : 자(外字)
㉳ : 給資, 物資, 法資, 出資, 合資(총 5개)
㉴ : 加資, 家資, 間資, 內資, 短資 등(총 36개)

㉮로 미루어, 그 음이 '지, 자'이나 ㉯를 통해 볼 때, '자'이다. '資'는 弱硬音性 形態素다. 고유어 '자'와 '姉, 姿, 子, 字'는 경음으로 나타나지 않는다. '資'는 ㉰와 ㉳의 예처럼 표준발음법 제23항과 제26항을 대체로 지키는 형태소다.

27) 帳

```
                                                    (16%)
```

㉮ : <廣韻>, <集韻>, <韻會>, <正韻> 知亮切
㉯ : 댱 댱<훈몽, 중, 7b>, 댱 댱<광천, 19b>, 댱 댱<신합, 상, 24a>, 댱 댱<석천, 19b>, 댱 댱<유합, 七類, 15a>, 쟝 장<왜어, 하, 13a>, 쟝 장<주천, 19b>
㉰ : 원장(元帳)
㉱ : 원 : 장(院長)
㉳ : 門帳, 房帳, 玉帳, 元帳(총 4개)
㉴ : 絳帳, 開帳, 計帳, 供帳, 控帳 등(총 47개)

㉮로 미루어, 그 음이 '쟝'이나 ㉯로 볼 때, '댱, 장'이다. '帳'은 弱硬音性 形態素다. '長'은 경음으로 나타나지 않는다. ㉰의 '원장(元帳)'은 표

---

20) 물놀이를 재기 위하여 강가에 세우거나 바위 따위에 그려 놓은 자.

준발음법 제28항에 의거해, 관형격 기능의 사이시옷 현상에서 비롯된 경음화로 볼 수 있다.

28) 張

(22%)

㉮ : <唐韻> 陟良切, <集韻>, <韻會> 中良切
㉯ : 활 지흘 댱<훈몽, 하, 5b>, 베플 댱<광천, 1b>, 댨 댱<백련, 3b>, 베플 댱<신합, 상, 16b>, 베플 댱<석천, 1b>, 댱<유합, 七類, 10b>, 베플 쟝<주천, 1b>
㉰ : 준 : 장(準張), 패장(牌張)
㉲ : 준 : 장(准將, 峻壯), 패 : 장(敗將), 패장(牌將)
㉳ : 落張, 別張, 準張, 冊張, 出張 등(총 7개)
㉴ : 加張, 開張, 更張, 高張, 誇張 등(총 25개)

㉮로 미루어, 그 음이 '챵, 쟝'이나, ㉯로 보아서는 '댱, 쟝'이다. '張'은 弱硬音性 形態素로, 대체로 표준발음법 제23항과 제26항을 지키는 형태소다.

29) 橫

(50%)

㉮ : <字彙> 子郞切
㉯ : 장 장<신합, 상, 28a>, 장 장<유합, 七類, 17b>, 장 장<왜어, 하, 12a>
㉰ : 신장(-橫)
㉲ : 신장(伸張, 身長, 神將, 新粧, 新裝, 申檣, 伸葬, 信章)

ⓑ : 籠欌, 壁欌, 食欌, 藥欌, 竹欌 등(총 9개)
ⓢ : 鳳欌, 書欌, 龍欌, 衣欌, 紙欌 등(총 9개)

ⓐ와 ⓝ로 미루어, 그 음은 '장'이다. '欌'은 中硬音性 形態素다. 따라서 단어마다 그 발음법을 익혀야 한다. ⓓ를 통해 볼 때, '長, 將, 粧, 裝, 章, 檣, 葬' 등은 弱硬音性 形態素로 보인다. ⓓ의 '신장(-欌)'과 15) '毒'의 ⓓ '돈독(-毒)'21)은 임홍빈(1981 : 16)의 주장처럼 고유어와 한자어 사이에 나타나는 사이시옷 현상에서 나타나는 경음화로 보인다.

30) 狀

(39%)

ⓐ : <唐韻> 鉏亮切, <集韻>, <韻會> 助亮切
ⓝ : 얼굴 장<훈몽, 상, 18b>, 얼굴 상<신합, 상, 15a>
ⓓ : 면 : 장(免狀), 병 : 장(病狀), 봉장(封狀), 사장(詞狀), 사 : 장(赦狀), 상 : 장(上狀), 서 : 장(誓狀), 영장(令狀), 원장(原狀), 청장(請狀)
ⓡ : 사 : 장(謝狀), 사장(辭狀)
ⓓ : 면 : 장(面長, 面帳, 面墻), 병장(兵仗, 兵長, 屛帳), 봉장(封章), 사 : 장(射場), 상 : 장(上長), 서 : 장(署長), 영장(英將, 靈長, 靈場), 원 : 장(院長), 청장(淸帳, 淸醬, 廳長)
ⓑ : 檢狀, 契狀, 告狀, 券狀, 答狀 등(총 23개)
ⓢ : 家狀, 擧狀, 古狀, 公狀, 過狀 등(총 36개)

ⓐ로 미루어, 그 음이 '샹, 쟝'이다. ⓝ를 통해 볼 때, 그 음이 '상, 장'이다. '狀'은 中硬音性 形態素다. ⓓ에서 '長, 帳, 墻, 仗, 章, 場, 將, 醬'은 경음으로 나타나지 않는다.

─────────

21) 엄밀하게 '신장(-欌)'과 '돈독(-毒)'은 표제어의 이음절 한자어에 벗어난다. 그러나 본고에서는 고유어와 한자어 사이의 경음화 현상에 대한 참고 자료로 삼기 위해, 내용에 넣었다.

31) 的

(42%)

㉮ : <唐韻>, <集韻>, <韻會>, <正韻> 丁歷切
㉯ : 뎍실 뎍<신합, 하, 60b>
㉰ : 공적(公的), 내 : 적(內的), 병 : 적(病的), 사적(私的), 사 : 적(史的),
    성 : 적(性的), 영적(靈的), 외 : 적(外的), 인적(人的), 정 : 적(靜的),
    종적(縱的), 지적(知的), 횡적(橫的)
㉱ : 사적(射的)22)
㉲ : 공적(公敵, 公賊), 내 : 적(內賊), 병적(兵籍, 屛迹), 사 : 적(事蹟), 성 :
    적(聖蹟), 성적(成績), 영적(靈蹟), 외 : 적(外敵, 外賊), 인적(人跡),
    정 : 적(正嫡, 靜寂), 종적(蹤迹), 지적(地積, 地籍, 指摘), 횡적(橫笛)
㉳ : 鵠的, 端的, 目的, 實的, 心的 등(총 8개)
㉴ : 監的, 團的, 盟的, 射的, 言的 등(총 11개)

㉮와 ㉯로 미루어, 그 음이 '젹, 뎍'이다. '的'이 '-관한, -에 관계되
는'의 관형사 역할로 쓰일 때는, 强硬音性 形態素다. 그러나 전반적으로
쓰인 용례 상에서 '的'은 中硬音性 形態素다. ㉲에서 '敵, 賊, 籍, 迹, 蹟,
績, 跡, 嫡, 寂, 積, 籍, 摘, 笛' 등은 경음으로 나타나지 않는다.
    권인한(1997 : 253)은 '-的'의 경우, 선행어가 단음절 형태소일 때는 [-쩍],
2음절 이상의 형태소일 때는 [-적]으로 실현된다고 보았다. 임홍빈(198
1 : 7)도 一音節 漢字語 뒤에 '的'이 쓰일 때는, 一音節 漢字語가 獨自的인
統辭單位가 되기 어렵기 때문에, 언제나 [-쩍]이 된다고 보았다. 배주채
(2003 : 260)도 '-적(的)'은 2음절어를 형성한 경우에는 경음화 되고, 3음절
이상의 한자어를 형성한 경우에는 경음화 되지 않는 것으로 본다.
    그러나 단음절 형태소일 때는 '-에 관한'이라는 관형사 역할을 하지
않는 경우에 ㉳와 ㉴에서 보는 바와 같이 오히려 [-적]이 더 일반적이
라고 보아야 할 것이다.

_____

22) 과녁.

32) 點

(68%)

㉮ : <唐韻>, <集韻>, <正韻> 多忝切
㉯ : 뎜틸 뎜<백련, 5b>, 뎜 뎜<신합, 하, 58a>, 뎜 뎜<왜어, 상, 37b>
㉰ : 구점(句點b), 누 : 점(淚點b), 다점(多點b), 동점(同點b), 미점(美點b), 비 : 점(沸點b), 타 : 점(打點b)[23]
㉱ : 누 : 점(漏點b), 미점(米點b)[24], 비 : 점(批點b)[25], 타 : 점(打點b)[26]
㉲ : 구 : 점(口占), 다점(多占, 茶店), 동점(東漸, 銅店)
㉳ : 加點, 角點, 減點, 强點, 據點 등(총 119개)
㉴ : 間點, 檢點, 闕點, 大點, 代點 등(총 56개)

㉮로 미루어 그 음은 '뎜'이다. ㉰와 ㉱를 통해 볼 때, '點'은 경음성이 강한 中硬音性 形態素다. ㉰와 ㉱의 '打點'은 경음의 유무에 따라, 그 뜻을 달리하는 특수한 경우이다. ㉲로 보아, '占, 店, 漸' 등은 경음으로 나타나지 않는다.

33) 兆

(30%)

㉮ : <唐韻> 治小切, <集韻>, <韻會> 直紹切
㉯ : 빙됴 됴<신합, 하, 58a>
㉰ : 망조(亡兆)

---

23) 야구에서 안타 따위로 득점한 점수.
24) 산수화 필법의 한 가지.
25) 과거 등에서, 시관이 응시자가 지은 시나 문장을 평가할 때, 특히 잘 지은 대목에 찍던 둥근 점.
26) 붓이나 펜 따위로 점을 찍음. 마음속으로 정하여 둠.

ⓐ : 경조(京兆)

ⓑ : 경 : 조(敬弔), 망조(罔措, 亡朝, 望朝)

ⓒ : 吉兆, 亡兆, 億兆, 一兆, 宅兆 등(총 7개)

ⓓ : 佳兆, 康兆, 卦兆, 夢兆, 瑞兆 등(총 16개)

ⓐ로 미루어, 그 음은 '초, 조'이다. ⓑ로 볼 때는 '됴'이다. ⓒ, ⓐ, ⓒ, ⓓ를 통해 硬音性이 약한 中硬音性 形態素임을 알 수 있다. '弔, 措, 朝'는 경음으로 나타나지 않는다. ⓒ의 '一兆'에 대해 배주채(2003 : 253)는 한자어계 수사 중에서 종성이 'ㄹ'인 것 '一, 七, 八' 뒤에 초성이 'ㄷ, ㅅ, ㅈ'인 수사 '三, 四, 十, 兆'는 경음화가 일어나고, 초성이 'ㄱ, ㅂ'인 '九, 百, 京'은 경음화가 일어나지 않는다고 하였다.

34) 調

(30%)

ⓐ : <唐韻> 徒遼切, <集韻>, <韻會>, <正韻> 田聊切

ⓑ : 고롤 됴<광천, 2a>, 고롤 됴<신합, 하, 60a>, 고롤 됴<석천, 2a>, 고롤 됴<주천, 2a>

ⓒ : 경조(京調, 硬調)

ⓓ : 경조(京兆, 更造, 京造, 驚譟, 卿曹, 經旱), 경 : 조(敬弔, 景祚, 慶弔, 慶兆)

ⓒ : 角調, 強調3, 格調, 弄調, 短調 등 (총 30개)

ⓓ : 強調2, 堅調, 界調, 階調, 古調 등 (총 69개)

ⓐ로 미루어 그 음이 '됴, 죠'이다. ⓑ로 볼 때는, '됴'이다. ⓒ, ⓒ, ⓓ로 보아, '調'는 硬音性이 약한 中硬音性 形態素다. ⓓ에서 '兆, 弔, 曹, 造, 旱, 祚, 譟' 등은 경음으로 나타나지 않는다.

35) 症

(74%)

㉮ : <廣韻> 陟陵切, <集韻> 知陵切, <正韻> 諸成切
㉯ : 간 : 증(癇症), 본증(本症), 서 : 증(暑症), 후증(喉症)
㉰ : 이 : 증(痢症, 裏症)
㉱ : 간증(干證), 간 : 증(魘黯), 본증(本證), 서증(書贈, 書證), 이증(貤贈),
    후 : 증(後證)
㉲ : 癇症, 客症, 輕症, 驚症, 痙症 등(총 64개)
㉳ : 加症, 窮症, 論症, 對症, 浮症 등(총 23개)

㉮로 미루어, 그 음은 '층, 증, 정'이다. ㉲와 ㉳로 볼 때, '症'은 强硬音性 形態素로 보인다. ㉱에서 '證, 黯, 贈'은 경음으로 나타나지 않는다.

36) 帙

(35%)

㉮ : <廣韻> 直一切, <集韻>, <韻會>, <正韻> 直質切
㉯ : 최읫 딜<훈몽, 상, 18a>, 최의 딜<신합, 하, 37a>
㉰ : 중질(中帙)
㉱ : 중질(中質)
㉲ : 缺帙, 落帙, 逸帙, 積帙, 竹帙 등(총 6개)
㉳ : 巨帙, 經帙, 卷帙, 亂帙, 部帙 등(총 11개)

㉮로 미루어, 그 음이 '질'이나, ㉯의 경우처럼 '딜'로도 읽혔다. '帙'은 中硬音性 形態素다. '質'은 경음으로 나타나지 않는다.

3. 맺는 글

강희자전(㉮)과 우리의 16세기 이후 문헌(㉯)을 검토해 본 결과, 경음화가 통시적으로 음가 자체에서 비롯되지 않음을 알 수 있었다. 항상 경음으로 나거나 항상 그렇지 않은 경우는 없고, 경음화 현상은 다소 여유가 있음을 알았다. 이를 어느 원칙으로 일반화하기가 어렵다는 것이다. 언어현상은 이처럼 복잡다양하다고 볼 수 있다. 따라서 경음화에 대한 정리는 이유 없는 무조건적 상황이라는 오랜 관습 속에서 굳어진 현상으로 하는 것이 타당하리라 본다. 그러나 항상 그렇지는 않지만 선행음절의 말음이 k계열과 p계열일 때, 그 뒤에서는 경음화 현상이 보편적으로 일어남을 알 수 있었고, 경음성이 강한 형태소들과 중간 정도, 약한 형태소들을 구분할 수 있었으며, 그것들로는 어떠한 것들이 있었나를 알 수 있었다.

형태소의 성격	한자 형태소
强硬音性 形態素	1) 價, 2) 件, 8) 圈, 9) 權, 18) 法, 35) 症
中硬音性 形態素	3) 契, 4) 科, 7) 句, 16) 犢, 24) 數, 25) 字, 29) 欌, 30) 狀, 31) 的, 32) 點, 33) 兆, 34) 調, 36) 峽
弱硬音性 形態素	5) 課, 6) 卦, 10) 技, 11) 氣, 12) 記, 13) 臺, 14) 德, 15) 毒, 17) 房, 19) 瓶, 20) 病, 21) 步, 22) 褓, 23) 性, 26) 資, 27) 帳, 28) 張

위 도표상에서 언중들이 발음상 많은 실수를 범하는 경우는 '弱硬音性 形態素'들이다. 그러나 이들에게서 경음화의 원칙을 쉽게 찾기는 힘들다. 따라서 이들은 발음을 따로 익혀서 사용하여야 할 것이다.

한편 대체로 실생활에 많이 쓰이지 않거나, 역사적인 용어로 현재는 死語化하거나 그것으로 되는 과정의 단어, 방언이나 잘못 쓰이는 어휘는 경음이 나타나지 않는다. 또 음운론적 조건으로는 선행음절이 모음이거나 유성자음인 경우에 대체로 경음화가 나타나지 않는다.

김진규(1986 : 85)는 경음화에 대해서는 음운론적 조건이라고 보기 어려운 유동적인 것이 있어 이를 형태론적 조건에서 보아야 함을 지적한 바 있다. 또 임홍빈(1981)도 합성명사를 구성하는 두 명사 사이의 의미관계에서 경음화의 규칙성을 어느 정도 규명했다. 과연 이런 관점이 진일보한 관점이지만 전체를 해결하기는 예외적인 사항이 많음을 36항목의 한자 형태소를 통해 직접 확인할 수 있었다.

배주채(2003 : 263)는 항상 경음화 되는 한자형태소로 한자어 '과(科)'와 한자어계 접미사 '-가(價), -권(權), -권(圈), -권(券)'을 제시한다. 그러나 이 도표에서 보는 바와 같이 표준발음상 '科'의 경우는 예외가 많아 그렇게 보기 어렵고, '-價, -權, -圈'도 경음성이 강한 것이지 '항상' 경음화한다고 단정하기는 힘들다. 또 그(2003 : 276-277)는 의미와 기능에 따라 경음화 되는 한자 형태소를 제시하는데, 한자어로는 본 연구의 '法(强硬音性), 字(中硬音性), 點(中硬音性), 甁(弱硬音性), 病(弱硬音性)' 등을, 한자어계 접미사로는 본 연구의 '症(强硬音性), 狀(中硬音性), 兆(中硬音性), 氣(弱硬音性), 性(弱硬音性)' 등을 제시하였다. 단어에 따라 경음화 하는 한자형태소도 제시하는데, 이는 본 연구자의 '中硬音性 形態素'와 大同小異한 의미이다. 그 형태소로 제시한 것은 한자형태소 '건(件), 과(果)'와 한자어 '구(句), 수(數)'이다. 그러나 '건(件)'은 경음성이 강하다.

따라서 이를 원칙적인 현상으로 규정하기보다는 수의적인 현상으로 파악되어야 할 것이며, 현실 언어를 사용하면서 언중이 터득해야 하는 미완성의 현상으로 정리할 수 있다.

III. 형태소 '-ㄱ'에 대한 연구

1. 序論

현대어에서 쓰이지 않는 것으로 그간 규명하지 못했던 국어의 형태소나 어법이 과거의 문헌 속에서 나타날 때, 우리는 긴장할 수밖에 없다. 그 긴장에서 비롯된 의문은 그 역할, 기능 그리고 의미를 규명하고자 하는 학자들의 본능적인 연구를 진행시키고, 이를 통해 그 본질이 명백해지면서 하나의 연구결과가 나온다. 이러한 연구의 집적이 국어학 전반의 틀을 세우는 초석임은 두 말할 나위 없다. 그러나 그 집적을 無批判的으로 수용할 때, 誤判을 낳기도 한다. 후행 연구자들이 비판적으로 수용하여 그 正誤를 확인하는 절차를 간과했기 때문이다.

이러한 모습의 하나로, 본 연구자는 형태소 '-ㄱ'을 제시한다. 그간의 연구들은 이를 대체로 '강세·강조'의 의미를 지니는 '어미, 접미사, 첨미소, 첨사, 조사' 등으로 제시했던 것이다. 지금까지 이 형태소는 재론의 여지없이 그러한 의미와 기능을 지닌 것으로 굳어져 버리고 있다.

그러나 본 연구자는 그동안의 연구 결과에 대해 의구심을 갖는다. '-ㄱ'은 역사적으로 과거에 거슬러 올라갈수록 體言的 連結語尾[1]나 敍法語尾 뒤, 체언이나 조사 뒤에 매우 생산적으로 붙었던 보조사이었다. 이 형태소는 어미 뒤에 붙어, 앞 문장의 사건이 뒷문장의 사건보다 앞섬을

---

1) 體言的 連結語尾는 현행 보조적 연결어미 중, '-아, -고'만을 한정해서 말한다. '체언적'이란 용어는 홍종선(1990 : 82–91)의 '체언성'이라는 용어의 도움을 받은 것으로, 체언적 기능을 한다는 그의 주장을 따른다. 이들 어미들은 통사 구조상 내포 체언절의 역할을 할 뿐만 아니라, 여러 조사나 후치사가 다음에 올 수 있기 때문이다.

나타내, 시간적 선후관계를 표시하였다. 체언과 조사 뒤에서는 분명함을 보충하는 보조사였다. 이 형태소는 향가가 나타나는 고대국어 시기부터 출현하여 15세기 말까지 쓰이다가 소멸한 것으로 보이며, 현대어에 대응하는 의미는 '-서'[2]이다. 이에 대한 자세한 내용은 章을 달리하여 살펴볼 것이다. 기술의 방식은 실증적이고 통시적인 관점을 취하였다.

1) 기존의 연구들

형태소 '-ㄱ'에 대한 연구는 그 의미가 '강세'라는 주장이 지배적이다. 유창돈(1964), 남광우(1971, 1997), 최범훈(1981) 등이 대표적이다. 유창돈(1964 : 1)은 '强勢形 接尾辭'로 보았으며, 남광우(1971 : 1)는 '-서는'의 의미를 지니는 것으로 용언 밑에 붙어 쓰이던 강세의 조사로 보았다가 남광우(1997 : 17)에서는 '조사'가 아닌, '접미소'로 바꾼다. 최범훈(1981 : 66)은 '强勢 添尾素'로 보고, '-ㄱ' 이외에 '-ㅅ'도 그런 기능이 있다고 보았다. 이러한 연구 결과를 수용하여 최근에 국립국어원(2001 : 1)에서 발간한 표준국어대사전에서도 옛 접사로서 주로 부사어나 부사 뒤, 또는 조사 뒤에 붙어 그 말의 의미를 세게 만드는 접미사로 설정하고 있다.

그러나 우선 '-ㄱ'을 강세의 조사나 접미소로 볼 때, 같은 위치에서 나타나는 강세 조사 '-사'가 문제된다. 서로가 系列關係에 있기에 같이 올 수 없지만, 과거 문헌 속에 실제 같이 오는 경우[3]가 있으며, 기능과 의미면에서 차이가 없는 '-ㄱ'와 '-사'를 동시대에 사용할 리가 만무하

---

2) 안명철(1985 : 482)은 'X + 서'가 'X + 있다'를 그 대응되는 구문으로 지니는 사실을 밝힌 바 있다. '-ㄱ' 또한 체언적 어미 '-어, -고' 뒤에 '있다'가 많이 나타난다. 특히 고려 석독구결 자료에는 존재의 보조동사 '시-'가 연접하는 문장이 많다. 이는 '-ㄱ'이 '-서'의 의미와 기능을 한다는 중요한 증거이다.

3) 그 일례로 2-1)-(2) k 예문을 보면, 'ㆍㅅㅎ丨'가 등장하여 '-ㅅ/ㄱ'과 '-丨/사'가 連接하여 나타난다.

기 때문이다. 따라서 그 의미와 기능이 현대어까지 계승한 '-사'는 강세 조사가 분명하나, '-ㄱ'은 그렇지 않을 가능성이 높다.

또 강세나 강조로 보는 주장들은 검토한 자료가 구결 자료까지 섭렵하지 못하였고 문맥상 의미의 고찰이 충분하지 않았던 것으로 보인다. 향가, 구결 자료 등을 비롯해 15세기의 문헌들을 꼼꼼히 살펴보면, 이 형태소가 출현한 용례가 많이 있으며 이들을 조사하면 그 의미와 기능이 훨씬 명백하게 드러난다.

강세의 기능보다 부사형의 의미가 있음을 주장한 최초의 연구는 이숭녕(1981)이다. 그는 '副詞形의 接尾辭'로 그 기능을 규정하였다(이숭녕, 1981 : 273). 또 김홍석(2004a : 112)은 動詞語幹에 붙는 점과 후대에 부사나 부동사어미 '-어 / 아'형에 붙고, 그 뒤에 存在의 補助動詞 '시-'가 連接하는 것으로 미루어, 副動詞語尾의 先代形으로 보았다.

그 외 의견으로 이 형태소에 대한 판단을 유보하고 구결 자료 속의 '-ㅅ / ㄱ'의 의미와 기능을 추측하거나 관련성에 대해서만 언급한 주장들이 있다. 백두현(1995 : 28-48)은 석독구결에서 경어법 '-ㄹ-'를 포함한 형태로서 형태론적 분석과 문법 기능의 구명이 어려운 것으로 '-� ㅅ ㄴ-', '-ㅁ ㅅ ㄴ-', '-ㅊ ㅅ ㄴ-', '-ㅓ ㅅ ㄴ-', '-ㅌ ㅅ ㄴ-'를 제시하고, 이들에 쓰인 '-ㅅ-'가 존재동사와 관련된 어형인 듯하다고 하였다. 이승재(1996 : 535)는 동사류 어간과 '-ㄹ(시)-' 사이에 개입될 수 있는 '-ㅁ ㅅ(곡)-, -ㅊ ㅅ(격)-, -ㅓ ㅅ(악)-, -ㅌ ㅅ(냐)-' 등에 대해, 이들은 아직 확실하지 않지만 모두 15세기의 '-거 / 어 / 나'와 관련된 형태로 보았다.

2) 기술 방식

시대 순으로 이 형태소가 등장하는 각종 문헌들 속의 구문들을 제시하고, 그 의미와 기능을 밝혔다. 각종 문헌들은 편의상 다음과 같이 略號를 사용하였다.

<略號>
　　大方廣佛華嚴經(권14)：華嚴(12세기 중엽)
　　金光明最勝王經：金光(13세기 중엽)
　　舊譯仁王經：舊譯(13세기 중엽 이후)
　　瑜伽師地論(권20)：瑜伽(13세기 후반)
　　祇林寺本 楞嚴經：祇楞(14세기 무렵)
　　宋成文本 楞嚴經：宋楞(1401)
　　釋譜詳節：釋譜(1449)
　　楞嚴經諺解：楞解(1462)
　　救急方諺解：救方(1467)
　　蒙山和尙法語略錄：蒙法(세조조, 15세기 중엽)
　　杜詩諺解 初刊本：杜解초(1481)
　　救急簡易方：救簡(1489)
　　初刊朴通事：朴초(15세기말)

3) '-ㄱ'의 의미와 기능

이 형태소는 첫째, '-아 / 어, -고' 등의 體言的 連結語尾 뒤에 붙어 나타나는 경우, 둘째, 현실법 어미[4] '-ᄂᆞ-' 뒤에 나타나는 경우, 셋째, 체언에 붙어 나타나는 경우, 넷째, 부사격 조사에 붙어 나타나는 경우가 있다.

첫째는 '-아 / 어, -고' 등의 體言的 連結語尾 뒤에 보조사 '-ㄱ'이 붙는 경우이다. 여기서 '-ㄱ'은 앞문장의 사건이 뒷문장의 사건보다 앞섬을 표시하여 시간적 선후관계를 나타내는 보조사로, 현대어의 '-서'와 같은 기능을 한다. 현대어에서 '-ㄱ'과 같은 의미와 기능을 가지는 '-서'의 모습을 보면 다음 예문과 같다.

　　밥을 먹어서 소화를 시켰다.
　　철수는 바지를 빨아서 다리미로 줄을 세웠다.
　　출발하여서 연락해라.

―――――――
4) 이 명칭은 김홍석(2004b : 137-141)에 따른 것이다.

신나는 음악을 듣**고서** 나가 놀았다.

위 예문에서 '-서'는 생략해도 문장의 전달적 의미는 큰 지장이 없다. 그러나 '-서'의 연결은 앞선 행동이나 사실이 먼저 이루어짐을 分明하게 나타내고 있다.

둘째의 경우는 현대어에 나타나지 않는 형태로, 고려시대에만 있었던 것으로 보인다. 현실법 어미 '-ᄂᆞ-' 뒤에 '-ㄱ'이 쓰여, 첫째의 경우처럼 시간적 선후관계를 명확히 하는 의미와 기능을 한다. 현실법 어미는 화자가 바로 눈앞에 사실로써 나타나 있는 사물이나 상태를 표시하는 기능을 한다. 현실법 어미 '-ᄂᆞ-'는 단순한 현재 시제의 속성을 드러내는 시제 형태소로 보기 어렵고, '지속상'을 나타내는 것으로 보아야 한다(김홍석, 2004b : 137). 고려시대 석독구결 속의 '-ᄂᆞ-'는 현대어로 '-는-'에 대응된다. 당시는 현재라는 시제보다는 현실이라는 서법상 기능을 한 것으로, 현대어의 '-는-'과는 의미와 기능면에서 다소 차이가 난다.

셋째, 체언 뒤에 붙어 나타나는 '-ㄱ'은 현전 문헌자료를 살펴보면, 장소를 표시하는 체언 뒤에만 나타난다. 다른 곳이 아닌, '바로 그곳'의 의미를 지녀 분명함을 보충하는 기능을 한 것으로 보인다. 현대어에서도 '-서'가 이와 같은 의미와 기능을 가졌다. 다음은 그 예문들이다.

너는 여기**서** 떠나라.
누나는 미국**서** 산다.

넷째는 '-ㄱ'이 부사격 조사 '-로'나 '-에' 뒤에 붙는 경우이다. 부사격 조사 '-로'나 '-에' 뒤의 '-ㄱ'은 '-로서', '-에서'의 의미를 지닌다. '-로' 뒤의 '-ㄱ'은 재료, 자격, 방법 등이 분명함을 보충한다. '-에' 뒤의 '-ㄱ'은 행위의 처소를 분명하게 보충한다. 현대어로 '-서'에 대응된다. 현대어에서도 이런 기능이 아래의 예문처럼 확인된다.

빵은 설탕으로서 단맛을 낸다.
할아버지께서는 독립군 장군으로서 광야를 호령하셨다.
신의와 예로써 기업을 지켰다.
사슴벌레가 참나무에서 찰싹 붙어 있다.

그러면 과거의 문헌 속에서 형태소 '-ㄱ'은 어떤 모습으로 나타나고 그 기능과 의미는 어떠한지 알아보자.

2. 고문헌 속의 '-ㄱ'

1) '-아/어' 뒤에서

'-ㄱ'은 '-아/어'[5]라는 인과관계의 체언적 어미 뒤에 붙어, 전후문장의 시간적 선후관계를 더더욱 확실하게 한다. 이러한 모습은 향가, 고려시대 석독구결, 여말·선초의 순독구결, 15세기 문헌 등에 나타난다.

(1) 향가

① a. 命叱使以惡只 彌勒座主陪立羅良 <兜率歌> / 命ㅅ 브리약 彌勒座主 모리셔라[6]
b. 切德叱身乙對爲白惡只 際于萬隱德海肹 <稱讚如來歌> / 功德[7]ㅅ 身을 對ᄒᆞᅀᆞᆲ박 ᅎ 가만 德海ᄅᆞᆯ
c. 緣起叱理良尋只見根 <隨喜功德歌> / 緣起ㅅ 理라 차작 보곤

---

5) '-아/어'는 인과관계를 연결하는 어미이다. 안명철(1985 : 502)은 '-서'에는 '-아'의 흔적이 남아 있고 이것이 '-서'와 '-아'의 관계를 연결해 준다고 본다. 그래서 대부분의 경우 접속어미 '-아'가 '-아서'로 큰 제약 없이 쓰일 수 있다는 것이다. 즉, '-서'는 剩餘的 機能을 한다는 주장이다.
6) 轉寫 부분은 김완진(2000)을 참고하였으나, 본 연구자와 해석에 차이를 보이는 부분은 바꾸었다.
7) 본문의 '切德'은 '功德'을 잘못 표기한 것이다.

d. 吾焉頓叱進良只 法雨乙乞白乎叱等耶 <請轉法輪歌> / 나는 ㅂ롯
나삭 法雨를 비술봇ᄃ라
e. 身靡只碎良只塵伊去米 <常隨佛學歌> / 모멕 ㅂ삭 ᄃ트리 가매
f. 一切善陵頓部叱廻良只 衆生叱海惡中 <普皆廻向歌> / 一切 이든
ㅂ르봇 돌악 衆生ㅅ 바돌아기
g. 他道不冬斜良只行齊 <常隨佛學歌> / 녀느 길 안돌 빗격 녀져
h. 大悲叱水留潤良只 不冬萎玉內乎留叱等耶 <恒順衆生歌> / 大悲ㅅ
믈루 저적 안돌 이봇ᄂ오롯ᄃ라

① a~① f는 향가 중에서 모음조화 규칙에 따라, '-ㄱ'이 연결어미 '-아'에 붙은 경우이고, ① g~① h는 연결어미 '-어'에 붙는 경우이다.
① a는 '使/브리-'에 사동 접사 '-以/이-'가 붙고, 연결어미 '-아'에 말음첨기 형식으로 '-只/ㄱ'이 연결되어, '使以惡只/브리약'으로 읽었을 것이다. '-약'은 '-이-'와 '-악'의 축약형이다. 뒷문장과의 관계를 보아도 '부리게 하여서'의 의미로 시간적으로 뒷문장보다 앞섬을 나타내는데, '-只/ㄱ'이 '-서'의 의미로 그 기능을 표현해 내고 있다. ① b의 '爲白惡只' 또한 접사 '爲/ᄒ-'에, 겸양의 '-白/숩-'과 연결어미 '-아'에 말음첨기 형식으로 '-只/ㄱ'이 연결되어 'ᄒ술봑'으로 읽었을 것이다. '하여서'의 의미이다. 따라서 ① b 문장 전체는 '功德身을 對하여서 갓 가마득한 德海를'로 해석된다. ① c의 '尋只'은 '차작'으로 '찾아서'의 의미이다. 문장이 '찾은 후에 본다'는 내용이다. 따라서 앞 문장의 행위가 뒷문장의 그것에 비해 먼저 행해짐을 '-只/ㄱ'이 표시하고 있다. 대체로 향가에서 연결어미 '良'을 사용해 '-아/어'를 표기했으나, 여기에서는 이것을 생략한 것이 특기할 만하다. ① d의 '進良只/나삭'도 '-只/ㄱ'이 '-서'의 의미를 지녀, '나아가서'로 해석된다. 문장 전체는 '나는 바로 나아가서 法雨를 빌었느니라'로 해석되는데, 여기서 '-只/ㄱ'은 시간적 선후관계를 확실하게 보여주고 있다. ① e~① f도 모두 앞의 경우처럼 '碎良只/ㅂ삭/부서져서', '廻良只/돌악/돌아서' 등으로, 전부 앞문장의 사건이 뒷문장에 시간적으로 앞섬을 '-只/ㄱ'이 '-서'의 의미로 표시하고 있다.

① g의 '斜良只 / 빗격' 중, '斜'는 '빗기다'를 나타낸다. 어근 '빗기-'
에 연결어미 '-良 / 어'가 붙어, 縮約形 '빗격'가 된 것이다. 여기에 받침
<u>으로</u> '-ㄱ'이 시간적 선후관계를 표시하는 '-서'의 의미로 연결된 것이
다. 따라서 이 구절은 '다른 일을 비껴서 가지 않을진저'로 해석된다.
① h의 '潤'은 '젖다'를 표시한 것으로 그 어근 '젖-'에 '-良 / 어'가 붙
고 여기에 받침으로 '-ㄱ'이 시간적 선후관계를 표시하는 '-서'의 의미
로 연결된 것이다. 따라서 ① h는 '大悲 물로 젖어서 이울지 아니하는
것이더라'로 해석되는 것이다.

(2) 구결

② a. 當願衆生 定ㄴ 以ぅハ 心ㄴ 伏ノ尸ㅿ <華嚴 권14, 04, 01-, 04>

　 b. 當願衆生 巧リ 師長ㄴ <u>事ゝ白ぅハ</u> 善法ㄴ 習行ゝヒ효 <華嚴
　　　 권14, 03, 08-, 12>

　 c. 當願衆生 勤七 善根ㄴ <u>修ぅハ</u> 諸 罪七 輕ㄴ 捨ゝヒ효 <華嚴
　　　 권14, 03, 08-, 12>

　 d. 功德法性身ㄴ <u>獲ぅハ</u> 法七 威力ㄴ 以ぅ 世間ぅ十 現ヒ禾ゟ
　　　 <華嚴 권14, 13, 17-, 20>

　 e. 義ゝ 二リヒ七 義ゝゝㄴ <u>問白ぅハニㄱリㅁ</u> <舊譯 권14,
　　　 20-23>

　 f. 當願衆生 心ぅ十 解脱ノ尸のㄴ <u>得ぅハ</u> 安住ゝぅホ <華嚴 권
　　　 14, 4, 1-, 4>

　 g. 當願衆生 出家ノ尸ㅿ 礙尸 無ぅハ 心ぅ十 解脱ノ尸入ㄴ 得
　　　 ヒ효 <華嚴 권14, 30, 03-, 07>

　 h. 當願衆生 衆ㄱ 聚七 法ㄴ <u>捨ゝぅハ</u> 一切智ㄴ 成リヒ효 <華
　　　 嚴 권14, 03, 03-, 07>

　 i. 當願衆生 佛止 出家ゝゔ冫ㄱ 冫十 同ゝぅハ <華嚴 권14, 03,
　　　 13-, 16>

　 j. 此リ 無ニゝㄱのㄴ <u>通達ゝぅハニㄱㄴ</u> <舊譯 15, 5-6>

　 k. <u>是[如]8)支ゝぅハゝ</u> 乃ゝ 他ゟ 信旋ㄴ 受ノロ [應]七ゝゟ
　　　 <瑜伽 17, 17-18, 01>

　 l. 願今ぅ 得果 <u>成寶王ゝぅハ</u> 還度如是恒沙衆ノヒヽ丨 <祇楞 3,

---

8) [　]는 訓讀字로 해석하지 않는다는 표시이다.

47B : 7>
願ᄒᆞᅀᆞᆸ노니 이제 果ᄅᆞᆯ 得ᄒᆞ야 寶王이 ᄃᆞ외야 이 ᄀᆞᆮᄒᆞᆫ 恒沙衆ᄋᆞᆯ 도로 濟度ᄒᆞ야지이다 <楞解 3, 112B>

구결에서는 '-ㄱ'의 모습이 구결자 '八'의 모습으로 여러 곳에 등장한다.

② a의 '以 3 八'은 'ᄡᅥᆨ/ᄡᅳ악'으로 '써서'를 의미한다. 이런 형태가 <華嚴> 속에 1회 더 등장한다. 定을 씀으로써 心을 감복시킬 수 있는 내용으로 미루어, 시간적으로 定을 쓴 행위가 앞섬을 '-八/ㄱ'을 통해 나타내고 있다. ② b의 경우는 ① b의 '爲白惡只'의 口訣 表記로, 접사 'ソ/ᄒᆞ-'에 겸양의 '-白/ᅀᆞᆲ-', 연결어미 '-3/아'에 '-八/ㄱ'이 받침으로 쓰여 'ᄒᆞᄉᆞᆯ박'으로 읽었을 것이다. '師長을 섬김 하여서 善法을 익히고 행함'이라는 내용이다. 따라서 善法을 익히고 행하기 이전에 師長을 섬기기가 우선 되어야 함을 '-八/ㄱ'이 나타내는 것이다. ② c의 '修 3 八/닷각'은 '닦아서'의 의미이다. 문장의 내용은 '善根을 닦아서 모든 죄의 멍에를 버리다'로 善根을 닦은 후에 멍에를 버린다는 것이다. 따라서 '-八/ㄱ'은 '-서'의 의미로 시간적 선후관계를 표시함을 알 수 있다. ② d의 '獲 3 八/얻억'로 '얻어서'의 의미이다. 문장의 내용은 '功德法性身을 얻어서 법의 위력을 써 세간에 나타날 것이며'로 얻은 후에 위력을 쓴다는 것이다. 여기서도 '-八/ㄱ'은 시간적으로 앞섬을 나타낸다. ② e의 '問白 3 八ニ 7 リ 罒/묻ᄌᆞ박 시니라'로 謙讓補助語幹 '-ᄌᆞᆸ-'에 대한 현대어 해석이 곤란한 면이 있으나, '물어서 있음이라'로 해석된다. 물론 'ニ/시'는 존재의 보조동사이고 '-7/ㄴ'은 동명사형 어미이다. ② f에서 '得 3 八'은 '시럭'[9]으로 읽었을 것이다. 이는 실다[得]의 어근 '실-'과 모음조화에 의한 연결어미 '-3/어', 그리고 받침으로 '-八/ㄱ'이 시간적 선후관계를 표시하는 '-서'의 의미로 연결된 것이다. 의

9) 남풍현(1999 : 41)은 고려 석독구결 시대에 得자는 15세기와 같이 '얻-'과 '실-'의 두 訓을 가졌던 것으로 본다. 그러나 ② d의 '獲 3 八'을 '얻억'으로 보면, ② f의 '得 3 八'은 '시럭'으로 읽었을 것이다.

미는 '얻어서'이다. ② g의 '無ℨㅅ'은 '업억'을 표시한 것이다. 이와 같은 구절이 <華嚴>에는 이 외에도 3회가 더 나타난다.

② h~l은 'ᄒ다'나 'ᄒ다'가 붙는 용언의 어간 그리고 끝음절의 모음이 'ㅣ'인 어간 뒤에 붙어 'ᄒ약'의 형태로 나타나는 것들이다. 특히 ② h의 형태는 <華嚴>에서 30여 건이 발견된다. 당시 매우 일반적인 형임을 알 수 있다. ② h~② j는 구결 'ᄂℨㅅ/ᄒ약' 앞의 한자를 모두 음독한 것으로 '-ᄒ다'가 접사로 붙어 표현한 것이다. 따라서 'ㅇ하여서'로 해석된다. 時間的으로 앞섬을 나타내는 '-서'의 의미로 '-ㅅ/ㄱ'이 사용되었다. ② k는 '이 다ᄒ약사'로 읽었을 것이다.[10] 특히 이 구절은 '-ㅅ/ㄱ'이 강세나 강조가 아님을 다시 한번 확인해 주는 구문으로 'ℨ/사'라는 강세 조사 앞에서 강세가 겹치지 못함은 당연하다. 따라서 이 구문은 '이 같이 하여서야'의 의미로, 시간적 선후관계를 뜻하는 '-서'의 의미와 기능을 했던 것이다. ② l에서 <祇楞>에 대응하는 언해본 <楞解>를 보면, 단순히 'ᄂℨㅅ'부분을 'ᄒ야' 처리하였는데, 15세기에 이르러서는 '-ㅅ/ㄱ'이 기능과 의미가 생명력을 잃어 가고 있음을 보여준다. 실제 '-ㄱ'은 15세기 문헌까지만 나타나고 16세기에는 '-ㄱ'과 의미, 기능이 같았던 '-셔'[11])에게 넘겨준다.

---

10) '[如]ㅊ'는 부사로 '다'음을 표기한다. 남풍현(1999 : 29)은 'ㅊᄂ/다ᄒ-'가 15세기에는 '다히(如)'로만 쓰였지만, <瑜伽>에서는 다양한 활용형을 보여주어, 이 시대에는 형용사로서 널리 쓰이는 단어라 하였다.

11) 時間的 先後關係를 나타내는 '-셔'는 15세기 문헌부터 등장한다. 안명철(1985 : 482)의 검토에 의하면, '-서'는 모두 '-셔'에 대응이 되며, 15세기 이래 '-서'의 분포가 계속 확대되어 왔다고 보았다. 그런데 15세기 문헌에 나타나는 '-셔'는 體言的 連結語尾보다는 명사나 부사, 부사어 등에 연결되어 출발점 등을 뜻하는 '-에서'의 의미가 강하다.

한편, '-셔'가 15世紀부터 등장하기 시작했음을 다음의 예문에서 확인할 수 있다.

제 모미 누본 자히셔 보더 <釋譜 9 : 30>

虛空애 올아 거르믈 거르시니 발 아래셔 곳비 오며 放光 니르리 ᄒ시더라 <釋譜 11 : 13>

濕生ᄋ 축축ᄒ디셔 날씨오 化生ᄋ 翻生ᄒ야 날씨라 <釋譜 19 : 2>

韋曲앳 고줄 依賴홀 줄 업도다 집마다셔 사ᄅ몰 ᄒ놀이놋다 <杜解초 15 : 6>

퍼뎻는 구루미 노피셔 나가디 아니ᄒᄂ니 几룰 지여셔 쏘 ᄆᅀᆞ미 업소라 <杜解

(3) 15세기 문헌

15세기 문헌에서는 '-ㄱ'의 모습이 체언적 연결어미 '-아 / 어' 뒤에 받침으로 쓰여 '-악 / 억'으로 나타난다. 단, 접사 'ᄒᆞ다' 뒤에서는 '-약' 으로 나타난다.

> ③ a. 너와 다뭇ᄒᆞ야 山林에 사로몰 서르 일티 <u>마락</u> <杜解초 8 : 34>
> b. 곧 巾几룰 옮겨오몰 <u>지석</u> ᄀᆞᆺ 빗돗골 내 헌 지브로셔 나가라
> <杜解초 20 : 52>
> c. <u>어드웍</u> 空이 ᄃᆞ외야 : 晦昧ᄒᆞ약 爲空ᄒᆞ야 <楞解 2 : 18>
> d. 범믄 사ᄅᆞ믄 오직 수를 <u>마석</u> 댱샹 ᄀᆞ장 醉케 ᄒᆞ면 <救方
> 하 : 64>
> e. 工夫룰 <u>ᄒᆞ약</u> ᄆᆞᄉᆞᄆᆞᆯ 뻐 <蒙法 4>
> f. 幸혀 爲ᄒᆞ약 어딘 府主끠 내 글워를 通達ᄒᆞ라 <杜解초 25 : 56>
> g. 네 仔細히 <u>ᄉᆞ랑ᄒᆞ약</u> 哀慕롤 忝히 말라 <楞解 2 : 54>
> h. ᄒᆞ다가 分別性이 ᄃᆞ트를 <u>여희약</u> 體 업슳딘댄 <楞解 1 : 90>
> i. 여러 法緣을 <u>여희약</u> 分明性이 업슳딘댄 <楞解 2 : 26>

③ a는 '마락'이 '말아서'의 의미로 시간적으로 앞섬을 표시하고 있다. ③ b는 '…지어서(지은 후에)…나가라'의 의미로, '-ㄱ'은 시간적 선후관계를 명백히 하는 기능을 하고 있다. ③ c는 모음조화에 의해 연결어미 '-어'에 보조사 '-ㄱ'이 받침으로 쓰인 형으로 '워'와 '억'이 縮約하여 나타난 형태이다. '어두워서'의 의미이다. ③ d도 '억'형으로 '마시-'와 체언적 연결어미 '-어'에 '-ㄱ'이 축약하여 '마석'으로 나타난 것이며, 그 뜻은 '마시어서'이다. ③ e~③ g는 'ᄒᆞ-' 뒤에서 '-약'의 형태로 나타난 경우이고, ③ h~③ i는 'ㅣ' 모음이 선행하는 경우에 나타나는 '-약'의 형태로 '여의어서'의 의미이다. ③ h는 여읜 후에 體가 없음을, (3) i는 여읜 후에 분명성이 없음을 의미하는 것으로, '-ㄱ'이 시간적으로 뒷문장보다 앞섬을 표시한다.

초 15 : 17>

2) '-곡'형

'-ㄱ'은 완료의 의미를 지닌 체언적 연결어미 '-고' 뒤에 붙어[12] 시간적 선후관계를 명확하게 한다. 현대어의 '-서'와 같은 의미와 기능을 하였다. 이러한 모습은 향가, 고려시대 석독구결, 여말·선초의 순독구결, 15세기 문헌 등에 나타난다.

(1) 향가

④ a. 一等沙隱賜以古只內乎叱等邪 <禱千手觀音歌> / ㅎᄃ사 숨기주시
        곡 ᄂ리ᄂ옷ᄃ라
     b. 淨戒叱主留卜以支乃遣只 今日部頓部叱懺悔 <懺悔業障歌> / 淨戒
        ㅅ 主루 디니ᄂ곡 오늘 주비 ㅂ르봇 懺悔
     c. 十方叱佛體閼遣只 賜立 <懺悔業障歌> / 十方ㅅ 부텨 마기곡 시셔
     d. 此地肹捨遣只於冬是去於丁 <安民歌> / 이 ᄯ홀 ᄇ리곡 어드리
        가ᄂ뎌

④ a~④ d는 향가 속에서 완료의 체언적 연결어미 '-고'에 시간적 선후관계를 표시하며 '-只/ㄱ'이 받침으로 쓰였다. ④ a는 '하나를 숨겨주시고서 매달리누나'의 의미로, 숨겨준 행위가 앞섬을 '-只/ㄱ'을 통해 나타낸다. ④ b는 '淨戒의 主로 지니고서 오늘 頓部[13]의 懺悔'의 의미로 보인다. ④ c의 경우는 '막고서 있으셔'의 의미로 '賜'는 '이시다'의 '시'를 나타내는 存在의 補助動詞이다. 이에 대해서는 김흥석(2004a : 110-112)에서 증명한 바 있다. ④ d의 '捨遣只/ㅂ리곡'도 땅을 버리고서 어디로 갈 것인가를 묻는 의미로 '-ㄱ'은 버린 사건이 먼저 선행된 후 다음 행동을 감행하는 의미를 지닌 것이다. 따라서 현대어 '-서'와 의미나 통사상 같은 것이다.

---

12) 안명철(1985 : 498)은 현대어의 '-고서'가 계기의 기능을 적극적으로 보이는 것으로 본다.
13) 이 부분은 難解語로 해석이 분분하다.

(2) 口訣

⑤ a. 當願衆生 永𠫔 煩惱乙 離支ロハ 究竟寂滅ソㅌ立 <華嚴 권14, 03, 08-12>

b. 飯食乙 已氵 訖立ロハ斤 <華嚴 권14, 07, 18-, 20>

c. 事乙 訖ロハ 水氵十 就𠫔ㄱㅣ十ㄱ <華嚴 권14, 04, 13-, 16>

d. 當願衆生 貪瞋癡乙 棄ソロハ 罪七 法乙 除ソㅌ立 <華嚴 권14, 04, 09-12>

e. 當願衆生 諸ㄱ 僞飾乙 捨ソロハ 眞實處氵十 到ㅌ立 <華嚴 권14, 02, 22-03, 02>

f. 衆生ㄱ 資身七 具乙 [有]斗尸 未リノㄱ入乙 見ロハㄱ <華嚴 권14, 19, 12-, 15>

g. 道ㄱ 甚 深ソ㇇ 微ソ㇇ソ三下 難氵 見白ノ禾ロハ三ㄱ <金光 14, 23-, 15, 6>

h. 天尊ㄱ 快㇇ 十四王⺀氵乙 說ロハ三ㄱ 是リ 故⺌ <舊譯 11, 12-13>

i. 如來七 三業ㄱ 德リ 無極ソロハ三ㄱ <舊譯 11, 8-9>

j. 如來乙 覺寤ソ三白ロハ三ㄱ <舊譯 3, 9-14>

k. 大師リ 善㇇ 爲㇇ 俗正法乙 開示尸 已氵ソロハ三ㅣ <瑜伽 03, 05-, 11>

l. 出土一尺ソ一ホㄱ 於中氵 則有一尺虛空ロハ <祇楞 3, 37A : 7> 흘기 흔 자히 나면 그 中에 흔 잣 虛空이 잇고 <楞解 3, 87B>

m. 見聞乀 自湛圓又 而分 故又 元無異性ロハ <宋楞4, 36B : 5>見聞은 湛圓올 브터 눈홀씨 이런ᄃ로 本來 다른 性이 업스니라 <楞解 4, 88A>

⑤ a~⑤ k는 석독구결 자료 속에 등장하는 '-ハ / ㄱ'의 모습이고, ⑤ l~⑤ m은 순독구결 자료 속의 것으로, 15세기의 언해본의 내용을 대칭하여 놓았다. 그런데 ⑤ l~⑤ m의 언해본 부분을 살펴보면, '-고서'형태로 나타나지 않음을 알 수 있다. 당시 언해본의 기록이 상대본의 내용을 그대로 해석하지 않은 경우가 많다. 게다가 15세기부터 시간적 선후관계를 표시하던 '-ハ / ㄱ'의 의미와 기능이 쇠퇴하고 이를 대신해 '-서'가 출현하면서 나타난 현상으로 보인다.

⑤ a의 '離支ロハ / 여희디곡'은 '여의지고서'의 의미이다. <華嚴>에

서 '爻ㅁ八'의 형태가 이 외에도 두 건이나 더 나타난다. '爻'에 대한
문법 기능과 의미의 규명이 이루어져야 할 것이지만 여기서는 다음으로
미룬다. ⑤ b의 '訖ㅎㅁ八斤 / ᄆ춈고서늘'은 보조사 '-八 / ㄱ' 뒤에 전
제의 연결어미 '-늘'이 붙은 것이다. ⑤ c도 ⑤ b와 궤를 같이 하는 것
이다. ⑤ d와 ⑤ e는 'ᄼㅁ八 / ᄒ곡'이 보이는데, 이들은 모두 ④ d의
'捨遣只 / ᄇ리곡'과도 相通하는 것이나, 한자를 음으로 읽어, 'ᄼ / ᄒ-'가
나타난 모습이다. '-하고서'의 의미로 앞의 漢字가 音으로 읽혔을 것이
다. ⑤ f의 '見ㅁ八ㄱ / 보곡온'은 '보고서는'의 의미이다. 주제의 보조사
'-ㄱ / ㄴ'이 자연스럽게 붙는 것은 '-八 / ㄱ'이 조사의 기능을 하고 있
음을 보여주는 적절한 예이기도 하다.

　⑤ g~⑤ k는 'ㅁ八 / 곡' 뒤에 存在의 補助動詞 'ㄹ / 시-'가 연결된
경우도 모두 '-고서 있-'의 의미이다. ⑤ l과 ⑤ m은 순독구결 자료
<능엄경>과 그에 대한 언해본을 대응하여 함께 제시한 것이다. 그러나
두 경우 모두 ② l의 경우와 같이 '-八 / ㄱ'에 대한 諺解가 되지 않았
다. 이 또한 '-八 / ㄱ'의 기능과 의미가 소실되면서 나타난 모습이다.

(3) 15세기 문헌

　⑥ a. 너희 出家ᄒ거든 날 ᄇ리곡 머리 가디 말라 <釋譜 11 : 37>
　　 b. 如來ㅣ 大衆 中에 다ᄉ 輪指를 구피샤 구피시곡 ᄯ 펴시며 펴
　　　 시곡 ᄯ 구피시고 <楞解초 1 : 108>
　　 c. 病ᄒ면 ᄠ 마시 잇곡 病 업슨 사ᄅᄆᆞᆫ 져기 돈 觸이 이시리니
　　　 <楞解 3 : 9>
　　 d. 그를 스곡 子細히 議論ᄒ오미 됴도다(題詩好細論) <杜解초 21 : 6>
　　 e. 東녀ᄀᆞ로 ᄃᆞ라 鶴 가던디 다 가곡 南녀ᄀᆞ로 녀 쇠로기 ᄠᅳᆮ는
　　　 디 다 가리라 <杜解초 20 : 13>
　　 f. 불휘 둘엿는 남글 더위잡곡 살 ᄃᆞ는 돌해 오ᄅᆞᄂᆞ려 가도다
　　　 <杜解초 19 : 27>
　　 g. 사ᄅᆞ미 ᄠᅳ든 저 類 아닌 거슬 보곡 녀름지ᅀᅳᆯ 지븐 그 거츠루
　　　 믈 警戒ᄒᆞᄂᆞ니라 <杜解초 7 : 34>
　　 h. 모매 藥ᄡᅵᆫ 거슬 갓가이 ᄒ곡 수를 댱샹 가쥬리라 <杜解초 8 : 34>

     i. 갌간 몸 아는 義分을 <u>갑곡</u> 녯 수플 기세 도로 드로리라 <杜解
      초 7：8>

  ⑥ a의 '브리곡'은 ④ d의 '捨遣只／브리곡', ⑤ d의 '棄ㆍㅁㅅ／棄ㅎ
곡', ⑤ e의 '捨ㆍㅁㅅ／捨ㅎ곡'과 상통하는 것이다. '버린 후에 멀리 가
지 말라'는 내용이다. 따라서 '브리곡'의 '-ㄱ'은 '-서'의 의미를 지녀
시간적으로 앞섬을 나타낸다. ⑥ b의 '구피시곡'과 '펴시곡'은 '굽히시고
서'와 '펴시고서'를 표현한 것이다. '굽힌 동작 후에 연이어 펴고, 또 그
동작 후에 굽히는 동작'의 시간적 진행과정을 '-ㄱ'을 통해 나타내고
있다. ⑥ c의 '잇곡'은 '있고서'의 뜻이다. '쓴 맛이 있은 후에 단 觸이
있다'는 의미이니, '-ㄱ'은 '-서'의 의미이며, 시간적으로 쓴 맛이 있음
이 선행함을 표현하고 있다. ⑥ d의 '스곡'은 '쓰고서'의 뜻이다. '글을
쓴 후 자세히 의논함이 좋다'는 내용이다. '-ㄱ'은 글을 쓴 동작이 앞섬
을 나타낸다.

  ⑥ e～⑥ i들도 모두 의미와 기능면에서 '-ㄱ'이 포함된 용언의 동작
이나 사건이 뒷문장의 그것보다 시간적으로 앞섬을 분명하게 확인할 수
있다. ⑥ e의 '가곡'은 '가고서'를, ⑥ f의 '더위잡곡'은 '붙잡고서'를, ⑥
g의 '보곡'은 '보고서'를, ⑥ h의 'ㅎ곡'은 '하고서'를, ⑥ i의 '갑곡'은
'갚고서'를 의미한다.

  따라서 15세기 문헌 중에 나타난 '-고' 뒤의 '-ㄱ'도 '-서'의 의미를
지니며 시간적으로 앞섬을 나타내는 보조사 역할을 하였다.

  3) '-ᄂᆞᆨ'형

  현실법 어미 '-ᄂᆞ-'에 연결된 '-ㅅ／ㄱ'의 모습으로 현대어에는 없는
것이다. 석독구결 시대인 고려시대에만 있었던 형태로 보인다. 대체로
'ㅎ-'와 존재의 보조 동사 어간 '시-' 사이에 나타나, 'ㅎᄂᆞᆨ 시-'로 나타
난다.

⑦ a. [於]世ラナ 住亽リ白3ㄱ丁ノ禾ナㄱリㅣ ソㅌハニㅣ <金光 15, 13-15>
b. 見尸 不人ノ禾ナㄱリㅣ ソㅌハニㅣ <金光 14, 23-, 15, 6>
c. 三乘乚 說ニロ(ソ)[14]ㄱリ3七ㅣソㅌハニㅣ <金光 13, 12-16>
d. 諸 菩薩ㄱ 菩提心乚 退 不冬ソㅌハニ㫆 <金光 14, 19-23>
e. 聲灬 三千乚 動ソㅌハニㄱ氵 <舊譯 3, 4-6>
f. 各ラ 各ラ尒 般若波羅蜜乚 說ㅌハニㅣ <舊譯 2, 3-7>
g. 能矢 答ソニ亽七 者 無七ㅌハニㅣ <舊譯 2, 24-3, 3>
h. 大衆リ 僉然ㄎ [而灬] 坐ソㅌハニㅣ <舊譯 2, 7-9>
i. 聞白ロソㄱ 大法利乚 得ㅌハニ㫆 <舊譯 11, 14-16>
j. 三界七 中乚 照ソㅌハニ㫆 <舊譯 2, 10-12>

⑦ a~⑦ c는 내포문 끝에 ‘ᄒᆞᄂᆞㄱ 시다’가 연결된 모습이다. 현대어로 ‘하여서 있다’의 의미이다. 내포문 내용이라 하는 것이 있음을 뜻하는 것이다. ⑦ d는 동사구의 부정어 ‘不冬 / 안돌’ 뒤에 ‘ᄒᆞᄂᆞㄱ 시며’가 연결된 것으로, ‘-하지 않아서 있으며’의 의미이다. ⑦ e, ⑦ h, ⑦ j는 한자어를 음으로 읽은 후 ‘ソㅌハ ニ / ᄒᆞᄂᆞㄱ 시-’가 나타난 형이다. 따라서 ⑦ e의 ‘動ソㅌハ ニㄱ氵’는 ‘動ᄒᆞᄂᆞㄱ 신여’로 ‘動하여서 있은 것이여’의 의미이고, ⑦ h의 ‘坐ソㅌハニㅣ / 坐ᄒᆞᄂᆞㄱ 시다’는 ‘坐하여서 있다’의 의미이며, ⑦ j의 ‘照ソㅌハニ㫆 / 照ᄒᆞᄂᆞㄱ 시며’는 ‘照하여서 있으며’의 의미이다. ⑦ f, ⑦ g, ⑦ i는 한자어를 훈독한 것으로 ‘ソ / ᄒᆞ-’가 없이 현실법 어미 ‘-ㅌ / ᄂᆞ-’가 직접 연결되고 그 뒤에 시간적 선후관계를 나타내는 ‘-ハ / ㄱ’이 붙어 ‘-서’의 의미로 쓰였다. ⑦ f의 ‘說ㅌハ ニㅣ’는 ‘니르ᄂᆞㄱ 시다’로 ‘말하여서 있다’의 의미이다. ⑦ g의 ‘無七ㅌハ ニㅣ’는 ‘없ᄂᆞㄱ 시다’로 ‘없어서 있다’의 의미이다. 그 중 ‘七 / ㅅ’은 말음첨기이다. 없는 상태 이후에 있음을 나타낸다. ⑦ i의 ‘得ㅌハ ニ㫆’는 ‘실ᄂᆞㄱ 시며’로 ‘얻어서 있으며’의 의미이다. 이상의 내용을 통해 볼 때, ‘-어서 있-’의 통사 구조가 나타나는데, 이러한 구조는 현대어에는 없는 것이나 당시에는 사용되었던 통사 구조로 보인다.

14) ( )는 添記를 뜻하는 것으로, 후대에 이루어진 것으로 추정된다.

4) 체언 뒤의 '-ㄱ'

⑧ a. <u>國惡太平恨音叱如</u> <安民歌> / 나락 太平ᄒᆞᆫ짜

체언 뒤에 붙은 어말의 '-ㄱ'은 현전 문헌상 장소를 뜻하는 체언 뒤에서만 나타난다. ⑧ a의 예문처럼 다른 곳이 아닌, '나라'라는 '바로 그 곳'의 의미를 지닌 것으로 보인다. 따라서 '-ㄱ'은 분명함을 보충하는 보조사로 쓰인다. 그러나 그 용례가 많지 않아 단정하기는 어려운 면이 있다. 이에 대해서는 충분한 검토가 더 필요하다고 본다.

5) 조사 뒤의 '-ㄱ'

부사격 조사 '-로' 뒤에 붙어 '-록'으로 나타나거나 '-에' 뒤에 붙어 '-엑'으로 나타나는 모습이 확인된다. 현대어에서 '-서'는 자격이나 자질을 나타내는 '-로' 뒤에만 나타나지만(안명철, 1985 : 496), 과거에는 이보다 쓰임의 폭이 훨씬 넓어, '재료나 원료·자격·방법이나 방식'을 뜻하는 '-로' 뒤에 나타났다. '-에' 뒤에 붙어 '-에서'의 의미로 쓰이는 '-엑'의 경우는, 현대어에서는 행위의 처소, 출발점이나 주어가 단체임을 나타낼 때 쓰나, 당시에는 행위의 처소를 나타낼 때의 경우만 발견된다. 용례가 적어 단정하기는 힘드나, 쓰임의 폭이 훨씬 좁았던 것이 아닐까 하는 생각이다.

그러나 '-로'와 '-에' 뒤에서는 모두 분명함을 확실하게 하는 기능을 하고 있다. 다음 예문들에서 이를 확인해 보자.

⑨ a. 難思ㄴ 刹ㄴ 現ᄀ口ㅌ今 彼 一ㄱ <u>塵ㄴᅟᅠᆢㅅ</u> <華嚴 권14, 15, 08-12>
   b. 他作 無ㄴᄒᄼ 法性ㄱ <u>本ᅟᅠᆢㅅ</u> 無ᄼㄱ 性ㅣ罒 <舊譯14, 24-25>

c. 是ㄱ 法尒ㅅㅅ 大師ㄴ 供養ㆍ白ㅎㄱ 丁ノ千罒 <瑜伽 05, 23-06, 07>

d. 어딘 버든 네롤 서르 사괴노라 <杜解초 20 : 44>

e. 우리 일록[15] 후에 ᄒᆞᆫ 어믜게셔 난 동싱 형뎨와 ᄆᆞ스거시 ᄠᅳ리오 <朴초, 上72>

f. 가시 허리록 우희 <救簡 6 : 21>

g. 身靡只碎良只塵伊去米 <常隨佛學歌> / 모ᄆᆡᆨ ᄇᆞ삭 드트리 가매

⑨ a의 '塵ㄴㅅㅅ / 드틀록'은 '-ㅅㅅ / ㄱ'이 材料 뒤에 나타나는 '-으로'에 分明함을 補充한다. ⑨ b의 '本ㅅㅅ / 미드록'은 자격 뒤에 나타나는 '-로'에 分明함을 補充하여, '근본으로서'의 의미를 지닌다. 이 형태는 <舊譯>에 이 외에도 두 건이 더 나타난다. ⑨ c ~ ⑨ e는 방법이나 방식 뒤에 나타나는 '-로'에 분명함을 보충한다. ⑨ c의 '法尒ㅅㅅ / 法尒록'은 法尒[16]라는 방법으로 함을 분명하게 보충하기 위해 '-ㅅㅅ / ㄱ'이 연결되었다. ⑨ f는 재료나 원료 뒤에 나타나는 '-로'에 분명함을 보충하여 '가시 허리로서 위의'로 해석된다. ⑨ g는 '身'에 행위의 처소를 뜻하는 조사 '-에'가 붙고 그 뒤에 '-ㄱ'이 연결되어 분명함을 보충하고 있다. 靡[17]는 김완진(2000 : 192-194)은 '이'로 보아 '身靡只'를 '모믹'으로 보았으나, 행위의 처소를 뜻하는 조사 '-에'로 보인다.

15) 남광우(1971 : 405)는 '일록'을 단순한 부사로 처리하여 '이로부터'라 하였으나, 부사로만 썼던 것은 아닌 것으로 보인다. '일록'은 '일로 / 일[事]이라는 방식으로'의 뜻에서 방식의 분명함을 지니는 뜻으로 '-ㄱ'을 붙여 사용됨을 알 수 있는 구문이다.

16) 法尒는 法爾를 말하는 것으로, 諸法의 이치가 人爲的으로 이루어진 것이 아니라, 스스로 본디부터 그러함을 이르는 말이다.

17) '身靡只'은 학자에 따라 해석에 차이가 있다. 김완진(2000)에 제시된 여러 학자들의 주장을 정리하면 다음과 같다. '양주동 : 모미, 지헌영 : 모미아, 김선기 : 몸, 김준영 : 모미' 등이다.

3. 結論

   '-ㄱ'은 현대어 '-서'에 대응되는 것으로, 그 소멸 시기는 문헌 자료
를 검토한 결과 15세기 말로 추정된다. 향가 속에서는 '只', 구결 속에
서는 'ㅅ', 15세기 문헌에서는 받침의 'ㄱ'으로 나타난다. 그러나 15세
기부터 생명력을 크게 얻은 '-셔'가 등장하면서 '-ㄱ'이 지녔던 의미와
기능을 넘겨주고 소멸된 것으로 보인다. '-ㄱ'은 기존에 강조·강세의
의미나 기능을 하는 형태소로 보는 것이 중론이었다. 그러나 향가부터
15세기까지의 문헌 자료를 검토해 본 결과, 그렇지 않음을 확인할 수
있었다. 특히 강조의 의미를 지니는 보조사 '-사'와는 계열관계상 함께
쓰지 못하지만, 연이어 함께 쓰이는 용례가 구결 자료 속에서 나타나고,
강조의 의미를 가진 당시의 '-사'가 있는데도 굳이 똑같은 의미를 가진
'-ㄱ'이 있다는 것은 잉여적 형태소일 수밖에 없는 불필요성을 통해서
도 알 수 있다.
   '-아/어, -고' 등의 체언적 연결어미 뒤에 나타나는 '-ㄱ'은 시간적
선후관계를 나타내는 기능을 하였다. 현실법 어미 '-ᄂᆞ-' 뒤에 붙은 '-
ㄱ'은 '-ᄂᆞᆨ-'의 형태로 나타나는데, 여기서도 그 의미와 기능은 시간적
선후관계를 나타낸다. 체언 뒤에 '-ㄱ'이 붙은 경우는 현전 문헌상 출현
용례가 많지 않아 단정하기는 어려우나, 주로 장소를 뜻하는 체언 뒤에
나타난다. 다른 곳이 아닌, '바로 그곳'을 뜻하여, 분명함을 보충해 주는
기능을 하였다. 마지막으로 부사격 조사 '-로'나 '-에'에 붙는 경우도
체언 뒤에 붙는 경우와 마찬가지로 분명함을 보충하는 의미와 기능을
지녔다. 결국 형태론적 조건으로 보아, 어미 뒤에서는 시간적 선후관계
를, 체언이나 부사격 조사 뒤에서는 분명함을 나타내는 의미와 기능을
하는 보조사임을 알 수 있다.

IV. 존재의 보조동사 '시-'에 대한 통시적 고찰

1. 序 論

　자동사 '있다'는 과거 우리 문헌에서 '이시-, 잇-, 시-' 등으로 나타나는데, 이들의 활용 속에서 나타나는 '시'에 대해, 그동안 '존재'의 의미를 지닌 것으로 본 경우가 있는가 하면, '존경'의 의미로 보아 선어말어미로 처리하는 경우가 있었다.

　梁柱東(1947 : 52)은 高麗歌謠「雙花店」,「井邑詞」,「西京別曲」등의 예문을 근거로, 尊敬의 '-시-'와 存在의 '시-'를 동일한 것으로 보고 尊敬의 '-시-'가 存在의 '이시'에서 온 듯이 설명하였다. 이러한 주장에 김형규, 박병채, 현평효 등도 동조하는데, 그중 현평효는 제주도 방언에서의 '시'나 'ㅅ'이 어미로 나타날 때, 존재사의 형태로 나타나며(1975 : 130) 중세국어(고려가요)에서의 /-고시-/는 현대어 /-고 있-/에 해당되는 것으로, 方言에서의 /-암시-/와 문법적으로 동일한 의의를 지니고, 동일한 기능을 나타내는 動作相으로서 '未完了 存續相'의 形態素라 하였다(1975 : 133).

　김완진(1975, 2000)은 향가에 쓰인 有를 '잇-'으로 보고, 고려가요에 등장하는 '시'의 예는 尊敬을 나타낸다는 주장이다. 그 근거로 '시'에 해당하는 '賜'의 용례를 향가에서 검토해 보면, 하나 같이 尊敬을 표시하는 것으로 해석된다고 보았다. 기존의 주장 중에 이런 尊敬 표시의 질서가 중간의 고려시대에만 잠시 이완된 용법을 보이다가 조선조에 들면서 다시 긴장을 되찾았다고 한다는 것에 대해, 이는 言語史의 論理에서 도저히 수용될 수 없는 사고가 되고 만다고 하였다(2000 : 213-214). 결국 '시'의 예를 검토해 보면, 그 가운데 어느 것은 읽는 사람이 잘못 읽어 주어를 그릇되게 지목한 결과일 뿐 실상은 정상적인 존경의 '시'임이 확인되고, 또 어떤 것은 음상이 尊敬의 '시'와 같은 것을 잘못 혼동한 결과에 지나지 않는다고 하였다(2000 : 214). 그러나 김완진(2000)의 주장은 고려시대 석독구결 이후 존재의 '시-'가 지속적으로 나타나는 예를 검토하지 않은 것이다.

한편 '시'가 '在'와 연관된다는 주장이 있는데, 정철주(1988)와 서종학(1995)이 그것이다. 정철주(1988 : 30)는 '在'를 '이시-'로 보고 '서술격조사'라 하였다. 그 근거로 중세국어의 "일마다 天福이시니<龍歌1>, 눈먼어 쇠논 淨飯王과 摩耶夫人이시니라<月釋, 2 : 13>" 등의 '-이시-'가 같은 형태의 예임을 제시하였다. 그러나 이는 이금영(2000 : 21)의 지적처럼 '在(이시-)'를 '이(계사)- + -시(존경법 선어말어미)-'의 결합 형태로 보아야 할 것을 잘못 파악한 결과이다. 서종학(1995 : 224)은 고대의 이두 자료와 향가, 고려가요를 대상으로 검토한 결과, 고대국어와 전기중세국어에서 존재사의 '있다[有]'는 '잇-'으로, 조동사의 '있다[在]'는 '시-'라는 결론을 내렸다. 그러나 이들의 주장은 '助在 / 돕겨-', '進在 / 낫겨-' 등처럼 신라시대 이두에서 사용빈도가 많은 '在 / 겨-'를 인정하지 않은 것으로, 후대의 이두에서 '겨 / 견'으로 읽힌 점을 고려하지 않은 것이다. 통상 구결연구자들에게 '在'는 '겨 / 견'으로 읽혀지며 그 독음에 대해 남풍현(2000)에서 정리[1]가 되었다. 따라서 '在'의 독음이 '시-'인가는 더 考究해야 할 부분이다.

백두현(1997 : 112)은 석독구결에서 경어법 '-ㄷ-'를 포함한 형태로서 형태론적 분석과 文法 기능의 구명이 어려운 것으로 '-ɣ ㅅ ㄷ-, -ㅁ ㅅ ㄷ-, -ㅊ ㅅ ㄷ-, -ㅓ ㅅ ㄷ-, -ㅌ ㅅ ㄷ-'를 제시하고, 이들에 쓰인 '-ㅅ-'가 존재동사와 관련된 어형인 듯하다고 하였다.

---

1) 특히 南豊鉉(2000 : 301)에서는 이에 대해, '在'는 그 讀音이 '겨-'로, 통일신라 이전 實辭的 用法으로 쓰이다가 그 이후 고려시대까지 完了時相과 관련된 助動詞로 쓰였으며, 이는 15세기 국어의 부사형 어미와 결합된 '(-어) + 잇-'과 같다고 하였다.

'시-'를 존경법 선어말어미가 아니라고 본 경우는 이승재(1992), 한상화(1994)가 있다. 이승재(1992)는 고려시대 이두를 총정리하면서 '去有'의 예문을 들어 15세기의 '-거시 / 어시-'의 '시-'가 '이시-'(有) 동사의 '시-'임을 주장하였다. 한상화(1994 : 127)는 '去ハ- / 거시-'의 '-시-'가 비존칭 용법을 갖는 경우라 하고, 확실법 선어말어미 '-거-'가 '-시-'에 선행하는 경우는 이들이 서로 밀접한 관련 하에서 논의되어야 함을 강조했다.

오창명(1995 : 325-326)은 조선 전기 이두자료를 대상으로 한 연구에서, '-有(叱)-'를 '-잇 / 이시-'로 보고, 과거시상 선어말어미라 하였다. 최근에도 앞선 양주동, 현평효의 주장을 따른 정언학(2000)이 있다.

이 글은 이처럼 의견이 분분했던 '시'에 대해 통시적인 변천과정에 중점을 두어, 이두, 향가, 석독구결, 음독구결, 고려가요, 조선시대 문헌 등의 순서로 '시'가 나타나는 면을 검토해 보고, 이를 통해 존경법 선어말어미 '-시-'뿐만 아니라 우리말에 존재를 표시하는 지속의 동사어간 '시-'가 있었음을 확인하고자 한다.

2. '시'의 통시적 변천

1) 이두에서의 '시'에 대해

고대 이두자료에서는 존재의 의미를 지니는 '시-'는 나타나지 않고, 그 의미를 지니는 것으로 훈독자 '在 / 겨-'만 있었던 것으로 보인다. '在 / 겨-'는 신라통일 이전부터 고려시대까지 폭넓게 쓰였는데, 15세기에는 이미 死語가 되어 '겨시-'에 화석으로만 남아있다. 대개는 동사에 연결되어 15세기의 '잇-'과 같이 시간이나 상태의 지속,완료를 나타내는 토로 쓰였다. 永泰二年銘石毘盧遮那佛造像銘(766)에서는 '두다'의 의미로도 쓰였다(남풍현, 1999a : 221).

　삼국시대와 통일신라시대의 이두에서는 존재의 의미를 나타내는 '시-'는 현전 자료상 없었던 것으로 보인다. 그러나 고려시대 전반기의 자료인 淨兜寺五層石塔造成形止記(1031년)에는 존재의 의미를 지니는 '在'가 나타나 '겨-'로 읽혔으며, 고려시대 13세기 이후의 자료부터는 존재의 의미를 지니는 '在'가 '有'로 대체되어 나타나 '잇 / 이시-'로 읽혀진다.

　먼저 11세기까지 존재의 의미로 사용된 '在'의 용례를 알아보자.

> (1) a. 郡百姓 光賢亦 … 天禧二年歲次壬戌五月初七日 身病以 遷世爲去在乙 <淨兜寺形止記 : 3-8>
>
> 　　b. 戶長別將柳瓊 … 同日 三寶內庭中乙 定爲在乎 事是等以 <淨兜寺形止記 : 24-26>
>
> 　　c. 右如 隨願爲在乎 事亦 在 <淨兜寺形止記 : 49>

　(1a)의 주어는 '郡百姓 光賢', (1b)의 주어는 '戶長', (1c)의 주어도 탑 조성에 관여한 長吏이다. 이들은 모두 탑 조성에 관련된 사람들로서 존경의 대상인 佛이나 스님들에게는 존칭의 '-賜-'를 사용한 반면, 이들에게는 그러한 존경의 의미가 없어 '겨'로 읽히며 존재의 의미를 지니고 있다.

　다음은 13세기 이후의 자료에서 나타나는 '有'의 용례를 알아보자.

> (1) d. 擬議 不冬 敎 罪惡是去有乙 <尙書都官貼文 : 76>
>
> 　　e. 良賤 至亦 明白爲如乎 事是去有乙 <高麗末 和寧府 및 開京 戶籍文書 : 둘째 폭, 5>

　(1d)와 (1e)는 '이거 이시늘'의 표기로 '-인 것이 (분명히) 있거늘'의 뜻이다. 공통적으로 '-去 / 거'에 '有'가 후접하여 '이시'로 읽는다. 존재의 의미를 지니는 경우로, '-乙 / 늘'이 後接하여 앞 사실이 이러이러하게 응하여 존재함을 표시하는 종속적 연결어미로 사용되었다. (1d)는 '(罪惡이) 있거늘', (1e)는 '(일이) 있거늘'로 해석되며, 죄악이나 일이 있는 존재의 지속을 서술하는 경우이다.

(1) f. 酬答 毛冬 敎 功德是去有在等以 <尙書都官貼文 : 46-47>
    g. 下宣旨 敎事是去有等以 <白巖寺貼文>
    h. 施行敎 昧 白臥乎 事是去有等以 <長城監務官貼文>
    i. 別本由以 后如 敎事是去有等以 <高麗末 和寧府 및 開京 戶籍文
      書 : 둘째 폭, 12>

(1f)는 '-이거 잇견 두로'의 표기로 '-인 것이 (분명히) 있으므로'의 뜻
이다. (1g)~(1i)는 '-이거 잇두로' 또는 '-이거 이신 두로'로 읽히며, '-인
것이 (틀림없이) 있으므로'의 뜻으로 사용되었다.2) 공통적으로 이 복합토
는 전제·원인을 표시하는 '-等以 / 두로' 앞에 쓰였을 뿐만 아니라 功
德,事와 같은 추상명사를 서술하는데 사용되어 확인한 존재의 전제나 원
인을 표시한다. (1d)~(1i)는 모두 15세기 국어의 '잇 / 이시-'에 대응하는
'有'이다. 특히 (1d)~(1i)는 존재의 '有'에 확실법 선어말어미 '去'가 선
접하는데3), 고대 이두시기에는 11세기경만 하여도 존재의 의미로 '在 /
겨'만 사용되던 것이 13세기 이후에서야 비로소 존재의 '有'의 모습이
등장하지만, 독자적으로 쓰이기보다는 확실법 어미 '-去 / 거-'를 선접하
는 형태로 나타남을 알 수 있다.

2) 향가 속의 '有' 용법에 대하여

향가에서는 현전 문헌상 존경의 '-시-'만 파악되고, 존재의 '시-'는
나타나지 않는다. 존경의 '-시-'는 주로 '賜'에 대한 음독으로 쓰이고,
'有'는 훈독 '잇-, 이시-'의 형태로만 등장할 뿐이다. 다음의 경우는 有
가 '이시 / 잇-'으로 사용된 대표적인 경우이며 訓讀字로 사용되었다.

---

2) 독법과 의미는 南豊鉉(2000) 참조.
3) 이 '去有'에 대해 李丞宰(1992 : 171)는 15세기에 '-거시 / 어시-'에 대응하는 것이
라 하고, '시'는 '이시-'(有) 동사의 '-시-'로 보았으며, 그 근거로 이두문에서는 주
체존대의 '賜'가 11세기 중엽 이후에 이미 없어진 데 비해, '去有'는 13세기 중엽
이후 생산적으로 사용되었기 때문이라고 설명하였다.

다음 향가의 예문을 살펴보자.[4]

    (2) a. 蓬次叱 巷中 宿尸 夜音 有叱 下是 <慕竹旨郎歌>
        Ⓨ다봊 굴허헤 잘 밤 이시리 Ⓚ다보짓 굴헝히 잘 밤 이샤리
      b. 此矣 有阿米 次肹伊遣 <祭亡妹歌>
        Ⓨ예 이샤매 저히고 Ⓚ이에 이샤매 머뭇그리고
      c. 此也友 物北所音叱 彗叱只 有叱故 <彗星歌>
        Ⓨ이 어우 므슴ㅅ 彗ㅅ기 이실꼬 Ⓚ이예 버블 무슴ㅅ 彗ㅅ
    다먼닛고

  (2a)에서 '有叱 下是'를 양주동(1965 : 192)은 '이시리'로 해독하고, 有는
訓讀 '잇'이며, 조음소연결형으로 '이시-'를 제시하고, 叱은 略音借 'ㅅ'으
로 '잇'의 말음첨기라 하였다. 또 그는 동사 '이시'(有)는 '겨시'(在)와 동
일한 구성이오, 더구나 존칭보조사 '시'의 語原을 이루는 者인데 향가 중
에는 '시' 대신 一切 '샤'(賜)를 사용하였다고 보았다. 그러나 고대국어시
기의 자료에서부터 尊稱의 '-시-'는 존재의 '잇 / 이시-'와는 별개로 독자
적인 발전을 한 것이다. 그 의미역부터 다를 뿐만 아니라, 존칭의 '-시-'
표시[5]에 사용된 '賜'와 존재의 '-(이)시-' 표시[6]에 사용된 '有'는 각각 구
별되어 사용된 흔적이 뚜렷하기 때문이다. 따라서 존칭의 '-시-'에 '賜'
를 주로 사용하고, 존재의 '잇 / 이시-'(有)는 그 형태가 후대로 오면서 환
경에 따라 '시-'로 출현하게 되는 것이다. 결국 존재의 '이시-'에서 존칭
보조사 '-시-'가 기원했다는 그의 주장은 설득력을 잃고 있다. (2b)와
(2c)도 이에 해당한다. 김완진(2000 : 125)도 이 부분의 현대어역을 '있으
리'로 보아 有를 존재의 '잇 / 이시-'로 본 것이다. 결국 (2a)~(2c)를 통해
존재의 有는 '잇 / 이시-'로만 나타남을 알 수 있다. 한편 (2a)와 (2c)는
'有' 뒤에 말음첨기를 나타내는 '叱'을 사용함으로 미루어 (2b)와는 다른

---

4) 편의상 Ⓨ는 梁柱東(1965)의 해석을, Ⓚ는 김완진(2000)의 해석을 옮긴 것이다.
5) 향가 속에서 존칭의 '-시-'는 후설할 (2d)의 경우처럼 '史'도 간혹 용례가 발견된다.
6) 향가 속에서 존재의 '잇 / 이시-' 표시에는 후설할 (2e) 경우처럼 특수한 환경에서
   '是史'로 '잇-'을 사용하기도 하였다.

독법으로 사용되었다고 본다. 즉 '有'만 있을 경우에는 '이시-'로 독음하며 '有叱'은 '잇-'으로 독음됨을 나타내는 것이 아닌가 한다. 향가의 경우에는 동시대에 '有'와 '有叱'은 구별되어 사용되었다고 보는 것이다.

(2) d. 誓音 <u>深史隱</u> 尊衣希 仰支 (중략) 慕 人 <u>有如</u> 白遣賜立 <願往生歌>
　　Ⓨ다딤 <u>기프샨</u> 尊어히 울워러 (중략) 그릴 사롬 <u>잇다</u> 솗고샤셔
　e. 耆郎矣 皃史 是史藪邪 <讚耆婆郎歌>
　　Ⓨ耆郎이 즈싀 이슈라 Ⓚ耆郎이 즈싀올시 수프리야

　특기할만한 것으로 (2d)는 존칭의 '-시-'음 표시에 '賜'가 아닌 '史'가 쓰였다. 이에 대해 양주동(1965 : 513)에는 '史'를 通音借 '샤'로 보고, 흔히 音借 '亽'이나 本條엔 '賜'와 同樣의 尊稱助動詞 '샤'라 하였다. 향가의 '샤'음에 대해 '賜·史·事 / 亽' 등이 通用됨을 근거로 하였다. (2d)의 '史'는 존칭의 '샤'로 볼 수 있다. 그러나 '史'는 존칭의 '-시-' 뿐만 아니라, 말음 '亽' 표기에 사용되었는데, (2e)의 경우가 그것이다. 이에 대해서 양주동(1965 : 344)은 '이(是) + 亽(史) + 藪邪(슈라)'로 보고, '이(是) + 亽(史)'은 '잇[有]'이라 하고, '有' 대신 '是史'를 적은 것은 皃의 主格形 '즈싀'와 有의 訓 '잇'이 바로 連接되어 있고, 밑에는 '藪邪(슈라)'가 承接되어 '즈싀이슈라'를 형성함으로, 먼저 '皃史是'로 記寫한 뒤에 '잇'은 이미 '是'(이)가 첨가된 줄을 인식하여 '有'를 넣지 않고, '亽'音字만을 添加하려고 했으나, 下語가 '슈'임으로 '叱'(亽)字로는 부족하여 '史'(亽)를 쓴 것이라 하고, 이를 借字記寫 및 言語心理의 此種記寫法이라 하였다. 한편, 이에 대해 서종학(1995 : 219)은 '史'가 尊稱이 아닌 다른 어떤 형태소의 표기일 가능성이 있다는 막연한 주장을 폈는데, (2e)의 경우가 존칭이 아니고 말음 표기 '亽'을 표기한 것으로 '叱'와 같은 것이다. 따라서 (2e)의 '是史藪邪'는 '잇슈라'로 보이며, '亽'의 중첩으로 인해 '이슈라'가 가능하였을 것이다. (2d) 경우에 '有'는 앞선 주장을 들어 '이시-'를 나타낸 것으로 보이며, '史'

가 (2d)에서는 존칭의 '-시-'음 표기로, (2e)에서는 말음표기 'ᄉ'을 나타남을 알 수 있다.

3) 석독구결 자료에서의 'ᅵ / 시'에 대해

고려시대 석독구결 자료[7]에서 전대 존재의 동사어간이었던 '잇-, 이시-'는 비로소 '시-'라는 이형태가 독립되어 나타나기 시작한다. 그 구결자는 'ᅵ-'로 나타난다. 대체로 'ᅵ'는 존칭의 '-시-'로 나타나며, 일부분에서 존재의 '시-'가 확인된다. 존재의 '시-'는 부동사어미[8] '-ᄉ(ㄱ)' 뒤에서만 나타나는 것으로 확인된다. '이시-'나 '잇-'의 형태로 나타나지 않고 '시-'의 형태로만 나타나는 이유는 부동사어미 '-ᄉ(ㄱ)'이 연접에 의해 '이시-'나 '잇-'이 '기시-'나 '깃-'로 나타남을 회피하고자 함과 '-ᄉ(ㄱ)' 뒤에 얼마간의 休止(#)가 있음을 표시하는 기능 때문으로 보인다. <華嚴>의 경우, 'ᅵ'는 4회가 출현하나, 동사어간 'ᄼ(ᄒ)-'나 '曰(니르)-' 뒤에 나타난 존칭의 '-시-'로 보이며, <金光>에서 'ᅵ'는 총 75회가 등장하나, '-시-'형을 제외한 70회는 존칭의 '-시-'로 보인다. <舊仁>도 총 115회 중 '-시-'형 26회를 제외한 89회는 존칭의 '-시-'로 보인다. 그 외의 <華疏>나 <瑜伽>에서는 존재의 '시-'가 보이지 않는다.

다음은 'ᅵ-'가 존재의 '시-'로 쓰인 몇 예이다.

---

7) 釋讀口訣 資料의 略號는 다음과 같다.
　<華疏> : 『大方廣佛華嚴經疏 卷三十五』(12세기 중엽이나 그 직후)
　<華嚴> : 『大方廣佛華嚴經 卷第十四』(12세기 중엽)
　<金光> : 『金光明最勝王經』(13세기 중엽)
　<舊仁> : 『舊譯仁王經』(13세기 중엽 이후)
　<瑜伽> : 『瑜伽師地論 卷第二十』(13세기 후반)
　<華疏>, <華嚴>, <金光>, <舊仁>은 1997년~2000년에 걸쳐 정리한 曺在寬의 口訣字別 索引資料를 참고했으며, <瑜伽>는 南豊鉉(1999)을 참고했다.
8) 이숭녕(1981 : 273)은 '-ㄱ'을 '副詞形의 接尾辭'로, 남광우(1997 : 1)는 '강세 접미소'로 보았다. 그러나 동사어간에 붙는 점과 후대에 부사나 부동사어미 '-어/아'형에 존재의 '시-'가 연접하는 것으로 미루어, 부동사어미의 先代形으로 보고자 한다.

(3) a. 諸 菩薩ㄱ 菩提心ㄴ 退 <u>不冬ㆍㅌㅏㄷㅤ</u> 量 無ㅤ <金光.14,
　　　 19-21>

　　b. 其會ㅌ 方廣ㄱ 九百五十里ㅐㄱㄴ 大衆ㅐ 斂然ㅤ 而ㅡ <u>坐ㆍㅌ
　　　 ㅏㄷㅣ</u> <舊仁, 二, 08-09>

　　c. 大衆ㄱ 歡喜ㆍㆍ 各ㅋ各ㅋㅠ 量 無ㅌㄱ 神通ㄴ <u>現ㆆㅌㅏㄷ
　　　 ㄱㆍ</u> <舊仁, 三, 13-15>

　　d. 地ㆍ 及ㅅ 虛空ㆍㄴㅋㅓ 大衆ㅐ 而ㅡ <u>住ㆍㅌㅏㄷㅣ</u> <舊仁,
　　　 三, 13-15>

　　(3a)~(3d)에서 '-ㅌㅏㄷ-'가 나타난다.9) <金光>에서는 '-ㅌㅏㄷ-'형
이 4회, <舊仁>에서는 '-ㅌㅏㄷ-'형이 13회 등장한다. 존재의 'ㄷ' 앞
에 나타나는 'ㅌ'는 현실법 어미, 'ㅅ'은 15세기 문헌에 흔하게 용언에
붙여 쓰던 부동사어미 '-ㄱ'으로 보면 무난하다10). 따라서 이 복합토는
"현실법 어미 '-ㅌ-' + 부동사어미 '-ㅅ' # 존재동사 'ㄷ-' + 종결어미"
로 분석되며, 그 의미는 '동작·행위를 하여서 (다음에), 있-'이다. 'ㆍㅌ
ㅏㄷㅣ'는 '하여서 있다' 정도로 해석되는 것이다.

　　(3) e. 人中ㅋㅌ 師子ㄱ 衆ㅋ [爲]ㅍㅎ <u>說ㅁㅏㄷㄱ</u> 大衆ㄱ 歡喜ㆍ
　　　　 ㆍ 金花ㄴ 散ㆍㅂㅁㅌㄴㅤ <舊譯, 十一, 10-11>

　　 f. 一切衆生ㄱ 暫ㆍ火ㅌ 報ㆍㅓ 住ㆍㅁㄱㄴ 金剛原ㆍㅓ <u>登ㆍㅊ
　　　　 ㅏㄷㄱㅐㆍ</u> 淨土ㆍㅓ 居ㆍㅋㅎㅌㅣ <舊仁, 十一, 7>

---

9) 한편 <金光>과 <舊仁>에 쓰인 '-ㅌㅏㄷ-'의 'ㅌ/ㄴ'는 서법상 '현실법'이라
　 할 수 있는데, '확실법 어미'일 가능성도 배제할 수 없다. 노동헌(1993 : 31)은
　 확실법 어미는 선어말어미 '-오-'와 자유롭게 통합하고, 용언의 종류에 따라 '-
　 거/어/나'로 달리 나타난다고 보았다. 이에 따르면, 통상 '오[來]-' 뒤에서 나
　 타나는 '-나'와 연관지을 수 있는데, 이 당시에는 초기 단계로 어간 'ㅎ[爲]-'
　 뒤에서도 수의적으로 'ㅌ/ㄴ'나 'ㅊ/거'가 온 것일 수도 있다. 실제 석독
　 구결 자료 <華嚴>에는 확실법의 'ㅌ/ㄴ'로 보이는 경우가 많이 나타난다. 그
　 러나 본고는 이 어미의 서법상의 문제에 대해서 다음에 미루기로 한다.
10) 15세기에 나타나는 부동사어미 '-ㄱ'은 여러 곳에서 발견되나, 세 경우만 대표
　 형으로 제시한다.
　 너희 出家ㅎ거든 날 ㅂ리곡 머리 가디 말라 <釋譜11 : 37>
　 一萬 디위 죽고 一萬 디위 살옥 ㅎ더라 <月釋23 : 78>
　 어드워 空이 ㄷ외야 : 晦昧ㅎ약 爲空ㅎ야 <楞解2 : 18>

<金光>에서는 '-ハ≥-'앞에 확실법어미로 보이는 'ㅁ'[11]가 연결된 형태가 1회 등장하고, <舊仁>에서는 '-ハ≥-'앞에 확실법어미로 보이는 'ㅁ,去,㇏'가 연결된 형태가 13회 등장한다. 이 형태도 "확실법 어미 '-ㅁ/去/㇏-' + 부동사어미 '-ハ' # 존재동사의 '≥-' + 종결어미"로 보아야 할 것이다. 그 의미는 '결정적인 판단이나 강조'의 의미가 첨가된다.

백두현(1995 : 35)은 고려시대 석독구결 중 '-去ハ≥, -ㅌハ≥'의 '-≥-'를 행위의 지속이라는 관점에서 검토될 가능성이 있다는 생각도 밝혔으나, 결국은 주체존대의 선어말어미로 주장한다. 그러나 그의 주장처럼, 주체존대의 대상으로만 보아야하는지 (3)의 예문에서는 의문이 남는다.

한편, 각 문장들의 주어를 알아보면, (3a)는 '菩薩', (3b)~(3d)는 '大衆', (3e)는 '師子', (3f)는 '衆生' 등이다. 과연 이 주어들이 존귀한 인물을 포함하는 대상이 되는지 재고할 여지가 남는다. 따라서 '-≥-'를 행위의 지속을 나타내는 존재의 '시-'로 보아야 할 것이다.

이상으로 미루어 고려시대 석독구결에는 '≥ / 시'가 대체로 존경의 의미로도 쓰였으나, 존재의 의미도 나타나 비존칭의 의미로 쓰인 경우가 있음을 보았다. 결국 존경법 선어말어미로만 쓰였던 것은 아니며, 지속을 나타내는 존재의 동사어간 '시-'로도 쓰인 것으로 보인다. 이에 대한 해결은 다음에 찾아보자.

4) 음독구결 자료에서의 '시'에 대해

음독구결은 고려 후기에 나타나기 시작하는데, 그 이후 조선 초에

11) 석독구결의 'ㅁ'는 확실법 '去'의 先代形으로 南豊鉉(1999a : 429)은 'ㅁ / 고'와 '去 / 거'의 혼용에 대해서도 'ㅁ'가 '거'음의 표기에 전용된 것이 아니라 'ㅁ'가 쓰이던 어형이 '去'가 쓰인 어형으로 개신된 것이며, 고려가요의 선어말어미 '고 + 시'형이 이를 잘 보여주는 것으로 보아서, 이 두 계열의 토는 新形과 舊形의 공존으로 보았다. 南豊鉉(1990),이승재(1993a)에서도 '去ㅌ'가 'ㅁㄱ'과 相應하는 것을 근거로 '-고-'가 확실법어미 '-거 / 어-'의 先代形으로 同一形態素의 異表記라 하였다.

이르기까지의 자료는 『楞嚴經』 口訣이다. 당시에 존칭의 '-시-' 표기에 사용한 口訣字는 '㇏'와 'ニ'이었는데, 존재의 '시-'도 이 구결자로 나타나기 시작한다. '㇏'는 南豊鉉本 楞嚴經에서, 'ニ'는 南豊鉉本(이하 A本), 南權熙本(이하 B本), 祇林寺本(이하 C本), 宋成文本 楞嚴經(이하 D本)에서 나타난다. 앞에서 이두에서는 '-去有-'가 15세기 '-거시 / 어시-'에 대응되며 '시-'는 존재의 동사어간임을 알았다. 음독구결에서는 '-厺㇏-, -厺ニ-'가 이와 대응한다. 따라서 A～D本에서 나타나는 '커시-'형을 찾아보고, 그 속의 '㇏'와 'ニ'가 존재의 의미를 지니는가에 대해 살펴보며, 刊經都監本(이하 E本)에서는 어떻게 언해되는지 참고하면 다음과 같다.[12)]

존재의 '㇏, ニ / 시-'가 내포된 '커시-'형은 총 16형태 29회 등장하는데, '厺㇏ヒ'형이 18회로 E本에서는 'ᄒᆞ니, ᄒᆞᄂᆞ니, ᄒᆞ라' 등으로, '厺㇏ㅌ'형이 3회로 E本에서는 '이어시늘, 커시늘' 등으로, '厺㇏ケ'형이 5회로 E本에서는 'ᄒᆞ고, 이니, 이며' 등으로 언해되었으며, 기타 '厺㇏ㄐ'는 'ᄒᆞ야시늘', '厺ニ入ㄱ'은 '거시늘', '厺ニ己丨'는 'ᄒᆞ이다' 등으로 각각 언해되었다. E本에서 존경법 선어말어미로 언해가 된 경우는 한두 예뿐이며 그 외는 모두 平稱이라는 점은 간과할 수 없으며, 대체로 佛이 大王(바사닉왕), 아난, 문수사리보살, 선남자 등에게 가르침을 주는 경우이거나 사물이나 현상이 주어일 경우에 나타나기 때문에 존칭으로 보기는 더더욱 무리가 있다. 또 이들은 모두 확실법어미 '-厺 / 거-'에 연결되고, 그 뒤에 語尾가 따르는 형태이다. 결국 이것은 음독구결에서도 '시-'가 존칭이 아닌 평칭이라는 중요한 근거이며, 존재의 의미를 지닌다고 볼 수 있다.

그러면 문장 속에서 직접 확인해 보자.[13)]

---

12) 'ᄒᆞ-' 뒤에 'ㄱ'이 오지 못하는 제약이 있다. 이에 따라 先行하는 동사어간 '丷-(ᄒᆞ)'와 그 뒤에 연결되는 확실법어미 '-厺(거)-'의 축약형은 보아 그 讀音을 '-厺㇏ / 厺ニ-'는 '커시-'로 한다. 또 C本이 卷2～4까지 現傳하기에 다른 本들도 그 비교의 범위를 卷2～4에 준한다.

13) 알파벳 A, B, C, D, E 뒤의 아라비아 숫자는 1은 大文, 2는 註釋文, 3은 刊經都

(4) a. A1 : 佛言 如是去丨 大王㇌ 汝 今 生齡丶 已從衰老去丶ㄴ 顔貌ㄱ 何如童子之時ソㄴ午 (2, 1B, 5)

B1 : 佛言 如是去丨 大王ㄕ 汝 今 生齡刂 已從衰老去ニㄴ 顔貌ㄱ 何如童子之時ソㄴ午 (2, 26B, 12)

C1 : 佛言ソ㑒ム 如是去丨 大王ㄕ 汝 今 生齡丶 已從衰老去ニㄴ 顔貌ㄱ 何如童子之時ソㄴ午 (2, 2B, 6)

D1 : 佛言 如是丨 大王ㄕ 汝 今 生齡丶 已從衰老去ニㄴ 顔貌ㄱ 何如童子之時午(2, 2B, 6)

E1 : 佛言ᄒᆞ샤ᄃᆡ 如是ᄒᆞ니라 大王아 汝ㅣ 今에 生齡이 已從衰老ᄒᆞ니 顔貌ᄂᆞᆫ 何如童子之時오

E3 : 부텨니ᄅᆞ샤ᄃᆡ 올ᄒᆞ니라 大王아 네 이제 나히 ᄒᆞ마 衰老호ᄆᆞᆯ 조ᄎᆞ니 ᄂᆞᆾ 양ᄌᆞᄂᆞᆫ 아ᄒᆡᆺ 時節와 엇더뇨 (2, 5A)

(4a)는 佛이 大王에게 가르침을 주기 위한 질문이다. 주어는 문맥상 '大王'이다. 따라서 당연히 존칭의 '-시 / ニ-'가 아니다.

(4) b. A2 : 清淨 則ㄱ 宣無諸相去丶か 本然 則ㄱ 宣無遷流去ㅌ丨(4, 1B, 4)

B2 : 清淨 則ㄱ 宣無諸相オニか 本然 則ㄱ 宣無遷流ラㅌ丨(4, 28B, 13)

C2 : 清淨 則ㄱ 宣無諸相㑒ニ久 本然 則ㄱ 宣無遷流ラㅌ丨(4, 2B, 7)

D2 : 清淨 則 宣無諸相 本然 則 宣無遷流オㅌ丨(4, 2B, 7)

E2 : 清淨ᄒᆞ면 宣無諸相이며 本然ᄒᆞ면 宣無遷流ㅣ로다

E4 : 清淨ᄒᆞ면 모ᄃᆞᆫ 相이 업수미 맛당ᄒᆞ며 本來 그러ᄒᆞ면 올마 흘롬 업수미 맛당토다 (4, 5A)

(4b) 또한 如來(佛)가 질문에 답하는 내용으로 명사구(NP) '無諸相'이 주어이다. 여기도 존칭의 '-시 / ニ-'는 아니다. 따라서 여기에 쓰인 '시 / ニ-'는 존경의 의미가 아닌, 존재의 의미로 보아야 할 것이다.

(4) c. A1 : 云何如來丶 因緣 自然ㅌ 二 俱排擯去丶ㄴ午(3, 10A, 12)

監本 大文의 諺解文, 4는 刊經都監本 註釋文의 諺解文을 표시한다.

B1 : 云何如來ㅣ 因緣 自然 二 俱排擯厽ㄷㅌㅣㅅㅁ(3, 15B, 3)
C1 : 云何如來ㄴ 因緣 自然ㄴ 二 俱排擯ㄴㄷㅌㅁ(3, 28A, 2)
D1 : 云何如來ㄴ 因緣 自然ㄴ 二 俱排擯ㄴㅌㅁ(3, 28A, 2)
E1 : 云何如來ㅣ 因緣과 自然과 二를 俱排擯ᄒ시ᄂ니잇고
E3 : 엇뎨 如來ㅣ 因緣과 自然과 둘흘 다 미러 <u>ᄇ리시ᄂ니잇고</u>
(3, 64A)

(4c)의 경우가 존경의 선어말어미로 언해된 특수한 경우로, '如來'가 주어이기에 문맥상 존칭의 '-시-'를 쓴 것으로 보인다. 그러나 이런 경우는 『楞嚴經』卷2~4에서는 한두 예에 지나지 않는다.

따라서 음독구결 자료에서 '厽ㄷㅌ'의 '시/ㄷ'는 존칭으로 사용한 것이 아니다. 그 근거를 들면, 첫째, '厽ㄷㅌ'가 들어가는 문장은 부처가 가르침을 주는 자들에게 말하는 상황이거나, 사물 또는 현상이 주어인 경우의 술어로 쓰였다는 점, 둘째, 대체로 E本에서 '厽ㄷㅌ'에 대한 언해문이 평칭인 'ᄒ니'이지 존칭 선어말어미가 들어간 'ᄒ시니'로는 언해되지 않은 점 등이다. 결국 '厽ㄷㅌ'의 '시/ㄷ'는 존재의 의미를 지닌 동사어간이며, '-거/厽 # 시/ㄷ- + 어미'로 보아야 한다.

5) 고려가요에서의 '시'에 대해

고려가요에 이르면 향가에서 존재의 의미로 사용된 '잇-/이시-'는 오히려 나타나지 않고, '시-'라는 이형태로만 나타나면서 존경의 '-시-'와 존재의 '시-'가 병존하게 된다. 고려가요의 '-시-'에 대해 김완진(1975, 2000), 현평효(1975), 이숭녕(1976), 서종학(1984) 등의 연구가 있다. 이숭녕(1976)은 '잇다, 시다'가 雙形語로서 '시다'는 소멸기에 접어든 것이고, 後置詞 '셔'는 '시다'의 副詞形에서 기원했으며, 고려가요의 '시'를 '시다'의 활용형으로 보았다. 서종학(1984)은 고려가요의 '시'가 존칭 선어말어미가 아님을 증명하고, '在'의 어형으로 보았다.

고려가요에 나타나는 '시'는 세 가지 유형으로 나타난다. '동사어간 +

-거 # 시-'형, '동사어간 + -고 # 시-'형, '동사어간(부사) + 시-'형 등인 데, 이에 따른 용례는 다음과 같다.

> (5) a. 그 바미 우미 도다 삭 <u>나거시아</u><鄭石歌>
> b. <u>남거시든</u> 내 머고리<相杵歌>

(5a)~(5b)는 '동사어간 + -거 # 시-'형이다. 이 형태는 구결에서 나타 나는 '-ㅿㄷ-'에 대응된다. 서종학(1984)의 주장처럼 주어가 각각 '삭, 음식'이므로 존경의 의미를 부여하기 힘들다. 김완진(2000)은 (5a)의 '나 거시아'에 대해, 존경의 '시' 다음에 어미 '아'가 생략되었다고 주장하였 으나, '나거시아'에서 강세접미사 '아'는 존칭선행어미 '-시-'에 접미될 수 없으므로 '시-'는 어간 '시[有]-'로 보아야 한다는 양주동(1947 : 268)과 예전에 '시-'가 汎稱의 경우에 사용되었다는 남광우(1997 : 55)의 주장이 더 설득력이 있다.

> (5) c. 雙花店에 雙花사라 <u>가고신딘</u><雙花店>
> d. 어느이다 <u>노코시라</u><井邑詞>
> e. 므슴다 錄事니몬 / 넷나룰 <u>닛고신뎌</u><動動>
> f. (後腔)머자 외야자 緣李야 / 샐리나 <u>내신고홀</u> 미야라 / (附葉)아니
> 옷 미시면 나리어다 머즌말<處容歌>

(5c)~(5g)는 '동사어간 + -고 # 시-'형이다. 이 형태는 구결에서 나타 나는 '-ㅁㄷ-'에 대응된다. 현평효(1975)가 이 형태에 대해, 제주도 방언 의 /-암시-/와의 비교를 통해 高麗歌謠의 /-고시-/를 자세히 살펴본 바 있다. 그러나 이러한 형태는 방언 면에서 뿐만 아니라 고려시대 구 결자료에서 '-ㅁ- : -ㅿ-'의 관계로 미루어 볼 때, 충분히 나타날 수 있 는 형태이다. (5c)는 주어가 1인칭으로 존칭의 '-시-'일 가능성은 희박하 며, 김완진(2000)은 '시'를 '있다'의 意味로 읽어도 '고'가 그대로 남아 있 는 한 '가고 있으니' 정도가 고작이라고 하였으나 '가고 있으니', '가 있 는데'의 의미로 보는 것이 타당하다. (5d)에서 '노코시라'는 '놓고 있어

라'의 의미로 '시-'가 無賴漢에게 남편의 구명을 호소하는 말이라기보다
는 無賴漢을 나무라거나 호통하는 명령조로 본다면, 존칭보다 평칭이 적
당하기 때문에 이 또한 存在의 '시-'로 보아야 할 것이다. (5e)에서 '닛
고신뎌'의 '시-'를 김완진(2000 : 288)은 '닛고겨신뎌'에서 '겨'가 생략된
것으로 보고, '고겨'가 같이 'ㄱ'으로 시작되는 음절이어서 일종의 이화
작용을 입어 형성된 융합형이라 하였다. 이와 같은 경우로 <鄭石歌>의
'겨샤이다'를 '겨시사이다'로부터의 융합이라 하였다. 그러나 이것은 '닛
고#신뎌'로 보이며, '잊고 있는가'의 뜻으로 보인다. 동사어간 '시[有]-'
에 감탄형 종결어미 'ㄴ뎌'의 연결형으로 보는 것이 더 자연스럽다. (5f)
에 대해 김완진(2000 : 246-247)은 연극적 구성으로 세 화자가 등장하는데,
後腔은 熱病大神의 말이고, 附葉은 사설자의 발언으로 熱病神에 대한 위
협이라 하여, 附葉의 '미시면'의 '시'와 後腔 중 '내신고홀'의 '시'를 같
은 존경의 '-시-'라 하였다. 그러나 이처럼 세 화자로 설명한다해도
존경의 대상이 될 수 없는 '멎, 외얏, 綠李'이 존경의 '-시-'를 사용함
은 정당함을 찾을 수 없으며, '내신고홀'의 '시'도 위협적 상황에 존경
의 '-시-'를 사용함은 더더욱 그 정당성을 얻을 수 없다.

(5) g. 여희므론 아즐가 여희므론 질삼뵈 <u>브리시고</u><西京別曲>
　　 h. 비 오다가 개야 아 눈하 <u>디신</u> 나래 / 서린 석석사리 조븐 <u>곱도</u>
　　　 <u>신</u> 길헤<履霜曲>
　　 i. 구스리 바회예 <u>디신돌</u><鄭石歌>

(5g)~(5i)는 '동사어간(부사) + 시-'형이다. 여기서 '동사어간'은 15세
기 중세국어시기에 흔히 있었던, 동사어간만으로 부사 역할을 담당했던
것을 일컫는다. (5g)의 '브리시고'의 '시'를 김완진(2000 : 216)은 일단 자
기를 귀인화하여 표상했다가 뒤에서는 평칭화하는 시적 기법으로 보았
는데, 이 노래에만 이런 용법이 유독 쓰일 리가 만무하며 이는 '시'를
존경의 의미로만 보는 견해에 맞추다 보니 나오는 당연한 귀결이라 생
각한다. 이 부분의 내용에 대한 정황도 시적화자인 여성이 길삼베를 버

리고라도 임을 좇겠다는 의지의 표현이다. 따라서 여성 화자 자신에게 존대의 '-시-'를 썼다고 보기는 어색하다. (5h)의 '디신 나래'는 '떨어져서 있는 날에', '곱도신 길헤'도 '굽어돌아[曲廻] 있는 길에'의 意味로 모두 存在의 '시-'이다. 그런데, '곱도신 길헤'의 '시'가 존경의 '-시-'와 관계가 없다는 김완진(2000 : 311)의 주장은 고려가요의 '시'가 모두 존경의 '-시-'로 해석할 수 있다는 스스로의 대원칙에 모순된다. (5i)도 '떨어져 있은들'로 문맥상 파악되며 사물주어인 '구슬'에 존경의 의미를 부여할 필요는 없다.

6) 조선시대 문헌의 '시'에 대해

(6) a. 聖孫將興에 嘉祥이 몬졔시니(聖孫將興 爰先嘉祥) <龍飛御天歌 7章>

  b. 됴이시리이다 <癸丑日記 93>

조선시대의 자료에 '시-'가 존칭과 무관하게 존재의 의미로 쓰이는 경우가 흔하게 나타난다. (6a)는 '시-'는 존재의 의미로 부사에 연결되어 있다. 이는 (6b)도 마찬가지이다. 그 주어는 '嘉祥' 즉 '아름다운 徵兆'이며 '몬졔시니'는 '먼저 나타난 것이니'의 의미를 지니는 것으로 보아야 한다.

  c. 學는 므슴애 연저가겨실 씨라 <蒙山和尙法語略錄諺解3>
  d. 므츳매 밧글 쑤뮤믈 フ초ᄒ야시니(縱然備外節) <杜詩諺解 卷19 : 29>
  e. 겨집의 월경ᄒ야실 졋 듕의룰 ᄉ라(燒婦人月經衣) <救急簡易方1 : 109>
  f. 글란 네 므슴 노하시라(那的你放心) <飜譯老乞大, 上37>
  g. 사라신 저긔(活時節) <飜譯老乞大, 下 : 42>
  h. 벼슬ᄒ여신 저기나 벼슬 업슨 저기나 <飜譯小學10 : 31>
  i. 부모 사라신 제 정업을 권치 아니ᄒ고 <孝經諺解1>
  j. 네게 이셔는 튱신이 되어시니 <東國新續三綱行實圖,忠1 : 25b>
  k. 天下룰 一統ᄒ여시니 <老乞大諺解上4>

(6c)~(6k)는 존재의 '시-'가 부동사어미 '-아(야 / 어' 뒤에 연결된 형 태이다. 이들은 모두 '동사 어근 + 부동사어미 '-아 / 어' # 시[有]- + 어미'로 볼 수 있어 '시-'가 존재의 동사어간 역할을 하고 있다. 이는 음 독구결에서의 '-거-(확실법 어미) # 시-(존재의 동사어간) + -니(어미)'로 분석 되는 'ㅊㄹㅌ'가 후대에 확실법 어미 '-거-'의 'ㄱ'약화로 '-어-'가 되 면서 부동사어미의 역할로 기능이 약화되고, 이에 따라 '-어시니'형이 나타나는 것이 자연스럽게 설명된다. 그러나 현대국어에 가까워지면서 존칭의 선어말어미 '-시-'와 존재의 동사어간 '시-'가 통사 상 위치나 그 형태의 유사성으로 인해 혼동이 생기자, 존재의 '시-'는 소멸되고, '잇- / 이시-'로 통일되었으며, 현대국어에 이르러서는 '있다'가 존재의 지속을 나타내는 조동사로 굳혀지는 것이다.

3. 結 論

이상에서 존재의 지속을 나타내는 동사어간 '시-'의 통시적 사항을 살펴봄으로써 그 동안 존경법 선어말어미로 잘못 보았던 내용들의 허점 을 하나하나 짚어보았다. 그리고 출현 양상을 바탕으로 그 의미와 기능 에 대해 살펴보았다. 이를 정리하면 다음과 같다.

존재의 '시-'가 고대의 이두 시기에는 나타나지 않고, 같은 의미의 訓 讀字 '在 / 겨-'만 있었던 것으로 보인다. 통일신라시대의 이두까지는 현 전 문헌상에 존재의 '시-'는 없으며, 고려시대 11세기 이후의 이두에서 존재의 의미를 나타내는 有가 확실법 어미 '-去 / 거-'에 연결되어 '잇 / 이시-'로 나타난다.

향가에서도 존경의 '-시-'만 파악될 뿐, 존재의 '시-'는 나타나지 않 는다. 고대 이두자료처럼 '잇 / 이시[有]-'만 확인된다. 한편 존경의 '-시-' 는 주로 '賜', 때로는 '史'로 표시하였다. 그러나 '史'의 경우는 존칭의

'-시-'가 아닌 말음 'ㅅ' 표시를 위해서도 사용되었음을 <讚耆婆郞歌>
에서 확인하였다.

고려 석독구결에 이르러서 존재의 동사어간 '시-'가 '잇/이시-'에서
독립되어 나타나기 시작한다. 口訣字 'ᆖ'로 표기되는데, 'ᆖ'는 문맥에
따라 존경의 '-시-'로도 많이 나타나지만, 적지 않은 수가 존재의 '시-'
로 나타남을 확인했다.

고려 후기의 음독구결 자료인 『楞嚴經』의 吐를 살펴본 결과, 존재의
'시-'는 口訣字 'ㅅ'와 'ᆖ'로 나타나며 'ㅅ'는 A本에서만 나타나지만
'ᆖ'는 A~D本까지 광범위하게 나타나고 있다. '-ㅗ ᆖ-'의 형태에 존
재의 '시-'가 나타남을 확인하고, 자세히 검토해 본 결과, 문맥의 내용
상 존칭의 대상이 아니며, 언해문에서 평칭의 'ㅎ니'로 언해된 점 등을
들어 존재의 의미를 지닌 동사어간임을 보였다.

고려가요에서는 그 이전 자료에서 존재의 의미로 사용된 '잇/이시-'
는 오히려 나타나지 않고, 이형태 '시-'만 나타나, 존칭의 '-시-'와 병존
하게 된다. 고려가요에 나타나는 존재의 '시-'는 세 유형으로 '동사어간
+-거/어- # 시-'형, '동사어간 + -고/오- # 시-'형, '동사어간(부사) +
시-'형 등이 그것이다. 그 동안 존칭의 '시'로 잘못 보았던 주장들을 낱
낱이 살펴보면서 존재의 '시-'임을 확인했다.

조선시대에도 계속 존재의 '시-'는 나타나는데, 부사 뒤나 부동사어미
'-아/어-' 뒤에 나타났으며, 후기 이후에 존칭의 선어말어미 '-시-'와
존재의 동사어간 '시-'가 통사 상 위치나 그 형태의 유사성으로 인해
혼동이 생기면서 존재의 '시-'는 소멸되고 '있다'가 존재의 지속을 나타
내는 동사로 굳혀진다.

V. 현대어의 ㅎ尾音 形態素 연구

1. 序 頭

현대어 중 합성어 내에서 간혹 격음 'ㅋ, ㅌ, ㅍ' 등이 나타나는 어휘가 있다. 그 중에는 'ㅎ'의 영향으로 그러한 현상이 나타나는 것들도 있다. 이것은 그간 국어학자들 사이에 'ㅎ말음체언, ㅎ곡용어, ㅎ조사' 등의 명칭으로 달리 불리어졌다. 명칭에 차이가 있는 것은 ㅎ을, 체언에 붙은 것으로 보느냐, 사이의 형태소로 보느냐, 조사로 보느냐에 따라 의견의 차이를 보이기 때문이다.

그 동안 이에 대한 여러 학자들의 의견을 간단하게 살펴보자.

이희승(1933 : 325)은 'ㅎ'이 체언의 받침임을 주장하며, 그 근거의 하나로, 접속사 '과'가 따[地], 우[上], 돌[等], 내[川] 등에서 '콰'로 나타나는 것은 'ㅎ'이 분명히 웃 밑의 받침이기 때문이라고 주장하였다. 양주동(1942 : 290-292)은 'ㅎ'음이 명사에 속한 것이 아니고, 단순히 격조사에서 연음소 'ㅎ'을 관용하던 고음의 습관이 전통적인 잔영으로 남긴 것으로 본다. 김민수(1952 : 11-14)는 각종 자료를 검토하여 구조적인 방법으로 'ㅎ'을 받침 명사(또는 ㅎ말음 명사)라 하였다. 김영배(1958 : 89)는 'ㅎ'을 어간의 일부로 보지 않고 상하음의 연음관계에 의한 음운론적 현상으로 보았다. 양주동의 견해와 궤를 같이 하는 것이다. 김영배(1962)는 김영배(1958)를 약간 보충한 것으로 내용은 대동소이하다. 김형규(1963 : 1-4)는 'ㅎ'말음 체언임을 밝힌 후, 덧붙여 語間 'ㅎ'음의 탈락현상과 기초어휘와의 비교대조도 살펴보았다. 최범훈(1981 : 76)은 체언 가운데 어떤 것은 곡용할 때 ㅎ이 나타나는 것이 있는데, 이러한 체언을 ㅎ특수곡용체언이라 하고 ㅎ곡용은 15세기 중기[1]부터 이미 ㅎ탈락형이 나타났다고 보았다. 이광정(1983 : 81-85)은 ㅎ말음 용언과의 상관을 통해 ㅎ말음 체언임을 주장하였다. 안병희 · 이광호(1990 : 148-149)은 이를 'ㅎ'명사의 곡용으로 간단하게 처리했을 뿐, 자세한 언급은 하지 않았다.

이상의 주장들을 정리하면 ㅎ 본질에 대해 다음 세 가지 학설로 정리할 수 있다.

- ㅎ말음체언설 : 이희승, 김민수, 김형규, 이광정
- ㅎ곡용설 : 남광우, 최명옥, 안병희 · 이광호
- ㅎ조사설 : 양주동, 김영배

이상에서 본 바와 같이, 학자에 따라 의견의 차이를 보이지만, 문법적으로 ㅎ말음체언설로 정리되는 분위기이다. 따라서 본 연구자는 이에 대해 문법적 기능이나 역할을 중심으로 살피지 않을 것이다. 본고의 중심은 현대까지 남아 있는 합성어 내의 先行語에 내재한 'ㅎ'에 대해 고찰할 것이다.

1) ㅎ尾音 形態素

본 연구자는 우선 합성어 내의 선행어에 내재한 'ㅎ'이 후행어의 어두음에 영향을 주어 격음으로 나타날 때, 선행어를 일컬어 'ㅎ尾音 形態素'라 명명하고자 한다. 국어학계에서 대세를 차지한 'ㅎ말음체언' 용어가 문제가 있다고 생각하기 때문이다.

그 이유는 다음과 같다. 우선, 통상 국어학 용어로 '末音'이란 받침, 즉 終聲과 같은 개념이다. 그러나 ㅎ의 역할은 받침의 역할처럼 기능하기도 하지만, 마치 사잇소리의 역할도 수행하기에 末音(받침, 終聲) 등의

---

1) 이에 대한 다른 주장으로, 김정숙(1987 : 736)은 ㅎ탈락이 향가시대에도 있음을 밝혀내고, 이 현상은 그 이전부터 진행되어 온 것이라 추정한 바 있다.

용어는 부적절하다고 보는 것이다. 현대어에서 ㅎ은 마치 잠재되어 있다가 후행어 어두의 폐쇄음 평음에만 영향을 미쳐 末音의 기능과는 전혀 다르게 나타난다. 따라서 본 연구자는 기존의 용어를 버리고 새로운 용어 '尾音'을 제시하는 것이다. 물론 기원적으로 'ㅎ'은 선행어의 末音(받침, 終聲)에서 나왔을 것이라는 주장이 가장 설득력이 있다. 그러나 현대어에는 그 수가 현저히 줄고, 기능도 미약하다. 따라서 말음이 아님을 분명히 하고자 尾音이란 용어를 새롭게 사용한 것이다.

다음으로 '체언'이란 용어도 '형태소'로 고치려 한다. ㅎ尾音이 나타나는 선행어가 현행 문법으로 볼 때, 체언만이 아니라 접두사나 부사, 관형사인 경우가 나타나기 때문이다. 따라서 이를 아우르는 용어 '형태소'를 사용한 것이다.

학자에 따라 대상으로 제시한 ㅎ尾音 形態素의 수가 각각 다르나,[2] 최범훈(1981 : 76)이 그 중 가장 많은 106語辭를 제시하였다.

그런데 여기서 우리는, 과거 문헌 속에서 100여 개였던 ㅎ尾音 形態素가 현재 10개 이내의 것만 남아 있는 것에 대해 숙고할 필요가 있다. 이에 대해 기존 학자들은 ㅎ尾音 形態素가 사라지는 이유를 제시한 바 있다.

김민수(1952 : 13)는 "末音의 마거음은 폐쇄음으로 변화한다. 聲門 摩擦音인 ㅎ음이 성문에서 폐쇄되면 다음의 음을 발음할 수 없게 되기 때문에 그 위치를 변해서 同類의 음인 ㅅ의 발음 위치에서 폐쇄하게 된다. … 말음으로서의 ㅎ은 音理 上으로 보아 그 ㅎ음이 탈락해 없어지는 수가 많다"라고 하여 ㅎ음의 특성상 변하거나 탈락할 수밖에 없음을 주장하였다.

김영배(1958 : 89)는 ㅎ의 탈락 소실이, 생활이 완만하던 고대에서 근세로 내려오면서 생활의 신속화와 생리의 경화 혹은 심리적 요인에 의해서 ㅎ음이 잘 인식되지 않으면서 점차 탈락하여 온 것으로 본다. 즉 문

---

2) 김형규(80개), 허웅(57개), 남광우(85개), 양주동(51개), 김영배(92개), 이광정(84개), 안병희・이광호(61개) 등을 제시하였다.

화적이고 심리적인 요인을 그 이유로 들고 있다.

김형규(1963 : 4-10)는 ㅎ말음이 탈락된 예를 보면, 그것은 무조건의 현상이 아니라 모음 하에서 가장 많고, 그 다음이 ㄹ[l]자음 아래에 나타나고, 또 ㄴ[n]·ㅁ[m]음 아래에 약간 보이고 있으니, 이것은 소위 모음이나 開音 사이에서 "ㄱ·ㄷ·ㅂ·ㅅ"음이 약화 탈락되어 가는 현상의 조건과 근사한 점이 있음을 발견할 수 있을 것으로 보았다. 그러나 ㅎ말음이 탈락이 음운론적 현상으로 보는 것이 아니며, 그 이유는 aperture가 적은 [k·t·p]음과 연결될 때도 탈락되기 때문이라는 것이다. 따라서 그 탈락 현상을 언어학에서 말하는 기후·풍토설과 결부시켜, 우리의 원시어에 있어서는 체언 말음에 ㅎ말음을 많이 가졌을 것이나, 차차 그것이 탈락되어 간 것으로 본다. 사라지는 이유를 음운론적·문화적인 요인으로 설명하고 있다.

최범훈(1981 : 77-78)은 G. J. Ramstedt의 k > x > h > o로 볼 때 깊은 유기적 관계에 의한 것으로 보았다. 그러나 이것은 다분히 추상적이고 막연한 주장이라 할 수 있다.

이상의 학자들 견해를 정리해보면 ㅎ尾音 形態素가 음운론적이고 문화적인 요인에 의해 사라지고 있다고 할 수 있다.

2. 현대어의 ㅎ尾音 形態素

1) 모음 아래

현대어 중, 모음 아래에서 ㅎ尾音 形態素의 모습을 가지는 것은 '수[雄], 조[粟], 그루[株]' 등 모두 셋이다.

(1) 수[雄] : 이 접두사는 '암[雌]'과 같이, 뒤에 [ㄱ, ㄷ, ㅂ]이 연결되는 명사들과 합성하여 [ㅋ, ㅌ, ㅍ] 등으로 각각 나타나게 하는 'ㅎ尾音

形態素'이다. 그러나 현대어3)에서는 반드시 그렇지만은 않다. 後行語가 [ㄱ, ㄷ, ㅂ]이 어두인 명사인 경우, ㅎ尾音 形態素가 나타나는 경우와 그렇지 않은 경우를 제시하면 다음과 같다.

> 수캉아지, 수캐, 수컷, 수키와, 수탉, 수탕나귀, 수퇘지, 수톨쩌귀, 수 평아리
> 예외) 수개미, 수거미, 수게, 수고양이, 수곰, 수구렁이, 수단추, 수벌, 수범 등

(2) 조[粟] : 이 명사는 현대어에서 조[粟]와 밥[飯]과 나무[木]가 합성한 '조팝나무', 조[粟]와 밥[飯]과 꽃[花]이 합성한 '조팝꽃', 그리고 북한에서는 조[粟]와 밥[飯]이 합성한 '조팝' 등이 있다. 그러나 남한에서는 조[粟]와 밥[飯]이 합성한 경우 '조밥'이 표준어이다.

그런데 '조팝나무'라는 단어는 과거 문헌 속에서도 '조팝나무'와 '조밥나무'를 혼용하고 있음을 다음의 경우에서 확인할 수 있다.

> 常山 조팝나못 불휘 <1613東醫寶鑑 湯液扁,3 : 16>
> 常山 莖圓三四尺 葉似茗而狹長…조밥나모恒山 鷄尿草 鴨尿草 仝 <1800?物名攷, 4 : 10>

그러나 현대어에서 조[粟]는 'ㅎ尾音 形態素'의 성격을 거의 잃어버린 것으로 보인다. 다음의 현대어들은 'ㅎ尾音 形態素'가 나타나지 않고 있는 것이다.

> 조겨, 조다짐4), 조당수5), 조대, 조대우6), 조밥, 조북데기 등

---

3) 현대어는 2001년 국립국어원에서 발간한 <표준국어대사전>에 등재한 단어를 말한다.
4) 조밥 먹는 일을 속되게 이르는 말.
5) 좁쌀을 물에 불린 다음 갈아서 묽게 쑨 음식.
6) 조를 심은 대우.

(3) 그루[株] : '그루터기'가 'ㅎ尾音 形態素'가 나타나는 대표적인 합성
어이다. 이 단어는 기원적으로 '그르[株]'와 '-데기'7)가 합쳐져 '그릏데
기'가 된 것이 시간이 흐름에 따라 변한 말로 '그루'가 'ㅎ尾音 形態素'
이다.

그러나 '그루강냉이, 그루다듬기' 등에는 'ㅎ'이 나타나지 않는다.

2) ㄹ 아래

현대어 중, ㄹ 아래에서 ㅎ尾音 形態素의 모습을 가지는 것은 '살[肌],
울[籬], 하늘[天]' 등 모두 셋이다. 수의적 표현이긴 하나 방언형에 나타
나는 것으로 '돌[石], 뜰[庭]' 등 모두 둘이 있다.

(1) 살[肌] : 살코기는 살[肌]와 '고기'의 합성어이다. 이 단어는 17세기
문헌에 처음 등장하나 당시에는 '술고기'로 나타난다.

> 어룸을 노코 술고기와 잉도와 여러 가지 鮮果롤 氷盤에 줌가 <1677
> 박통사언해, 상, 006a>

19세기 말 이후에 비로소 '살코기' 형태가 나타난다.

> 살코기 <1897韓英字典,523>,
> 살코기 <1920朝鮮語辭典,449>,
> 살코기 <1938朝鮮語辭典,732>

등이 보인다.

그러나 살[肌]은 현대어에서 '고기' 이외의 단어와 합성할 경우에는
ㅎ이 나타나지 않는다. 다음과 같은 합성어가 그 예이다.

---

7) 일부 명사 뒤에 붙어, 사람이나 사물을 얕잡거나 홀하게 이르는 뜻을 나타내는
   접미사이다.

살가림, 살가죽, 살갗, 살거리, 살결, 살기[8], 살김[9], 살덩어리, 살덩이, 살바탕, 살빛 등

(2) 울[籬] : 울타리는 '울[籬]'과 접미사 '-다리'[10]가 합성한 말이다. 그러나 이 형태소도 ㅎ이 나타나지 않는 예외의 단어가 현대어에 존재한다. 바로 '울담, 울대, 울바자[11]' 등이 그것이다.

(3) 하늘[天] : '하늘'과 접미사 '-다리'가 합성한 '하눌타리'가 유일하게 'ㅎ尾音 形態素'가 나타나는 단어이다. 하눌타리는 박과의 여러해살이 덩굴풀로 고문헌에 다음과 같은 용례가 나타난다.

하눓ᄃᆞ래 <1489救急簡易方諺解1, 22a>
하눌타리 불휘(天花粉) <17세기 經驗方>

한편 이 단어는 '하늘타리'라는 방언형이 전국적으로 통용된다. '하늘'은 'ㅎ尾音 形態素'로서의 기능을 거의 상실했다고 보아도 과언은 아니다. '하늘구멍, 하늘길, 하늘바다, 하늘바라기, 하늘벼' 등에서 'ㅎ'의 모습은 전혀 나타나지 않는다.

(4) 기타 — ① 돌[石] : 비록 방언형이지만 '돌멩이'의 경기·경북·충남방언에 '돌팍'이 있다. 이 또한 수의적 표현이지만 'ㅎ尾音 形態素'가 나타나는 단어이다. 주지하다시피 고문헌에 돌[石]은 원래 'ㅎ尾音 形態素'이었다. 그러나 이 단어는 '돌'의 속된 표현인 '돌빡'에서 나왔을 가능성도 전혀 배제하지는 못한다.

② 뜰[庭] : 돌[石]의 경우와 마찬가지로 '뜰'의 경기방언에 '뜰팍'이 있다. 고문헌에서도 뜰[庭]은 '뜰히, 뜰헤, 뜰홀, 뜰흐로셔' 등으로 나타난다(남광우, 1997 : 186 재인용).

---

8) 몸에 살이 붙은 정도
9) 살의 훈훈한 기운.
10) 명사나 용언 어간에 붙어 그 말을 홀하게 이르는 접미사이다.
11) 울타리에 쓰는 바자.

수의적 표현이지만 각 지방에서 'ㅎ尾音 形態素'의 흔적이 보이는 방언형이 다음과 같이 있다.

뜰파구니(경기),   뜰팍(경기),   뜰판(충북·충남),   뜰팡(강원·경기·전북·충북·충남)

이 또한 '뜰'의 속된 표현인 '뜰빡'에서 나왔을 가능성도 있고, 뜰과 판의 합성어에서 비롯될 수도 있다.

3) ㄴ 아래

현대어 중, ㄴ 아래에서 ㅎ尾音 形態素의 모습을 가지는 것은 '앤[內], 헌[一]' 등 모두 둘이다.

(1) 앤[內] : '안팎'은 '안'과 '밖'이 결합하여 만들어진 합성명사이다. 15세기에 '내(內)'의 의미를 갖는 단어는 '안ㅎ'이었다. 이 명사는 일찍부터 ㅎ尾音 形態素를 지닌 것으로 현대까지 그대로 전하는 경우이다. 기원적으로 '안ㅎ + 밖'이 합성한 단어이다.

宮內ᄂᆫ 宮 안히라 <1447釋譜詳節, 03 : 006b>
門 안해 들어든 다시 몯나긔 ᄒᆞ야지이다 <1447釋譜詳節, 24 : 014a>

그러나 홍윤표 외(2003)의 내용을 빌리면, 17세기에 '안팎'이라는 단어는 '안팎, 안밨, 안밧, 안빻' 등으로 혼동되어 표현한 것이 19세기에 이르러 '안팎'이 가장 많이 쓰이게 되고, 19세기 말에는 '안팎'으로 나타난다고 한다.

한편 앤[內]은 '안팎'의 경우를 제외하고는 모든 경우에 ㅎ尾音 形態素의 기능이 나타나지 않는다. 즉, '안걸이, 안겉장, 안골, 안귀, 안깃, 안뒤꼍, 안뒷간' 등이 모두 그러하다.

(2) 한[一] : 가래질을 할 때, 한 가래에 붙는 세 사람의 한 패라는 의미로 '한카래 / 한카래꾼'이 있다. 현대어에서 하나[一]가 'ㅎ尾音 形態素'로 쓰인 유일한 단어이다.

한편, 기존 학자(이광정, 1983 : 76, 최범훈, 1981 : 76)들이 'ㅎ尾音 形態素'로 제시한 '한켜레'는 현대어에서 '한겨레'가 표준어로 됨으로써 더 이상 'ㅎ尾音 形態素'가 나타난 단어로 보기 힘들다. 이 형태소도 '한가득, 한가락, 한둘, 한밤, 한방망이, 한배' 등에서 'ㅎ尾音 形態素'가 전혀 나타나지 않는다.

4) ㅁ 아래

현대어 중, ㅁ 아래에서 ㅎ尾音 形態素의 모습을 가지는 것은 '암[雌]'이 유일하다.

(1) 암[雌] : 접두사로 반의관계의 '수[雄]'와 같은 모습으로 명사들과 합성한다. 後行語가 [ㄱ, ㄷ, ㅂ]이 어두인 명사인 경우, ㅎ尾音 形態素의 모습을 지닌 경우와 그렇지 않은 경우를 구별하여 제시하면 다음과 같다.

　　암캉아지, 암캐, 암컷, 암키와, 암탉, 암탕나귀, 암퇘지, 암톨쩌귀, 암평아리
　　예외) 암개미, 암거미, 암게, 암고양이, 암곰, 암구렁이, 암단추, 암벌, 암범 등

5) ㅎ尾音 形態素로 혼동되는 단어

단어들 중에 'ㅎ尾音 形態素'로 착각하기 쉬운 합성어들이 있다. '머리카락, 개펄, 이토록, 그토록, 저토록, 나무토막, 마파람, 휘파람, 살쾡이' 등이 그것이다. 이들 중 앞선 先行語들이 ㅎ尾音 形態素처럼 보인다.

그러나 이 중 '이[此]'는 고문헌에 흔하게 등장하는 ㅎ尾音 形態素이다.

한편, 김형규(1963 : 13)는 이들 단어에 대해서 복합어를 이룰 때 소위 '사이ㅅ'이라고 해서 'ㅅ' 대신 'ㅎ'이 극히 적은 예이지만 올 수도 있다고 본다. 국어에는 소위 자음강세법이라고 해서 語感의 差異에 따라 强音 또는 激音을 쓰는 일이 많다고 본다.

(1) 머리[頭] : 머리[頭]는 고문헌을 통해 볼 때도 ㅎ尾音 形態素가 아니다. 합성어에서 머릿기름, 머릿방 등처럼 사이ㅅ이 나타나는 경우가 있는가 하면 '머리기사' 등처럼 사이ㅅ이 나타나지 않을 수도 있다. '머리카락'의 경우는 마치 머리가 ㅎ尾音 形態素인 경우도 착각하기 쉽다. 그러나 이는 과거 특이하게 쓰였던 '사이ㅎ'이 아닌가 하는 생각이다.

(2) 개[浦] : '갯가의 개흙이 깔린 벌'을 지칭하는 '개펄'이 있다. 그러나 고문헌에서 '개'는 ㅎ尾音 形態素가 아니다. 따라서 이 합성명사는 '개[浦] + ㅎ + 벌[野]'에서 온 '사이ㅎ'이거나 '갯벌'12)이 속되게 '개뻘'로 불려지면서 갯벌과는 의미의 차이성을 둔 '개펄'이란 어휘가 생겨날 가능성도 있다.

(3) 이[此] : 이[此]는 고문헌에서도 ㅎ尾音 形態素로 흔하게 등장하는 어휘이다. 따라서 '이토록'의 경우 '이[此] + ㅎ + 도록'13)이 합성할 것으로 착각하기 쉽다. 그러나 이[此]는 근세에 이르러 ㅎ尾音 形態素의 성격에서 완전히 벗어난다. 따라서 일부 체언 뒤에 붙어 앞말이 나타내는 정도나 수량에 다 차기까지의 뜻을 나타내는 보조사 '토록'과 합성한 것으로 보아야 할 것이며, 이는 '그토록, 저토록'과 동시에 생겨났을 것이다. 따라서 ㅎ尾音 形態素가 현대어에서는 아니다.

(4) 나무[木] : 나무[木]는 고문헌에서 ㅎ尾音 形態素로 나타나지 않는 명사이다. 대체로 '나뭇잎, 나뭇간, 나뭇개비, 나뭇결, 나뭇고갱이, 나뭇광, 나뭇단, 나뭇바리' 등과 같이 합성어 내에서 사이ㅅ이 나타나는 경우가 많고, '나무거죽, 나무공이, 나무괭이, 나무다리, 나무밥, 나무배, 나

---

12) '갯벌'의 의미는 '바닷물이 드나드는 모래톱. 또는 그 주변의 넓은 땅'이다.
13) '-도록'은 고문헌에서 '처럼'의 뜻을 더하고 부사를 만드는 접미사로 쓰였다.

무토막' 등과 같이 사이ㅅ이 나타나지 않는 경우도 있다. 사이ㅅ이 나타나지 않는 경우의 합성어 중 특히 '나무토막'이 '나무'와 '도막'의 합성어로 보아, '나무[木]'가 ㅎ尾音 形態素인 것처럼 착각을 일으키기 쉽다. 그러나 이 단어는 나무와 토막14)의 합성어로 보면, ㅎ尾音 形態素가 아닌 것이다.15)

(5) 매[맞-] : 마파람의 '마'를 그동안 국어학자들은 '霖'으로 보고, 이를 ㅎ尾音 形態素를 가지는 것으로 이해하였다. 그러나 김형규(1963 : 2)는 霖이 고시조에 한 번 나올 뿐으로 그 말의 뜻도 분명하지 않고, 그 시조집에 적힌 筆寫의 기록은 그대로 신임하기 어려운 데가 많기 때문에 ㅎ말음 체언이 아니라고 주장한다. 본 연구자도 같은 생각이다. 따라서 '매[霖]'는 ㅎ尾音 形態素로 보지 않는다. 특히 현대어에 이르러서는 '마파람'이라는 용어가 뱃사람들의 은어로 전락한 특수어로 보며, 오히려 '南風, 앞바람' 등이 더 일반적으로 쓰인다. 일반적으로 국어사전에 등장하는 이 합성어의 형태소 분석을 보면, '맞 + ㅎ + 바람'으로 본다. 여기서 ㅎ은 소위 '子音强勢法'에 의해 나타난 것으로 보인다. 이와 유사한 단어로, 잎이 마주나고 깃 모양의 풀이름 '마타리'가 있다. 이 또한 '맞 + ㅎ + -다리'로 보아야 할 것이다.

(6) 휘 : '휘'는 부사로 센 바람이 길고 가느다란 물건에 부딪혀 나는 소리나 한꺼번에 세게 내쉬는 숨소리를 뜻한다. 이 단어가 합성한 어휘 중에서 '휘파람'이 있다. 마치 '휘'와 '바람[風]'이 합성하면서 ㅎ尾音 形態素인 것처럼 착각하기 쉽다. '휘'와 '바람[風]'이 합성한 어휘는 '휘바람'으로 휘몰아치는 바람의 뜻을 가진 표준어가 있다. 결국 이 합성어는 '휘'와 '파람[嘯]'의 결합이다. '파람'이 고문헌에서 '포람'으로 나타나며, 15세기와 17세기에는 '원숭이와 같은 동물의 울음소리'를 뜻하던 것이었다.

---

14) 참고로 '토막'은 '크고 덩어리 진 도막'의 뜻이고, '도막'은 '짧고 작은 동강'의 뜻으로 의미가 확연히 다르다.

15) 그러나 김형규(1963 : 13)의 경우는 '나무 + ㅎ + 도막'으로 형태소를 분석은 하지만, ㅎ말음을 갖지 않는 말로 본다. 일종의 사잇소리로 보는 것이다. 머리카락, 마파람도 같은 유형으로 본다.

나비 ᄑᆞ람 기리 이푸믈 <1456禪宗永嘉集諺解 下, 106>
ᄑᆞ람쇼 : 嘯 <1613訓蒙字會 下, 32>

따라서 '휘'는 ㅎ尾音 形態素가 아니다.

(7) 살 / 삵[貓] : '살쾡이'라는 합성어는 '삵 + 고양이'에서 유래한 것이다. 그러나 'ㅋ'음이 나타나면서 마치 '살 또는 삵 + ㅎ + 고양이'로 형태소를 분석하여 '살 / 삵'이 ㅎ尾音 形態素인 것처럼 보인다. 그러나 이는 '삵'의 末音 'ㄱ'이 '고양이'의 語頭音과 합쳐지면서 나타나는 현상으로 보아야 할 것이다.

3. 結 尾

현대어에 남아 있는 10개 이내의 ㅎ尾音 形態素를 살펴보면, 표준어에는 실현되지 않고 수의적 표현으로 방언형에 나타나는 경우가 많고, 설혹 남아 있는 ㅎ尾音 形態素도 '암 / 수'를 제외한 나머지는 유일한 후행어 외에는 엄격하게 후행어 어두의 폐쇄음 평음을 격음화 시키는 경우는 한 형태소도 없었다. 이러한 현상은 아직도 쇠퇴화의 과정 속에 있음을 단적으로 보여주는 것이다. 시간이 흐를수록 ㅎ尾音 形態素는 완전히 사멸할 가능성도 배제할 수 없다. 언중이 ㅎ尾音 形態素가 존재해야 할 당위성을 느끼지 못한다는 증거일 것이다.

특히 암[雌], 수[雄]가 先行語로 쓰인 '암 / 수돼지, 암 / 수평아리, 암 / 수탕나귀'는 현재 '암 / 수돼지, 암 / 수병아리, 암 / 수당나귀'로 쓰는 것이 언중에게는 자연스러운 상황이다. 따라서 '암 / 수'가 선행어로 쓰인 몇 단어─예를 들어 '암 / 수컷, 암 / 수캐, 암 / 수탉'─를 제외하고 다른 합성어는 ㅎ尾音 形態素가 나타나지 않는 것을 표준어로 삼는 것이 바람직한 방향이라 본다. 그 외의 '조팝나무, 그루터기, 살코기, 울타리, 하눌

타리, 안퐈, 한카래' 등은 ㅎ尾音 形態素가 나타나지 않는 것이 오히려
이상하리라 생각한다. 따라서 이들 단어는 두 형태소의 결합처럼 생각
할 것이 아니라, 마치 한 형태소로 굳어진 단어로 처리함이 타당할 것
이다.

二. 차자표기에 대하여

I. 백제 유물 속의 백제어 소고

1. 들어가는 글

우리나라의 한자 유래는 기원전 3세기에서 기원전 1세기경으로 추정된다[1]. 그 중 백제는 漢과의 접촉을 통해 한자가 들어온 후 한자가 지배적으로 사용되었을 것이다. 이 한자는 우리말 어순에 맞는 배열을 추구하는 과정에서 차자표기법이 나타났고, 그 대표 격으로 이두가 등장하게 된다. 그러나 그간 이와 같은 백제의 이두식 표현을 비롯한 백제의 언어 연구는 자료상 한계와 관심의 부족으로 그 성과물이 많지 않았다. 그 동안 백제어 연구의 문헌 자료로는 기껏해야 삼국사기 권36을 최고의 寶庫로 보고, 삼국유사, 일본서기를 보조 자료로 이용하는 것이 작금의 현실이었다. 이들에 대한 연구의 기초를 쌓고 연구 방법에 대한 제시를 한 것으로 조재훈(1973)이 선두적인 연구라면, 이에 대한 종합적이고 대표적 연구로 도수희(1977)가 있다. 특히 조재훈(1973)은 백제에 이두의 존재를 인정하고 주장한 바[2]가 있었지만, 남풍현(2000 : 32)을 비롯

---

1) 역사학계에서는 백제의 문자생활을 창원 다호리 1호 목관묘에서 출토된 붓과 삭도(削刀)로 보아 기원전 1세기경이나 그보다 조금 이른 시대부터 본격적인 문자생활을 영위했을 것으로 본다(부여박물관, 2003 : 129).
   국어학계에서는 우리나라에 한자가 유입된 것이 기원전 300년경으로 箕子朝鮮이나 衛滿朝鮮까지 거슬러 올라가나 이 시대의 한자는 통치문자로서 당시 우리말을 기록하거나 그에 근거하여 만든 문자가 아니라고 보고, 그 본격적 보급은 삼국시대로 추정하였다(정광, 2002 : 10-11).
2) 조재훈(1973 : 9)은 삼국사기 지리지에 나오는 백제의 지명에 이두식 표기방법이 쓰였으며, 조재훈(1974 : 26)은 현존하는 향가 '薯童謠'와 무령왕릉에서 출토된 은 팔찌의 '多利'라는 이두식 표현으로 미루어 백제가 신라보다 이두, 향찰 등의 차자표기법이 한 세기 가까운 시간이 앞선다고 보았다. 지정학적 위치나 국가 형성

한 학자들이 백제의 이두 존재여부에 대해 회의적인 태도를 취하는 상황에서, 최근 김영욱(2003)은 백제의 유물 중 誌石과 木簡에서 이두의 존재를 확인한, 본격적인 최초의 연구이다. 이 외에 백제어에 대한 단편적인 연구로 이숭녕(1971), 이기문(1991), 도수희(1994, 1996, 2003), 최기호(1995), 강헌규(1996) 등이 있을 뿐이다.

본고는 그간 자료 면에서 부족한 백제어의 탐색 작업을 유물을 통해 영역을 확대하고자 하는 시도이다. 극히 적은 양이지만 문헌을 벗어나 유물 속의 기록을 통해 백제어의 편린을 보고자 하였다. 이를 통해 자료상의 미흡으로 인한 백제어 자료의 한계에 좀더 보충을 하고자 하였다. 특히 그간의 연구가 어휘 간의 대응관계를 통한 백제어 어휘 재구에 주력을 한 것이라면, 본고는 이런 방법론을 벗어나, 통사론적 접근을 통한 차자표기 탐색과 각종 백제어 어휘들을 규명해 볼 것이다.

백제의 유물 중 고찰의 대상은 현재 백제 유물을 소장하고 있는 박물관의 유물로 한정한다. 1차적으로 부여와 공주박물관에 있는 유물을 직접 조사할 것이며, 2차 자료로 부여박물관(2003)과 김영욱(2003)을 참고할 것이다. 조사에 의하면 문자가 표기되어 있는 유물은 총 80여 종에 이른다. 그러나 그 중 백제어의 본 모습을 추정할 수 있는 유물은 몇 개로 한정된다. 큰 성과를 이루어냄이 오히려 불가능할 것이다. 그러나 백제어 연구 영역의 확대와 그 보충에 의의를 두고자 한다. 백제 유물 80여 종 중 연구의 가치가 있는 17종을 제시하면 다음과 같다.

武寧王墓誌石(525년)
買地券(529년)
砂宅智積堂塔碑(654년)
'上卩前卩川自此以' 銘標石(7세기)
'癸酉'銘千佛碑像(679년)
'癸酉'銘阿彌陀三尊佛碑像(679년)

의 순서로 보아도 신라보다 백제가 차자표기법이 먼저 발달했을 가능성은 충분하다.

'多利作'銘銀釧(520년)
'鄭智遠'銘金銅三尊佛立像[3]
'井'·'大夫'銘壺
'下部思利利'銘土器
'係文作元瓦天'銘土器(사비시대)
'何疋如伊'·'風道使前'銘瓦
'西阝後港'墨書銘木簡
'對德'墨書銘木簡
'宿世…'墨書銘木簡
梁職貢圖 百濟國使
黑齒常之墓誌拓本(689년)

2. 백제 유물 속의 백제어

1) 武寧王墓誌石(525년)

이 유물은 가로 41.5cm, 세로 35cm, 두께 5cm의 섬록암 표면에
5-6cm 폭의 선을 긋고 그 안에 6행으로 글을 새겼다. 그 전문은 다음과
같다.

<원문>
寧東大將軍百濟斯
麻王年六十二歲癸
卯年五月丙戌朔七
日壬辰崩到乙巳年八月
癸酉朔十二日甲申安厝
登冠大墓立志如左
印

---

3) 연도를 표기하지 않은 경우는 백제시대의 것이 확실하지만 정확한 연대 추정이
   어려운 것이다.

원문을 문장의 내용에 따라 재구성하고 그 해석을 달면 다음과 같다.

<재구성>
寧東大將軍 百濟斯麻王 年六十二歲
- 영동대장군인 백제 사마왕이 나이 62세 때인
癸卯年 五月丙戌朔 七日壬辰 崩到
- 계묘년 5월 병술삭 7일 임진일에 사망에 이르러
乙巳年 八月癸酉朔 十二日甲申 安厝
- 을사년 8월 갑신삭 12일 갑신일에 안장하고
登冠大墓 立志如左
- 대묘에 올려 모시어 기록하기를 아래와 같다.
印 / 手決⁴⁾

위 내용 중 斯麻王⁵⁾은 무령왕을 일컫는 것이다. 김영욱(2003 : 4)의 해
석⁶⁾과 대동소이하나, 그 차이가 있다면, '崩到'와 '立志如左'의 '左'에 대
한 해석이다.

김영욱(2003 : 4)은 '崩'을 주어 '사마왕'의 서술어로 보아 '붕하였다'로,
'到'는 뒤 구문의 때를 가리키는 것의 서술어로 보아 '이르러'라고 해석
한다. 그러나 이 부분은 재구성 문장의 2행과 3행을 보면, 그렇게 해석
함이 부자연스러움을 알 수 있다. 두 행은 정확하게 대구를 이루면서
기술되고 있는데, 재구성 문장 3행의 '安厝'을 '안장하여'라고 해석함이
자연스럽다면, 재구성 문장 2행의 '崩到'도 이와 대구되는 형태로 '붕⁷⁾

---

4) 그 동안 이 字의 해독에 대해 숙제로 남아 있었던 것을 김영욱(2003 : 3-4)이 명
   쾌하게 정리하였다. 고려대장경을 보다가 힌트를 얻어 葬儀와 관련된 백제인의
   풍습으로 墓誌에 새긴 石手의 手決로 본 것이다. 이 연구는 그 주장에 전적으로
   동조하며 印으로 인정한다.
5) 이기문(1991 : 343)은 무령왕(즉 斯摩王)이 日本書紀 雄略紀에 嶋君(sema-kisi), 同書
   武烈紀에 嶋王(sema kisi) 등으로 기록된 사실에 대해 斯摩와 島의 대응 외에 kisi
   가 '君, 王'으로 새겨 읽은 중요한 사실에 주목하였다.
6) 그 해석의 내용은 '영동대장군인 백제 사마왕은 나이 예순 두 살로 계묘년 오월
   칠일 임진에 붕하였다. 을사년 팔월 계유삭 십이일 갑신에 이르러 등관대묘에 안
   초하니 입지는 이와 같다'이다.
7) '崩'은 왕처럼 극존칭의 죽음을 일컫는 한자 서술어로 알려져 있다.

에 이르러'로 해석하면 우리말 어순에 맞는 이두식 표현이 된다. 이는 한문어순과는 완전히 다른 모습을 보인다. 특히 15세기 중세어로 '到'는 '니르러'와 대응된다.

立志如左'의 '左'에 대해, 김영욱(2003 : 5)은 '이와'로 해석한다. 그러나 세로줄에서 '左'는 15세기 중세어 '아래' 또는 '아라'와 대응하는 것으로, '下'를 뜻하는 것으로 보이며, 이 誌石에 또 달리 이어지는 유물이 있거나 내용이 있었던 것으로 보인다. 그렇게 보면 手決로 본 7행의 '印'이 문제가 된다. 즉 아래에 계속 글이 이어진다는 내용 뒤에 手決이 있음은 자연스럽지 못하기 때문이다. 그러나 이는 誌石부문에 한정된 '印'으로 보여 진다. 그렇다면 誌石에 이어지는 또 다른 내용은 무엇인가? 이는 誌石과 같이 발견된 買地券이 그것이라 생각한다. 이에 대한 자세한 논의는 다음 항에 다루겠으나, 그 주 내용을 파악해 보면 묘지를 구입하게 되는 과정과 '立券爲明 不從律令'의 기록, 그리고 買地券의 첫 행 '右'를 '左'와 대립되는 '위의'[8]로 해석함이 무난함 등으로 미루어 '左'를 '아래'로 해석함이 타당하리라 생각한다. 한편 買地券은 王妃墓誌石 뒤편에 새겨져 있으나, 왕비에 대한 것이 아니라 무령왕에 대한 것이다.[9]

2) 買地券(529년)

공주 무령왕릉에서 武寧王墓誌石과 함께 발견된 것으로, 買地券이란 묘지를 만들 때 地神에게 땅을 매입한다는 증서를 일컫는다. 그 전문은 다음과 같다.

---

8) 15세기 중세어 '우희'와 대응된다.
9) 이에 대해 부여박물관(2003 : 13)은 명쾌한 근거를 제시하고 있다. 그 근거로 매지권이 무령왕의 묘지석과 글자의 크기와 글자체가 같다는 것이다. 왕비묘지석과는 이 두 가지 면에서 차이가 확연하게 나기 때문에, 후대에 왕비의 묘를 왕의 묘에 합장하면서 왕의 매지권 뒷면에 왕비의 墓誌를 기입한 것으로 보고 있다.

<원문>
錢一万文 右一件
乙巳年八月十二日寧東大將軍
百濟斯麻王以前件錢詢土王
土伯土父母土下衆官二千石
買申地爲墓故立券爲明
不從律令

<재구성>
錢 一万文 右一件
- 錢 1만文 위의 1件
乙巳年 八月十二日 寧東大將軍
- 을사년 8월 12일 영동대장군
百濟斯麻王 以前件錢
- 백제 사마왕은 앞의 件과 錢으로
詢土王土伯土父母土下衆官
- 토왕, 토백, 토부모, 토하의 여러 관리에게 물어
二千石買申地爲墓
- 2천석에 신지를 사 묘를 삼았다.
故立券爲明 不從律令
- 고로 문서 만들기를 분명히 했기에 율령에 따르지 않는다.

여기에서 주목할 만한 것은 <원문> 1행의 '文'과 3행의 '以前件錢' 그리고 4행의 '土下'이다.

1행의 '文'을 자세히 살펴보면, '攵' 字形으로 되어 있다. 이에 대해 부여박물관(2003 : 15)은 이를 종이를 세는 단위인 '枚'자로 보았으나, 이는 김영욱(2003 : 7)의 주장처럼 금전을 세는 단위였기 때문에 '文'을 새긴 것으로 봄이 적절하다. 3행의 '以前件錢'은 앞의 件과 앞의 錢의 의미로써, 앞의 件은 무령왕 묘지석의 내용을 뜻하고, 앞의 錢은 1만 文을 뜻한다.

4행의 '土下'에 대해, 부여박물관(2003 : 14-15)은 '土'를 '上'으로 보았으나, 김영욱(2003 : 7)은 '上으로 판별하면 上橫劃과 下橫劃 중간에 찍힌 점을 설명할 수 없다. 土의 古字에는 兩橫劃間 우측에 점이 있었다. 문제의 문자에서도 점획을 확인할 수 있다. 上으로 판독하면 문맥도 不可解하다. 土王, 土伯, 土父母가 나열된 까닭에 차제의 구도 土下衆官이 자연스럽다'라는 주장을 제시하였는데, 타당성이 있다. 따라서 이를 따른다.

이 외에 참고할 것으로, 爲가 '삼는다'와 'ᄒᆞ다'의 두 의미로 사용되었음을 알 수 있다. 즉 '申地爲'의 '爲'는 '삼는다'라는 서술어이고 '立券爲明'의 '爲'는 '문서 만들기를 분명히 ᄒᆞ다'의 'ᄒᆞ다'이다.

3) 砂宅智積堂塔碑(654년)

(전략) 穿金以建珍堂 鑿玉以立寶塔 巍巍慈容 (후략)
- 금을 뚫음으로써(다듬어) 珍堂을 건립하고, 옥을 뚫음으로써(다듬어) 寶塔을 세우니, 높디높고 자상한 모양이고

여기서 주목할 것은 이두식 표현 '以/-뼈'의 등장이다[10]. 보통 한문 문장에서는 以가 전치사로 뒤에 명사가 와, 뒤를 먼저 해석하고 그 앞을 나중에 해석하는 어순이지만, 이두식 표현이기 때문에 우리말 어순으로 앞에서 뒤로 순차적인 어순을 보이고 있다. '以'를 중심으로 앞은 행위 前, 뒤는 행위 後의 내용이다. 신라시대의 이두 자료에는 '以'가 도구나 원인을 나타내는 조격조사로 쓰였다(남풍현, 2000 : 213). 여기에서도 도구나 수단을 나타내는 도구격 조사로 쓰였다.

4) '上阝前阝川自此以' 銘標石(7세기)

화강암 한 면에 세로 2행으로 '上阝前阝川自此以'이 새겨져 있다. '阝'는 지역 단위를 표시하는 것이며 '上阝前阝川自此以'라는 기록의 전후가

---

10) '以/-뼈'의 용례는 941년 鳴鳳寺慈寂禪師塔碑陰記의 이두문에서 확인된다(남풍현, 2000 : 73-74).

소실되어 온전한 문맥적 의미를 파악하기는 힘들다. '川自此以'는 '나리, 이로부터'의 의미로 추정된다. 순차적인 어순이 아니라, 한문의 어순으로 배열한 초기 이두문의 모습이 나타나고 있다. 이러한 현상은 蔚山川 前里書石의 '始得見谷(처음으로 골짜기를 볼 수 있었다)'이나 丹陽新羅赤城碑 (540년대)의 '如此白者(이와 같이 보고된 자)' 등과도 일맥상통한다. '川'은 '나리'의 訓讀字이며, '自'는 '-부터'의 의미를 지니는 조사로 보인다. '此以'는 신라시대 자료에도 많이 등장하는 것으로 '이로'에 해당된다. '以'가 여기서는 '-로'로 사용되고 있다.

5) '癸酉'銘千佛碑像(679년)

불비상의 앞면 좌우에 각 4행씩 글자가 새겨 있는데, 왼쪽의 내용은 불비상 조성에 관여한 250명 중 중추적인 참여자를 제시한 것이다. 그리고 오른쪽의 내용은 건립 시기와 취지 등을 기록한 내용이다. 그 전문은 다음과 같다.

　　　<右便>
　　　歲在癸酉年四月十五日香(?)
　　　徒釋(?)迦(?)及諸佛菩薩像造
　　　石記 是者爲國大
　　　臣及七世父母法界衆生故敬

　　　<左便>
　　　造之 香徒名 彌次乃眞(?)
　　　牟氏숍11)上(?)生(?)숍ㅁ12)仁次숍ㅁ
　　　宣숍贊不숍 貳使숍ㅁㅁ
　　　ㅁ숍ㅁㅁ等(?)二百五十人(?)

---

11) 숍은 大가 위에, 吉이 아래에 위치한 字이다.
12) 'ㅁ'은 판독이 불가능한 字이다.

<재구성>

歲在癸酉年四月十五日
― 歲在 계유년 4월 15일

香(?)徒釋(?)迦(?) 及 諸佛菩薩像
― 향도 석가 및 모든 부처보살의 상을

造石記
― 만들고 (그 내용을) 돌에 기록하다.

是者爲國大臣 及
― 이것은 나라의 대신 및

七世父母 法界衆生
― 7세 부모 법계 중생들을 위하여

故敬造之
― 고로 존경하시어 만들다.

香徒名　彌次乃眞(?)牟氏呑上(?)生(?)呑口仁次呑口宣呑贊不呑　貳使呑口
口口呑口口 等(?)
― 향도이름은 및나, 진모 씨 대사, 상생대사, 인차대사, 선대
　사, 찬불대사, 이사대사, 口口口대사, 口口 등

二百五十人(?)
― 총 이백 오십 인이다.

右便에 左便이 이어지는 내용이다. '敬造之'의 '之'는 指示代詞이다. 동사 뒤에 쓰여 '像'을 지칭한다. '부처상을 만들다'는 의미일 때는 '造'를 사용하였다. '造'에 대응하는 15세기 중세어는 'ᄆᆡᄃᆞᆯ다'이다. 右便의 2행에서 3행까지의 '造石記'는 우리말 어순에 따르는 이두식 표현으로 보인다. 右便의 2행에서는 '造'가 'ᄆᆡᄃᆞᆯ어'로 사용되었으나, 左便의 1행에서는 '造'가 한자로 사용되었으며, 그냥 '造'만 쓰기가 부족하였는지, 존경스럽게 지었음을 나타내는 '敬'을 앞세우기까지 했다. '敬造'라는 용어는 2. 8)항의 '鄭智遠'銘金銅三尊佛立像에도 등장하며 신라 이두자료에도 흔히 나타난다. 이로 보아 이 용어는 삼국시대에 工作用語로는 자주 사용했던 것으로 보인다. 기타 항아리나 팔찌, 목간, 벽돌, 칼 등을 '만들다'의 의미로 쓰인 한자는 백제 유물에서 '作'을 사용한다.[13] 또 呑로 보이

---

13) 銀釧(520년)의 '多利作', 七支刀(369년, 372년?)의 '□□□作', '…士 壬辰年作'銘

는 글자는 '大舍'라는 관등명 두 글자를 한 글자로 축약하여 표기한 것으로 보인다. 글자 축약에 대해서는 2.6)항에서 자세히 다루겠다. 또 '及'은 '밋'을 표기한 것이며, '諸佛'은 '모돈 부텨'를 표기한 것으로 보인다. '石記'는 '돌에 쓰다'로 보여 진다. '石'은 三國史記의 '石山縣'을 '珍惡山縣'으로 표기한 사실과 연관되는 것으로, '돌'로 읽었을 것이다. '記 / 쓰-'는 新羅華嚴經寫經 造成記(754년)에도 '쓰-'의 訓讀字 표기어로 '寫'가 쓰인 경우가 있다(남풍현, 2000 : 233).

6) '癸酉'銘阿彌陀三尊佛碑像(679년)

이 불비상은 옆면 오른쪽에 達率이라는 백제 관직명과 뒷면에는 乃末등의 신라 관등명이 새겨져 백제와 신라의 관직명과 관등명이 混記되었다. 이는 백제 말 신라 초에 만들어졌기 때문이다. 乃末은 永川菁堤碑貞元銘(798년)과 新羅禪林院鐘銘(804년)에는 두 글자로 된 관등명이나 직명을 한 글자로 줄여서 쓴 형태로 나타나며 이러한 관습은 南山新城碑銘 등의 예처럼 삼국시대부터 있어 온 것이다(남풍현, 2000 : 321).

앞면에는 '二兮'라는 기록이 있어, 이는 訓讀字 '둘ㅎ'에 처격형 '-에'가 붙은 것을 표기한 것으로 보인다.

7) '多利作' 銘銀釧(520년)

庚子年(520년)에 만든 은팔찌로 왕비의 손목 부위에서 출토되었다. 그 안쪽에 제작 시기와 제작자가 새겨져 있는 것으로, 그 동안 백제의 언어 자료로 학계에 많이 알려진 유물이다. 그 자세한 내용은 다음과 같다.

塼(512년)의 '作', '係文作元瓦天'銘土器(사비시대), '六阝五方'墨書銘木簡의 '瓦作' 등에 나타난다.

庚子年二月多利作大夫人分二百卅主耳

이 기록도 한문어순이 아니라, 우리말 어순을 사용함을 알 수 있다. 따라서 이두식 표현이다. 여기서 人名 '多利'를 파악할 수 있으며, '分/목'은 '몫'의 의미로 보인다. 무게 단위인 '主耳'도 확인된다. 人名에서 '-利'형은 삼국시대의 여러 유물에서 확인된다. 迎日冷水里新羅碑銘(503년?)에도 '節居利, 那斯利' 등이 나타나며, 蔚珍鳳坪新羅碑銘(524년)에도 '尼牟利, 奈尒利, 奈等利, 於卽斤利' 등이 나타나, 남풍현(2000 : 165)의 주장처럼, 삼국시대 인명에서 접미사와 같이 자주 쓰인 것으로 보이며, 여인의 경우는 '利' 대신 '里'자로도 표기하여 구별한 예들도 있다고 보았다.

8) '鄭智遠'銘金銅三尊佛立像

금동삼존불의 광배 뒷면에 세로 3행으로 새겨져 있는데, 다음과 같다.

<원문>
鄭智遠爲亡妻
趙思敬造金像
早離三塗

<재구성>
鄭智遠爲亡妻趙思
 － 鄭智遠이 죽은 아내 趙思를 위해
敬造金像
 － 존경스럽게 금상을 만드니
早離三塗
 － 서둘러 三塗[14]를 떠나라.

부부의 이름이 등장하는데, 남편 '鄭智遠'과 아내 '趙思'[15]가 그것이

---

14) 三塗는 火塗, 刀塗, 血塗로, 지옥, 아귀, 축생을 말한다.

다. 대체로 당시 人名에 '-利, -乃, -巳' 등이 많이 등장하는데, '趙思'는 그 중 '巳'와 같은 종류의 것이며, 부부의 姓과 이름을 병기한 것으로 미루어 지배층 가문의 부부로 생각되는 人名이다. 이기문(1991 : 340)에서 보이는 바와 같이 '金'은 三國史記 卷36에서는 '仇知'와 대응되어 '金'을 의미하는 백제어 '仇知(只)'가 인정되지만, 이곳에서는 확인되지 않는다.

9) '井'·'大夫'銘壺

풍납토성 대형 수혈에서 출토된 유물로 '大夫'라는 글씨가 새겨져 있다. '大夫'가 부여박물관(2003 : 49)에서는 국내의 史書에 기록되지 않은 것으로, 관직명 또는 관료 호칭의 가능성을 제시하였다. 그러나 이는 '한[大] + 아비[夫]' 즉 祖父를 뜻하는 것으로 보이며, 그 유골을 넣은 항아리로 보인다.

10) '下部思利利'銘土器

무덤의 봉토에서 발견된 토기로 '下部思利利'를 새겼다. '下部'는 행정단위로, '思利利'는 人名으로 보인다.

11) '係文作元瓦天'銘土器(사비시대)

사비시대에 쓰인 항아리로 제작자 '係文'이라는 人名이 나타난다. '文'으로 끝나는 人名은 日本書紀나 三國史記 여러 곳에서 발견된다. 이에 대한 자세한 내용은 3. 1)항에서 다루겠다.

---

15) 瑞鳳冢銀合杆銘(451년?) 속에는 존경하여 만들다는 의미로 '敬造'라는 용어가 등장한다. 따라서 아내의 이름을 '趙思敬'으로 보기 어렵고 '趙思'로 본다.

12) '何正如伊'·'風道使前'銘瓦

부여 부소산성에서 발견된 것으로, '何正如伊'는 城郭名을 기와에 표시한 것으로 보인다. 조재훈(1973 : 26)은 백제어에서 城을 뜻하는 ki(gi)계 (旨, 只, 支, 知는 i계(伊)까지 합하여 30개가 되는데, 이를 지도상에 나열해 보면 ki(gi)계는 i계보다 좀 북쪽에 퍼져 있음을 밝혔다. 도수희(1994 : 178-179)도 '伊'가 '城'과 대응됨을 밝힌 바 있으며, 三國史記 卷36에 '悅城縣'을 '悅己縣'으로, '潔城郡'을 '結己郡'으로 제시한 것처럼 '己'와 '城'의 대응이 쉽게 확인된다. 이는 음운론적으로 '己>伊' 즉 'ki>i' 현상에서 비롯된 것으로 설명할 수 있으나, 형태론적으로는 신라어의 '-火 / 불, 벌'이 백제어의 '-夫里 / 부리'와 대응되는 것처럼 개음절의 성격을 강하게 지는 백제어의 특성에서 비롯된 접미사 '-i'로도 볼 수 있다. 1차적으로 음운의 변천을 거친 것이 나중에 접미사적 성격을 띠면서 나타난 현상으로 보인다. 한편 유물 발견 장소가 山城이니 이 또한 기록과 잘 맞아 떨어진다.

13) '西阝後港'墨書銘木簡

당시의 행정구역명, 인명 및 체계, 넓이 단위가 새겨져 있는데, 그 내용은 다음과 같다.

> 西阝後港巳達巳斯丁依活口口後阝
> 歸人中口四 小口二 邁羅城法利源
> 水田(畓)五形

특기할만한 것으로 '巳達巳'라는 人名과 '邁羅城'이라는 城郭名이다. '巳'로 끝나는 人名도 당시에는 흔했던 것이다. 그러나 '城'에 대해서는 2. 12)항과는 다르게 한자를 그대로 쓰고 있다. 당시 차자표기와 한자전용이 혼용되면서 표기상의 차이를 보여 주는 부분이다.

14) '對德'墨書銘木簡

부여 陵寺에서 발견된 것으로, 한 면에 한 줄의 아홉 글자가 새겨 있다.

漢城下部對德疏加鹵

'對德'을 부여박물관(2003 : 99)에서는 관등계급[16]으로 보고 있으나, 이
와 音似한 '大德'이 신라 때 승려를 높이어 부르던 말이었던 것을 참조
하면, '對德'도 백제의 승려계급을 높이어 부르던 것으로 추정되며, 발
견 장소인 '陵寺'가 이를 뒷받침해 준다. 이 외에 주목할 만한 것은
'疏加鹵'라는 人名이다. '-로'나 '-노'형의 人名도 흔하게 나타나는 형태
다. 3. 1)항에서 자세히 다루겠다.

15) '宿世…'墨書銘木簡

부여 陵寺에서 발견된 것으로 길이 12.7cm이며 한 쪽 면에 세로 2행
이 墨書로 남아있다. 그 내용은 다음과 같다.

<원문>
宿世結業同生一處是
非相問上拜白 17)事

---

16) 『三國史記』「職官志」에 의하면 16품의 백제 관등 중 11품에 해당하는 벼슬이라
한다.
17) 白과 事 사이에는 한 字 정도의 공간이 있다. 이에 대해 김영욱(2003 : 8-9)은
목간 재질이 눌려지는 부분을 피해 쓰면서 나타난 것으로 본다. 타당한 주장으
로 보인다.

<재구성>

宿世結業

 － 숙세(過去世)[18]의 업(業)을 맺어

同生一處

 － 한 곳에 같이 태어나

是非相問

 － (그 동안 해 온 일이) 是非를 서로 묻고

上拜白事

 － 上拜하며 사뢰는 일이었네.

김영욱(2003 : 7-10)은 이 목간에 대해 4언 4구 형식을 지닌 百濟詩歌로 본다.[19] 이에 대한 본격적인 해석과 그 의미는 국어학을 비롯해 국문학 사상에도 큰 의미를 지닌 연구이다. 그의 이러한 발견과 주장에 대체적으로 동의하는 바이나, 몇 부분에서 본 연구자와 약간의 차이가 있다. 김영욱(2003 : 9)은 해석을 '前生의 因緣으로 / 現世에 함께 하니 / 是非를 서로 물어 / 上拜하고 사뢰져'라 하고, 특히 시가의 마지막 字를 '來'로 본다. 그리하여 '白來'를 '내세를 사뢴다'의 의미로 보아 불교적 해석이 가능함을 주장함과 동시에, '是非相問'과 '上拜白來'를 한문식 한문으로 해석하였다. 그러나 본 연구자와는 그 해석의 내용과 뉘앙스 면에서 다소 차이가 나고, 마지막 字 '來'를 '事'로 보는 면이 다르다. 마지막 字를 자세히 살펴보면, 그 모양이 '來'보다는 '事'에 훨씬 가깝게 보이며, 문맥 상의 의미도 '事'로 봄이 더 자연스럽다. 白事는 '사뢰는 일이다'로 보는 것이다. 迎日冷水里新羅碑銘(503년?)에도 '白了事'라 하여 '사뢰는 일을 마치었다'는 해석이 있는데(남풍현, 2000 : 83), 이와 연관이 있는 문장이다.

한편 一處는 15세기 중세어 '훈 곧'에 대응된다.

---

18) 耘虛 龍夏(1999 : 495,574)를 보면, 숙세는 '지난 세상의 생애. 곧 과거세'로, 업은 '몸·입·뜻으로 짓는 말과 동작과 생각하는 것과 그 세력을 말함'으로 나온다.

19) 백제시가로 판정하는 이유로, 첫째, 필사된 문장이 4언 4구라는 일정한 운문 형식을 갖추고, 둘째, 한국어 어순과 한문이 혼재된 백제 고유의 문체가 확인되며, 셋째, 정서적 표현과, 넷째, 불교적 내세관 등을 내세운다.

16) 梁職貢圖 百濟國使

梁職貢圖는 양나라를 찾은 외국 사신들의 모습과 그 나라의 풍습 등을 소개한 화첩으로 현전하는 것은 6세기 원본을 1077년 북송시대에 모사한 것이다(부여박물관, 2003 : 117). 이 기록에 백제 사신에 대한 것이 있는데, 그 중에 백제어와 고구려어와의 관계를 기술한 내용이 있다. '言語衣服略同高麗'라는 것이 그것이다. 백제어와 고구려어가 대개 같다는 것이다.

이와 같은 기록으로 다음과 같은 기록이 있다(조재훈, 1973 : 6 재인용).

> 今言語服章 略與高驪同 ＜梁書＞
> 百濟俗與高麗同 ＜新唐書＞
> 其衣服飮食與高句麗同 ＜後魏書＞

조재훈(1973 : 6-8)은 이러한 기록이 文配階級인 북방계의 이주민과 차츰 그들의 영향을 입은 사람들을 두고 이른 말로 보고, 백제의 언어는 고구려어와 비슷했으며, 용례상 신라어와는 더더욱 비슷한 것으로 미루어 삼국간의 언어가 현격한 차이가 없었음을 주장했다.

도수희(1977 : 27)도 백제인의 지배족이 부여계 혹은 고구려계일 가능성이 짙음을 주장한 바 있다.

17) 黑齒常之墓誌拓本(689년)

중국 낙양 북망산에 41행 1604자가 새겨 있는데, 그 중 눈 여겨 볼 것은 '黑齒常之'라는 人名이다. 아들 이름을 '黑齒俊'이 등장하는 것으로 미루어, 당시 姓에 '黑齒'가 있었다는 증거이다.[20] 한편 남풍현(2000 : 164)에 의하면, 경주 南山新城碑銘(591년)에는 중앙의 육부 출신에게만 知가

---

20) 複字 姓으로 조재훈(1973 : 16)은 木刕滿致, 祖覇棨取, 沙吒相如 등도 제시하였다.

쓰였고, 지방 출신에게는 한결같이 之가 쓰였으며, 어쩌면 '之 / 지'가 존 칭접미사일 가능성도 있다는 주장을 하였다. 이를 참고할 때, '黑齒常之' 는 지방 출신의 훌륭한 장군으로 존경을 받을 만한 이름이었음을 알 수 있다.

3. 맺는 글

1) 人 名

이상의 유물 속에서 人名으로는 '係文, 思利利, 多利, 巳達巳, 趙思, 疏 加鹵, 黑齒常之' 등이 나타난다. '係文'은 日本書紀의 '宣文', 三國史記의 '盖文, 陸遺文, 陽貴文, 燕文', '思利利, 多利'는 新撰姓氏錄의 '乃理, 努理', '巳達巳, 趙思'는 三國史記의 '沙若思, 辰斯', 日本書紀의 '意斯', 三國遺事 의 '文思', '疏加鹵'는 三國史記의 '解婁, 多婁, 己婁, 角婁, 進奴, 毘奴, 眞 老, 召西奴, 麻奈父奴', 日本書紀의 '汶斯干奴' 등이 끝이 비슷한 人名들[21] 이다. 특히 '-ro / ru'계는 조재훈(1973 : 17)의 주장처럼 고구려의 인명에도 많이 보이는 것으로 북방계 이민족의 그것을 반영한 것이라 할 수 있다. 人名의 끝부분이 비슷한 현상은 당시 유행에서 비롯된 것인지, 어떤 신 분상의 표시를 위한 것인지는 확인되지 않는다. 그러나 이 人名들이 문 헌 또는 유물 속에 등장하는 人名임을 고려하면, 주로 지배계층의 이름 에 붙여 신분상 표시 기능을 했던 것으로 추정된다.

도수희(1977 : 25-27)도 백제시대의 인명을 현존 문헌을 조사하여 180개 를 찾은 후, 내외 史書에 등재된 인물은 대개 관료일 가능성이 많기 때 문에 서민의 성명은 여기서 찾아볼 수 없다고 하고, 백제시대에도 서민

---

21) 문헌상의 人名들은 조재훈(1973 : 10-11)과 도수희(1977 : 25-26)의 내용을 참고하 였다.

층의 성이 존재하였던 것인지의 여부를 밝힐 도리가 없다고 하였다. 그러나 백제 유물 속에 등장하는 인명 중에 '係文, 多利, 思利利, 已達巳' 등은 유물 제작에 관여한 匠人들의 이름이다.

2) 이두식 표현

백제 유물을 통해 나타나는 이두식 표현을 품사별로 나누면 다음과 같다.

> 명사 : 左/아래·아라, 右/우ㅎ, 佛/부텨, 石/돌, 伊/城, 事/일, 分
> /목, 大夫/한아비
> 대명사 : 此/이
> 수사 : 二/둘ㅎ
> 동사 : 到/니를-, 白/솗-, 記/쓰-, 爲/삼-
> 관형사 : 諸/모둔
> 부사 : 及/밋
> 조사 : 以/-뼈, 以/-로, 自/-부터

3) 기타

人名과 이두식 표현을 제하고 특기할만한 것으로 다음 몇 가지를 알 수 있었다.

> 爲 : 삼다, ㅎ다
> 造 : 부처상을 만든다는 의미.
> 作 : 팔찌, 항아리, 목간, 벽돌, 기와, 칼 등을 만든다는 의미.
> 舍 : '大舍'의 축약적 표기
> 黑齒常之의 '黑齒'가 姓이라는 사실
> 梁職貢圖 중 고구려어와 백제어가 유사하다는 기록.

이상 백제 유물 80여 종을 대상으로 그 속에 표기된 기록들을 살펴보았다. 기대하던 바와는 달리, 백제어의 많은 모습을 알 수 없었다. 80여 종이라 하지만, 많은 유물의 기록이 잘리거나 파손된 형태가 많고, 단순한 문장이나 구에 해당되는 것이 많기 때문이었다. 한편 신라시대의 관직명이 몇 곳에서 등장하고 人名과 이두식 표기도 신라의 것과 비슷한 면이 많았다. 또 梁職貢圖의 기록으로 미루어, 고구려어와 백제어도 유사했음도 알 수 있었다. 이는 곧, 삼국시대의 언어 차이는 방언적 차이였다는 증거이다. 앞으로 백제어와 관련된 문헌이나 유물들이 더더욱 발견되고 백제와 교류했던 당시의 중국과 일본문헌들, 과거 백제 지역의 방언 및 지명 탐색도 병행되어야 할 것이며, 이에 따른 백제어 연구도 지속적으로 이루어지길 바란다. 아울러 본 연구가 백제어에 대한 연구가 부족한 상황에서 보충의 초석이 되었으면 하는 바람이다.

II. 조선후기 이두 학습서의 이두 고찰
— 〈吏文襍例〉와 〈儒胥必知〉를 중심으로

1. 序言

조선 후기, 이두에 관한 지식은 행정과 법률에 관한 문자생활에 한자만이 사용되던 시대에 당시 실무자로서 문서를 담당한 胥吏 階層을 비롯해 여러 官界에 나아간 사람들에게는 반드시 필요하였을 것이다. 이는 당시 승문원에서 관료들에게 이두의 학습을 요구했던 사실에서도 확인된다.

이두 학습서로 安秉禧(1987 : 12-20)는 크게 3계통으로 나누었다.

첫째, 이두문의 文例를 예시하고서 이두의 독법을 한글로 보인 계통으로 각종 서식이 이두문을 모은 학습서들이다. <吏文襍例>, <儒胥必知>, <新式儒胥必知> 등의 목판본이 전한다.

둘째, 이두만을 모아서 문자의 수효에 따라 분류하여 한글로 독법을 보이고 때로 註釋을 단 계통으로 이두문에 널리 사용되는 이두를 수집하여, 字數에 따라 분류한 것이다. <典律通補 初稿本의 吏文>, <典律通補 修正本의 吏文>, <古今釋林의 羅麗吏讀>, <吏讀便覽>, <才物譜의 里讀>, <五洲衍文長箋散稿의 語錄辨證說附錄>, <儒胥必知의 吏頭彙編>, <註解語錄總覽의 吏文語錄> 등이 있다.

셋째, 한자성어와 이두의 용례집으로 이두문으로 주요한 한자성어와 이두를 함께 발췌하여 한글로 독법을 보인 계통으로, 앞의 첫째와 둘째 계통의 절충이라 할 수 있다. <吏文大師>와 <吏文> 등이 있다.

필자는 이중 첫째 계통인 이두문 문례집에서 <吏文襍例>의 이두를 가지고 <儒胥必知>와의 대비를 통해 이두 어휘를 탐색하여 당시의 독법을 알아보고 그 의미를 달아봄으로써 두 문헌상의 차이점과 변화 양상을 살펴보았다. 여기에 아울러 기타 이두자료집인 <吏文>, <吏文大師>, <羅麗吏讀>, <吏讀便覽>, <語錄辨證說>, <吏讀集成> 등에 쓰인 용례도 고찰하였다. 또 이러한 대비를 바탕으로 그 이두 어휘들을 15세기 이전(15세기를 포함하여 그보다 앞선 시기)의 국어로 재구해 보았다.

2. 이두학습서 개관

본 연구에 사용된 이두 학습서에 대해 간략히 소개하면 다음과 같다.

1) <吏文襍例> : 편자와 연대가 모두 미상이나, 18세기 이후의 책으로 생각된다. 7종 서식의 이두문이 실려 있다. 한글로 讀法을 보인 吏讀는 약 190항이나, 중복되는 것이 약 20항이므로 실제로는 약 170항이다.

2) <儒胥必知> : 편자와 연대가 미상이나, 위의 <吏文襍例>를 籃本으로하여 편찬된 책이다. <儒胥必知>는 7, 8종의 異版本이 존재하여 가장 많이 유포된 학습서라 하겠다.

3) <吏文> : 編者 미상의 木版本이다. 1658년(孝宗 9)에 간행된 것이므로, 이들 이두 학습서 중에서는 刊年의 絕對年代가 가장 빠른 책이다. <吏文>이 먼저 간행되고 이어서 그것을 손질하여 書名을 바꾼 것이 <吏文大師>라고 생각된다.

4) <吏文大師> : 編者와 年代 미상의 木版本이다. 版式과 紙質 등으로 미루어서 17, 18세기의 간행본이라 생각된다. 수록된 이두는 약 240항이나 중복된 것이 있으므로 실제로는 약 200항이다.

　5) 〈羅麗吏讀〉： 李義鳳이 1789년(正祖 13) 序文을 붙여 편찬한 ≪古今釋林≫의 附錄이다. 신라와 고려시대의 이두를 수록하였다. 수록된 吏讀는 172항이고, 註釋에서 釋詁, 釋刑 등과 같이 이두의 어휘분류를 시도하였다.

　6) 〈吏讀便覽〉： 1829년(純祖 29)이나 그 이듬해 館閣에서 편찬하여 간행된 것이라 한다. 이두문의 토에 속하는 이두를 수록하여 독법을 보인 것이다. 수록된 이두는 330항을 웃도는 수효로서, 이 계통의 책으로는 가장 많다.

　7) 〈語錄辨證說〉： 李圭景이 헌종 때에 편찬한 ≪五洲衍文長箋散稿≫의 1篇인 〈語錄辨證說〉(권 48)의 끝에 부록이라 하고, 약 80항의 이두를 수록한 것이다. 訓이라 하여 한글로 讀法을 보이고, 간혹 義라 하여 뜻을 풀이하기도 하였다.

　8) 〈吏讀集成〉： 1937년에 조선총독부 中樞院에서 엮은 것으로 金聖睦이 수집 편찬한 사전이다. 吏讀를 字劃에 의하여 배열하고 독법을 한글과 로마자로 기록하였으며, 일본어로 뜻을 달고 필요한 경우에는 '解'라 하여 부연 설명하여 그 뜻을 분명히 하였다.

3. 이두 고찰

　본고는 〈吏文襍例〉와 〈儒胥必知〉의 이두를 대비함이 주가 되기에 도표상의 맨 앞부분에 두고, 그 외의 이두자료들은 시대 순으로 나열하여 통시적 고찰이 가능하도록 도표화했다. 또 도표 이후에는 특기할만한 이두어휘의 풀이를 실었다.

연번	吏讀	〈吏文襍例〉 18세기 이후	〈儒胥必知〉	15세기 이전으로 재구	〈吏文〉 1658년	〈吏文大師〉 17, 8세기 간행	〈羅麗吏讀〉 1789년	〈吏讀便覽〉 1829년	〈語錄辯證說〉 1836년~1849년	〈吏讀集成〉 1937년
1	節	지위	지위	디위		디위	디위	디위		지위
2	導良	드듸여	드더여	드듸여	드듸야	드듸여	드듸아	드더아	드듸여	드대여
3	是置有亦	이두이시니여	이두이시니여	이 두 이 시니여		이 두 이 시니여		이두이여		이두이신이여
4	役只	격기	격기	겨기	겻기/긱기	격기	격기/오직	격기		격기
5	專亦	던혀	전여/전혀	전혀		전혀	전혀	전여	전혀	전여
6	乙仍于	을지즐우	을지즈로	을지즈루	지즐우	을지즈루	지즐우	을디즈루	仍于지즐우	仍于지즈로
7	良中	아희	아희	아희	아희	아희	아에	아희	아의	아해
8	捧上	밧자	밧자	받자	밧자	받자	上자		밧자	밧자
9	流伊	흘니	흘니	흘리				흘리		흘니
10	是如乎	이다온	이다온	이다온	是如이다	是如이다	是如이다/爲乎乎이듯온			이다온
11	卜定	지정	지정	디뎡	지뎡	지뎡	지뎡	디정		디뎡
12	別乎	별옴	벼름	별온	벼림	벼롬	벼롬	별로	별롬	별옴
13	播張	바쟝		바쟝(?)						바(파)쟝
14	絃如	시우려	시오러	시울쎠	시우려	시우러	시우여	絃亦시위여		시오러
15	擬只	시기	시기	시기/비기-	시기	시기	시기/비기	비기	비기	시기
16	是乎矣	이오듸	이오되	이오디		爲乎矣ᄒ오디	爲乎矣ᄒ오디	이오디		이오되
17	粗也	아야라	아야라	아야라	아야라	아야라	아야라	아야라	아야라	아야라
18	爲乎乃	ᄒ오나		ᄒ오나		爲乎ᄒ온	爲乎所ᄒ온바			하오나
19	尺文	자문	ᄌ문	자문	자문	자문	지문		ᄌ문	잣문
20	卜役	진역	딘역	딘역		진역	지역	딘역		딘역
21	是乎所	이온바		이온바						이온바
22	始叱	비롯	비라	비롯	비롤	비롯	비롤	비롯		바라
23	除除良	더더러	더더러	더더러		더더러		더더러		덜어아
24	是如爲良置	이다ᄒ야두		이다ᄒ야두						是如爲이다하야
25	加于	더욱	더욱	더우(?)/더욱	더욱	더욱이	더욱	더욱	더우여	더욱
26	新反	새로이	시로이	새녀(?)		새로이	시로히	새로이	시로러	새로이

연번	吏讀	〈吏文襪例〉18세기 이후	〈儒胥必知〉	15세기 이전으로 재구	〈吏文〉1658년	〈吏文大師〉17, 8세기 간행	〈羅麗吏讀〉1789년	〈吏讀便覽〉1829년	〈語錄辯證說〉1836년-1849년	〈吏讀集成〉1937년
27	是沙餘良	이사남아	이사아마/이스남아	이 사 나 마(?)	이산남아	이산나마	이산나마	이사남아		이사남아
28	歧如	가로려	가르혀/가로러	가리셔/가른셔	가르리	岐如가로러	岐如가르여	歧亦가로여	갈여	가로혀
29	件記	볼긔	별긔/발긔	볼긔	볼긔	볼긔	볼긔		벌긔	발긔
30	爲巴只	흐도록	흐두록/흐도록	흐도록(?)	흐도기	흐도록	하도로기	흐도로		하두록
31	幷以	아오로		아오로	아오로	아오로/아오르	아으로	아오로	아올너	아오로
32	這這	ㅈㅈ	갓갓	ㄹㄹ	ㄹㄹ	ㄹㄹ	갓갓	ㅈㅈ	갓갓	져져
33	尤于	더욱	더욱/더욱	더우(?)/더욱		더욱		더욱		더욱
34	不得	모질	모질	몯실	모질	모질	모질	모딜		못질
35	是在如中	이견다회/이견다히		이견다히		是白在如中 이슯견다히		이견다히		이견다해
36	耳亦	싼려	따녀	싼녀	뜬려	싼려	뜬려	쭐여	쏜여	따녀
37	易亦	안옥혀	아너혀/안옥혀	아너여	아느혀	아느혀/안으혀	아낙혀	안으여	아너혀	아내혀
38	爲臥乎所	흐누온바	흐누온바	흐누온바	爲臥乎 흐누온	爲臥乎흐누온	흐누온바	흐누온바		하누온바
39	物物白活	갓갓발궐	갓갓발궐	갓갓불괄	갓것발괄	간간발궐	갓갓발괄	갓갓살궐	갓갓살화	갓갓발괄
40	先可	이직	아즉/아직	아직	아직	아직	앙직	아딕	아직	아즉
41	勘酌	짐쟉	짐작	짐쟉(?)		짐쟉				짐작
42	更良	가싀아	가시아/가싀아	가시야	가싀아	가시야/가시야	가싀아	가싀아		
43	退伊	믈니	믈이/믈니	믈리	믈리	믈리	믈러	물러		믈이
44	追于	조초	좃초/죠죠	조초	조초	조초	追乎조초	조초	조초	좃초
45	爲良結	흐야감	흐올아져	흐야져(?)		흐야감	爲白良結 흐올아쟈	흐야져		하올아저
46	叱分不喩	뿐 아닌지	뿐 아닌지	뿐 안디	뿐 안디	뿐 안디	뿐 아닌지	뿐 아닌디		뿐 아닌지
47	除良	더러	더려/더러	더러	더러	더러	더러	덜아	더러	덜어
48	是乎良置	이오라두	이오라두	이오라두						이오라두
49	戈只	과거리	과글니/과거리	과글이		과글이	가과이	과그리		과글니

연번	吏讀	〈吏文襍例〉 18세기 이후	〈儒胥必知〉	15세기 이전으로 재구	〈吏文〉 1658년	〈吏文大師〉 17, 8세기 간행	〈羅麗吏讀〉 1789년	〈吏讀便覽〉 1829년	〈語錄辯證說〉 1836년-1849년	〈吏讀集成〉 1937년
50	爲行如可	호여따가	호엿다가/호여나가	호녀다가	호녀다가	호녀따가	호더다가	호려다가		하얏다가
51	是乎則	이온즉	이온즉	이온즉				是乎可 이온가		이온즉
52	爲乎乙可	호올가	호올가	호올가				이을가		하올가
53	唯只	아직	아즉	오직	오직	아직	오직	아딕	오직	惟只오직
54	是去乙	이거늘	이거늘	이거늘	爲有去乙 호인가늘			是白去乙 이숣거늘		이거늘
55	適音	마춤	마잠/마츰	마줌	마줌	마줌	마춤	마츰		맛참
56	便亦	스러여	스의혀/스러여	스러여	스리혀	스러여	스릐여	스러여	문득	사의여
57	爲乎樣以	호온양으로	호온양으로	호 온 양으로	호온양으로	호온양으로	爲乎호온	樣以양으로		하온양으로
58	是乎味乙用良	이온들뾰아	이온들쓰아	이 온 둘 뾰아				等用良 들쓰아		이 온 들 쓰아
59	初亦	초혀	쵸혀	처엄/초녀	쵸혀	초혀	초여	초여	初如처엄	초여
60	是去沑	이거든	이거든	이거든		爲去等호걸든		爲去等호 가든		이거든
61	況旀	호믈며	호믈며	호믈며	호믈며	호믈며	호믈며	호믈며		하물며
62	秩秩以	지질로	질질로/지질로	디딜로	디딜로	디딜로	질질로	딜딜로	秩秩갓갓	질질로
63	是良置	이라두	이라드/이라두	이어두				是良可 이라가		이라두
64	及良	미처	밋쳐	미처		미처	미쳐	밋아	밋처	밋처
65	是乎味以	이온들로	이온들로	이온둘로				이온들로		이온들로
66	是乎去	이온거	是去乎이거은	이온거				是乎可 이온가		是去乎이거은
67	向入	앗드러	앗드러	앗드러	앗드리	앗드러	앗드러	앗드러		안들어
68	爲臥乎在亦	호누온견이여	호 누온견이여	호 누 온견이여			爲臥乎所 호누온바	爲臥乎호누온		하 누 온 이여
69	爲去乎	호거온	호거온	호거온	爲去等호걸등		호거등	호거온		하거온
70	同	오힌	오힌	ㄱ티/곧히				오힌	오인	오힌
71	乙良	을안	을안	을안/으란(?)	을안/으란	을안/으란		을아	을스아	을안(낭)

연번	吏讀	〈吏文襐例〉 18세기 이후	〈儒胥必知〉	15세기 이전으로 재구	〈吏文〉 1658년	〈吏文大師〉 17, 8세기 간행	〈羅麗吏讀〉 1789년	〈吏讀便覽〉 1829년	〈語錄辯證說〉 1836년-1849년	〈吏讀集成〉 1937년
72	惠伊	저즈리	져즈리	저즈리	저즈리	저즈리	저스리	저즈리	저즈리	지(져)즈리
73	爲乎乙喩	ᄒ올지	ᄒ올지	ᄒ올디		爲隱喩ᄒ디	爲白乙喩 ᄒ올볼지	爲乎喩 ᄒ온디		하올지
74	是去乃	이거나	이거나	이거나						이거나
75	是乎乙喩良置	이올지라두	이을지라두	이 올 디 아두				是乎乙喩 이올리		이을지라두
76	節叱分	지위ᄲᅮᆫ	지위ᄲᅮᆫ	디위ᄲᅮᆫ				디위ᄲᅮᆫ		지위ᄲᅮᆫ
77	爲乎乙去	ᄒ올거	ᄒ올거	ᄒ올거				爲乎乙喩 ᄒ을디		하올가
78	望良乎旀	ᄇ라오며	바라오며					望良去乎 ᄇ라옳거온		바라오며
79	并只	다모기	다무기/ 다모기	다못	다므기	다므기	다모기	다모기	아올우(?)	다무기
80	爲臥乎事	ᄒ누온일	ᄒ누온일	ᄒ누온일	爲白乎事 ᄒ솗온일	爲乎平事 ᄒ쇼온ᄉ		爲臥乎 ᄒ누온		하누온일
81	是良亦	이아금	이아금	이아곰		이아금	이아금	이아금		이아금
82	題音	뎨김	졔김	뎨김		뎌김		뎨김		뎨김
83	爲白內亦	ᄒ솗알둔		ᄒ솗안둘	ᄒ옳갇든	ᄒ솗걸든		ᄒ솗아든		하솗옵든
84	矣身亦	의몸여	의몸여	의몸여	의몸여	의몸여	의몸여	의몸이여	矣身져몸	의몸여
85	矣徒亦	의내등	의니등	의내등	의내등	의내등	의니등			의내들
86	舍音	므름	말음	무롬	무롬	무롬	물음		마름	말음
87	以	으로	으로	써/으로	으로	으로				으로
88	使內白如乎	ᄇ리솗다온	바리올다온	브리솗다온		ᄇ리솗다온		ᄇ라솗다온		바리삷다온
89	爲白如可	ᄒ솗ᄯᅡ가	ᄒ솗ᄯᅡ가	ᄒ솗다가	ᄒ옳다가	ᄒ솗다가		ᄒ올ᄯᅡ가	ᄒ솗다가	하삷다가
90	亦	이여	이여	이여	이여	이여				이여
91	庫叱	곳		곧						곳
92	落只	지기		디기						락기
93	爲白遣	ᄒ솗구	ᄒ솗고	ᄒ솗고	ᄒ옳고	ᄒ솗고		ᄒ솗고		하삷고
94	是白如乎	이솗다온	ᄒ솗ᄯᅡ온	이솗다온			是白去乎 이올거온	이솗다온		이삷다온
95	其亦徒	저ᄃ내	져ᄃ너	저ᄃ내	저ᄃ내	저ᄃ내	其徒等저ᄃ너	저등이		저ᄃ내
96	良中沙	아희사	아히ᄉ	아희사	아희사	아희사	아희사	아희사		아혜사
97	向前	아젼	아젼	아젼			아젼	아젼		안젼
98	爲白去乙	ᄒ솗거늘	ᄒ솗거늘	ᄒ솗거눌	ᄒ옳거눌	ᄒ솗거늘	ᄒ올거늘	ᄒ솗거늘		하삷거늘

연번	吏讀	〈吏文襍例〉 18세기 이후	〈儒胥必知〉	15세기 이전으로 재구	〈吏文〉 1658년	〈吏文大師〉 17, 8세기 간행	〈羅麗吏讀〉 1789년	〈吏讀便覽〉 1829년	〈語錄辯證說〉 1836년– 1849년	〈吏讀集成〉 1937년
99	爲白如乎	ᄒᆞᆲ다온		ᄒᆞᆲ다온	爲有如乎 ᄒᆞ잇다온			ᄒᆞᆲ다온		하ᄉᆞᆲ다온
100	最只	안직이	안즈기	안직이	안직	아직기		아덕기	아직기	안(자)직기
101	向爲良	향ᄒᆞ야		향ᄒᆞ야	향ᄒᆞ야	향ᄒᆞ야	向ᄒᆞ야	향ᄒᆞ아		
102	下手不得	하슈모질	下手하슈	하슈몯실	하슈모질	하슈모질		仰不下手 앙불하슈		
103	爲白臥乎所	ᄒᆞᆲ누온바	ᄒᆞᆲ누온바	ᄒᆞᆲ누온바		ᄒᆞᆲ누온배		爲白臥乎事 ᄒᆞ오누온일	ᄒᆞᆲ누온바	하ᄉᆞᆲ누온바
104	他矣	ᄂᆞᆷ의	남의	ᄂᆞᆷ의		ᄂᆞᆷ의	남의	ᄂᆞᆷ의	져의	남의
105	段置	단두	단두	ᄯᆞᆫ두	단두	ᄯᆞᆫ두	다두			ᄯᆞᆫ두
106	爲白昆	ᄒᆞᆲ곤		ᄒᆞᆲ곤	ᄒᆞᆲ곤	ᄒᆞᆲ곤	ᄒᆞ올곤	ᄒᆞᆲ곤		하ᄉᆞᆲ곤
107	茂火	더블이	지북너	더브러	더브러	더브러	더브러	더부러	더부려	지북너
108	其矣	져의	져의	져의				져의		그의
109	亦爲白臥乎喩	혀ᄒᆞᆲ누온지		여ᄒᆞᆲ누온디		爲白乎喩 ᄒᆞᆲ온디		爲白臥乎所 ᄒᆞᆲ누온		亦爲白臥所 여하ᄉᆞᆲ누온바
110	是白在果	이ᄉᆞᆲ견과	教是白在果 이시ᄉᆞᆲ견과	이ᄉᆞᆲ견과	是白在如中 이ᄉᆞᆲ견다히					이ᄉᆞᆲ견과
111	是白置	이ᄉᆞᆲ두	이ᄉᆞᆲ두	이ᄉᆞᆲ두		爲白置 ᄒᆞᆲ두		이ᄉᆞᆲ두		이ᄉᆞᆲ두
112	右良	니믜여	님의아	이믜아		니믜여		니ᄆᆞ아		임의여
113	教是	이샨/이시	이시	이시/이샨	이시	이시	이시	이시	이시	이시
114	是白去未	이ᄉᆞᆲ거든	是白去乎 이ᄉᆞᆲ거온	이ᄉᆞᆲ거등	爲白去等 ᄒᆞᆲ갈든			是白內等 이ᄉᆞᆲ아든		이ᄉᆞᆲ거든
115	幷四	幷亽	갊슈	幷亽	幷亽	幷亽				갊슈
116	是白良沙	이ᄉᆞᆲ아사	이ᄉᆞᆲ아ᄉᆞ	이ᄉᆞᆲ아사	爲白良沙 ᄒᆞᆲ아사	爲白良沙 ᄒᆞ올아사				이ᄉᆞᆲ아사
117	是白良置	이ᄉᆞᆲ아두	이ᄉᆞᆲ아두	이ᄉᆞᆲ아두			이살라두			이ᄉᆞᆲ아두
118	爲白乎乙可	ᄒᆞᆲ올가		ᄒᆞᆲ올가	爲白乎去 ᄒᆞᆲ온가	爲白乎去 ᄒᆞᆲ올가	爲白乎喩 ᄒᆞ올불지			爲白乎可 하ᄉᆞᆲ온가
119	望良白去乎	ᄇᆞ라ᄉᆞᆲ거온	바라올거온	ᄇᆞ라ᄉᆞᆲ거온	ᄇᆞ라ᄉᆞᆲ가오	ᄇᆞ라ᄉᆞᆲ거온	바라올거온	ᄇᆞ라ᄉᆞᆲ거온		바라ᄉᆞᆲ거온
120	爲白只爲	ᄒᆞᆲ기삼		ᄒᆞᆲ기삼			ᄒᆞ올기위	ᄒᆞᆲ기암		하ᄉᆞᆲ기암

吏讀	〈吏文襍例〉 18세기 이후	〈儒胥必知〉	15세기 이전으로 재구	〈吏文〉 1658년	〈吏文大師〉 17, 8세기 간행	〈羅麗吏讀〉 1789년	〈吏讀便覽〉 1829년	〈語錄辯證說〉 1836년~1849년	〈吏讀集成〉 1937년
貌如	줏다	줏다/갸로혀	줏다히		줏다		줏다		가르여/가로혀
使內良如敎	브리다이샨	부리다이사	브리다이샨		브리다이샨		브라아이샨		使內良如 바리여다
進叱	낫드기	낫드러/나드지	낫/낟		낫드러		낫들잇		낫드러
歧木如	가로려	가로러	가리셔/가릇셔		岐等如 가로러		가로드러		가로드려
使內如乎	브리다온	使內白如乎 바리올다온	브리다온		브리다온				바리다온
無亦	업 스 론 견 이여	어오이여	없으며		어 오 론 견 이여				어오이여, 업스로이여
無乎事	업스온일	호시온일/ 업스온일	없으온일		어오론일		무온일		업스온일
無不冬	업스론안들	어오로일/ 업슬론안들	없안둘		어오론안들				업스론안들
爲乎第如中	호온데여희	호온제여희	호온데셔히		爲白乎第亦中 호솖온데여회				하올데다해
爲白良喩	호솖알지	호솖안지/ 호솖알지	호솖안디	爲白乎喩 호솖온디	호솖아디	爲白良置 호올아두			하솖안지
是去是良沙	이거이아금	이거이아금	이거이아금		이거이아금		이거잇야금		이거이아금
是去有木以	이 거 이 신 들로	이 거 이 신 들로	이거이신둘 로		이 거 이 온 들로				이 거 이 신 들로
爲如良	호여라	호여라	호셔라				爲良如 호 아라		하여라
前矣	전의	전의	젼의						전의
向事	아안일	안일	안일		아안일	아안일			안일
爲齊	호져	호제/ 호져	호졔	爲白齊 호솖져		호져	호졔		하졔
白木	솖든	살등/솖든	솖돈	솖등	솖든	솖등	솖든	살든	솖든
召史	조이	조이	조싀				조이		죠이
是白齊	이솖져	이솖져	이솖졔						이솖졔
是如爲有臥乎所	이다호잇 누온바	이미호이 누온바	이다호잇 누온바						이다하잇 누온바

연번	吏讀	〈吏文襍例〉18세기 이후	〈儒胥必知〉	15세기 이전으로 재구	〈吏文〉1658년	〈吏文大師〉17, 8세기 간행	〈羅麗吏讀〉1789년	〈吏讀便覽〉1829년	〈語錄辯證說〉1836년-1849년	〈吏讀集成〉1937년
141	是旀	이며	이며	이며				이며		이며
142	是ㄲ喩	인지	是喩인지	인디		是ㄲ去向入 인가안드러		是隱喩이 은디		是喩인지
143	教是臥乎在亦	이샨누온견이여 / 이시누온견이여	이샨누온견이여 / 이시누온견이여	이시누온견이여		이시누온견이여		이시누온견이여		이시누…견이여
144	是白去乎	이솗거온	이솗거온	이솗거온			이올거온	이솗거온		이삷거온
145	教事	이샨일	이샨일	이샨일	이샨ᄉ	이샨일 / 이샨ᄉ	이샨	이샨일	이샨일	이샨일
146	不冬	알든	안들/알든	안둘	안더	안들		안들	안들	안들
147	教味白齊	이샨맛솗져	이샨솗제/이샨맛솗져	이샨맛솗제		이샨맛솗져		이샨맛솗져		이산맛삷…
148	直爲所白齊	직ᄒᆞ바솗져	직ᄒᆞ바솗져	곳ᄒᆞ바솗제						直爲所如㐌 곳 한 바ㄷ…해
149	爲未如	허트러	ᄒᆞ돌드러/허토러	ᄒᆞ돌다히(?)	ᄒᆞ트러	ᄒᆞ트러	허트러	ᄒᆞ트려		하트러
150	白侤音	솗다딤	솗다짐	솗다딤	侤音다딤	侤音다딤	侤音다딤	侤音다딤	侤音다짐	솗다짐
151	爲乎旀	ᄒᆞ오며	ᄒᆞ오며/ᄒᆞ으며	ᄒᆞ오며	ᄒᆞ오며	ᄒᆞ오며		ᄒᆞ오며		하오며
152	爲只爲	ᄒᆞ기삼	ᄒᆞ기암/ᄒᆞ기삼/ᄒᆞ기슴	ᄒᆞ기삼	ᄒᆞ기암	ᄒᆞ기삼	爲白只爲 ᄒᆞ올기위	ᄒᆞ기암		하기암
153	的只乎	마기온	마기온	덕기(?)	的只마기	마기온	的只마기	的只마기	的只막기	마기온
154	爲白在果	ᄒᆞ솗견과	ᄒᆞ솗견과/ᄒᆞ솗겹과	ᄒᆞ솗견과			ᄒᆞ올견과	爲白有果 ᄒᆞ이신견과		하삷견과
155	是齊	이져		이졔						이졔
156	汝矣身亦	너의몸이여		너의몸이여				汝矣身너의몸		汝矣身너의…
157	爲白去乎	ᄒᆞ솗거온	ᄒᆞ솗거온	ᄒᆞ솗거온	ᄒᆞ욿가온	ᄒᆞ솗거온		ᄒᆞ솗거온		하삷거온
158	是去乎	이거온		이거온				이거온		이거온
159	汝亦	너여		너여				너여		

1) '이 때에, 臨時해서'의 뜻으로 쓰이거나 '知委(일을 관장하는 사람)'의
뜻으로 사용됨. 이 어휘는 20세기에 이르러 구개음화 현상이 나타남을
알 수 있다.

2) 문헌에 다음과 같은 용례로 보아, '절차를 밟아'의 뜻으로, 1576년
간 무렵에는 '드듸여'가 쓰였을 것이다.

  * 드듸여 슈 : 遂 <類合 下 29>

3) '이라고 하여서'의 뜻.

4) '어떤 일을 치러냄, 손님을 대접함, 향응하다'의 뜻으로 '겾다'에서
파생된 것. <吏文>의 '긱'은 '격'의 誤字로 보인다.

5) '젼혀'의 뜻으로 15세기 중세어에 '젼혀'가 쓰인 용례가 발견된다.

  * 젼혀 이 東山은 남기 됴홀씨 노니는 싸히라 <釋譜 6 : 24>

6) '-을 말미암아, -으로 인해'의 뜻. <吏文>에서는 '을'이 빠져있다.
15세기와 17세기 문헌에 다음과 같은 기록으로 미루어 '지즈루'가 15세
기 무렵에 사용된 것으로 보인다.

  * 廉頗ㅣ 지즈루 彼敵을 또촌둧ᄒ며 : 廉頗仍走敵 <杜解 5 : 41>
  * 여러히롤 지즈루 머리 여희여쇼니 : 積年仍遠別 <初杜解 8 : 43>

7) 처격조사로 '에게'의 뜻.

8) 15세기 중세어로는 '받자'이며, '지불하다, 受領하다'의 뜻. 上下의
경우에는 上을 '자'로 읽지 않고 '차'로 읽음.

9) '흘리어'의 뜻. 다음과 같이, 15세기 초의 문학 작품과 16세기말에
간행된 기록에 '흘리'가 나타남으로 보아, 15세기에는 '흘리'가 쓰였을
것이다.

　　＊ 銀河에 흘리노하 <古時調. 李鼎輔. 人生天地>
　　＊ 밥을 크게 쓰디 말며 흘리 마시디 말며 : 田放飯 田流歠 <小解
　　　3 : 25>
　　＊ 小艇에 그믈 싯고 흘리씌여 더져두고 <古時調. 孟思誠. 江湖에
　　　ᄀᆞ을이>

　　10) '-이라고 하는'의 뜻. 是如는 계사 '이라'에 해당하는데, 그대로 引用形에 사용됨.

　　11) '일정한 물품을 각 지방에 부담시켜 거두어들인다, 負役 또는 賦課'의 뜻. 17세기에 다음과 같은 기록이 발견됨을 보아, 15세기 무렵에는 '디뎡'이 존재했을 것이다.

　　＊ 中原과 되왜 서르 이긔락디락ᄒᆞ니 : 漢虜互勝負 <重杜解 5 : 34>

　　12) '일정한 비율로 분배하다'의 뜻.
　　13) '선전하다'의 뜻으로 <吏讀集成>의 '바(파)장'은 '분배'의 뜻으로 쓰임.
　　14) '잇달아'의 뜻. 15세기말과 16세기 초엽에 나타난 다음과 같은 내용과 '如'의 당시 음에 충실하다면, '시울셔'가 15세기 무렵에 존재했을 것으로 보인다.

　　＊ 슬픈 시우레 白雪曲이 버므렛ᄂᆞ닌 : 哀絃繞白雪 <杜解 7 : 30>
　　＊ 시울 현(絃) <訓蒙 中 28>

　　15) '시기'와 '비기'의 두 독법이 있는 듯. '시기'는 '시켜'의 뜻이고, '비기'는 '비교하다, 견주다'의 뜻.
　　16) '-이로되'의 뜻.
　　17) '겨우, 간신히'의 뜻. '粗也'의 독법 '아야라'는 '粗也如'에서 유래된 것이며, 특이하게도 17세기부터 20세기까지 그 독법을 유지한 어휘

이다. 粗에 대응하는 중세어는 '아야로시<中杜解 1 : 5>, 아야오르시<初
內訓 3 : 66>, 애야르시<初杜解 7 : 22>'로도 나타나고 이 粗가 纔,僅과
도 대응되는 모습이 보인다.

* 이제 나히 아야라 열 여닐구비니(只今年纔十六七) <初杜解 8 : 30>
* 山城온 아야라 온 層이로다(山城僅百層) <中杜解 2 : 17>

18) '-하오나'의 뜻.

19) '領收證'의 뜻. '자ㅎ + 문'으로 형태소를 분석할 수 있다.

20) '서민으로 부담하는 賦役과 兵役'의 뜻.

21) '-인 바'의 뜻.

22) '비롯하여, 시작하여'의 뜻.

23) '더러는, 제하여'의 뜻.

24) '-이라고 하여도'의 뜻.

25) '새려, 커녕'의 뜻. '反'은 訛傳으로 된 듯. 17세기의 다음 기록
으로 미루어, '새녀'가 15세기 무렵에는 사용된 듯하나, 확신하기는 어
렵다.

* 새녀 도라와 내 뜯을 慰勞호니 : 新歸且慰意 <杜解 1 : 7>

26) '더욱'의 뜻. 아마 15세기 이전에는 于가 本音을 나타내 '加于'가
'더우'로 읽히지 않았을까 생각된다.

27) '일 뿐 아니라'의 뜻.

28) '따로이, 분리하여'의 뜻. 15세기 중세어에 分, 岐의 의미로 '가리
다'와 '가ᄅ'가 있었다.

* 가린 여흘 : 岐灘 <龍歌 1 : 44>
* 그 보빈 …열 네가라리니 가ᄅ마다 七寶비치오 <月釋 8 : 13>

<吏文>의 '리'는 '러'의 誤字로 보인다.

29) '문서의 목록'을 지칭. 다음과 같이 용례가 보인다.

* 구ᄒ시ᄂ 대로 나믄 의 업시 불긔도 앗ᄉ오니 깃브외 <捷新 5 : 10>

30) '하도록'의 뜻.

31) '함께, 모두'의 뜻. 다음과 같은 문헌상의 기록으로 미루어, 15세기는 '아오로'가 쓰였을 것이다.

* 아오로 七章을 일우샤 <內訓跋 4>
* 字 뜯 밧긔 註엣 말을 아오로 드려 사겨시모로 <小解 凡例 1>
* 隣人과 巡宿ᄒᄂ 總甲人等을 아오로 블러 <朴解 下 52>

32) '낱낱이' 또는 '곧, 빨리'의 뜻. 'ㅏ'와 'ㆍ'의 혼동이 시간이 흐르면서 나타나고 있으며, 15세기 중세어에 다음과 같은 용례가 보아 '갓갓'이 15세기 무렵에 쓰였을 것이다.

* 샹녜 갓갓 奇妙호 雜色鳥ㅣ <月釋 7 : 66>

33) '더욱'의 뜻. 15세기 문헌에 다음과 같은 용례가 보인다.

* 須達이 그 말 듣고 더욱 깃거 다시 ᄭᅵᄃ라 世尊올 念ᄒᅀᆞᄫᅵ <釋譜 6 : 20>

34) '할 수 없다, 하지 못하다'의 뜻. 안병희(1977a : 15)는 '중세국어의 不能을 뜻하는 부정부사 '몯'(莫, 不得, 不)에 대응한다. 이는 중세어의 不能을 뜻하는 '몯'과 得의 훈인 동사 '실-'이 합성한 '몯실'에서 온 것이다'라 하였다.

  * 平生ㄱ 뜯 몯 일우시니(莫遂素地) 〈龍歌 2 : 15.12.〉

35) '-이건대'의 뜻.

36) '만(이), 뿐(이)'의 뜻.

37) '쉽게'의 뜻. 易亦이 왜 이렇게 읽었는지는 미상이다.

38) '하는 바'의 뜻. 〈吏文大師〉의 '爲乎所ᄒᆞ온배'는 주격조사 'ㅣ'가 붙은 형태이다.

39) '갖가지 관청에 陳情하는 일'의 뜻.

40) '아직'의 뜻. 先의 뜻 '앞'에서 '아'만 취하고 可의 뜻 '하얌직'에서 말음 '직'만 취해 쓴 것(可 직 가)〈光千 8ㄴ〉. 중세국어의 '아직 / 안직(且故, 㝡)'에 대응한다. 且는 〈新合 下 : 29〉에서 '쏘 챠, 아직 챠'로 나타나며, 15세기 다음과 같이 나타난다.

  * 아직 本來ㅅ ᄆᆞᅀᆞᆷ애 맛게 ᄒᆞ시다가(且稱本懷시다가) 〈法華 1 : 14〉

41) '짐작'의 뜻.

42) '다시'의 뜻. 〈吏文〉의 '아'는 '야'의 誤字로 보인다.

43) '연기하다'의 뜻. 15세기의 다음과 같은 기록으로 미루어, '믈리'가 존재했음이 추측된다.

  * 險道롤 아라 즉재 믈리거러 이 길헤 나고져커늘 〈月釋 21 : 118〉
  * 過去에 輪廻ᄒᆞ면 業을 믈리 ᄉᆞ랑컨댄 : 追念過去輪廻之業 〈牧牛訣 43〉

44) '따라서'의 뜻. 追于는 시대가 변함에도 불구하고 한 형태로 일관성을 지키고 있으며, 15세기 중세어에 '조초'는 사용된 용례가 다음과 같이 보인다.

  * 十方애 므슴조초 變化롤 뵈야 〈月釋 8 : 20〉
  * 뮈움과 조촘괘 眞實을 어즈리디 몯ᄒᆞ니 〈月釋 8 : 16〉

이는 '좇-'에 접미사 '오'가 붙은 형태. 이러한 접미사로 '乎, 只, 是, 如, 叱' 등 다양하게 있다.

45) '하고자'의 뜻.

46) '뿐 아니라'의 뜻.

47) '제하고'의 뜻. 15세기말의 다음과 같은 기록은 15세기에 '더러'가 있었음을 뒷받침해준다.

* マ슬라기롤 더러ㅂ리니 볏나치 븕도다.(除芒子粒紅) <初杜解 7 : 19>

48) '-이어도'의 뜻.

49) '급하게' 또는 '너무, 과도하게'의 뜻. 원 독법은 '익기'로 戈는 弋의 誤字이며, '익기'로 읽힌 이유는 미상.

50) '하고 있다가'의 뜻. 15세기 중세어에 行은 '녀다'로 쓰인 용례가 있다.

* 길넓 사ㄹ미어나 : 行路人 <月釋 21 : 119>
* 斯陀含온 ㅎ 번 녀러오다 혼 ㄸ디니 <月釋 2 : 19>
* マ모니 逃亡ㅎ야 샐리 녀러오리이다 <月釋 8 : 98>

51) '-이온즉'의 뜻.

52) '-하올까'의 뜻.

53) '오직'의 뜻. <吏讀便覽>의 독법은 어떤 錯誤에서 온 것으로 보인다. 只는 말음표기로 사용되었다.

* 오직 耳根이 뭇 爲頭ㅎ고(唯耳根이 爲最ㅎ고) <楞嚴 6 : 78>

54) '-이거늘'의 뜻.

55) '마침'의 뜻.

56) '문득, 갑자기'의 뜻. '便亦'의 '便'은 '使'의 誤字로 보인다. 다음

과 같은 문헌상의 기록으로 미루어, 15세기에는 '스리여'가 쓰였을 것이다.

 * 그저 스리여 긁빗기디 말라 : 不要只管的刮 <朴解 上 39>
 * 그듕에 훈 達達이 그저 스리여 하회옴 ᄒᆞ다가 : 內中一箇達達只管呵欠 <朴解 下 9>

57) '한 것처럼, 한 양으로'의 뜻.

58) '―이온 줄로써'의 뜻.

59) '처음'의 뜻. 15세기 중세어로 初의 훈은 '처섬'이었다. '처섬'이 나온 용례로는 다음과 같다.

 * 처섬 ᄇᆞ라ᅀᆞᄫᅡ 涅槃을 듣ᄌᆞᄫᆞ시고 <月釋 21 : 2>

60) '―이거든'의 뜻.

61) '하물며'의 뜻. 다음과 같은 용례가 보인다.

 * ᄒᆞ물며 님금곳 辱 마ᄌᆞ시면(況主辱) <三綱 忠 : 19>
 * 況且 ᄒᆞ믈며 <동해 하 : 49>

62) '갖가지로, 낱낱이'의 뜻으로 '秩'의 중세어 한자음이 '딜'(新合 下 20b)인 점과 'ㄹ'이 설단음 앞에서 탈락하는 形態音素論的인 사실로써 '디딜로'가 最古形이다. <語錄辯證說>에서 '秩秩'을 '갓갓'으로 읽은 이유는 미상이나, 착오에서 온 것이 아닌가 한다.

63) '―이어도'의 뜻.

64) '미쳐'의 뜻. 及의 뜻 '미치어'의 소리 '밋쳐'를 취하고, 良의 뜻소리 '어질'에서 첫소리 '어'만 떼어다가 '밋쳐'의 말음첨기로 쓴 것.

다음과 같은 16세기말과 18세기말의 기록과 良音에 충실하다면, '미쳐'가 15세기 당시 독법으로 생각된다.

　　* 미츨 급 : 及 <石千 7>
　　* 군신이 미츠리 업거늘 : 羣臣莫及 <五倫 2 : 35>

　　65) '-이온 줄로'의 뜻.
　　66) '-이온가, -인가'의 뜻.
　　67) '생각이 들어'의 뜻. <吏文>의 '리'는 '러'의 誤字로 보인다.
　　68) '-하는 것이기에'의 뜻.
　　69) '-하고는'의 뜻. <羅麗吏讀>의 'ㅎ거등'은 乎를 ㅛ으로 잘못 보지
않았나 한다.
　　70) '같이'의 뜻. 15세기 중세어에서 다음과 같은 기록으로 보아, '같
이'는 'ㄱ티'와 'ㄷ히'가 쓰였을 것이다.

　　　　* 쌀 마시 쁠 ㄱ티 둘오 <月釋 1 : 42>
　　　　* 이 ㄱ티 工夫ㅎ야 가면 : 若如此做將法 <法語 9>
　　　　* 事相 數量 ㄷ히 아로미 일후미 如量智니 곧 權智라 <心經 59>

　　71) '-의 경우에는'의 뜻. 참고로 '을안'은 앞에 모음으로 끝나는 음절
이 올 때, '으란'은 앞에 종성으로 끝나는 음절이 올 때, 사용된다.
　　한편, <語錄辯證說>의 '을스아'는 '乙用良'의 독법으로 보이며, '을안
(乙良)'은 '乙用良'에서 '用'을 뺀 독음이다.
　　72) '두루, 널리'의 뜻.
　　73) '-하올지'의 뜻.
　　74) '-이거나'의 뜻.
　　75) '-이올지'의 뜻.
　　76) '이제뿐'의 뜻.
　　77) '-하올까'의 뜻.
　　78) '바라오며'의 뜻. 15세기 중세어도 望은 'ㅂ라다'가 기본형이다.

　　　　* 길헤 ㅂ라ᅀᆞᆸ니 : 于路望來 <龍歌 10章>

* 처엄 ᄇ라ᅀᄫᅡ 涅槃ᄋᆯ 듣ᄌᆞᄫᅵ시고 〈月釋 21 : 2〉

79) '모두'의 뜻. 並只(竝只)가 정확한 표기이며, 15세기 중세어 '다뭇 (與)'에 접미사 '기'가 붙은 것이다.

* 글 ᄒᆞᄂᆞᆫ 일후믄 오직 나와 다뭇ᄒᆞ니 世間앳 이론 눌와 다뭇 議論 ᄒᆞᄂᆞ뇨(詩名唯我共 世事與誰論) 〈初杜解 21 : 23〉
* 某ㅣ 다므기 일즙 抵敵디 아니ᄒᆞ엿ᄂᆞ니(某竝不曾抵敵) 〈朴解, 下 : 54〉

80) '-하는 일'의 뜻.

81) '인즉, 이도록'의 뜻.

82) '판결문'의 뜻으로 訛傳된 어휘로 보인다.

83) '하옵기는, 하옵건대'의 뜻.

84) '내 자신이'의 뜻으로 홀로는 쓰이지 않고, 앞에 사람과 관계되는 名詞가 온다.

85) 複數인 문서제출자가 스스로를 가리키는 것으로 '내'는 복수의 의미.

86) '농지의 관리자, 감독자'의 뜻.

* 答相谷답샹골在今咸興府東北十六里許東北距舍音洞ᄆᆞ름골九里餘   〈龍歌 5 : 34〉
* 시혹 病人이 ᄉ랑ᄒᆞᄂᆞᆫ 거시어나 시혹 衣服 寶貝 莊園舍宅ᄋᆯ[莊ᄋᆞᆫ ᄆᆞᄅᆞ미라] 病人 알ᄑᆡ 對ᄒᆞ야 된소리로 닐오ᄃᆡ 〈月釋 21 : 92〉
* 莊頭 ᄆᆞ름 〈漢淸 5 : 31〉
* 庄頭 ᄆᆞ롬 〈동해, 상 : 14〉
* 庄頭 ᄆᆞᆯ음 〈譯語補 19〉

87) '-으로'의 뜻. 15세기 중세어의 '以'의 용례는 다음과 같다.

* 以ᄂᆞᆫ 뼈ᄒᆞᄂᆞᆫ ᄠᅳ디라 〈月釋 序5〉
* ᄭᅮ므로 뵈아시니 : 昭玆吉夢 帝迺趣而 〈龍歌 13章〉

* 神通力으로 樓 우희 ᄂᆞ라 올아 <釋譜 6 : 3>
* 種種 因緣으로 부텻 道理 求ᄒᆞ논 야올 본딘 <釋譜 13 : 19>

88) '시키옵기에'의 뜻. 使內白의 원 독법이 '브리숩'이며 이는 '브리숩>브리ᅀᅩᆸ>브리ᅇᅩᆸ'의 변천과정을 보였다.

89) '하옵다가'의 뜻.

90) '-이여'의 뜻.

91) '곳[處]'의 뜻. 廛으로 쓰기도 한다. 15세기 중세어에 '곳[處]'은 '곧'으로 쓰인 용례가 있다.

* 이곧 뎌고대 : 於此於彼 <龍歌 26章>
* 현고돌 올마시뇨 : 幾處徙 <龍歌 110章>
* 處는 고디니 <月釋 2 : 8>
* 하ᄂᆞᆳ 香이 섯버므러 곧곧마다 봀비치 나더라 <月釋 2 : 52>

92) '논 면적의 단위이름'. <吏讀集成>은 '落只'를 한자음에 충실하게 읽고 있다.

93) 고려시대에는 연결어미 '-고'가 쓰이지 않았음. 淨兜寺造塔形止記에는 '遣'가 '-고'로 읽히지만 그 기능이 '-고'이지 독법은 다른 것일 듯. <吏文襍例>의 독법은 '고'를 '구'로 읽는 실수를 범하고 있다.

94) '-이옵다고 하므로'의 뜻.

95) '저들, 그들'의 뜻.

96) '-에야'의 뜻. 良中은 처격조사.

97) '앞서, 이전에'의 뜻.

98) '하옵거늘'의 뜻.

99) '-하옵다고 하므로'의 뜻.

100) '매우, 가장'의 뜻. 17세기 자료인 <杜詩諺解>에 다음과 같은 내용이 나옴으로 보아, '안직이'가 15세기 당시에 쓰인 것으로 보인다.

＊ 안직 貧困ᄒ니ᄂ 머리 셴 拾遺ㅣ 거러가노라 : 最困者白頭拾遺徒步歸
    〈杜解 1 : 10〉
＊ 외로운 城이 안직 怨望ᄒ야 ᄉ랑ᄒ놋다 : 孤城最怨思 〈杜解 3 : 5〉
＊ 龍이 비느리 저즌ᄃᆺᄒ몰 안직 알리로다 : 最覺潤龍鱗 〈杜解 9 : 23〉

101) '향하여, 대하여'의 뜻. 다음과 같은 문헌상의 기록으로 보아 '향ᄒ야'의 독법이 옳다.

＊ 썽城을 남아 산山올 향向ᄒ시니 〈月印 上 35〉
＊ 어드러 향ᄒ야 가ᄂ다 : 往那裏去 〈老朴集, 單子解 5〉

102) 下手는 '着手, 일에 손댐'의 뜻. 不得은 '할 수 없다'의 뜻.

103) '하옵는 바'의 뜻. 〈吏文大師〉는 주격 형으로 읽혀 '배'가 되었다.

104) '남의'의 뜻. '뎌의, 저의'는 각각 '彼, 其'로 잘못 읽은 것. 矣는 속격.

105) '경우에도'의 뜻. 앞에 '矣'가 주로 오며, 段은 'ᄃᆞ(의존명사) ＋ 아(처격조사) ＋ ㄴ(주제, 조건 보조사)'로 형태소를 분석할 수 있다.

106) '하오니, 하온데'의 뜻.

107) '더불어, 함께'의 뜻. 〈儒胥必知〉는 訛傳된 것.

108) 15세기에는 '져(其)'가 '자기 자신'의 뜻으로 '뎌(彼)'는 '제3자'의 뜻으로 쓰임.

109) '-라고 하옵는 지'의 뜻.

110) '-이옵거니와'의 뜻.

111) '-이옵니다, -이옵기도'의 뜻.

112) '오른편에, 앞서와 같이'의 뜻. '여／아'는 처격조사. 〈吏讀集成〉의 '임의여'는 두음법칙과 분철표기를 보여주는 표기이다. '이믜'와 '이믜셔'가 旣(이미)의 뜻으로 고문헌에 사용되었다.

＊ 이믜셔 世間애 얽ᄆᆡ여슈믈 免티 몯ᄒᆞᆯ시 : 旣未免覊絆 〈杜解 9 : 22〉

* 이믜 긔 : 旣 <類合 上 30>
* 賓이 이믜 醉ᄒ디라 : 賓旣醉 <詩解 14 : 11>

113) '-께서'의 뜻. 존칭의 주격조사. 敎(이시)와 같은 말인데, 다만 '이시'의 끝소리 '시'로 是를 더 붙인 것이다. 敎是는 서술어의 관형사형(이샨) 또는 주격조사(이시)로 사용되었다.

114) '-이옵거든'의 뜻.

115) '두 사람 이상을 가두다'의 뜻. 15세기에는 幷이 '᠋ᄀᆞᆲ'으로 나타남.

* 너와 ᄀᆞᆲ부리 업스니라 <月釋 18 : 57>
* 竝書는 ᄀᆞᆲ바 쓸 씨라 <訓正 3>
* 마릿 기리 몸과 ᄀᆞᆲ부며 <月釋(中) 21 : 78>

116) '-이사와야, -이옵셔야'의 뜻.

117) '-이옵셔도'의 뜻.

118) '-하사올까'의 뜻.

119) '바라기에'의 뜻. <吏文>의 '오'는 '온'의 誤字로 보인다.

120) '-하옵도록, -하옵기 위하여'의 뜻.

121) '앞의 내용과 같이'의 뜻. '皃如(養蠶經驗撮要)'로도 적는데, <儒胥必知>의 '갸로혀'는 잘못 쓴 것으로 보인다. 皃字는 음이 '모,막'이고 뜻은 '모양, 꼴, 얼굴, 짓, 모뜨다, 멀다' 등으로 '가로'로 읽을 근거가 없고 오히려 '즛다히'로 읽음이 옳다.

122) '행(조처)하라고 하신'의 뜻.

123) '나아가서'의 뜻. '낫드러'는 '進叱入'의 읽었을 것이다. 進叱(낫드긔)는 '부사의 부사형'이며, 다음의 용례처럼 15세기 중세어에 '나아가다(進)'의 의미로 쓴 '낫다'가 있다.

* ᄒᆞᆯ부사 나ᅀᅡ가샤 : 獨詣 <龍歌 35章>
* 오직 낫고 믈름 업수미 : 唯進無退 <楞解 8 : 18>

* 能히 다시 낫디 몯ᄒ리어늘ᅀᅡ : 不能復進 <法華 3 : 174>

124) '분리하여'의 뜻. 15세기 중세어에 分, 岐의 의미로 '가리다'와 '가릭'가 있었다.

* 가린 여흘 : 岐灘 <龍歌 1 : 44>
* 그 보비 …열 네가라리니 가릭마다 七寶비치오 <月釋 8 : 13>

125) '행(조처)하던' 또는 '하더니'의 뜻. 남풍현(1974 : 15)에서 使內의 內는 본래 두 형태가 합하여 화석화했을 가능성이 있는 것으로 보았다.

* 使 브릴 ᄉ <光千 17>
* 使 브린 시, ᄒ야곰 ᄉ <新類 상 : 17>

126) '없이'의 뜻. 無亦(업스론견이여)는 접사 '이'가 붙은 파생부사이다. 15세기 無의 어간은 '없-'으로 추정된다.

127) '없는 일'의 뜻.

128) 이중부정으로 '없지 아니(하다)'의 뜻. <儒胥必知>의 '어오로일'은 잘못 읽은 것이다.

129) '-하온 경우에, -하온 때에'의 뜻.

130) '하온지'의 뜻.

131) '-인 것인즉'의 뜻.

132) '-인 것 때문에'의 뜻. <吏文大師>의 '온'은 잘못 읽은 것으로 보인다.

133) '-하여라'의 뜻.

134) '전의'의 뜻.

135) '할 일'의 뜻.

136) '-한다, -함'의 뜻.

137) '말씀드리자면'의 뜻.

138) '서민의 아내, 과부'의 뜻.

召는 이른 시기부터 '죠, 조'로 읽혔다.

  * 德積島在南陽府海中召忽島죠콜셤南六十里許 <龍歌 6 : 58>
  * 召音蚤棗也見醫方 <五洲衍文長箋散稿>
  * 召조棗也대초見醫方 <신자전>

史(스긔 스 <註千 29>, 스가 스<光千 29>)는 중세음이 '스'이지만, 향가의
栢史(*즈싀), 母史(*어싀), 兒史(*아싀) 표기를 고려하면, '*싀 / 이'로 읽혔던
것으로 보인다(오창명, 1995 : 73).

139) '-이옵니다'의 뜻.

140) '-이라고 하였는 바'의 뜻.

141) '-이며'의 뜻.

142) '-인지'의 뜻. 喩의 독법이 '지'인 이유는 미상으로 '鍮(듀)'에서
온 字로 보인다. 喩는 고려시대부터 '지'음으로 읽었는데, 이는 口訣에서
令이 '령'에서 '리'로 읽힌 것처럼 '듀'에서 '디'로 온 것이다. 참고로 維
那도 唯那로 바뀌었으며, 鄕歌의 '慕呂白乎'도 그 독법이 '그려솗온'으로
이는 15세기 중세어에서 '그려'는 '그리'에 해당된다. 같은 용례로 '邀呂
白乎(모려솗온)'에서 '모려>모리>뫼'의 변화처럼 'iə>i'현상이 고려시대
에 있었던 것으로 보인다.

143) '하시는 것인데, 하시는 것이지만'의 뜻.

144) '-이사오므로, -이사옵기로'의 뜻.

145) '하신 일'의 뜻. '事'를 고유어로 읽기도 하고, 때론 한자어로도
읽음을 알 수 있다.

146) 부정어 '아니'의 뜻.

  * 不은 아니 ᄒᆞᄂᆞᆫ 쁘디라 <世訓民 1>

147) '하신 뜻을 사뢰다'의 뜻.

148) '바른 바에 이른다, 바른 바로 말한다'의 뜻.

149) '하는 것들과 같이, 통틀어'의 뜻.

150) '증명하다'의 뜻.

151) '하오며'의 뜻. 오창명(1995 : 298)에 본동사로 기능하는 경우는 '호-' 또는 '삼-'으로 읽고, 조동사나 동사성의 한자 어근 뒤에 붙어, 동사를 만드는 접미사 역할을 할 경우는 '호-'로 읽는다. 주로 後者로 사용된다.

152) '하기 위하여, 하도록'의 뜻. 앞의 爲는 '호다'의 뜻이고, 뒤의 爲는 '위하여'의 뜻.

153) '적당히, 정확히'의 뜻. <光千32 / 34, 石千32 / 34>에 '的 / 適 마줄 뎍'이 나온다.

154) '-하옵거니와, 하온 것과'의 뜻

155) '-이다, -임'의 뜻.

156) '너의 몸'의 뜻.

157) '하옵는데, 하온 것이나'의 뜻.

158) '-이고서, -이고는'의 뜻.

159) '네가'의 뜻.

4. 結 語

이상으로 <吏文襍例>에 나타난 吏讀를 정리하여 보고, 같은 吏讀가 中世 및 近代의 文獻 上에는 어떻게 나타난 지도 비교해 보았다. 이를 밑바탕으로 15世紀 당시나 그 以前의 고대어를 再構하려고 노력하였다. 앞으로 다양한 18世紀 以後의 文獻들의 綜合的인 檢討 및 硏究가 필요할 것으로 보이며 이러한 硏究를 基盤으로 古代부터 現代에 이르는 吏讀의 體系的이고 綜合的인 檢討가 要求된다.

Ⅲ. 여말·선초『능엄경』순독구결의 문자체계 고찰

1. 序 論

여말·선초의 구결 자료로서 널리 알려진 것으로『楞嚴經』순독구결 자료가 있다. 南豊鉉本(13세기 중엽), 南權熙本(13세기 말엽), 祇林寺本(14세기 무렵), 宋成文本(1401년)이 대표적인 것으로, 이 자료들이 영인본으로 출간되면서 해제를 쓴 연구자들에 의해 그 문자체계와 문법에 대한 간단한 정리[1]가 이루어졌다.

기존의 연구자들은 각각 각 本들의 총 口訣字 수를 제시하였는데, 그 수에 대한 주장이 본 연구자가 확인한 것과는 약간의 차이가 난다. 따라서 각 本들을 재검토하기로 하고 하나의 일관된 형태로 문자체계를 정리하고자 하였으며, 각 本에 따라 어떻게 변화하며 나타나는가를 살펴보고자 한 것이 본 연구의 목적이다.

구결의 문자체계를 확정하기란 여간 어려운 것이 아니다. 같은 口訣字를 사람에 따라 서로 다르게 볼 수도 있고 같게 볼 수도 있기 때문이다. 본고는 南豊鉉本부터 宋成文本까지의 비교를 통해 그 문자체계를 확정하고, 그 곳에 등장하는 口訣字 모두를 간단히 알아보고자 하였다.

---

1) 南豊鉉(1995), 이승재(1995), 鄭在永(1996), 朴盛鍾(1996) 등이 그것이다.

2. 각 本의 문자체계 고찰

1) 南豊鉉本의 문자체계

대체적으로 많은 기입토에서 보이는 바와 같이 南豊鉉本(이하 A本)에서는 略體字가 많이 등장하는데, 南豊鉉(1995 : 11-12)을 참고하여 그 口訣字를 알아보면 다음과 같다.

(먼저 口訣字를 제시하고 斜線을 친 후 그 讀音을 달았다. 괄호 속에는 그 자의 正字를 표시했으며, 訓假字의 경우는 그 口訣字 앞에 *표를 달았다)

1) 미 / 가	2) 去 / 거	3) 厺(去) / 거
4) 古 / 고	5) ロ(古) / 고	6) 果 / 과
7) 人(果) / 과	8) ㄱ(隱) / (으)ㄴ	9) 乃 / 나
10) 又(奴) / 노	11) 女(奴) / 노	12) ヒ(尼) / 니
13) *行 / 니	14) *ヒ(飛) / ㄴ, 늘	15) *斤 / 늘
16) ㅣ(多) / 다	17) 大 / 대	18) ナ(大) / 대
19) *加 / 더	20) *力(加) / 더	21) ヤ(宁) / 뎌
22) 底 / 뎌	23) 丁 / 뎡	24) 刀 / 도
25) 斗(斗) / 두	26) 土(地) / 디	27) 矢(知) / 디
28) *入 / 둧, 둘	29) *月 / 둧, 둘	30) *ホ(等) / 둧, 둘
31) *矢 / 뎌	32) *ム(矣) / 뎌	33) ㄴ / (으)ㄹ
34) ㅅ(羅) / 라	35) 몸 / 려	36) ⋯(以) / 로
37) 了 / 료	38) 禾(利) / 리	39) 禾(利) / 리
40) ㅣ(利) / 리	41) ヶ / 마	42) 广(麻) / 마
43) 彡(彌) / 며	44) ア(面) / 면	45) *火 / 블, 볼
46) 叱 / ㅅ	47) 匕(叱) / ㅅ	48) 氵(沙) / 사
49) 舍 / 샤	50) 余(舍) / 샤	51) 西 / 셔
52) 所 / 소	53) 小 / 쇼	54) 二(示) / 시
55) 丶(是) / 시	56) 时(時) / 시	57) 罒 / ㅿ
58) 土 / ㅿ, 저	59) *白 / 솗	60) 生 / 싱
61) *氵(良) / 아	62) *ㄨ(良) / 아	63) ア(阿) / 아
64) 方(於) / 어	65) 才(於) / 어	66) 令(於) / 어
67) 言 / 언	68) 亠(言) / 언	69) 亦 / 여

70) ㄴ(亦) / 여	71) 亠(亦) / 여	72) 午 / 오
73) 𠂉(午) / 오	74) 五 / 오	75) *丿(乎) / 오
76) *乊(乎) / 오	77) 卜(臥) / 와	78) 衣 / 읙, 의
79) 𫝀(衣) / 읙, 의	80) *刂(是) / 이	81) *㇏(是) / 이
82) 已 / 이	83) 印 / 인	84) *上 / 자, 저
85) *㐅(第) / 자, 저	86) *时(時) / 제	87) 下 / 하
88) 丿(乎) / 호	89) 戶 / 호	90) 尸(戶) / 호
91) *中 / 힉, 긔	92) *十(中) / 힉, 긔	93) 兮(兮)[2] / 히
94) *為 / 훅	95) *ㄴ(爲) / 훅	

南豊鉉(1995)은 A本의 口訣字로 총 94字를 제시하였다. 그러나 확인에 의하면 유일한 예이나, 69) '亦 / 여'가 한 가지 더 추가되어야 할 것이다. '無所了故亦(ㄷ) <2, 4A : 7>'가 나타나는데, '亦'를 고려시대에 표기하였다가 'ㄷ'를 후대에 첨기한 것이다. 따라서 A本의 口訣字는 총 95字이다. 한편 이에 대해, 이승재(1993a : 57-58)는 南豊鉉(1990)이 제2 · 3 · 4권만의 구결만을 검토하여 정리한 88字에 '八 / ㄱ, 令 / 게 · 긔, 行 / 니, 加 · 力 / 더, 亇 / 뎌, 生 / 숭, 立 / 셔, ㄴ / 여 · 더, 玉 / 옥' 등을 추가하여 100字 가량의 口訣字가 쓰였다고 보았다. 남경란(2001 : 5)은 '八, 里, 丶, 玉, 立, 申, 令' 등의 7字를 추가하여 101字라 주장하여 그 폭을 한층 높였다.

A本에서 正楷體와 略體가 함께 쓰인 것은 다음과 같다.

[2) 去 3) 厺]	[4) 古 5) 口]	[6) 果 7) 人]
[17) 大 18) ナ]	[19) 加 20) 力]	[31) 矣 32) 厶]
[46) 叱 47) 七]	[49) 舍 50) 全]	[67) 言 68) 亠]
[69) 亦 70) ㄴ 71) 亠]	[72) 午 73) 𠂉]	[78) 衣 79) 𫝀]
[89) 戶 90) 尸]	[91) 中 92) 十]	[94) 為 95) ㄴ]

2) 李丞宰(1995)는 '屎'자의 '米' 부분을 草書體로 쓴 것이라고 생각도 하였으나 '兮'가 '兮'와 아주 비슷하게 적힌 예들이 나옴을 들어 결국 '兮'字에서 온 것으로 보았다.

南豊鉉(1995 : 13)의 주장처럼, 대개 口訣은 어느 한 쪽의 자형만이 쓰이는데 반해, 15쌍의 借字가 함께 쓰인 예는 드문 편이며, A本에서는 대체로 '大, 言, 午, 尸'의 4字를 제외하고, 略體가 주로 쓰이고 있다.

같은 차자의 상하좌우 중 어느 것을 따느냐에 따라 字形이 달라진 것은 다음과 같다.

  [10) 又   11) 女]   [38) 矛 39) 禾 40) ｜]
  [61) 彡   62) ㄴ]   [64) 方 65) 才 66) 亽]
  [70) ㇀   71) 亠]   [80) ｜ 81) 乀]

이상의 6쌍이 어느 부위를 따느냐에 따라 달리 쓰인 것으로 다른 문헌에서는 이처럼 많이 나타나지는 않는다. 11), 62), 64), 70)은 그 사용이 극히 적은 편이다. 이렇게 많이 나타나는 이유를 南豊鉉(1995 : 13)에서는 이 구결의 기입자가 略體의 正字를 알고 있는데다가 일정한 字形을 사용하여야 하는 관습이 굳어지지 전의 모습을 반영한 것으로 보고, 이것이 순독구결의 초기 모습을 나타내는 것이라 하였다.

같은 借字의 略體가 여러 異形으로 변하는 것은 총 3쌍이 발견된다.

  [39) 禾   40) ｜]   [64) 方 65) 才]
  [75) 丿   76) ㆍ]

다음으로 위와는 대조적으로 A本에서 같은 음을 표기하는데, 둘 이상의 서로 다른 借字가 쓰인 것들이다.

  [12) ヒ(尼)／니 13) *行／니]   [14) *ヒ(飛)／놀 15) *斤／놀]
  [21) 宀(宁)／뎌 22) 底／뎌]   [26) 土(地)／디 27) 矢(知)／디]
  [28) *入／드, 둘 29) *月／드, 둘 30) *木(等)／드, 둘]
  [41) 亇／마 42) 广(麻)／마]

[54) 〻(示) / 시 55) ㇏(是) / 시 56) 时(時) / 시]
[57) 罒 / 亽 58) 士 / 亽] [61) *㇁(良) / 아 63) 𠂆(阿) / 아]
[72) 午 / 오 74) 五 / 오 75) *ノ(乎) / 오]
[80) *刂(是) / 이 82) 㔾 / 이] [84) *上 / 자, 저 85) *㐅(第) / 자, 저]
[88) ノ(乎) / 호 89) 戶 / 호]

총 13쌍이나 되는 많은 예가 나타난다. 대체로 한 음을 표현하기 위해 어느 한 쪽의 구결로 통일되는데, 한 예로 '니'음 표기에 있어 13)'行'는 유일 예만 보이고 12)'ㄴ(尼)'가 주로 나타난다. 그러나 '아'음 표기의 경우 그 용법에는 차이가 있는데, 61)'㇁(良)'는 처격과 부동사어미에 주로 쓰이는 반면, 63)'𠂆(阿)'는 의문종결어미나 호격조사로 쓰이고 있다.

A本에서 서로 다른 차자가 같은 자형으로 나타나는 것들이 있다.

[40) 刂(利) / 리 80) *刂(是) / 이] [55) ㇏(是) / 시 81) *㇏(是) / 이]
[56) 时(時) / 시 86) *时(時) / 제] [70) 丷(亦) / 여 95) *丷(爲) / ᄒᆞ]
[75) *ノ(乎) / 오 88) ノ(乎) / 호]

55)와 81), 56)과 86), 75)와 88)은 같은 자에서 따온 略體字이지만 하나는 音借이고 다른 하나는 訓借이다.

2) 南權熙本의 문자체계

南權熙本(이하 B本)에 쓰이는 口訣字는 총 85字로 문자체계를 보면 다음과 같다.

1) 可 / 가	2) 3 (可) / 가	3) 去 / 거
4) ∆ (去) / 거	5) 厺(去) / 거	6) 口(古) / 고
6) 果 / 과	7) 田(果) / 과	8) ㄱ(隱) / (으)ㄴ
9) 乃 / 나	10) 又(奴) / 노	11) ㄴ(尼) / 니
12) *ㅌ(飛) / ᄂᆞ, 놀	13) *斤 / 놀	14) 丨(多) / 다

15) 夕(多) / 다
16) 大 / 대
17) ナ(大) / 대
18) *加 / 더
19) *カ(加) / 더
20) 底 / 뎌
21) 丁 / 뎡
22) 丫(第) / 뎨[3)]
23) 刀 / 도
24) ヨ(刀) / 도
25) 斗(斗) / 두
26) 土(地) / 디
27) *入 / ᄃᆞ, ᄃᆞᆯ
28) *月 / ᄃᆞ, ᄃᆞᆯ
29) *ホ(等) / ᄃᆞ, ᄃᆞᆯ
30) *ム(矣) / ᄃᆡ
31) 乙 / (으)ㄹ
32) 乚 / (으)ㄹ
33) 亽(羅) / 라
34) へ(羅) / 라
35) 丶(羅) / 라
36) ⺍(以) / 로
37) …(以) / 로
38) 禾(利) / 리
39) チ(利) / 리
40) 广(麻) / 마
41) ケ(彌) / 며
42) 丆(面) / 면
43) 勿 / 믈, ᄆᆞᆯ
44) 巴(邑) / (으)ㅂ
45) *火 / 블, ᄇᆞᆯ
46) 七(叱) / ㅅ
47) 氵(沙) / 사
48) 全(舍) / 샤
49) *立 / 셔
50) 西 / 셔
51) 一(西) / 셔
52) 所 / 소
53) 户(所) / 소
54) 小 / 쇼
55) ニ(示) / 시
56) 土 / ᄉᆞ, 저
57) 罒 / ᄉᆞ
58) *白 / ᄉᆞᆲ
59) *ȝ(良) / 아
60) ア(阿) / 아
61) オ(於) / 어
62) 今(於) / 어
63) 言 / 언
64) 亠(亦) / 여
65) 乚(如) / 여
66) 午 / 오
67) 五 / 오
68) *乊(乎) / 오
69) 玉 / 옥
70) 西(要) / 요
71) 卜(臥) / 와
72) 人(臥) / 와
73) ラ(衣) / ᄋᆡ, 의[4)]
74) *リ(是) / 이
75) *乀(是) / 이
76) 印 / 인
77) *上 / 자, 저
78) 时(時) / 제
79) 下 / 하
80) ノ(乎) / 호
81) 丂(兮) / 히
82) *ソ(爲) / ᄒᆞ
83) *十 / ᄒᆡ, 긔
84) *令 / ᄒᆡ
85) 拈[5)] / 녀, ㅕ

'拈'를 남경란(1997 : 26)은 '녀 / ㅕ'로 추정했는데, 그럴 가능성이 있는 것으로 보인다. 이승재(1995)는 南豊鉉의 주장을 참고로 '*上 / 자, 저'를 '뎨'로 보았다. 18) '*加 / 더<2, 26A, 6>'는 후대에 記入한 吐에서 보인다. 이승재(1995)는 같은 字 '午 / 오'를 두 번 제시하는 오류를 범했다. 특기할 만한 것으로 '曾不自知乙弋丨<2, 26B, 3>'처럼 口訣字 '弋'의

3) 남경란(1997)은 '丫'로 보았다.
4) 'ラ(衣)'를 李丞宰(1995)와 鄭在永(1996)은 '－ラ七丨'와 '－今七丨', '－亠七丨', '去七丨', 'ソȝ七丨' 등과의 관계를 고려하여 訓假字로 파악해 '오'로도 보았는데, 그 동안의 讀音에 감안하여 'ᄋᆡ, 의'로 한다.
5) 王引之 校改本 康熙字典(1996)에는 '奴兼切'로 나온다.

모습처럼 보이는 것이 나타나는데, ‘弋’[6]인지 분명하지 않아 문자체계에서는 제외시켰다.

이승재(1995 : 338-339)는 총 72字의 口訣字를 확정하였다. 남경란(1997 : 12-14)은 原口訣 77字와 加筆口訣 50字를 제시하여, 原口訣과 加筆口訣 중 중복된 것을 고려하면, 총 87字의 口訣字를 제시하였다. 그러나 ‘阝’는 ‘卩’를 잘못 보았고, ‘尼’는 언해문에서 ‘-러니’로 대응됨에 미루어, ‘尸 + ヒ’의 형이나 ‘カ + ヒ’의 형으로 보아야 할 것이다. ‘刂’는 ‘利’의 略體字가 아니고 ‘是’의 略體字로 보아 ‘이’로 보아야 할 것이며, 새롭게 제시한 ‘叉/ㅊ’는 예문을 검토한 결과, ‘又’로 보아야 할 것이다. 또한 ‘斗/두’는 나타나지 않는 것으로 확인된다. 이상의 5字가 잘못된 것이면, 82字가 남는데, 여기에 ‘藥王刂 然身ソしこ乙士刂 <7, 4B, 7>’ 등에 나타나는 ‘し/여’와 ‘如是解不氵 不也刂丨 世尊下ソ五 1ナ <5, 6A, 8>’의 ‘五/오’와 ‘非餘印大 我 與如來ㅆ5 <2, 23B, 5>’의 ‘印/인’ 등을 추가하면 85字가 된다.

B本에서 正楷體와 略體가 함께 쓰인 것은 다음과 같다.

[1) 可 2) 3] [3) 去 4) 厷] [6) 果 7) 曰]
[16) 大 17) ナ] [18) 加 19) カ] [23) 刀 24) ヨ]
[31) 乙 32) し] [50) 西 51) 一]

B本에서는 대표 口訣字를 선택해 쓰는 현상이 A本에 비해 두드러지고 있다. A本에서는 15쌍이 함께 쓰인 반면, B本에서는 8쌍만이 쓰이고

6) ‘弋’는 高麗時代 口訣資料 중『大方廣佛華嚴經疏』卷三十五에서만 두 번 나타난다. 그 正字體로 ‘익’음을 표시하는 것으로 추측되어 왔다. 그러나 본 연구자는 正字體 ‘代’에서 온 ‘딕’가 아닌가 생각한다. 따라서 다음의 나타난 예의 ‘亠弋’는 ‘ㅎ弋’(오딕)를 쓴 것으로 보이며 ‘ㅎ’음은 釋讀口訣 資料에서 흔하게 나오는 口訣字이다.

我㇉ 身亠弋 充樂ソ氵 彼刀 亦ソ1 充樂ソ㇌七ケ (9, 12-16)
我㇉ 身亠弋 飢苦ソ1丨十1 彼刀 亦ソ1 飢苦ソ㇌七 (9, 12-16)

있다. 그런데, 이 8쌍은 대체로 略體보다는 正楷體가 주로 많이 쓰이고 있어, A本이 주로 略體를 쓴 것과는 대조가 된다.

같은 차자의 상하좌우 중 어느 것을 따느냐에 따라 자형이 달라진 것으로 [60) ㅈ 61) ㅅ]만 나타난다. A本이 6쌍이었던 것을 감안하면 현저하게 준 모습이다.

같은 차자의 略體가 여러 異形으로 변하는 것은 5쌍이 나타난다.

[4) Δ 5) ㅗ]   [14) ㅣ 15) ㄅ]
[33) ㅅ 34) ㅅ 35) ㆍ]   [36) ㅄ 37) ⋯]
[71) ㅏ 72) ㅅ]

B本에서 같은 음을 표기하는데, 둘 이상의 서로 다른 차자가 쓰인 것들은 총 7쌍이 나타난다.

[12) *ㅌ(飛)/ 놀 13) *斤 / 놀]
[27) *ㅅ / 드, 둘 28) *月 / 드, 둘 29) *朩(等)/ 드, 둘]
[56) 土 / ㅅ 57) 皿 / ㅅ]
[59) *ㅓ(良)/ 아 60) ㄗ(阿)/ 아]
[64) ㅗ(亦)/ 여 65) ㄴ(如)/ 여]
[66) ㅓ / 오 67) 五 / 오 68) *ㅁ(乎)/ 오]
[83) *十 / 히 84) *令 / 히]

B本에서 서로 다른 차자가 같은 字形으로 나타나는 것들이 있다.

[32) ㄴ /(으)ㄹ 65) ㄴ(如)/ 여]

이 경우는, A本에서 나타난 5쌍과는 큰 차이가 난다. 이는 그 동안 혼동하기 쉬운 것에 대표형이 자리를 잡게 되었음을 나타내는 것이다.

3) 祇林寺本의 문자체계

祇林寺本(이하 C本)에 쓰이는 口訣字는 총 72字로, 문자체계를 보면 다음과 같다.

1) 八(只) / ㄱ	2) 可 / 가	3) 厺(去) / 거
4) 口(古) / 고	5) 果 / 과	6) 人(果) / 과
7) 𠃍(隱) / (으)ㄴ	8) 乃 / 나	9) 又(奴) / 노, 로
10) 匕(尼) / 니	11) *ㅌ(飛) / ᄂᆞ, ᄂᆞᆯ	12) *斤 / ᄂᆞᆯ
13) 丨(多) / 다	14) 大 / 대	15) *加 / 더
16) 亍(宁) / 뎌	17) 丁 / 뎡	18) 刀 / 도
19) ㅛ(斗) / 두	20) 土(地) / 디	21) *入 / ᄃᆞ, ᄃᆞᆯ
22) *月 / ᄃᆞ, ᄃᆞᆯ	23) *朩(等) / ᄃᆞ, ᄃᆞᆯ	24) *厶(矣) / ᄃᆡ
25) 乙 / (으)ㄹ	26) 乚 / (으)ㄹ	27) 羅 / 라
28) 丶(羅) / 라	29) 亽(羅) / 라	30) …(以) / 로
31) 利 / 리	32) 刂(利) / 리	33) 禾(利) / 리
34) 广(麻) / 마	35) 分(彌) / 며	36) 久(彌) / 며
37) 丆(面) / 면	38) 巴(邑) / (으)ㅂ	39) *火 / 블, 블
40) 七(叱) / ㅅ	41) 氵(沙) / 사	42) 全(舍) / 샤
43) 西 / 셔	44) *立 / 셔	45) *亠(立) / 셔
46) 所 / 소	47) 小 / 쇼	48) ニ(示) / 시
49) 士 / ᄉᆞ, 저	50) 生 / ᄉᆡᆼ	51) *ろ(良) / 아
52) 卩(阿) / 아	53) 才(於) / 어	54) 今(於) / 어
55) 言 / 언	56) 月(殷) / 은, 언	57) 丄(亦) / 여
58) 午 / 오	59) *乊(乎) / 오, 온	60) 玉 / 옥
61) 卜(臥) / 와	62) ラ(衣) / ᄋᆡ, 의	63) *乀(是) / 이
64) 印 / 인	65) *上 / 자, 저	66) *時 / 제
67) *时(時) / 제	68) 下 / 하	69) 丿(乎) / 호
70) 亐(兮) / 히	71) *丷(爲) / ᄒᆞ	72) *十(中) / 히, 긔

韓相花(1994)는 74字를 확정했으나, 그 중 '古 / 고<2, 1A, 6>'와 '之 / 제<3, 37A, 7>'는 나타나지 않으며, '朩 / 과<2, 1A, 4>'는 記入者가 誤字로 인식해 지운 흔적이 있다. 또 '乛(也) / 야<2, 44B, 5>'는 'ろ / 아'를

표기한 것이다. 그러나 '乙 /(으)ㄹ'은 'ㄴ /(으)ㄹ'과 混用하여 여러 곳에서 나타나며, '斤 / 눌'은 卷3에서 10여 차례나 확인된다. 따라서 72字로 확정한다.

鄭在永(1996 : 5-9)도 72字를 제시하였으나, '古 / 고'가 나타나고, '斤 / 눌'이 나타나지 않는다고 보았다.

C本은 李丞宰(1993a : 63)의 주장처럼 적어도 세 사람이 기입한 것으로 보인다. 본 연구의 대상이 된 2·3·4권 중 2권과 4권은 동일인의 기입으로 보이나 3권은 필체가 크고 굵은 것으로 미루어 다른 사람의 필체로 보이고, 2권의 앞부분에 후대에 기입한 것으로 보이는 구결토가 나오며, 이들은 刊經都監本과 그대로 일치한다.

1회만 등장하는 口訣字로는 '5) 果 / 과, 29) 羅 / 라, 38) ㅍ(邑) / ㅂ,읍, 44) *효 / 셔, 50) 生 / 싱, 53) 才(於) / 어, 60) 玉 / 옥' 등이었으며, 5회 미만으로 등장하는 口訣字로는 '1) 八(只) / ㄱ, 15) *加 / 더, 16) ㄐ / 뎌, 22) *月 / 드, 들, 32) ㅣ(利) / 리, 34) 广(麻) / 마, 39) *火 / 블, 볼, 45) *호(立) / 셔' 등이다.

C本에서 正楷體와 略體가 함께 쓰인 것은 다음과 같다.

[5) 果 6) 人]   [25) 乙 26) ㄴ]
[27) 羅 28) 丶 29) ㅅ]   [31) 利 32) ㅣ 33) 禾]
[44) 효 45) 호]   [66) 時 67) 时]

C本은 B本에 비해 그 쌍이 다소 줄어든 모습을 보인다. C本에서도 A本처럼 正楷體보다는 略體가 주로 쓰이고 있다.

같은 차자의 상하좌우 중 어느 것을 따느냐에 따라 자형이 달라진 것은 3쌍이 발견된다.

[32) ㅣ 33) 禾]   [53) 才 54) ㅅ]   [59) ㅣ 60) 丶]

또 같은 차자의 略體가 여러 異形으로 변하는 것은 2쌍이 발견된다.

[28) 、 29) ㅅ]　　　　[35) 亇 36) 久]

C本에서 같은 음을 표기하는데, 둘 이상의 서로 다른 借字가 쓰인 것들이다.

[11) *ㅌ(飛) / 놀 12) *斤 / 놀]
[21) *入 / ᄃᆞ, ᄃᆞᆯ 22) *月 / ᄃᆞ, ᄃᆞᆯ 23) *ホ(等) / ᄃᆞ, ᄃᆞᆯ]
[43) 西 / 셔 44) *立 / 셔]　　　[51) *⺅(良) / 아 52) ㄗ(阿) / 아]
[55) 言 / 언 56) 殳(殷) / 언]　　[58) 午 / 오 59) *ㄱ(乎) / 오]

C本에서 서로 다른 차자가 같은 자형으로 나타나는 것들은 나타나지 않는다.

4) 宋成文本의 문자체계

宋成文本(이하 D本)에는 총 71字의 口訣字가 사용되었는데, 그 문자체계를 보면 다음과 같다.

1) 可 / 가	2) 罒 / 가	3) 3(可) / 가
4) 去 / 거	5) 厶(去) / 거	6) ㅁ(古) / 고
7) 八(只) / ㄱ, 기	8) ㄱ(隱) / (으)ㄴ	9) 乃 / 나
10) 月(那) / 나	11) 又(奴) / 노	12) 乂(奴) / 노
13) ㅌ(尼) / 니	14) *ㅌ(飛) / ᄂᆞ, 놀	15) *斤 / 놀
16) ㅣ(多) / 다	17) 大 / 대	18) 丁 / 뎡
19) 宁 / 뎌	20) 宁(宁) / 뎌	21) 底 / 뎌
22) 刀 / 도	23) 斗(斗) / 두	24) 土(地) / 디
25) *入 / ᄃᆞ, ᄃᆞᆯ	26) *月 / ᄃᆞ, ᄃᆞᆯ	27) *厶(矣) / ᄃᆡ
28) ㄴ / (으)ㄹ	29) 、(羅) / 라	30) ㅅ(羅) / 라
31) 禾(利) / 리	32) 刂(利) / 리	33) 广(麻) / 마
34) 亇(彌) / 며	35) 久(彌) / 며	36) ㅜ(面) / 면
37) *火 / ᄇᆞ, 블, ᄇᆞᆯ	38) 七(叱) / ㅅ	39) 氵(沙) / 사

40) 舍 / 샤	41) 舎(舍) / 샤	42) 𠆢(舍) / 샤
43) 西 / 셔	44) 一(西) / 셔	45) 효 / 셔
46) 尸(所) / 소	47) 小 / 쇼	48) 二(示) / 시
49) 士 / 스, 저	50) *ㅣ(良) / 아	51) 尸(阿) / 아
52) 丁(也) / 야	53) 才(於) / 어	54) 仒(於) / 어
55) 亠(亦) / 여	56) 午 / 오	57) 卜(臥) / 와
58) 人(臥) / 와	59) 衣 / 의, 의	60) ㄱ(衣) / 의, 의
61) *ㅣㅣ(是) / 이	62) *乀(是) / 이	63) 印 / 인
64) *上 / 자, 저	65) 下 / 하	66) ノ(乎) / 호
67) ㄅ(兮) / 히	68) *ㅗ(爲) / ᄒᆞ	69) *中 / 히, 긔
70) *十(中) / 히, 긔	71) *令 / 히	

  朴盛鍾(1996)은 총 67字를 제시했으나, 鄭鎬牛(1997)은 '효 / 셔'와 '衣 /
의, 의'를 추가로 확인하여 총 69字를 제시했다. 그러나 본 연구자의 검
토에 의하면 '八(凡) / ㄱ, 긔'와 '底 / 뎌'를 추가하여 총 71字로 확인된다.
  7) '八(凡) / ㄱ, 긔'는 <4, 36B, 5>에 나타나며, 21) '底 / 뎌'는 添記이
나 '深重恩愛ㅗㄱ底<1, 16B, 5>'가 나타난다. 37) '*火 / ㅂ, 블, 불'은
'火ㄴ'로 나타나는데, 刊經都監本 諺解에서는 '옷'으로 등장함으로 미루
어, '火'이 '봇'인 것으로 보인다. 남경란(2001 : 5)은 박성종(1996)의 조사
에 의한 67字에 'ㅏ'을 추가하여 68字로 보았다.

  D本에서 正楷體와 略體가 함께 쓰인 것은 다음과 같다.

  [1) 可 2) 可 3) �3]   [4) 去 5) 去]
  [19) 宁 20) ㄷ]   [40) 舍 41) 舎 42) 𠆢]
  [43) 西 44) 一]   [67) 中 68) 十]

  첫 항은 1)과 2)가 서로 혼용하면서 대등하게 사용되고 있으나, 그 외
의 것들은 맨 끝의 略體字들이 주로 쓰이고 있다.
  같은 차자의 상하좌우 중 어느 것을 따느냐에 따라 자형이 달라진 것
은 3쌍이 있다.

[31) 丣　32) �ᅵ]　　[52) 才　53) 仒]　　[59) ㅣ　60) 乀]

같은 차자의 略體가 여러 異形으로 변하는 것은 6쌍이 발견된다.

[2) 罒　3) 3]　　[11) 又　12) メ]　　[29) 丶　30) 个]
[34) �) 35) 久]　　[41) 仐　42) 亽]　　[56) ㅏ　57) 人]

다음은 D本에서 같은 음을 표기하는데, 둘 이상의 서로 다른 차자가
쓰인 것들이다.

[9) 乃 / 나　10) 尹(那) / 나]　　[14) *ヒ(飛) / 놀　15) *斤 / 놀]
[20) 宀(宁) / 뎌　21) 底 / 뎌]　　[25) *入 / 드, 둘　26) *月/드, 둘]
[50) * 3 (良) / 아　51) 尸(阿) / 아][69) *中 / 희, 긔　71) *令 / 희]

D本에서 서로 다른 차자가 같은 자형으로 나타나는 것에 1쌍만이 나
타난다.

[32) ㅣ(利) / 리　61) *ㅣ(是) / 이]

D本에 쓰인 口訣字 가운데, 이 문헌에만 나타나고, 고려시대부터 조
선시대 초기까지의 다른 구결자료에서는 확인되지 않는 것으로 세 가지
口訣字가 있다.

[2) 罒(可) / 가], [10) 尹(那) / 나], [19) 宀 / 뎌]

多字一音의 원칙에 의거해, 각각 다른 口訣字를 확인한 결과, D本에서
는 총 71字가 확인된다. 출판년도는 같으나 좀더 고전적인 보수성을 지
닌 C本이 72字인 것에 비한다면, 그 숫자가 다소 줄었다. 이는 시대가
지나면서 口訣字의 표기체계가 정비되었기 때문일 것이다.
　'가'음을 표시하는데, 1), 2), 3)을 사용하였으나, 주로 2)가 쓰이고 1)

은 간혹 썼으며, 3)은 1회만 사용되었다. 3)처럼 1회만 사용된 다른 口訣字들로는 7), 10), 12), 19), 59), 61), 63), 71) 등이 있다. '며'음의 표기는 '34)ㅅ'가 '35)ㅈ'보다 주로 사용되고 있다. '아'음 표기에 사용된 50)과 51)은 음은 같으나, 그 용법이 사뭇 다르다. 50)은 주로 처격조사나 부동사어미의 표기에 사용되고, 51)은 호격조사나 의문종결어미로 사용되었다.

그런데 D本 口訣字들의 모습에서 특기할 만한 것으로 다음과 같은 것들이 있다. A本에만 사용되던 '4)ㅊ / 거', '40)ㅅ / 샤', '59)ㅈ / 이, 의'가 B本과 C本에는 나타나지 않다가, D本에 나타났으며, '과'음의 표기로 그 전에 사용되었던 '果, ㅂ, ㅅ' 등이 나타나지 않고 'ㄱ'이 탈락한 형태인 'ㅏ / 와, ㅅ / 와'가 나타난다. 또한 A本에서 C本까지 두루 나타났던 'ㅁ / 더, ㅊ / 드, 돌7), … / 로, ㅎ / 언, ㅁ / 오, 呼 / 제' 등이 나타나지 않는다.

D本에서만 처음 나타나는 口訣字도 있는데, '42)ㅅ / 샤'가 그것이다.

3. 문자체계의 모습

A本에서 D本까지 나오는 口訣字는 총 128字이다. 이를 통시적인 변천의 측면에서 살펴보았다.8)

---

7) 이에 대해 최은규(1993)는 'ㅊ'이 'ㅡㅅㅊㅈ / 흐든드로'처럼 'ㅅ'가 한 口訣 속에 연속하여 출현하는 것을 피하는 경우에만 사용된다고 보았다(鄭鎬完, 1997 : 16).

8) 이를 통해 口訣字의 모습으로 어느 시대의 자료인지 정확한 연대추정이 가능하게 되었다. 한편 李丞宰(1993a : 74)는 口訣字의 연대를 세 가지로 보았는데, 그것은 다음과 같다.

   ① '第'에서 나온 'ㅂ', 'ㅄ'는 14세기 초까지의 자료에만 나온다.
   ② 'ㅏ'와 '要'는 14세기와 15세기의 전환기부터 쓰이기 시작한다.
   ③ 'ㅅ>ㆍ, ㅈ>ㅣ, ㅅ>ㅈ, 술>ㅅ' 변화에서 후대 자형 'ㆍ, ㅣ, ㅈ,

우선 고려시대의 석독구결 자료에서는 나타나지 않았으나, 순독구결
자료가 나온 시대인 13세기부터 활발히 나타나 조선 초기까지는 건재한
구결자들이 있다.

　　[可 / 가, 又(奴) / 노·로, 大 / 대, 宁(宁) / 뎌, 土(地) / 디, 月 / ᄃ·돌,
ホ(等) / ᄃ·돌, 厶(羅) / 라, 久(彌) / 며, ㄱ(面) / 면, 舍(舍) / 샤, 小 / 쇼, 土
/ ᄉ, 尸(阿) / 아, 才(於) / 어, 亽(於) / 어, 午 / 오, 卜(臥) / 와, 乀(是) / 이]
　－ 총 19字

고려시대 석독구결 자료 때부터 조선 초기까지 모든 구결자료들에 나
타나며, 비교적 생명력이 길었던 구결자들이 있다.

　　[ㅿ(去) / 거, 口(古) / 고, ㄱ(隱) / ㄴ, 乃 / 나, ヒ(尼) / 니, ㅌ(飛) / ㄴ·
ᄂᆞᆯ, ㅣ(多) / 다, 丁 / 뎌, 刀 / 도, 斗(斗) / 두, 入 / ᄃ·돌, 厶(矣) / 딕, 丰
(利) / 리, 尒(彌) / 며, ㄴ(叱) / ㅅ, 氵(沙) / 사, ニ(示) / 시, 氵(良) / 아, 亠(亦)
/ 여, ㅋ(衣) / 의·의, 丿(乎) / 호, 丷(兮) / 히, 丷(爲) / ᄒ, 十(中) / 희·긔]
　－ 총 24字

'八(只) / ㄱ'은 고려시대 5종9)의 석독구결 자료에서는 전부 등장하는
데, A本과 B本에서만 나타나지 않고 있다. 즉 <華疏> 76회, <華嚴> 76
회, <舊仁> 43회, <金光> 30회, <瑜伽> 27회로 시대가 흐르면서 점점

ㅅ'가 본격적으로 쓰이기 시작한 시기는 14세기 후반기라 할 수 있
다. 따라서 14세기 중엽은 口訣字 사용에 있어서 커다란 변화가 있었
던 시기라고 할 수 있다.
9) 高麗時代 釋讀口訣資料 5종은 다음과 같다. < >안에는 그 略稱을 표시한다.
　　① 『大方廣佛華嚴經疏』卷三十五 <華疏> － 12세기 중엽
　　② 『大方廣佛華嚴經』卷第十四 <華嚴> － 12세기말 ~ 13세기 초
　　③ 『舊譯仁王經』<舊仁> － 13세기 중엽 ~ 13세기 말엽
　　④ 『金光明最勝王經』<金光> － 13세기 말엽
　　⑤ 『瑜伽師地論』<瑜伽> － 13세기 말엽
각 자료의 口訣字 빈도수는 韓國語文敎育硏究會의 曺在寬 先生이 정리한 口訣字別
索引을 참고하였다. <華嚴>, <舊仁>, <金光>는 1997년 3월판, <華疏>는 2000
년 1월판이다. <瑜伽>는 南豊鉉(1999)의 索引을 참고하였다.

그 출현 빈도수는 줄고 있으나, 20여 회가 등장할 정도는 되었다. 그러나 순독구결시대인 13세기부터 그 쓰임이 혼란해지기 시작하다가 14세기 말부터는 완전히 자취를 감추었다는 것을 알 수 있다.

각 本에서만 나타나고 그 이전이나 그 이후의 어떤 口訣資料에도 나타나지 않는 口訣字가 있다.

A本 — 총 15字
[女(奴)/노, *行/니, *矣/디, 呂/려, 吋(時)/시, *厸(良)/아, 方(於)/어, 亠(言)/언, 丷(亦)/여, 亽(午)/오, 丿(乎)/오, 已/이, *㳟(第)/자·저, 尸/호, 戶(戶)/호]

B本 — 총 8字
[ㄊ(去)/거, 曰(果)/과, 屮(第)/뎨, 人(羅)/라, 勿/믈·몰, 巴/(으)ㅂ, ㄴ(如)/여, 拈/녀·겨]

C本 — 총 3字
[利/리, 㔾(邑)/(으)ㅂ, 冇(殷)/은·언]

D本 — 총 3字
[朾(可)/가, 冄(那)/나, 宁/뎌]

A本부터 D本까지 오면서 그 수는 많이 줄었으나, A本과 B本에 많은 것은 記入者의 문체상 특성이나 지역성과도 관련이 있을 듯도 하나, 그보다는 온전한 口訣字의 모습이 정착되지 않은 초기의 모습이라 할 수 있다. 특기할 만한 것으로는 B本의 '巴'과 C本의 '冇(殷)/은, 언'이다. B本의 '巴'은 『華嚴經疏』와 『瑜伽師地論』에서 각각 1회만 쓰인 것으로 백두현(1996 : 179-180)의 의견을 빌리면, 『華嚴經疏』의 '巴'은 겸양법 선어말어미 '숩'의 말음을 표기한 것이다. 따라서 순독구결 자료에서 보이는 '巴'는 『華嚴經疏』에서 비롯되었다고 볼 수 있다. C本의 '冇(殷)'은 '언'음 표시에 사용되고 있는데, 동남방언의 영향을 받은 흔적이다. 또 D本의 '宁/뎌'는 일반적으로 시대가 흐르면서 구결자의 획을 간소화하

는 경향이 나타나는데, 이 구결자는 오히려 역행하는 모습을 보이는 字이다.

한편 고려시대의 차자에는 訓借字가 많은 반면, 조선시대로 들어오면서 音借字가 중심이 되고 있는 경향을 알 수 있다(南豊鉉 1999a : 94).

'ㅋ(可) / 가'는 기입자의 개성적인 필체에서 유래된 것으로 보이며, 일반적으로 '나'음 표기에 'ㄇ'를 사용하는데, 'ㄖ(那) / 나'를 사용함은 좀 색다르다.

'ㅌ(可) / 가'는 B本과 D本에서만 나타나며, 그 전의 석독구결 자료나 당대의 순독구결 자료에서는 보이지 않는다. 刊經都監本『楞嚴經諺解』의 音釋과 동일하지 않은 것으로 미루어 D本은 B本을 底本으로 하지 않는 것이라 朴盛鍾(1996)은 추정했다. 그러나 이 口訣字와 같이 B本과 D本에만 나타나는 구결자가 이 字를 제외하고, 'ㅡ(西) / 셔', 'ㄕ(所) / 소', 'ㅅ(臥) / 와' 등이 더 나타남을 우연의 일치로 보아야 할 것인지 의문이 남는다.

C本에만 나타나지 않고, 다른 本에는 나타나는 口訣字로는 'ㅊ / 거', 'ㄏ / 뎌', 'ㅐ(是) / 이' 등 총 3字가 있다. 이는 卷2-4에 국한되다보니 나타나는 현상일 수도 있으나, C本부터는 A本이나 B本보다 1音1字의 원칙이 지켜지는 모습으로 보아야 할 것이다. 즉 'ㅊ'는 'ㅗ'으로, 'ㄏ'는 'ㅕ'로, 'ㅐ'는 'ㄴ'로 그 음이 통일되면서 구결자가 대표음으로 되어 가는 것이다.

'ㅎ / 고'의 경우는『楞嚴經』類에서는 A本에서만 나타나고 있다. 이 구결자는 석독구결 자료에도 나타나지 않고 있으며, 백두현(1996 : 164)에 의하면, 고려시대 順讀口訣字인『大方廣圓覺略疏注經』(1350년 이후),『佛說四十二章經』(1361년),『禪宗詠歌集』(1381년)에만 나타난 것으로 알려져 있다. A本에서도 단 1회<2, 1A, 10>만 나타난다. 자주 쓰지 않는 字로, 記入者가 正字를 무의식중에 살려 쓴 것으로 생각된다.

'과'음의 표기에 있어 대표격으로 석독구결 시대부터 죽 써오던 'ㅅ'가 있었던 반면, 正字인 '果'은 순독구결 자료부터 나타난다.

'ㄨ(奴)/노, 로'는 석독구결 자료에는 전부 나타난다. 이 음의 대표 격인 'ㄨ'가 순독구결 자료부터는 주도적으로 나타나며, 'ㄨ'는 D本에서만 나타난다. 'ㄨ'는 부사격으로 쓰일 경우나 계사 '이-' 뒤에 연결될 때, '로'음을 나타내고, 그 외는 '노'를 표기하는 데 사용한다.

'ㅑ/눌'은 'ㅌ/ㄴ·눌'과 함께 쓰였으나, 'ㅌ/ㄴ·눌'보다는 쓰인 수가 적은 편이다. 이는 'ㅌ/ㄴ·눌'이 'ㆍㅌㅌ/ㅎㄴ니'처럼 'ㄴ'음과 'ㅊㅌ/거눌'처럼 '눌'음을 모두 표현하였기 때문에 광범위하게 쓰인 반면, '눌'음의 표현에만 사용된 'ㅑ'은 'ㅁㅑ'과 'ㆍㅑㅑ'에만 사용되어, 條件이나 假定의 의미를 지닌 접속어미 기능을 하였으며, 그 표기의 폭이 좁았던 것으로 보인다. 그러나 이 字의 생명력은 석독구결 자료 때부터 고려 말 순독구결 자료 때까지 근근히 이어져 내려오고 있다.

'ㄅ(多)/다'는 고려시대 석독구결 자료와 순독구결 자료를 통틀어 B本과 『佛說四十二章經』(1361년)에만 나타나는 것이다. B本에서도 1회<2, 34A : 1>만 나타난다. 記入者가 正字體를 생각하다 쓴 1회성 口訣字로 보인다. 한편 '다'음의 대표 격 口訣字인 'ㅣ'를 李丞宰(1993b : 336)는 향가나 이두의 '如'字의 용례와 口訣의 'ㅣ'가 일치한다는 논거로 '如'字에서 온 것으로 보았고, 이승재(1994)는 적어도 고려시대에는 '如'의 略體字에서 온 것이라는 주장을 했다. 박성종(1996)도 이른 시기의 'ㅣ'의 原字가 '如'일 가능성은 인정했으나, 고려 말기에는 '多'를 原字로 인식하게 되었다고 하였다.

'ナ(大)/대'는 『楞嚴經』類에서는 A本과 B本에서만 보인다. '대'음은 순독구결 자료 때부터 나타나는데, 이 음의 대표격은 正字體 'ㅊ'이다. 이렇게 正字體가 그 음의 대표격으로 사용된 口訣字로는 'ㅁ/가', 'ㄊ/나', 'ㄒ/뎡', 'ㄲ/도', 'ㅅ/ᄃ·둘', '火/ㅂ·블', '小/쇼', '土/ᄉ', 'ㅜ/오', '上/자·저' 등이 있다.

'더'음은 구결자료에서 많이 나타나지 않았으며, 석독구결에서는 그 쓰임이 없다. 순독구결 자료에서 'ㄉ,ㄉ,加' 등이 보이지만 『楞嚴經』類에서는 'ㄉ'와 '加'만 나타난다. 後代에 발달한 口訣字로 보이는데, 회상법 선어말어미 '-더-'를 표현하는 데 사용되었다. A本과 B本에서는 'ㅊ' 나 'ㅅ'가 의존명사 'ᄃ'를 표기하는 데에도 많이 사용되었으나 회상법 선어말어미 '-더-'로 쓰인 경우가 있어, '-더-' 표기의 先代形이라는 南豊鉉(1987), 鄭在永(1996)의 주장도 있다. 『楞嚴經』類에서의 출현 빈도수도 많은 편이 아니다. 전부 한두 예만 나타나며, C本에서는 後代의 記入吐에서 나타난다.

'디'음은 고려시대 석독구결 자료 때에는 'ㅊ'만 사용했으나, 순독구결 자료 때부터는 'ㅗ'의 등장으로 'ㅗ'의 우세에 'ㅊ'의 사용이 점점 위축되어 가는 현상을 보인다.

대격조사에 주로 사용된 '(으)ㄹ'은 'ㄴ'와 'ㄴ'이 사용되었는데, 'ㄴ'의 사용이 우세하고 'ㄴ'은 고려 말에 주로 사용된 것으로 보인다.

'라'음의 표기를 석독구결 자료 때는 'ㅅ'보다 'ㄲ'가 주로 나타난다. '/' 앞의 숫자는 'ㅅ'의 출현횟수, 뒤의 숫자는 'ㄲ'의 출현횟수를 나타낸다. <華疏> 6회/9회, <華嚴> 14회/10회, <舊仁> 0회/13회, <金光> 10회/19회, <瑜伽> 0회/27회 등에서 보이는 바와 같이 <華嚴>을 제외하고는 'ㄲ'의 출현횟수가 'ㅅ'보다 우세하였다. 그러나 順讀口訣 資料 때부터는 A本과 C本에만 '羅'字가 쓰였고, 'ㅅ'가 그 대표 격으로 나타나면서 'ㄲ'은 완전히 소멸하였다. 또 이 'ㅅ'는 고려 말에 나타나기 시작한 'ㆍ'의 등장으로 쇠퇴하기 시작한다.

'로'음의 표기는 'ㆍㆍ'가 석독구결 자료 때부터 C本이 나온 때까지 쓰였다가 B本 때부터 서서히 나타난 'ㆍㅗ'와 순독구결 자료 때부터는 混用한 것으로 보인다.

'了/료'는『楞嚴經』類에서는 A本에만 나타나고, 그 외에『佛說四十二章經』(1361년)과『白雲和尙抄錄佛祖直指心體要節』(1377년)에만 나타난다. 많이 쓰이지 않은 僻字로 보인다.

'리'음의 대표 격은 단연 'ㅈ'이다. 그러나 순독구결 자료 때부터 'ㅣㅣ'의 등장으로 混用하기 시작하였으며, A本과 B本에서는 'ㅈ'가 한두 예로 나타난다.

'마'음은 석독구결 자료에서 '𠃍'만 나타나고, A本까지만 해도 나타났으나, 순독구결 자료 때부터는 '𢀳'가 우세를 점한다. A本에서도 '𠃍'는 1회<4, 8A, 12>만 나타난다.

'ㅅ'음 표기는 A本에서만 正字體 '叱'이 나타나는데, 이것은 다른『楞嚴經』類에는 나타나지 않지만, 白斗鉉(1996 : 166)에는『天台四教儀』(1315년),『金剛般若經疏論撰要助顯錄』(1373년),『白雲和尙抄錄佛祖直指心體要節』(1377년)에 나타난다고 하였다. A本에서 약 10회가 나타난다.

'샤'음의 대표격은 '𠍛'이다. 그러나 A本과 D本에서 正字體 '舍'가 나타나고, D本에서는 '𠆢'가 '샤'음 표기에 주도적으로 나타난다. '𠆢'는 D本 이후의 순독구결 자료에서 '𠍛'와 함께 混用하고 있다. '샤'음이 석독구결 자료 때에는 보이지 않는다.

'셔'음 표기에는 '西'와 '立'가 混用되고 있다. 그러나 A本에서는 '西'가 대다수를 차지하고, B本에서는 '西'는 1회<9, 13A, 9>만 등장할 뿐 '立'가 대다수를 차지한다. C本에서는 '亠'를 3회 정도 사용하였으나, '셔'음 표기에는 '西'가 주류를 이루고 '立'는 1회<4, 51A, 7>만 쓰이고 있다. D本에서는 '西'와 '立'가 대등하게 쓰이고 있다. 용법에 차이는 없는 것으로 보이며, 記入者의 심리에 따라 兩者擇一한 것으로 보인다.

'所 / 소'는 A本, B本, C本에서만 쓰이고 여타의 구결자료에는 나타나지 않는다. A本 때부터 신생 출현하여 자리 매김을 하고자 하였으나, 호응을 얻지 못하고, 결국 '𠃑'에게 그 자리를 내 준 것으로 보인다.

'㇏(是) / 시'는『楞嚴經』類에서 A本에서만 나타나고, 白斗鉉(1996 : 167)을 참고하면,『梵網經』韓國精神文化硏究院本(1306년),『天台四教儀』(1315년),『金剛般若經疏論撰要助顯錄』(1373년) 등에 나타난다. 큰 세력을 얻지 못한 것은 '시'음의 대표격 구결자라 할 수 있는 '⺁'에 의해 위축되었기 때문이라 생각한다.

'罒 / 亽'는 A本과 B本에서만 나타나고 여타의 구결자료에는 나타나지 않는다. 이것도 '所 / 소'의 경우처럼 '土'의 우세에 자리 매김을 하지 못한 것으로 보인다.

'白 / 숣'의 경우는 석독구결 자료 때에는 많이 나타나던 것이었으나, A本과 B本까지만 쓰이고 점점 쇠퇴한 것으로 보인다. A本과 B本에서는 卷4 이후에만 몇 회 나타나며, A本에서의 출현횟수가 B本과 훨씬 많다. 석독구결 자료에서의 출현횟수는 다음과 같다. <華疏> 4회, <華嚴> 28회, <舊仁> 23회, <金光> 31회, <瑜伽> 9회 등이다.

'坐 / 싱'은 A本과 C本에서만 나타나고, 여타의 구결자료에는 나타나지 않는다. A本에도 한두 예만 나타나고, C本에서도 1회<4, 51A, 6>만 나타난다. 구결자로서 큰 필요가 없었던 것으로 보인다.

'ㄱ(也) / 야, 여'는 부동사어미로만 사용된 것으로『楞嚴經』類에서는 D本에서만 나타나고, 그 외의 순독구결 자료에도 잘 나타나지 않는다. 이는 'ʒ'가 그 역할을 충분히 대신할 수 있기 때문일 것이다.

'어'음 표기에 있어서는 'ㅓ'와 'ㅅ'가 혼용하여 쓰이고 있다.『楞嚴經』類의 빈도수에서는, A本의 'ㅓ'가 卷2까지만 'ㅅ'와 대등하게 나타나고, 卷3 이후로는 'ㅅ'가 주도적으로 나타난다. B本에서는 'ㅅ'는 불과 10% 내외로 나타날 뿐 거의 'ㅓ'가 나타난다. C本에서는 'ㅅ'가 주로 나타나고 'ㅓ'는 몇 예만 확인된다. D本에서는 'ㅓ'가 주로 나타나고 'ㅅ'는 몇 예만 나타난다. 따라서 A本과 C本에서는 'ㅅ'가 B本과 D本에서는 'ㅓ'가 주도적으로 쓰임을 알 수 있다. 이는 C本은 A本을, D本은 B本을 底本으로 하지 않았나 하는 생각도 해본다. 한편 순독구결 자료 전체를 볼 때, 'ㅓ'가 고려 말, 조선 초까지 긴 생명력을 유지한 것으로 나타난다.

'흠 / 언'은 석독구결 자료 때에는 없었던 口訣字로, A本, B本, C本에서만 나타나고, 기타 순독구결 자료에서는『天台四敎儀』(1315년)와 詳校正本『慈悲道場懺法』B(1378년)에만 나타난다. 흔히 쓰지 않은 것으로, 후에 'ㅓㄱ'이나 'ㅅㄱ'으로 대체되었다.

'亦 / 여'는 A本에서도 1회<2, 4A, 7>만 나타나는데, 남권희(1996)는 詳校正本『慈悲道場懺法』B(1378년)에도 나타난다고 하였다. 흔히 쓰지 않는 僻字로 보인다.

'오'음 표기에는 '午, 乛, 五, ノ, 乊'가 나타난다. 석독구결 자료에는 '오'음을 '乃'나 '乊'를 사용했다. 순독구결 자료에서 '오'음의 대표 격이라 할 수 있는 것은 단연 '午'이다. '五'는 『楞嚴經』類에는 A本과 B本에서만 보이나, 기타 순독구결 자료에서는 흔하게 나타났던 口訣字이다. 이 字는 종결어미나 연결어미로 사용하였다. 『楞嚴經』類에서는 이 기능을 주로 '午'가 하였으며, A本과 B本에서만 混用하고 있다.

'乊'는 '온'으로도 쓰이며, 의도법 어미나 확실법 어미[10] '-어'와 대칭하여 사용되었다.

'玉 / 옥'은 석독구결 자료에서는 보이지 않으며, 순독구결 자료에서 간혹 보이는 구결자이다. 『楞嚴經』類에서 B本과 C本, 世宗朝本 『楞嚴經』 A(1400년대)에만 나타난다. 주로 'ロ'뒤에 연결되며 刊經都監本에서는 '호곡'으로 언해하였다.

'覀(要) / 요'는 연구 대상 중 B本에서만 나타나나, 『梵網經』 口訣을 비롯한 순독구결 자료에서 간혹 나타나는 口訣字이다.

처격의 '의, 익'를 표시하는 代表格 口訣字는 '⺀'이다. 그러나 그 正字體인 '衣'가 A本과 D本에 쓰였는데, 그 출현횟수는 한두 예에 불과하며, 자주 사용하지 않았던 口訣字이다.

'印 / 인'도 자주 쓰이지 않았던 口訣字로, 석독구결 자료에서는 나타나지 않는다. 연구 대상의 『楞嚴經』에는 모두 나타나고 있으나, 그 외의 순독구결 자료에서는 『天台四敎儀』(1315년)에만 나타나는 것이다. 주로 '㇆'을 대신하여 나타났으며, '㇆'과 같이 混用되다가 '㇆'에게 자리를 내 준다.

'上 / 자, 저'[11]도 '印 / 인'처럼 연구 대상의 『楞嚴經』에는 모두 나타나고 있다. 그러나 그 외의 순독구결 자료에서는 흔하게 나타나지 않는

10) 본 연구자는 기존의 확인법어미를 '확실법 어미'로 명명한다. 그 자세한 내용은 金洪錫(2003)을 참조.

11) 南豊鉉(1990 : 79)에서는 '뎨'로 읽었다. 그러나 이두 '捧上'가 '밧자'로 읽히는 점으로 미루어 '자 / 저'로 읽는다.

구결자이다.

석독구결 자료에서도 나타나지 않고, 『楞嚴經』類를 제외한 순독구결 자료에서도 나타나지 않지만, 유독『楞嚴經』類에만 나타나는 口訣字가 있다. 바로 '제'음을 표시하는 '旹, 時'이다. '旹'가 일반적으로 더 많이 사용하였으며, 正字體 '時'는 C本에만 나타난다.

'下 / 하'는 석독구결 자료 때에는 '名下', '先下', '大王下', 'ㅅ二下' 등으로 쓰였으며, 특히 '名下'의 쓰임이 많다. 그러나『楞嚴經』에서는 '世尊' 뒤에 붙어, 존칭호격조사로 사용되고 있다. 이 口訣字는 다른 순독구결 자료에도 거의 존칭호격조사로 사용되었다.

'為 / ᄒᆞ'는 잘 쓰지 않는 口訣字로『楞嚴經』類에서는 A本에만 나타나며, 그 외 順讀口訣 資料에서는『禪宗詠歌集』(1381년)에만 나타난다. 僻字로 보인다.

'희, 긔'음을 표기하는 대표 격은 '十'이다. 그러나 正字體인 '中'이 A本과 D本에 쓰였다.『天台四敎儀』(1315년)에도 나타난다고 한다. 잘 쓰지 않았던 구결자이다.

'令 / 히'는 석독구결 자료에는 'ㅅ(令)'이 나타나고, '令'은 나타나지 않으며, 『楞嚴經』類에서는 B本과 D本에만 나타난다. 사동사의 역할을 한다. 그 외의 순독구결 자료에도 나타나지 않는다. '令'은 이승재(1995 : 342)의 주장처럼 15세기 'ᄒᆞ-'의 선대형 '히'로 읽어야 할 것이다. D本에서는 1회<5, 26A : 6>만 쓰였다.

4. 結論

이로써 A本에서 D本까지 나오는 口訣字 128字에 대해 살펴보았다. 앞에서 밝힌 각 本에 나타난 구결자 문자체계를 표로 정리해 보면 다음과 같다.

『楞嚴經』 각 本 口訣字 모습	南豊鉉本 (A本)	南權熙本 (B本)	祇林寺本 (C本)	宋成文本 (D本)
총 구결자 수	95자 南豊鉉 : 94자 이승재 : 100자 남경란 : 101자	85자 이승재 : 72자 남경란 : 87자	72자 한상화 : 74자 정재영 : 72자	71자 박성종 : 67자 정호반 : 69자 남경란 : 68자
正楷體와 略體가 함께 쓰인 口訣字	15쌍 예)土 : 土(거)	8쌍	6쌍	6쌍
같은 차자에서 어디를 따 느냐에 따라 字形이 달라진 口訣字	6쌍 예)又 : 女(노)	1쌍	3쌍	3쌍
같은 차자의 약체가 여러 異形으로 변화한 口訣字	3쌍 예)禾 : ㅣ(리)	5쌍	2쌍	6쌍
같은 음 표기에 둘 이상의 서로 다른 차자가 쓰인 口訣字	13쌍 예)ㄴ : *行(니)	7쌍	6쌍	6쌍
서로 다른 차자가 같은 字形인 口訣字	5쌍 예)ㅣ(리) : *ㅣ(이)	1쌍	없음	1쌍

<표 1> 『능엄경』 각 本의 구결자 모습

각 本의 총 口訣字 수를 확정함에 있어, 연구자마다 다소 차이는 나
타난다. 그러나 대체적으로 A本에서 D本으로 갈수록 口訣字 수가 적어
짐을 알 수 있다. 이는 조선 초로 내려오면서 口訣字가 정리되고 1字1音
의 원칙으로 다가감을 보여주는 것이다.

한편 각 本들간의 口訣字 모습을 살펴봄으로써 서로간의 밀접한 관계
가 발견되기도 한다.

A本과 C本의 관계에 있어, C本이 A本을 底本으로 했나에 대해서는
확정할 수 없다. 그러나 다음과 같은 몇 가지 경우로 미루어, 밀접한 관
계가 있었던 것으로 보인다.

　　－ 正楷體와 略體가 공존할 때, 주로 略體를 쓴다는 점,
　　－ '羅'字가 두 本에만 쓰인 점,

- ‘셔’음 표기에 ‘ㅿ’보다 주로 ‘襾’를 쓴 점,
- ‘生 / 싱’이 두 本에만 쓰인 점,
- ‘어’음 표기에 ‘ㅓ’보다 주로 ‘ㅿ’가 쓰인 점. 또 B本과 D本간의 관계도 A本과 C本의 경우처럼 서로 밀접한 면이 있었던 것으로 보인다.
- ‘3(可) / 가, 一(西) / 셔, 戶(所) / 소, 人(臥) / 와’ 등이 두 本에서만 나타나는 점,
- ‘셔’음 표기에 대체로 ‘ㅿ’를 사용한 점,
- ‘어’음 표기에 ‘ㅿ’보다 주로 ‘ㅓ’가 쓰인 점,
- ‘令 / 히’가 두 本에만 나타나는 점.

IV. 능엄경의 구결 '커시니' 연구

1. 序論

여말·선초 시기 구결을 통해 15세기 이전의 국어문법을 알아보기 위해 그 동안 여러 방면에서 자료 발굴과 연구 정리 등이 이루어졌다. 이에 따라 楞嚴經에 대한 정리도 1990년대에 이루어졌는데, 1995년~1996년에 걸쳐 南豊鉉本, 南權熙本, 祇林寺本, 宋成文本, 刊經都監本 등의 影印本이나 譯註 등이 그것이다.

南豊鉉本은 그전에 朴東燮本으로 불리어졌던 것으로 현재까지 알려진 것 중, 가장 이른 시기의 순독구결자료이다. 13세기 후반에 기입된 것으로 추정되고 있다. 一名 安東本이라고 한다. 全10卷 1秩로 총 170여 장 중 145장이 현존한다. 南豊鉉(1995)은 총 94字의 口訣字가 확인된다고 보았다. 본고에서는 A本으로 표기한다.

南權熙本은 一名 大邱本으로 17세기로 추정되는 加筆吐가 있기는 하나 13세기 말엽의 口訣로 추정되는 것이다. 이승재(1995)에서 총 72字 정도의 구결자가 사용되었다고 보았다. 全 10卷 5冊이다. 南豊鉉本을 개간한 것으로 추정된다. 본고에서는 B本으로 표기한다.

祇林寺本은 胡蝶裝本이 현재 卷4에서 卷9까지 祇林寺에 보관되어 있으나, 本稿는 楞嚴經 卷2-卷4만 현존하는 大字本을 일컫는다. 1401년 太宗 1年에 간행되어 宋成文本과 같은 판본이나 그보다 앞선 口訣의 모습을 보이고 있다. 鄭在永(1996)은 총 72字의 口訣字가 사용되었다고 보았다. 本稿에서는 C本으로 표기한다.

宋成文本은 全 10卷 5冊으로 양호상태가 전체적으로 양호하다. 祇林寺

本과 같은 1401년 판본이나 그보다 후대의 口訣 모습을 보여준다. 박성종(1996)은 총 52字의 口訣字가 쓰였다고 보았다. 본고에서는 D本으로 표기한다.

刊經都監本은 全 10卷 10冊으로 세조가 대군으로 있던 1449년(세종 31)에 세종의 명령을 받아 번역하기 시작하여, 1462년에 간행하였다. 세조가 구결을 달아 승려 信眉의 검토를 받은 후 한계희·김수온이 번역하였으며, 다시 信眉의 교정과 세조의 검토를 거쳐 확정하였다. 本稿에서는 E本으로 표기한다.

또 本稿 기술에 알파벳 A~E 우측의 아라비아 숫자 1은 大文, 2는 註釋文, 3은 刊經都監本 大文의 諺解文, 4는 刊經都監本 註釋文의 諺解文을 표시한다.

本稿는 위 다섯 本 중, C本이 권2~권4만 현존하기에, 이에 따라 A~E本의 卷2~卷4 부분만 비교의 대상으로 하여 '커시니(ㅗ=ㅌ)'에 대한 형태소 분석, 출현 양상, 기존의 연구들, 그 의미와 기능 등을 통시적으로 살펴보고자 한다.

2. '커시니(ㅗ=ㅌ)'에 대하여

1) '커시니(ㅗ=ㅌ)'의 형태소 분석

확인의 의미를 지니는 종속적 연결어미로 쓰이나, 때로는 종결어미의 모습도 지닌다. '-거-'는 확실법 어미로 화자가 어떤 사실을 확인하고 그것이 확실함을 나타내는 서법이며, '-시-'는 15세기 '이시면, 이시니'의 그것으로 존재의 동사 어간, '-니'는 원인이나 근거의 종속적 연결어미로 볼 수 있으며, '커시니'는 'ᄒ거이시니'의 준말로 보아야 할 것이다.

'커시니(厺ニヒ)'는 '-커- + -시- + -니'로 분석할 수 있으며, 이승재(1995)는 'ソ'가 口訣吐의 표기에 드러나지 않는 경우가 많은데, 대개는 'k, t, p' 등으로 시작하는 口訣吐에서 그렇다고 하였다. 따라서 '厺ニヒ'는 '커시니'로 읽음이 타당할 것이다. 한편 '才, 仒'가 확실법 어미 '厺'에서 온 것이고 '厺'의 舊形이 'ロ'로 표기된다는 주장을 참고하면, '才ニヒ'와 '仒ニヒ'는 '厺ニヒ'에서 비롯되었음을 알 수 있다. B本에서는 A本에서 보이지 않던 口訣字 '令'이 '厺'를 대신하여 'ソㄱホ令ニヒ(3, 15A, 1), 令ニヒ(4, 2a, 8)' 등으로 쓰이는데, 南豊鉉(1999a : 406)에서는 이를 국어의 사역형어미 '게'에 대응시켜 차용한 것으로 문법적 기능어를 訓으로 삼아 차용한 보기 드문 예라 하였다.

이현희(1994 : 89)는 'ᄒᆞ거 / 커'가 생략되는 경우는 이들이 본동사가 아니라 대동사나 형식동사이기 때문이라고 하였으나, 楞嚴經 卷2-卷4까지의 구결에서 생략된 경우가 두 경우에만 나타난다. 물론 대동사나 형식동사이기에 생략되었을 것이나 여말·선초 시기에는 그 생략이 일반화되지 않았음을 알 수 있다.

생략된 두 경우는 다음과 같다.

A2 : 佛 意3 爲顯見 與見緣ヽ 如虛空花ソ3 於中3 本無是 非是義<u>ニヒ</u> 故又 以如語ᄽ 隨問而答ソ亠仐七丨 (2, 8B, 8)
B2 : 佛 意ㄱ 爲顯見 與見緣刂 如虛空花ソ3 於中3 本無是 非是義ソ仐 故 以如語ᄽ 隨問而答ソニヒ仒 (2, 38A, 5)
C2 : 佛七意3ㄱ 爲顯見 與見緣ヽ 如虛空花ソ3 於中3 本無是 非是義印ホノ矛仒ソ仐 故 以如語ᄽ 隨問而答ソニ丨 (2, 23A, 5)
D2 : 佛 意ㄱ 爲顯見 與見緣ヽ 如虛空花ソ3 於中3 本無是 非是義ㄱ 故又 以如語又 隨問而答ソニヒ (2, 23A, 5)
E2 : 佛 意예 爲顯見과 與見緣괘 如虛空花ᄒᆞ야 於中에 本無是와 非是義ᄒᆞ실ᄉᆡ 故로 以如語로 隨 問而答ᄒᆞ시니
E4 : 부텻 ᄠᅳ데 見과 見의 緣괘 虛空앳 곳 ᄀᆞᆮᄒᆞ야 그 中에 本來 이와 이 아닌 ᄠᅳ디 업수믈 爲ᄒᆞ야 나토실ᄊᆡ 이런ᄃᆞ로 如ᄒᆞᆫ 말로 무루믈 조차 對答ᄒᆞ시니 (2, 55A)

A2 : 使冷 成熱ﾉﾍﾋ 亦則勞觸而已ﾗﾋㅣ (3, 2B, 5)
B2 : 使冷… 成熱ﾉㄴㄴﾋ 亦則勞觸而已ㅂㅅ (3, 3B, 7)
C2 : 使冷 成熱ﾉ乙土 (ﾉ乙ㄴㅌ)¹⁾ 亦則勞觸而已ﾗﾋㅣ (3, 6A, 1)
D2 : 使冷又 成熱ﾍ ﾋ 亦則勞觸而已ﾗﾋㅣ (3, 6A, 1)
E2 : 使冷ᄋ로 成熱홀씨니 亦則勞觸而已라
E4 : 추니로 더우몰 일에 홀씨니 또 잇븐 觸 ᄯᆞᆯ미라 (3, 12B)

이를 세분화하여 알아보면 다음과 같다.

(1) '-커-'

① 출현 양상

백두현(1996 : 164)은 '커'에 대해서 本字 '去'의 口訣字 去가 A-D本까지 전부 보이고 去도 A本과 D本에서 보인다고 했다.

필자의 검토에 의하면, '커시니'의 '-커-'는 '去'로만 A-D本까지 등장하며 楞嚴經 2卷~4卷 중 D本에서는 去가 나타나지 않는다. A本에서도 去가 나타나는 경우는 2회로 加筆吐 '去ㅣ'(2, 4A, 7)와 左側吐 'ㅅ?去ㅂ'(2, 6B, 7)만 있다.

② 기존의 연구들

그 동안 '-거 / 어-'의 구체적 의미 기능에 대한 견해들²⁾은 다음과 같다.
우선 과거시제 또는 완료상으로 파악한 경우(前間恭作, 이승욱, 나진석, 박병채, 김승곤 등)와 일차적으로는 과거시상범주로, 부차적으로는 서법의 의미로 설명한 경우(안병희, 이승욱, 배희임, 이광호 등)가 있다. 그러나 이에 대해서 이금영(2000)의 지적대로 '-거 / 어-'가 미래시제와 관련된 추측법 선어말어미 '-리-' 뒤에 통합된다는 점은 時相과는 직접적인 관련이 없는 형태소라는 증거이기도 하다. 또 다른 증거로 필자의 검토에 의하면, '去ㄴㅌ'는 'ﾍㅂㅂ'와 상응하는데, '-ㅌ(ﾍ)-'가 현재 시제의 선어말어미임을 고려할 때, 과거 시제나 완료상의 '-거 / 어-'로 보는 것은 무리

---

1) 후대의 加筆吐로 추정되는 것으로, 原吐의 옆에 첨기한 형태를 표시한다.
2) 이금영(2000 : 3-5)을 참조한다.

가 있다.

또 연결어미에 결합된 '-거 / 어-'에는 특별한 뜻이 없으며, 종결어미 '-다'에 통합되는 것과 연결어미 '-니'에만 통합되는 '-아 / 어-'만 확정법 시제 형태소이며 그 나머지는 강조법으로 분류한 경우(허웅), 강조의 의미로 파악한 경우(河野六郎, 유창돈, 허웅 등), 假想法으로 처리한 경우(이숭녕, 최태영 등), 확인법의 서법 범주로 파악한 경우(고영근3)) 등이 있다.

한편 차자표기 자료에서 나타나는 '-거 / 어-'의 기능에 대해서는 먼저 후기 중세국어의 '-거 / 어-'와 동일하게 파악하여 확인법 선어말어미로 파악한 견해들이 있는데, 이두자료를 대상으로 한 경우(南豊鉉, 이승재, 고정의, 한상인, 배대온, 오창명, 박성종 등), 석독구결을 대상으로 한 경우(백두현, 김영욱 등), 순독구결을 대상으로 한 경우(김영욱, 이승재, 한상화, 박진호, 정재영, 황선엽, 한상화 등) 등이 있다. 특히 南豊鉉(1990)과 이승재(1993a)에서는 선어말어미 '-고-'를 '-거 / 어-'의 先代形이라 하여 이를 동일형태소의 異表記로 처리하기도 했다.

또 차자표기의 '-거 / 어-'를 시상범주로 다룬 논의가 있는데, 이두와 구결을 대상으로 하여 완료상으로 파악한 경우(정철주, 차재은, 박진호 등)와 향찰자료를 대상으로 한 경우(양주동, 이승욱, 유창균, 최남희 등)이 있다. 그러나 향찰자료를 대상으로 한 경우는 '-去(거)-'와 '-良(어)-'를 별개의 형태소로 처리한 문제점 지닌다.

한편 이두에서의 '-去(거)-'에 대해, 현재에 있어서 완료된 동작의 가상(안병희), 과거에 완료된 동작(이기문), 과거시상 선어말어미(고정의), 사태 발생의 확실법 선어말 어미(이승재, 한상인 등), 과거에 완료 또는 미완된 동작 또는 사태에 대해서 사용하는 직설법어미(서종학), 과거 또는 미래 사실에 대한 확인법 어미(오창명), 13세기 후반 이전에 완료상으로 기능하던 '-거(去)-'가 확인법 기능의 '-겨(在)-'의 용법을 흡수하여 기능 변화(이금영) 등이 있다.

---

3) 그 기능을 '화자가 사태를 결정적인 것으로 파악하여야 그 사실을 스스로 확인'하고자 할 때 쓰이는 확인법으로 설명하였다.

또 '-去有-'에 대해서는 이승재(1989 : 171-172)는 기원적으로 '-去(거)#有(이시/잇)-'에서 문법화된 것으로 보고 '-去-'는 확인법, '有-'는 '완료'의 의미 기능을 갖는 선어말어미라고 설명하였고, 오창명(1995 : 329)은 과거의 확실한 사실을 나타내는 확정법 선어말어미로 보고 기원적으로 '-去'는 어미, '有-'는 동사어간이라 하였다. 이금영(2000 : 44-45)은 '-去有-'에 대응하는 것으로 보이는 15세기 국어의 형태가 '-거/어#시-'의 통사론적 구성으로 분석된다는 이유로 '-去'를 어말어미로 파악하고, '有(시)-'를 존재 또는 지속의 의미를 가지는 형태소로 보아 조동사로 처리하여 '-去有-' 자체가 완료지속의 상 의미를 나타내는 것으로 파악하고 이두자료에서 '-去有-' 구문이 주로 비타동사에 통합된다고 하였다.

그러나 '커시니(去ニヒ)'를 'ᄒᆞ거이시니'의 준말로 보면, 기원적으로 '-ᄒᆞ거#이시/시-+-니'에서 문법화된 것으로 '-거'는 '확실법 어미+존재의 동사어간+원인의 종속적 연결어미'로 봄이 타당하다.

③ 意味와 機能

'커'는 'ᄒᆞ거'의 준말이기에 'ᄒᆞ시니(ソニヒ)'와 '커시니(去ニヒ)'의 차이를 살펴보면, '-거-'의 의미와 기능을 알 수 있다.

그러나 'ᄒᆞ시니(ソニヒ)'의 '-ニ-'는 존경법 선어말어미로, '커시니(去ニヒ)'의 '-ニ-'와는 그 의미나 기능이 다르다.

가. 'ᄒᆞ시니(ソニヒ)'

例1) A2 : 故⺍ 依陰入處界四科ソ３ 以明<u>ソ乀ヒ</u> 雖悟一身ソ乃 未融萬法ノ7月午 根境乀 尙異ソ３ 見性 不圓ソ亽大(3, 9B, 15)

B2 : 故灬 依陰入處界四科ソ３ 以明<u>ソニヒ</u> 雖悟一身ソ乃 未融萬法ソ３ 根境リ 尙異ソ３ 見性 リ 不圓ソ亽大(3, 14B, 12)

C2 : 故 依陰入處界四科ソ３ 以明<u>ソニヒ</u> 雖悟一身ソ亽 未融萬法ノ7ホ又 根境乀 尙異ソ３ 見性 乀 不圓ソ亽7ム(3, 26B, 6)

D2 : 故又 依陰入處界四科ソヘ 以明<u>ソニヒ</u> 雖悟一身ソ乃 未融萬法ソ３ 根境 尙異ソ久 見性 不圓ソ乚士乀 (3, 26B, 6)

E2 : 故로 依陰入處界四科ᄒᆞ샤 以明<u>ᄒᆞ시니</u> 雖悟一身ᄒᆞ나 未融萬法ᄒᆞ야 根境이 尙異ᄒᆞ며 見性이 不圓ᄒᆞᆯ시

E4 : 이런드로 陰과 入과 處와 界와 네 科롤 브트샤 불기시니 비록 훈 모몰 아니 萬法을 노기디 몯호야 根과 境괘 오히려 다른며 性 보미 두렵디 몯홀씩 (3, 62B)

例2-1) A2 : 此 復遠取諸物ソ3 圓示藏性 故灬 依地水火風空見識七大ソ3 以明ソ金 (3, 9B, 15)

B2 : 此 復遠取諸物ソ3 圓示藏性ソニヌ 故灬 依地水火風空見識七大ソ3 以明ソニヒ (3, 14B, 13)

C2 : 此 復遠取諸物ソ3 圓示藏性?ニヒ 故灬 依地水火風空見識七大ソ3 以明ソ金 (3, 26B, 8)

D2 : 此3 復遠取諸物ソへ 圓示藏性 故ヌ 依地水火風空見識七大ソへ 以明ソ人 (3, 26B, 8)

E2 : 此애 復遠取諸物호샤 圓示藏性호실식 故로 依地水火風空見識七大호야 以明호샤

E4 : 이에 다시 머리 物에 取호샤 두려이 藏性을 뵈실씩 이런드로 地와 水와 火와 風과 空과 見과 識과 七大롤 브터 불기샤 (3, 62B)

例2-2) A2 : 牒定前言 既無是見 當指非見令丨 (2, 8A, 7)

B2 : 牒定前言ソニヒ 既無是見ソヒㄱ大ㄱ 當指非見ソ令金七丨 (2, 37A, 8)

C2 : 牒定前言ソ3 既無是見ソ印大ㄱ 當指非見令ソ亠金七丨 (2, 21B, 5)

D2 : 牒定前言ソニヒ 既無是見ソ丶ㄱ大 當指非見乀リオ七丨 (2, 21B, 5)

E2 : 牒定前言호시니 既無是見일식 當指非見이로다

E4 : 알핏 마롤 牒호야 一定호시니 호마 이 見이 업슬씩 반드기 見 아니라 ᄀ르치리로다 (2, 51A)

例2-3) A2 : 然 此ㄱ 非有學小智ラ 所及己令ㄱ大ㄱ 故 大衆 茫然失守ソ乀ヒ 而必須文殊乀 請明也 ソ亠金七丨 (2, 8B, 9)

B2 : 然 此ㄱ 非有學小智ラ 所及リ令大 故灬 大衆リ 茫然失守ソヒ 而必須文リ殊 請明也 ラ金七丨 (2, 38A, 6)

C2 : 然乃 此ㄱ 非有學小智ラ 所及 令ㄱム 故灬 大衆乀 茫然失守ソニヒ 而必須文殊乀氵 請明也ソ亠金七丨 (2, 23A, 6)

D2 : 然 此ㄱ 非有學小智 所及ヌㄱ 故ヌ 大衆乀 茫然失守ソ

ニヒ 而必須文殊又 請明也オセ丨(2, 23A, 6)

E2 : 然이나 此ᄂᆞᆫ 非有學小智의 所及일ᄉᆡ 故로 大衆이 茫然失守ᄒᆞ야 而必須文殊ㅅ 請明也ㅣ로다

E4 : 그러나 이ᄂᆞᆫ 비홈 잇ᄂᆞᆫ 져근 智慧의 미추미 아닐ᄊᆡ 이런 ᄃᆞ로 大衆이 어즐ᄒᆞ야 가졧던 거슬 일허 모로매 文殊ㅅ 請ᄒᆞᅀᆞ와 볼기샤몰 기드리도다 (2, 55A)

例3) A2 : 於火 言諦觀ソ丶口 其次 言更諦觀 審諦觀亽ソ丶口 至見ソろ 重疊而言ソ丶口 (3, 14B, 13)

B2 : 於火ろ 言諦觀ソニヒ 其次ろ 言更諦觀 審諦觀ソ亽ソニ口 至見ソろ 重疊而言ソニケ (3, 22B, 4)

C2 : 於火亽ㄱ 言諦觀ソニ口 其次ろ 言更諦觀 審諦觀亽ソニヒ 至見ソろ 重疊而言ソニ口 (3, 41A, 5)

D2 : 於火ろ 言諦觀ソニ口 其次ろ 言更諦觀 審諦觀ソニヒ 至見ソろ 重疊而言ソニ口 (3, 41A, 5)

E2 : 於火애 言諦觀ᄒᆞ시고 其次애 言更諦觀ᄒᆞ시며 審諦觀ᄒᆞ시고 至見ᄒᆞ야 重疊而言ᄒᆞ시고

E4 : 火애 諦觀이라 니ᄅᆞ시고 버거 更諦觀이라 니ᄅᆞ시며 審諦觀이라 니ᄅᆞ시고 見에 니르러 重疊히 니ᄅᆞ시고 (3, 97A)

例4) A2 : 二問ㄱ 皆蹋前ろセ 四科七大之文ソろ 起疑也ソ全ヒ亽 意ㄱ 以性相 相違ソケ 理事 相礙ソろ (4, 1B, 10)

B2 : 二問ㄱ 皆蹋前ろㄱ 四科七大之文ソ全 起疑也ソニヒ 意ㄱ 以性相リ 相違ソケ 理事リ 相礙ソろ (4, 29A, 8)

C2 : 二問丶 皆蹋前 四科七大之文ソ全 起疑也ソニヒ 意ㄱ 以性相丶 相違ソ久 理事丶 相礙ソろ (4, 3A, 8)

D2 : 二問ㄱ 皆蹋前 四科七大之文ソろ 起疑也ノヒ丨 意ㄱ 以性相丶 相違ソ久 理事丶 相礙ヒ (4, 3A, 8)

E2 : 二問ᄋᆞᆫ 皆蹋前엣 四科七大之文ᄒᆞ야 起疑也ᄒᆞ니라 意예 以性相이 相違ᄒᆞ며 理事ㅣ 相礙ᄒᆞ야

E4 : 두 묻ᄌᆞ오ᄆᆞᆫ 다 알퓟 四科七大ㅅ 그를 드듸여 疑心ᄋᆞᆯ 니ᄅᆞ와 ᄃᆞ니라 ᄠᅳ덴 性과 相괘 서르 어긔며 理와 事왜 서르 마가 (4, 6B)

A本부터 D本까지 복합토를 제외하고 순수한 'ᄒᆞ시니(ソニヒ)'의 모습이 나타나는 경우는 총 39회이다. 그 중 12회는 例1)처럼 'ソ丶ヒ(A本)

→ ソニヒ(B本) → ソニヒ → (C本) → ソニヒ(D本)'와 같은 모습을 보이지만, 例2)처럼 ソ𠆢(ソ㑒), ソ3, (ソ)ヒ 등의 인과적 연결어미 형태와 상응하는 경우가 10회, 例3)처럼 (ソニ)ロ[4]와 같은 대등적 연결어미의 형태와 상응하는 경우가 5회, 例4)와 같은 종결형과 상응하는 경우가 5회 등으로 나타난다. 이로 보아 'ᄒᆞ시니(ソニヒ)'는 일부 명사 뒤에 붙어 동사로 만들면서, 대체로 단순히 현상이나 사실의 서술에 대한 연결 또는 종결의 의미를 지님을 알 수 있다.

나. '커시니(去ニヒ)'

例5) A1 : 佛言 如是去丨 大王3 汝 今 生齡㇏ 已從衰老去㇏ヒ 顔貌ㄱ 何如童子之時ソヒ午 (2, 1B, 5)

B1 : 佛言 如是去丨 大王尸 汝 今 生齡刂 已從衰老去ニヒ 顔貌ㄱ 何如童子之時ソヒ午 (2, 26B, 12)

C1 : 佛言ソ㑒厶 如是去丨 大王尸 汝 今 生齡㇏ 已從衰老去ニヒ 顔貌ㄱ 何如童子之時ソヒ午 (2, 2B, 6)

D1 : 佛言 如是丨 大王尸 汝 今 生齡㇏ 已從衰老去ニヒ 顔貌ㄱ 何如童子之時午 (2, 2B, 6)

E1 : 佛言ᄒᆞ샤ᄃᆡ 如是ᄒᆞ니라 大王아 汝ㅣ 今에 生齡이 已從衰老ᄒᆞ니 顔貌ᄂᆞᆫ 何如童子之時오

E3 : 부톄 니ᄅᆞ샤ᄃᆡ 올ᄒᆞ니라 大王아 네 이제 나히 ᄒᆞ마 衰老호ᄆᆞᆯ 조ᄎᆞ니 ᄂᆞᆾ 양ᄌᆞᄂᆞᆫ 아ᄒᆡᆺ 時節와 엇더뇨 (2, 5A)

例6) A1 : 汝 更審諦 諦審諦觀ソ亽 鑒 從人手乂 隨方運轉ロ 土 因地移去㇏ヒ (3, 13B, 11)

B1 : 汝 更審諦 諦審諦觀ソ亽 鑒 從人手ソ3 隨方運轉ロ 土 因地移去ニヒ (3, 21A, 2)

C1 : 汝 更審諦 諦審諦觀ソ亽 鑒 從人手ソㄱ 隨方運轉ロ 土 因地移去ヒ (3, 38A, 6)

D1 : 汝 更審諦ソ3 諦審諦觀ソ、 鑒 從人手ソ3 隨方運轉去入ㄱ 土 因地移去ニヒ (3, 38A, 6)

E1 : 汝ㅣ 更審諦ᄒᆞ야 諦審諦觀ᄒᆞ라 鑒ᄋᆞᆫ 從人手ᄒᆞ야 隨方運轉ᄒᆞ고 土ᄂᆞᆫ 因地移ᄒᆞ니

4) 'ロ'만 단독으로 쓰인 경우는 'ソロ'의 준말로 '코'로 읽었다.

E3 : 네 다시 審諦ᄒ야 諦審諦觀ᄒ라 포몬 사ᄅ미 소ᄂᆯ 브터 方
올 조차 뮈여 옮고 홀ᄃ 싸ᄒᆞᆯ 因ᄒ야 올ᄆ니 (3, 89B)

例7-1) A1 : 譬如方器中ㅊ 見方空ノヒヒ(ㅊ二ヒ) 吾復問汝ノ又ㅅ 此
方器中ㅋ 所見方空ㄱ 爲復定方可 爲不定方可 (2, 6B, 13)

B1 : 譬如方器中ㅋ 見方空ㅊ二ヒ 吾復問汝ノ又ヒ 此方器中ㅋ
所見方空ㄱ 爲復定方可 爲不定方ㅋ (2, 35A, 6)

C1 : 譬如方器中ㅋㄱ 見方空ノヒヒ 吾復問汝ノ又ㅅ 此方器中
ㅋ 所見方空ㄱ 爲復定方可 爲不定方可 (2, 18A, 2)

D1 : 譬如方器中ㅋ 見方空ノヒヒ 吾復問汝ノ又、 此方器中ㅋ
所見方空ㄱ 爲復定方可 爲不定方可 (2, 18A, 2)

E1 : 譬如方器中에 見方空ᄒ돗ᄒ니 吾復問汝ᄒ노니 此方器中에
所見方空이 爲復定方가 爲不定方가

E3 : 가ᄌᆞᆯ비건댄 方器中에 [方器ᄂᆞᆫ 너모난 그르시라] 方ᄒ 虛
空 보돗ᄒ니 내 ᄯᅩ 너ᄃ려 묻노니 이 方器中에 보논 方
ᄒ 空이 ᄯᅩ 一定ᄒ 方가 一定티 아니ᄒ 方가 (2, 42A)

例7-2) A1 : 阿難ㅋ 若復此味﹅ 生於汝舌﹅ㅊ 在汝ㅋ 口中ノㅋㄱ 祇
有一舌ノヒ 其舌 爾時ㅋ 已成蘇味ノㅅㅊ (3, 4B, 10)

B1 : 阿難 若復此味リ 生於汝舌ㅊ 在汝 口中ノㅋ斤 祇有一舌
ノヒ 其舌ㄱ 爾時ㅋ 已成酥味ノㅅㅊ (3, 7A, 3)

C1 : 阿難ㄲ 若復此味﹅ 生於汝舌印ㅊㄱ 在汝ㅋ 口中ノㅋ斤 祇
有一舌ノヒ 其舌﹅ 爾時ㅋ 已成酥味ノㅅㄱㅿ (3, 12B, 1)

D1 : 阿難ㅋ 若復此味﹅ 生於汝舌ㅊㄱ 在汝 口中ノㅋ 祇有一
舌ㅊ二ヒ 其舌﹅ 爾時ㅋ 已成蘇味ノ、ㄱㅿ (3, 12B, 1)

E1 : 阿難아 若復此味ㅣ 生於汝舌인댄 在汝 口中ᄒ야 祇有一舌
커시니 其舌이 爾時예 已成蘇味ᄒ싀

E3 : 阿難아 ᄒ다가 ᄯᅩ 이 마시 네 혀에셔 낧딘댄 네 입 안해
이셔 오직 ᄒ 혜 잇거시니 그 혜 그 ᄢᅴ ᄒ마 소ㅅ 마시
일쎄 (3, 27A)

例8) A1 : 卽時 如來﹅ 垂金色臂ノ金 輪手乙 下指ノ金 示阿難 言ノ金
ㅿ 汝 今ㅋ 見我ㅋ 母陀羅手ㅊ﹅ヒ (2, 2B, 3)

B1 : 卽時 如來リ 垂金色臂ノ金 輪手 下指 示阿難 言ノ金ㅿ 汝
今ㅋ 見我ㅋ 母陀羅手ノㅅ (2, 28B, 1)

C1 : 卽時 如來﹅ 垂金色臂ノ金 輪手乙 下指ノ金 示阿難ノㅋ 言

ソ令ム 汝 今3 見我ラ 母陀羅手<u>去ニヒ</u> (2, 5B, 4)
D1 : 卽時 如來乀 垂金色臂ソㅅ 輪手乙 下指ソㅅ 示阿難 言ソ
ㅅム 汝 今3 見我ラ 母陀羅手<u>ソ、</u> (2, 5B, 4)
E1 : 卽時예 如來ㅣ 垂金色臂ᄒᆞ샤 輪手ᄅᆞᆯ 下指ᄒᆞ샤 示阿難 言ᄒᆞ
샤ᄃᆡ 汝ㅣ 今에 見我의 母陀羅手<u>ᄒᆞ라</u>
E3 : 卽時예 如來ㅣ 金色 ᄇᆞᆯᄒᆞᆯ 드리우샤 輪手ᄅᆞᆯ 아래로 ᄀᆞᄅᆞ치샤
阿難ᄋᆞᆯ 뵈야 니ᄅᆞ샤ᄃᆡ 네 이제 내의 母陀羅手를 보라 (2, 12A)

A本부터 D本까지 복합토를 제외하고 순수하게 '커시니(去ニヒ)'의 모습으로 나타나는 경우는 총 43회이다. 그 중 11회는 例5)처럼 '去乀ヒ(A本) → 去ニヒ(B本) → 去ニヒ → (C本) → 去ニヒ(D本)'으로 불변하는 모습을 보이고, 例6)은 去ヒ와 상응하는 형태로 10회 등장한다.

특기할만한 것은 例7-1)과 같이 'ᄒᆞᄂᆞ니(ソㅌヒ)'와 상응하는 것으로 7회가 보인다는 것이다. 유사한 것으로 例7-2)처럼 'ᄒᆞ니(ソヒ)'도 2회 등장한다. 그 밖에 例8)의 경우처럼 'ᄒᆞ라(ソ、)'가 3회 등장한다.

'ᄒᆞᄂᆞ니'의 '-ᄂᆞ-'는 현재시제 선어말어미이지만, 시대가 흐를수록 'ᄒᆞ니'나 'ᄒᆞ느니'로 변화하는데, '-느니'는 동사 어간이나 형용사 '있다', '없다','계시다' 등의 어간에 붙어, 경험을 바탕으로 하여 어떤 사실을 일러주는 뜻을 나타내는 종결어미로서 기능을 한다. 형용사 중 존재의 有無와 상관있는 것에만 붙는다는 점은 '커시니'의 '-시-'[存在]와 연관이 있다고 볼 수 있다. 그러나 '-ᄂᆞ-'를 염두에 두면, 시상면에서 현재시제의 의미도 내포한다.

한편 'ᄒᆞᄂᆞ니'를 南豊鉉(1999a : 449)에서 설명의 연결어미로 보고 있으며, 李崇寧(1981 : 293)에는 현재형 지속상으로 본다.

한상화(1994 : 180-181)에서는 확인법 선어말어미 '去,소,3,ㅗ' 등이 대체로 原文에 '應'이나 '必' 등을 선행시켜 '반ᄃᆞ기'와 호응하며 따라서 '확신'의 의미를 가중시킨다고 하였다.

이상의 예들을 검토한 결과, ソニヒ와 去ニヒ의 차이는 '-거-'라는 확실법 어미의 有無이다. 즉 ソニヒ는 한 동작의 상태 자체를 단순하게 표현한 반면, 去ニヒ는 한 동작의 확인이라는 의미가 추가되어 주

관적 믿음과 확신을 담게 된다. 곧 '다른 것이 아닌, 바로 그것'이라는 것이다.

(2) '-시-'

① 출현 양상

백두현(1996 : 167)에서는 本字 '是'의 口訣字 '㇏'는 A本에서만 나타나며, 本字 '示'의 口訣字 '⺬'는 A本-D本 전부, 本字 '時'의 口訣字 'rt'는 A本에서만 나타난다고 보았다.

필자의 검토에 의하면, '커시니'의 '-시-'는 A本에서는 '厶㇏ㄴ'가 주로 나타나고, 간혹 '厶⺬ㄴ'의 형태도 보인다. 그러나 B本-D本에서는 '厶⺬ㄴ'로 통일되어 나타난다.

② 기존 연구들

'-시-'는 본래 있음[存在]이 그 기본의미로, 그 변이 형태가 15세기 이후 / 이시 /, / 잇 /, / 시 /, / ㅅ / 등이 있다. 그러나 그 기본의미에서 대해서 다른 의견도 있는데, 김완진의 경우가 대표적이다.

김완진(2000 : 213-214)은 고려시대의 '시'는 존경을 의미하는 것이 아니고, 어떤 다른 기능을 가졌던 것이었는데, 조선시대에 들면서 그 기능이 존경으로 발전한다는 주장에 대해 일축해 버리면서 이는 우리가 가진 자료에서는 그럴 가능성이 발견되는 것 같지를 않다고 주장했다.

그 근거로 '시'에 상응하는 '賜'의 용례를 향가에서 검토해 보면, 하나 같이 존경을 표시하는 것으로 해석하여 아무 하자가 없다고 보았다. 즉 이런 완벽한 존경 표시의 질서가 중간의 고려시대에만 잠시 이완된 용법을 보이다가 조선조에 들면서 다시 긴장을 되찾았다고 한다면, 이는 언어사의 논리에서 도저히 수용될 수 없는 사고가 되고 만다고 하였다. 결국 '시'의 예를 검토해 보면, 그 가운데 어느 것은 읽는 사람이 잘못 읽어 주어를 그릇되게 지목한 결과일 뿐 실상은 정상적인 존경의 '시'임을 확인할 수 있었고, 또 어떤 것은 음상이 존경의 '시'와 같은 것을 잘못 혼동한 결과에 지나지 않는다고 하였다.

한상화(1994 : 127)는 '-시-'가 비존칭 용법을 갖는 경우라 하고, 확인법 선어말어미가 '-시-'에 선행한다는 특징은 이들이 서로 밀접한 관련하에서 논의되어야 한다고 보았다.

오창명(1995 : 325-326)은 '-敎 / 敎是-'를 '-이시-'로 보고 중세국어의 주체존대 선어말어미 '-(ᄋ / 으)시-'에 대응하는 표기라 했고, '-有(叱)-'은 '-잇 / 이시-'로 과거시상 선어말어미라 하였다.

③ 意味와 機能

'커니(ㅊ ヒ)'와 '커시니(ㅊ ㅣ ヒ)'의 차이를 살펴보면, '-시-'의 意味와 機能을 알 수 있다.

가. '커니(ㅊ ヒ)'

例9) A1 : 離緣口 無形ㅊヒ 識 將何用ヽ ヂ ㅑ (3, 9A, 13)

   B1 : 離緣口斤 無形ㅊヒ 識 將何用ヂ ㅑ (3, 14A, 1)

   C1 : 離緣口 無形ㅊヒ 識 將何用ヽヂ ㅑ (3, 25A, 5)

   D1 : 離緣口 無形ㅊヒ 識 將何用ㅑ (3, 25A, 5)

   E1 : 離緣ᄒ면 無形커니 識을 將何用이리오

   E3 : 緣을 여희면 얼구리 업거니 識을 장ᄎ 어듸 쓰리오 (3, 57A)

例10-1) A1 : 云何非同ヽ ヂ ㅑ 見暗 見明ᄼ 彡 性非遷改ㅊヒ 云何非異
         ヽ ヂ ㅑ (3, 14B, 8)

   B1 : 云何非同ᄼヂ ㅑ 見暗 見明ㅣ 性非遷改ㅊヒ 云何非異ヂ
        ㅑ (3, 22A, 10)

   C1 : 云何非同ヂ ㅑ 見暗 見明ᄼ 彡 性非遷改ㅊヒ 云何非異ヂ
        ㅑ (3, 40B, 6)

   D1 : 云何非同ヽ ㄡ 見暗 見明ᄼ 彡 性非遷改ㅊヒ 云何非異ㅣ
        ㅑ (3, 40B, 6)

   E1 : 云何非同이며 見暗ᄒ며 見明ᄒ야 性非遷改어니 云何非異
        리오

   E3 : 엇뎨 ᄀᆮ디 아니ᄒ며 어드우몰 보며 볼고몰 보아 性이
        올마 改티 아니커니 엇뎨 다ᄅ디 아니ᄒ리오 (3, 95B)

例10-2) A1 : 所因ㄱ 旣無ㅊヒ 因 生有識ㄱ 作何形相ㄱ 乲午 相狀ㄱ
不有ㅊヒ 界 云何生ㅅ乲午 (3, 9B, 9)

B1 : 所因リ 旣無ㅊヒ 因 生有識リ 作何形相乲午 相狀 不有
ㅊヒ 界 云何生ㅅ乲午 (3, 14B, 4)

C1 : 所因ㄱ 旣無ㅊヒ 因 生有識ㄱ 作何形相ㅁ 相狀ㄱ乲午
不有ㅊヒ 界 云何生??? (3, 26A, 5)

D1 : 所因ㄱ 旣無ㅁㄱ 因 生有識ㄱ 作何形相リ午 相狀ㄱ
不有ㅁㄱ 界 云何生ㅅリ午 (3, 26A, 5)

E1 : 所因이 旣無커니 因ᄒ야 生有識호ᄆᆡ 作何形相고 相狀이
不有ᄒ면 界ㅣ 云何生ᄒ리오

E3 : 因호 거시 ᄒ마 업거니 因ᄒ야 識 내요미 므슴 얼구리
ᄃᆞ외뇨 얼구리 잇디 아니ᄒ면 界 엇뎨 나리오 (3, 60A)

例11-1) A1 : 若是見色ㄱㅣㄱ 見 已成色ㅊㄱヒ 則彼眚人ㅋ 見圓影者
ㅅㄱ 名爲 何等乲ㄱ (2, 12B, 4)

B1 : 若是見色大ㄱ 見 已成色ㅊㅌ 則彼眚人ㅋ 見圓影者ㅅㄱ
名爲 何等才ㅌ午 (2, 44A, 9)

C1 : 若是見色印大ㄱ 見 已成色ㅊㅌ 則彼眚人ㅋ 見圓影者ㅅ
ㄱ 名爲何等ㅁ (2, 34A, 4)

D1 : 若是見色ㄱ大 見 已成色ㅅㆍ大 則彼眚人ㅋ 見圓影者ㆍ
ㄱ 名爲 何等ㅁ (2, 34A, 4)

E1 : 若是見色인댄 見이 已成色ᄒ리어니 則彼眚人이 見圓影者
란 名爲何等ᄒ리오

E3 : ᄒ다가 이 보ᄆᆡ 비친댄 보ᄆᆡ ᄒ마 비치 ᄃᆞ외리어니 뎌
眚호 사ᄅᆞᄆᆡ 두려운 그리메 보ᄆᆞ란 일후믈 므스기라 ᄒ
료 (2, 81A)

例11-2) A2 : 上 明見 非是明ㅅㅅㄱㄸ 乃至見 非是塞ㅅ全ㄱ 義 旣成
就ㅊㄴ (2, 11B, 4)

B2 : 上ㅣ 明見 非是明ㅅㅅㄷㄸ 乃至見 非是塞ㅅㅅ全ㄱ 義
旣成就ㅊㅌ (2, 42B, 6)

C2 : 上ㅣ 明見 非是明ㅅㅅㄷㄸ 乃至見 非是塞ㅅㅅ全 義 旣
成就ㅊㅌ (2, 31A, 8)

D2 : 上ㅣㄱ 明見 非是明ㆍㅅㄷㄸ 乃至見 非是塞ㆍㅅㅅㄱ
義 旣成就ㅊㅌ (2, 31A, 8)

E2 : 上애 明見이 非是明이며 乃至見이 非是塞이라ᄒ샤 義ㅣ

既成就ᄒ니

E4 : 우희 보미 이 볼고미 아니며 보미 이 마고미 아니라 호
매 니르리 볼기샤 뜨디 ᄒ마 이니 (2, 74B)

例12)   A1 : 以香ᄽ 爲知ᄾ大 知 自屬香ㅁㄱ 何預於汝ㅕ 若香 臭 氣
ᄾ 必生汝鼻ᄾ大 (3, 7B, 4)

B1 : 以香… 爲知大 知 自屬香ㅊㅌ 何預於汝ㅋㅕ 若香 臭 氣
ㅣ 必生汝鼻ㄴㅌㅌᄉ (3, 11A, 11)

C1 : 以香ᄽ 爲知印大ㄱ 知 自屬香ㅁㄱ 何預於汝ㅋㅕ 若香
臭 氣ᄾ 必生汝鼻ㄱ大ㄱ (3, 20A, 6)

D1 : 以香又 爲知大 知 自屬香ㅊㅌ 何預於汝ㅣㅕ 若香 臭 氣
ᄾ 必生汝鼻大 (3, 20A, 6)

E1 : 以香ᄋ로 爲知ㄴ댄 知ㅣ 自屬香커니 何預於汝ᄒ리오 若香
과 臭왓 氣ㅣ 必生汝鼻ㄴ댄

E3 : 香ᄋ로 아로몰 사몷딘댄 아로미 제 香애 屬거니 엇데 네게
브트리오 ᄒ다가 香과 臭왓 氣分이 반ᄃ기 네 고해셔 낧딘
댄 (3, 45B)

'ㅊㄴㅌ'와 'ㅊㅌ'를 비교해보면, ㅊㅌ는 '업-[無]'과 주로 호용되어
그 존재 자체가 없을 때는 쓰이고 있다. 이는 ㅊㄴㅌ의 '-ㄴ(시)-'가 존
재의 의미로 有와 연관이 있다는 증거일 것이다.

楞嚴經 2卷에서 4卷까지의 구결을 검토하면, 문장 속에서 복합토를 제
외하고 순수하게 'ㅊㅌ'가 쓰인 경우가 41회 등장한다. 그 중 例9)처럼
無와 연결되어 '업거니'형태로 호용하는 경우는 18회, 例10)처럼 非나 不
과 연결된 형태가 10회로 총 28회가 否定語와 연결됨을 알 수 있다. 특
히 2권에서는 例11)처럼 已나 既 등과 연결하는 경우도 많다. 그 외에
例12)처럼 'ㅊㅌ'가 'ㅁㄱ'과 상응하는 것이 많이 나타남은 '-고-'가 '-거/
어-'의 선대형으로 同一形態素의 異表記라는 南豊鉉(1990), 이승재(1993a)의
주장을 뒷받침하는 증거이다.

나. '커시니(ㅊㄴㅌ)'
例13)   A1 : 則汝 今時 3 觀此恒河ㅊᄾㅌ 與昔童時 觀河之見 ᄽ 有童

耄 不ㄗ (2, 2A, 9)

B1 : 則汝ㄲ 今時ㄋ 觀此恒河<u>ㄊㄋㄴ</u> 與昔童時ㄋ 觀河之見 ㅆ 有童耄 不ㄗ (2, 27B, 12)

C1 : 則汝 今時ㄋ 觀此恒河<u>ㄊㄋㄴ</u> 與昔童時ㄋ 觀河之見 ㅆ 有童耄 不ㄗ (2, 4B, 3)

D1 : 則汝 今時ㄋ 觀此恒河<u>ㅏ</u> 與昔童時 觀河之見 ㅈ 有童耄 不ㄗ (2, 4B, 3)

E1 : 則汝ㅣ 今時예 觀此恒河와 與昔童時예 觀河之見과로 有童耄아 不아

E3 : 네 이제 이 恒河 봄과 녜 아힛 ㅄ 恒河 보던 見과로 져므며 늘구미 잇ᄂᆞ녀 아니ᄒᆞ녀 (2, 10A)

例14) A1 : 本狂ㄟ 自然ㄟ大 本有狂怖<u>ㄊㄟㄴ</u> 未狂之際ㄋㄱ 狂 何所潛ㅁ (4, 10A, 11)

B1 : 本狂ㄲ 自然ナ 本有狂怖<u>ㄊㄋㄴ</u> 未狂之際?ㄱ 狂 何所潛ㅁ (4, 42B, 10)

C1 : 本狂ㄟ 自然ㄱ大 本有狂怖<u>ㄊㄋㄴ</u> 未狂之際ㄋㄱ 狂 何所潛ㅁㄱ (4, 28A, 6)

D1 : 本狂 自然大ㄱ 本有狂怖<u>ㄊㄋㄴ</u> 未狂之際ㄋㄱ 狂 何所潛午 (4, 28A, 6)

E1 : 本狂이 自然인댄 本有狂怖ㅣ언마ᄅᆞᆫ 未狂之際예 狂이 何所潛고

E3 : 本來 미츄미 自然인댄 本來 미치며 저호미 잇건마ᄅᆞᆫ 미치디 아니ᄒᆞᆫ ᄉᆞᅀᅵ예 미츄미 어듸 수머 잇ᄂᆞ뇨 (4, 67B)

例15) A2 : 若狂怖ㄟ 不本於自然 則ㄱ 頭本無妄<u>ㄊㄴ</u> 何爲 狂走ㄴㄴ午 非本不狂矣ㄋㄴㅣ (4, 10A, 13)

B2 : 若狂怖ㅛ 不本於自然 則ㄱ 頭本無妄<u>ㄊㅌ</u> 何爲ㅆ 狂走ㄴㅗㄴ午 非本不狂矣ㄋㄴㅣ (4, 43A, 1)

C2 : 若狂怖 不本於自然 則ㄱ 頭本無妄<u>ㄊ乙</u> 何爲ㅆ 狂走ㄴㅗㄴ午 非本不狂矣ㄋㄴㅣ (4, 28B, 2)

D2 : 若狂怖ㄟ 不本於自然大 則 頭本無妄<u>ㄊㄋㄴ</u> 何爲 狂走午 非本不狂矣ㅓㄴㅣ (4, 28B, 2)

E2 : 若狂怖ㅣ 不本於自然인댄 則 頭本無妄커늘 何爲 狂走오 非本不狂矣로다

E4 : ᄒᆞ다가 미치며 저호미 自然에 根源 아니홇딘댄 머리 本來

거츠로미 업거늘 엇뎨 미쳐 드르뇨 本來 미치디 아니호
미 아니로다 (4, 68A)

　문장 속에서 복합토를 제외하고 순수하게 'ㅿ二ㅌ'로 쓰인 경우 43
회 중, 例13)처럼 감각동사(觀, 現, 見, 看, 嗅, 觸, 摩, 聞)와 호응되는 경우는
13회, 例14)처럼 有나 具와 같은 존재어와 호응되는 경우는 5회, 例15)처
럼 無나 不과 같은 부정어와 호응되는 경우는 3회, 기타 어떤 특별한
연관이 없음이 22회 나타난다. 그런데 'ㅿㅌ'가 부정어와 대체로 호응
된다는 속성을 참고할 때, 例15)의 경우 'ㅿ二ㅌ'가 쓸 자리가 아니라,
'ㅿㅌ'나 'ㅿ乙' 또는 'ㅿㅌ'이 있어야 할 것이다. 여기서 주목할 것은
감각동사나 有 관련 술어와의 호응이다. 그 출현 빈도상으로 미루어,
'-시-'가 감각을 통해 존재를 인식하는 의미를 지닌다고 볼 수 있다.

　백두현(1997a : 112)은 석독구결에서 경어법 '-二-'를 포함한 형태로서
형태론적 분석과 문법 기능의 구명이 어려운 것으로 '-ㅣ ㅅ二-, -ㅁ ㅅ
二-, -ㅿ ㅅ二-, -ナ ㅅ二-, -ㅌ ㅅ二-'를 제시하고, 이들에 쓰인 '-ㅅ-'
가 존재동사와 관련된 語形인 듯하다고 하였으나, '-ㅅ-'보다는 '-二-'
때문이 아닌가 한다.

　결국 楞嚴經 속의 'ㅿ二ㅌ'에서 '-二-'는 비존칭으로 감각을 통해 존
재를 인식하는 의미이다. 고려시대 석독구결에서 존경법 선어말어미로서
기능을 했던 '-二-'는 여말·선초 순독구결에 이르러 존경법 선어말어
미와 비존칭 선어말어미로 변화하는 과정을 보인다. 특히 대체로 'ㅿ二
ㅌ'가 들어가는 문장은 부처가 대왕에게 말하는 경우인데, 대왕의 행위
에 'ㅿ二ㅌ'가 붙는다. 이는 존경법이 아닌, 비존칭 선어말어미가 존재
했음의 또 다른 증거일 것이다.

　조선 초기의 자료에는 '-시-'가 존칭과 무관하게 쓰이는 경우가 다음
과 같이 보인다.

* 가리라 ㅎ리이시나 : 欲往者在 (龍歌 45章)

* 비록 生死人中에 이시나 : 雖處生死之中 (圓覺 上一之一29)

이 외에 참고가 될만한 것으로 다음과 같은 것들이 있다.

例16) A2 : 故 請如來 本發心路ㅛﾞ   冀入佛知見也ㅣㄴ全乚丨 (4,
         11B, 10)
       B2 : 故ﾘﾘ 請如來 本發心路ㅛ全 冀入佛知見也去全乚丨 (4,
         45A, 5)
       C2 : 故ﾘﾘ 請如來乚 本發心路ㅛﾞ 冀入佛知見也去全乚丨 (4,
         32B, 2)
       D2 : 故乂 請如來乚 本發心路ㅛﾍ 冀入佛知見也才乚丨 (4,
         32B, 2)
       E2 : 故로 請如來ㅅ 本發心路ㅎ술와 冀入佛知見也ㅎ술오니라
       E4 : 이런드로 如來ㅅ 本來ㅅ 發心ㅅ 길홀 請ㅎ술와 부텻 知
         見에 드로몰 ㅂ라술오니라 (4, 78A)

例17) A2 : 陀羅尼ㄱ 圓行也ㅅ 佛知見ㄱ 圓解也ㅅ 旣已見性ㅛㄴㅌ
         又求入佛知見者ㄱ 見 方開示ﾄ (4, 11B, 11)
       B2 : 陀羅尼ㄱ 圓行也 佛知見ㄱ 圓解也 旣已見性ㅛㄴㅌ 又
         求入佛知見者ㄱ 見 方開示ﾄ (4, 45A, 7)
       C2 : 陀羅尼ㄱ 圓行也ㅅ 佛知見ㄱ 圓解也ㅅ 旣已見性ㅛㄴㅌ
         又求入佛知見者ㄱ 見 方開示ㅁ (4, 32B, 3)
       D2 : 陀羅尼ㄱ 圓行也丶 佛知見ㄱ 圓解也丶 旣已見性才ㅌ 又
         求入佛知見者ㄱ 見ㄱ 方開示ﾄ (4, 32B, 3)
       E2 : 陀羅尼ᄂ 圓行也ㅣ오 佛知見ᄋ 圓解也ㅣ라 旣已見性ㅎ고
         又求入佛知見者ᄂ 見ᄋ 方開示오
       E4 : 陀羅尼ᄂ 두려운 行이오 부텻 知見은 두려운 아로미라
         ㅎ마 性을 보고 ᄯ 부텻 知見에 드로몰 求호ᄆ 보ᄆ ᄌ
         여러 뵈샤미오(4, 78A)

例16)의 'ㅛㅛ'의 異形態인 'ㅛㅛ'가 'ㅛ'로, 또 'ㅛ'는 'ㅓ'로의 통시
적 變化를 발견할 수 있다. 例17)에서는 'ㄴ'가 문맥상 큰 意味가 없음
을 보여주는 경우이다.
  결국 '-시-'는 다음과 같은 통시적 변화를 거쳤다고 본다.

고려 석독구결		여말·선초 순독구결		조선 전기		조선 후기
-시-	↗	-시-(존경법 선어말어미)	→	-시-(존경법 선어말어미)	↘	-시-
(존경법 선어말어미)	↘	-시-(존재의 동사어간)	→	-(이)시-, 잇, -ㅅ- (존재의 동사어간)	↗	(존경법 선어말어미)

(3) '-니'

① 出現 樣相

백두현(1996 : 164)은 '니'에 대해서 本字 '尼'의 口訣字 'ヒ'는 A本-D本까지 전부 보이고, 本字 '行'의 口訣字 '彳'은 A本에만 나타난다고 보았다.

楞嚴經에서 '커시니'의 '-니'는 '-ヒ'로만 등장한다.

② 旣存의 研究들

南豊鉉(1999a)에서는 설명의 연결어미로 보고 있으며, 한상화(1994)는 祇林寺本의 '-니(-ヒ)'를 인과의 연결어미로 보았다.

오창명(1995)은 중세국어의 원인을 나타내는 부동사어미 '-니'에 대응하는 표기이며, 선행 문장에 붙어서 후행하는 문장에 대한 원인을 나타내거나 어떠한 사실을 말할 때 쓰는 연결어미로 보았다.

전병용(1995)에서는 접속어미 '-니'를 [상황], [설명의 계속], [근거], [양보], [이유/원인], [조건], [대립] 등을 모두 묶은 [전제]라는 기본 의미로 파악하고 통사적 제약에 따라 [발견]이라는 부차적 의미를 갖는다고 보았다. 특히 '-거-'가 '-니-'와 합하여 [對立]에 의한 [强調]의 용법을 보인다고 하였다. 그러면서 그는 접속어미 가운데 일부가 의미단락의 완결기능을 갖는데, 그 대표적인 것을 접속어미 '-니'로 보고, 준종결어미의 성격을 지닌다고 보았다.

③ 意味와 機能

例18) A1 : 如來ヽ 垂金色臂ソ全 輪手乙 下指ソ全 示阿難 言ソ全ム 汝 今ȝ 見我ラ 母陀羅手去ヽヒ (2, 2B, 3)
B1 : 如來リ 垂金色臂ソ全 輪手 下指 示阿難 言ソ全ム 汝 今ȝ 見我 ラ 母陀羅手 ソ亽(2, 28B, 1)

C1 : 如來ㄴ 垂金色臂ㆍ术 輪手乙 下指ㆍ术 示阿難ㆍ3 言ㆍ
术ㅿ 汝 今3 見我3 母陀羅手ㅿㅡㅏ (2, 5B, 4)
D1 : 如來ㄴ 垂金色臂ㆍㅅ 輪手ㄴ 下指ㆍㅅ 示阿難 言ㆍㅅㅿ
汝 今3 見我3 母陀羅手ㆍㆍ (2, 5B, 4)
E1 : 如來ㅣ 垂金色臂ᄒ샤 輪手롤 下指ᄒ샤 示阿難 言ᄒ샤디
汝ㅣ 今에 見我이 母陀羅手ᄒ라
E3 : 如來ㅣ 金色 불홀 드리우샤 輪手롤 아래로 ㄱᄅ치샤 阿難
올 뵈야 니르샤디 네 이제 내이 母陀羅手를 보라 (2, 12A)

'-거니'를 [强調]의 용법보다는 [確認]으로 파악되어야 할 것이다. 그
러나 전병용(1995)의 주장 중 準終結語尾의 성격을 지닌다는 것은 탁견이
다. 例18)처럼 ㅿㅡㅏ의 경우 총 43회 중 5회가 명령형 종결어미로 쓰
임이 그 주장을 뒷받침할 수 있다.

例9), 例14), 例15)처럼 ㅿㅏㅣ나 ㅿㅡㅏ가 A-E本까지 모두 쓰인 경우
의 문장은 그 뒤에 반드시 '何'로 시작되는 의문 구절이 오는 것이 공
통이다. 이는 '-니(ㅏ)'가 뒤 의문 구절의 원인·근거를 나타내는 종속적
연결어미로 쓰인다는 증거이다.

3. 結 論

이상에서 '커시니(ㅿㅡㅏ)'의 出現 樣相을 바탕으로 그 意味와 機能에
대해 살펴보았다. 이를 정리하면 다음과 같다.

'커시니(ㅿㅡㅏ)'는 'ᄒ거이시니'의 준말로 확인의 의미를 지니는 종속
적 연결어미이며, 楞嚴經 2卷~4卷까지 문장 속에서 복합토를 제외하고
순수하게 등장하는 경우는 총 43회이다. 형태소는 '-커- + -시- + -니'
로 분석할 수 있는데, '-커-'는 '-ᄒ거-'의 준말로 '-거-'의 意味와 기능
은 'ᄒ시나'와 '커시나'의 비교를 통해 '확실법 어미'임을 알 수 있었다.

'-시-'는 '커니(ㅿㅏ)'와 '커시니(ㅿㅡㅏ)'와의 비교를 통해 감각이나 존

재와 관련된 서술어와 호응됨으로 미루어, 감각을 통해 존재를 인식하는 의미를 지닌, 존재의 동사 어간임을 알 수 있었다. 반면에 '커니(ㅅㅎ)'는 無, 非, 不 등의 부정어와 함께 쓰여 존재하지 않거나 그를 부정하는 경우와 호응을 하고 있었다.

따라서 '-시-'는 다음과 같은 통시적 변화를 겪었다. 고려 석독구결에서는 존경법 선어말어미로만 쓰이었다가, 여말·선초 순독구결에서는 존경법 선어말어미와 존재의 동사 어간으로 二分되어 쓰였고, 조선 전기에 이르러서는 그대로 계승지만, 존재의 동사 어간이 'ㄱ(이)시-, 잇, -ㅅ-' 등으로 이형태가 나타나고, 조선 후기에는 다시 고려 석독구결처럼 존경법 선어말어미로만 쓰여 회귀하는 현상을 보인다.

'-니(ㄴ)'는 원인이나 근거를 나타내는 종속적 연결어미이지만, 준종결어미적 성격도 나타내며, 뒷문장에 '何'로 시작되는 의문 구절이 대체로 옴을 알 수 있었다.

楞嚴經 2卷~4卷까지 복합토를 제외하고 순수하게 쓰인 '커시니(ㅅㄱㅎ)'의 경우만 대상으로 하다보니, 분포의 다양성면에서 부족한 면이 있다. 따라서 이에 대한 치밀한 의미와 기능 규명에 모자람이 있으나, 앞으로 이 부분에 대한 연구가 지속되길 빈다.

V. 『大學章句』의 구결 연구
— 原文을 중심으로

1. 序 言

『大學』은 유교 경전에서 공자의 가르침을 정통으로 나타내는 四書 중 '初學의 德으로 들어가는 門'이라 하여 학문의 입문 지침서로서도 중요시하였던 것이다. 크게 세 가지 텍스트가 있는데, 첫째는 『禮記』의 제42편이었던 것을 송의 司馬光이 처음으로 따로 떼어서 『大學廣義』라 했던 『大學』, 둘째는 一名 『大學章句』本으로 程子를 계승하여 朱子가 주석을 단 『大學』, 셋째, 실질적으로는 첫째의 것과 똑같지만 이른바 『古本大學』이라는 명칭으로 불리어지며, 朱子의 『大學章句』本에 대항하여 간행된, 왕양명·양명학파의 『大學』 등이 있다.

本稿에서 사용된 기초 문헌은 둘째의 『大學』으로 1820년(純祖 20年)에 重刊한 『大學章句』이다. 본래 205자의 <經> 1장(孔子의 말을 曾子가 記述하여 文章으로 만든 것)과 그 經을 曾子의 제자가 해석한 1,546자의 <傳> 10장으로 되어 있었던 것인데, 수차례의 개정이 임종 며칠 전까지 이루어졌다고 한다. 『大學章句』 大全을 보면, 서두는 '英宗大王御製'로, 序尾는 '歲戊寅十月甲寅序'로 기록되어 있는데, 『英祖實錄』 卷92을 참고하고, '英宗大王御製'라는 기록으로 미루어 보아, 이는 영조의 치세 중에 인간된 것이 아니고 다음 庚辰年인 純祖 20年(1820)이라 추정[1]되며, 충청남도 서천의 고서 수집가 박수환의 소장본[2](이하 『大學』)이다.

---

1) 英祖 이후의 戊寅年은 순조18년(1818)이나 『英祖實錄』의 기록으로 미루어 이보다 2년 후인 庚辰年(순조20년,1820)에 이루어 진 것으로 추정된다.

이 문헌은 가로 18cm, 세로 25cm로 총 10행으로 되어 있으며, 1행은
1.5cm로 序文이 7면, 讀大學法이 10면, 大學章句序가 14면, 『大學章句』大
全이 137면, 총 168면으로 구성되어 있고, 原文, 註釋文, 夾註文으로 記
述되고 있는데, 口訣은 原文과 註釋文에서 보인다. 문자의 보수성으로
출간은 비록 19세기 근대국어시기에 해당되는 문헌이나 初刊本의 형태
를 참고로 편찬된 것이기에 그 이전의 구결의 모습을 크게 벗어나지 않
았다고 할 수 있다.

본고에서는 이 책의 원문을 중심으로 구결의 모습과 그 문법적 형태
및 기능을 살펴보며, 1749년(영조 25년)에 출간한 『大學栗谷先生諺解』(이하
『大栗諺』)와 1590년(선조 23년)에 출간한 陶山書院所藏本인 『大學諺解』(이하
『大諺』)와의 비교를 통하여, 16세기 말부터 19세기 중엽까지의 근대국어
시기 구결과 번역상의 차이를 알아보고자 하였다.

본고는 기술상의 편의를 위해서 다음과 같은 略號를 사용한다.

A : 1820년(純祖 20年)에 重刊한 『大學章句』의 原文
B : 1749년(英祖 25年)에 출간한 『大學栗谷先生諺解』의 原文
b : 1749년(英祖 25年)에 출간한 『大學栗谷先生諺解』의 諺解文
C : 1590년(宣祖 23年)에 출간한 陶山書院所藏本인 『大學諺解』의 原文
c : 1590년(宣祖 23年)에 출간한 陶山書院所藏本인 『大學諺解』의 諺解文
D : 『大學章句』原文의 현대어 해석

2. 표기법

1) 문자체계

『大學』에 사용된 구결의 문자체계는 原文에서 총 34자의 모습이 나타

---

2) 연세대 洪允杓 교수님이 본 자료를 소개해 주셨다. 다시 한번 깊은 감사를 드린다.

난다. 순독구결에서 구결의 양이 일반적으로 60자 내외인 점을 감안하면
상대적으로 적은 편이다. 註釋文까지 포함한다면 이보다 훨씬 다양한 구
결의 자형이 나타날 것이나, 『大栗諺』과 『大諺』과의 비교를 위해 원문만
을 그 대상으로 삼는다. 『大學』에 사용된 구결의 자형은 다음과 같다.

1) 可 / 가	2) 口, 古 / 고	3) 那 / 나
4) 匕(尼) / 니	5) 匕(飛) / ㇈	6) 夕(多) / 다
7) 大 / 대	8) 底 / 뎌	9) 弋(代) / 딕
10) 厶(羅) / 라	11) 尸(驪) / 러	12) 又(奴) / 노
13) 里 / 리	14) 亇(麻) / 마	15) 尒(旀) / 며
16) 面 / 면	17) 所 / 소	18) 寸(時) / 시
19) 申 / 신	20) 氵(良) / 아	21) 阿 / 아
22) 牙 / 아	23) 厓 / 애	24) ㄱ, 也 / 야
25) 厷(於) / 어	26) 言 / 언	27) 亦 / 여
28) 五 / 오	29) 阝(隱) / 은	30) 乙 / 을, 를
31) ㇏(是) / 이	32) 㐄(乎) / 호	33) 屎 / 히
34) 丷(爲) / ᄒ		

이 중에서 2)口・古와 24)ㄱ・也는 略體字와 全字體가 동시에 쓰였
으며, 1)可 / 가, 3)那 / 나, 7)大 / 대, 8)底 / 뎌, 13)里 / 리, 16)面 / 면, 17)
所 / 소, 19)申 / 신, 21)阿 / 아, 22)牙 / 아, 23)厓 / 애, 26)言 / 언, 27)亦 /
여, 28)五 / 오, 30)乙 / 을・를, 33)屎 / 히 등 총 16자는 正字의 全字體가
쓰였다. 한편 이외의 16자 모두는 略字體를 썼다. '11)尸 / 러'는 戾의 略
字體로 볼 수도 있으나, 15세기 구결자료를 참조할 때, 驪의 약체 馬户
에서 나왔을 가능성이 높다. 또 구결에서는 'ㄴ'음과 'ㄹ'음이 서로 전
용되는 경우가 흔히 있다. 따라서 '12)又(奴)'는 원음이 '노'이나 '로'로
읽히는 경우가 많다. '20) 氵(良) / 아, 21)阿 / 아, 22)牙 / 아'는 같은 음의
표기에 세 가지의 자형이 사용된 경우로, '20) 氵(良) / 아'는 확실법 선어
말어미 '-거-'[3)의 변화된 형태로서 本音은 '아'이나 'ᄉ'와 연결되어

---

3) 李崇寧(1981 : 300-301)에서 '-거- / -어-'는 '時制를 나타내는 형태는 아니며, 그
주요 기능은 假想을 나타내는 接尾辭'이며, '-거늘 / 어늘'은 어느 사실이 이유가

'야'로 나타나는 것으로 上代資料인 B本과 C本에서 '-야-'로 나타난다. '21)阿 / 아'의 경우는 강세보조사로 '-만이'라고 해석된다. '22)牙 / 아'는 의문의 종결어미로서 '-가?'에 해당한다. '28)五 / 오'는 주로 '오' 표기에 사용되나 부사화접미사로 사용 시 '兮'나 '好'와 연결될 때, '고'로 읽었다. '32)ㅎ(兮) / 호'는 前代에 '오'로도 쓰였으나, 여기에서는 '호'로만 쓰이고 있다. '호'는 동사 어간 '흐-'와 의도법 어미 '-오-'의 축약이다.

3. 토의 분류

토는 조사와 어미를 중심으로 분류하고, 그 외의 형태를 후설하고자 한다. 어미는 어말어미를 중심으로 분류하여 열거하고, 선어말어미는 그 다음에 열거한다. 같은 吐가 여러 번 쓰였을 때는 그 출전표시를 3번까지만 한다.

  1) 조사
    (1) 격조사
      ① 주격 : ㇁ / 이 (13b)(25b)(27b), ㇁ / ㅣ (20a)(25b)(27a)
      ② 부사격 :
        ㄱ. 인용 : ㇁灬 / 이라 (14b)(15a)(16a), 灬 / 라 (19b)(20b)(23b)
        ㄴ. 이유나 원인 : 又 / 로 (19a)(27b)(29b), 乙又 / 으로 (52a)
        ㄷ. 처소 : 灬㇁ / 에[4] (10b)(42a)(44a), 厓 / 애 (13b)(14a)(15a),
          亦㇁ / 예 (20a)
        ㄹ. 비교 : 五又 / 오로 (64b)
      ③ 대격 : 乙 / 을 (21b)(57b)(58a), 乙 / 를 (43b)(53bㄱ)(53bㄴ),
        乙 / 롤 (59aㄱ)(59aㄴ)

되어 이에 따라 행동이 전개됨을 말한다고 하였다.
4) 洪允杓(2000 : 17)에서 南克寬(1689~1714)의 『夢囈集』의 기록에 의거해, 근대국어 시기 중 17세기와 18세기의 교체기에, 이중모음이었던 ㅐ[ay], ㅔ[əy]가 /ɛ/, /e/ 로 단모음화 현상이 있었다고 보았다.

④ 호격 : 亦 / 여 (19b)(48a), ＼亦 / 이여 (20a)(20b)(21b)
(2) 보조사
① 주제 : 尸 / 은 (23b)(57a)(57b), ヒ尸 / 는 (1b)(7a)(19a)
② 강세 : ＼阿 / 이아 (60a), 厓尸 / 앤 (20b)

2) 어미
(1) 종결어미
① 평서법 : ヒ亽 / 니라 (33a)(34b)(39a), 里亽 / 리라 (6b)(63a), ＼
亽 / 이라 (14b)(15a)(16a), ＼亽夕 / 이어다 (54b), ＼尸寸夕 / 이
러시다 (20b), 亽ンヒ亽 / 라ᄒ니라 (19b), ＼亽ンヒ亽 / 이라ᄒ
니라 (42a)(57b)(58a), ＼ヒ亽 / 이니라 (1b)(5b)(10b), ＼ヒ亽 / ㅣ
니라 (13b)(16b)(21b), ンヒ亽 / ᄒ니라 (7a)
② 감탄법 : 又夕 / 로다 (21b), ＼又夕 / 이로다 (48a)(54a), ＼
尸底 / 인뎌 (25b)(34a), 尸底 / ㄴ뎌 ,ㅣ뎌 (59aㄱ)(59aㄴ), 亦
/ 여 (19b)(48a), ＼亦 / 이여 (20a)(20b)(21b)
③ 의문법 : 里五 / 리오 (33a), 牙 / 아 (20a), 尸也 / -ㄴ야 (59a)
(2) 연결어미
① 설명 : ヒ / 니 (21b)(25b)(33a), ＼ヒ / 이니 (5b)(27b)(29b), 里
ヒ / 리니 (27b), 亽ヒ / 어니 (5bㄱ)(5bㄴ)(5bㄷ), 尸ヒ / 러
니 (54b), ンヒ / ᄒ니 (6b)(7a)(42a), 亽ンヒ / 라ᄒ니
(19b)(20b)(21 b), ＼亽ンヒ / 이라ᄒ니 (16a)(18b)(23b), ンヒ
ヒ / ᄒᄂ니 (23 b)(27b)(33a), 又所ヒ / 로소니 (20a), ン寸ヒ
/ ᄒ시니 (25b)
② 순차 : ン也 / ᄒ야 (27a)(27b)(60a), ンㄱ / ᄒ야 (59a)(60a)
③ 병렬1 : 亦 / 며 (13b)(21b)(34a), ン亦 / ᄒ며 (1b)(5b)(21b), ＼
亦 / 이며 (17b)(27b)(64a), ＼亽亦 / 이어며 (17a), ＼亽ン亦
/ 이라ᄒ며 (14b)(15a)(17a)
④ 병렬2 : ン古 / ᄒ고 (6b)(7a)(10b), ンロ / ᄒ고 (56a)(56b)(57a),
ン寸古 / ᄒ시고 (20bㄱ)(20bㄴ)(20bㄷ)
⑤ 병렬3 : ＼五 / 이오 (13b)(21b)(34b), 五 / 오 (27b)(55a)(59a)
⑥ 전제 : 尸弋 / 호ᄃᆡ (33a), ン尸弋 / ᄒᆞᄃᆡ (21b), 言ケヒ尸 /
언마ᄂᆞᆫ (27b)
⑦ 조건1 : 面 / 면 (44a)(55a), ＼面 / 이면 (6b)(33a)(39a), ン面 /
ᄒ면 (45a)(63a)
⑧ 조건2 : 尸大尸 / ㄴ댄,ㄴ댄 (27a), ン尸大 / ᄒᆞᆫ대 (46a), ン
申大 / ᄒ신대 (46a)

⑨ 단속 : ㅅ夕可 / 호다가 (33a)

⑩ 대립 : ㅅㅣㅌ乙 / 호야놀 (20a)

⑪ 원인 : ㅅ / 라 (48b)(59a)(66a)

⑫ 역접 : 邪 / 나 (59a), ㅅ邪 / 이나 (18b)(25b)(44a)

(3) 전성어미(＊전대에 있었던 동명사형은 이 시대에 명사형 어미
와 관형형어미로 분리됨) : 尸底 / ㄴ뎌, ㄴ뎌 (25b)(34a)(59a),
ㅅ里 / 호리 (13b)

(4) 선어말어미

① 설명법 : ㅌㅅ / 니라 (33a)(34b)(39a), ㅅㅌㅅ / ㅣ 니라, 이니
라 (1b)(5b)(13b), ㅅㅌㅅ / 호니라 (7a)

② 확실법 : ㅅㅅ㐱 / 이어며 (17a), ㅅㅣㅌ乙 / 호야놀 (20a)

③ 추측법 : 里ㅌ / 리니 (27b), 里ㅅ / 리라 (6b)(63a), 里五 / 리오
(33a)

④ 현재법 : ㅅㅌㅌ / 호ᄂ니 (23b)(27b)(33a)

⑤ 감탄법 : 又所ㅌ / 로소니 (20a)

⑥ 존경법 : ㅅ尸寸夕 / 이러시다 (20b), ㅅ申大 / 호신대 (46a), ㅅ
寸ㅂ / 호시고 (20b ㄱ)(20b ㄴ)(20b ㄷ), ㅅ寸ㅌ / 호시니 (25b)

⑦ 회상 : 尸ㅌ / 러니 (54b), ㅅ尸寸夕 / 이러시다 (20b)

⑧ 의도법 : ㄅㅧ / 호뎌 (33a), ㄅ尸也 / 혼야 (59a)

3) 의존명사ᄃ : ㅅ尸底 / ㄴ뎌 (25b)(34a)(59a), 이 : ㅅ里 / 호리 (13b)

4) 부사화접미사 : 五 / 오 (59a)(64a), 屎 / 히 (13a)

4. 문법적 기능

1) 조사

격조사는 모든 격이 있었을 것으로 추정되나, 문헌상에는 주격, 부사
격, 대격, 호격 등만 나타난다. 주격의 출현이 당연 우세하며, 부사격의
경우는 인용, 이유나 원인, 처소, 비교 등으로 다양하게 나타난다. 대격
은 '-을'형태, 호격은 '-여'형태가 가장 일반적이다.

(1) A : 小人丶 閒居厓 爲不善丆弋 無所不至丷夕可 見君子而后仒丶
<大學, 33a>
B : 小人 閒居애 爲不善호되 無所不至라가 見君子而后 <大栗諺, 12b>
b : 小人이 閒居호매 不善을 호되 니ᄅᆞ디 아닐 배 업시 ᄒᆞ다가 君子를 본 후<大栗諺, 12b>
C : 小人이 閒居애 爲不善호되 無所不至ᄒᆞ다가 見君子而后에<大諺, 11b>
c : 小人이 閒居홈애 不善을 호되 니르디 아닐 바 업시 ᄒᆞ다가 君子롤 본 后에<大諺, 12a>
D : 小人이 한가히 있음에 不善을 하오되, 이르지 않는 것 없이 하다가, 君子를 본 뒤에(傳 제6장 제2절)

주격조사 '-가'는 이때까지 나타나지 않고, 용언에 연결된 '-다가'형태의 '-가'가 보인다. 安秉禧·李珖鎬(1990 : 165-166)는 主格助詞 '-가'가 송강 정철의 어머니인 안씨의 편지(1572년)에서 그 첫 예가 나타남으로 미루어, 적어도 16세기 후반에는 존재했으며 문헌상 근대국어 초기인 17세기가 발달의 초기라 하였다.

한편 홍윤표(1994 : 409-417)는 근대국어 시기의 많은 자료를 바탕으로 '-가'의 조사화에 대해, '-가'는 15세기 이전부터 쓰이던 '-이라가'의 '-가'로부터 파생된 것으로 보고, 음운론적 이유는 아직 해명되지 않았으나, '-이라가'가 '-이다가'로부터의 변화이며 '-이가'와 '-가'가 18세기와 19세기에 걸쳐 병존하다가 19세기말에 와서야 주격조사로 완전히 기능하였다고 보았다. 이로 보아 『大學』은 19세기 자료이나 그보다 훨씬 이전의 모습을 보여준다고 할 수 있다. 문자의 보수성으로 말미암아 아직 주격조사 '-가'는 득세하지 못한 초창기 모습을 보인다.

(2) A : 此謂 治國丶 在齊其家丶匕亽<大學, 48b>
B : 此謂 治國이 在齊其家ㅣ니라<大栗諺, 20b>
b : 이 닐온 國을 治ᄒᆞ기 그 家롤 齊호매 이쇼미니라<大栗諺, 20b>
C : 此謂 治國이 在齊其家ㅣ니라<大諺, 19a>
c : 이 닐온 나라흘 다ᄉᆞ림이 그 집을 ᄀᆞᄌᆞ기홈애 이숌이니라<大諺, 19a>

D : 이를 일러 나라를 다스리는 것이 그 집을 가지런히 하는 데
   있는 것이라(傳 제9장 제9절).

앞선 음절의 말음 유무에 따라 주격조사 '丶'가 '이'와 ' ㅣ '로 나타난
다. 당시 주격조사는 '-이'가 대표형임을 확인할 수 있다.

부사격은 다음의 경우에서 확인된다.

(3) A : 康誥厓 曰 <u>克明德丶ㅅ丶朩</u><大學, 14b>
    B : 康誥 曰 克明德이라ᄒ고<大栗諺, 4b>
    b : 康誥의 ᄀᆞᆯ오디 德을 克히 明ᄒ다 ᄒ고<大栗諺, 4b>
    C : 康誥애 曰 克明德이라ᄒ며<大諺, 3b>
    c : 康誥애 ᄀᆞᆯ오디 능히 德을 불키다ᄒ며<大諺, 4a>
    D : 康誥에 말하기를 '능히 덕을 밝게 한다'라고 하며(傳 제1장 제1절).

(3)은 引用을 표시하는 부사격으로 '丶ㅅ / 이라'의 경우이다. 이 조사
뒤에는 '丶朩, 丶ヒㅅ, 丶ヒ'가 연결된다. 이는 '丶ㅅ / 이라'만으로는
평서법 종결어미로도 볼 수 있다는 점을 염두에 두어, 인용임을 확실히
하고자 '丶ㅅ / 이라' 뒤에 '丶朩, 丶ヒㅅ, 丶ヒ' 등을 연결시킨 것이다.
한편 계사 '이-'가 생략된 'ㅅ / 라'도 나타나는데, 이는 앞 음절이 ㅣ 모
음으로 끝난 경우에 나타난다. '丶ㅅ / 이라'의 경우처럼 '丶朩, 丶ヒㅅ,
丶ヒ' 등의 연결이 모두 가능할 것이나 문헌에서는 '丶ヒ'가 연결되는
경우만 보인다.

(4) A : <u>是以又 大學始教厓 必使 學者又</u> 卽 <u>凡天下之物丶也</u><大學, 27b>
    B : 是以 大學始教애 必使 學者로 卽 凡天下之物ᄒ야<大栗諺, 10b>
    b : 일로뻐 大學 비로소 ᄀᆞᄅ치매 반ᄃᆞ시 學者로 ᄒ여곰 믈읫 天
       下의 物의 卽ᄒ야<大栗諺, 11b>
    C : 是以로 大學始教애 必使 學者로 卽 凡天下之物ᄒ야<大諺, 10a>
    c : 大學 비로소 ᄀᆞᄅ치매 반ᄃᆞ시 學者로 ᄒ여곰 믈읫 天下앳 物
       에 卽ᄒ야<大諺, 11a>

    D : 이로써 大學의 처음 가르침에, 반드시 배우는 사람으로 하여
       금 모든 天下의 物에 대하여(傳 제5장).

단순한 이유 표시의 부사격조사로 접속적 기능을 하는 '-ㅉ / 로'가 있
다. '是故ㅉ, 故ㅉ, 是以ㅉ' 등이 나타나는데, 주로 '故'와 주로 호응한
다. 南豊鉉(1999a : 545)은 漢語의 虛辭와 호응하는 '로' 중 '故로'의 '로'가
15세기에는 격조사로 볼 수 없다고 했으나, 이때에 이르러서는 격조사
의 역할을 한 것으로 보인다. '是故ㅉ'는 '이런 까닭으로', '故ㅉ'는 '그
러므로', '是以ㅉ'는 '이로써' 등으로 해석함이 자연스럽다. (4)의 뒷 밑
줄도 원인의 뜻을 지니는 것으로, 使와 함께 쓰여 '-로 하여금'으로 해
석되는 '-로'이다. '使 + 주체 + -로'의 형태를 보이는데, 이는 '주체[有
情名詞]로 하여금'으로 해석되며 행위를 일으키게 한 대상을 나타낸다.
南豊鉉(1999a : 540-547)은 대체로 漢語의 '以, 因, 使(令), 與, 自' 등의 虛辭
와 호응하여 쓰인다고 하였다.

이유나 원인을 나타내는 '-ㅉ / 로'에는 문장 속에서 주위환경에 따라
'-ㅉ / 로'와 '-乙ㅉ / 으로'가 나타나기도 한다. '下','後'처럼 받침이 없는
체언 뒤에서는 '-ㅉ / 로', '上', '前'처럼 받침 있는 체언 뒤에서는 '-乙
ㅉ / 으로'로 나타나며, 이유나 원인을 표시한다. ㅉ는 원음이 '노'이나
'로'로 자주 교체되어 표현되었다. 乙와 ㅉ가 겹치면서 'ㄹ'이 중복되
고 있다.

  (5) A : <u>見君子而后仝乀</u> 厭然 揜 其不善乀古 而著其善乀ㅌㅌ<大學, 33a>
      B : 見君子而后 厭然 揜 其不善ㅎ고 而著其善ㅎᄂ니 <大栗諺, 12b>
      b : 君子를 본 후 제 厭然히 그 不善을 揜ㅎ고 그 善을 著ㅎᄂ니
        <大栗諺, 12b>
      C : 見君子而后에 厭然 揜 其不善ㅎ고 而著其善ㅎᄂ니 <大諺, 11b>
      c : 君子롤 본 后에 厭然히 그 不善을 ᄀ리오고 그 善을 나타내ᄂ
        니 <大諺, 12a>
      D : 君子를 본 뒤에 厭然히 그 不善을 가리고 그 善을 나타내니
        (傳 제6장 제2절).

(5)의 '손ﾍ/에'는 음성모음으로 끝나는 체언 뒤에 붙어 행위나 규율의 기준점을 나타내는 처소격조사이다. 양성모음으로 끝나는 경우에는 앞의 예문 (1)처럼 '厓/애'로 나타난다. 당시 '에'는 '[əj] > [e]'과정을 거쳐 單母音化 現象이 홍윤표(2000 : 17)의 주장처럼 17세기와 18세기의 교체기에 이루어졌을 것이지만, 표기상 '에'에 해당하는 구결자를 찾기 어려워 '손ﾍ'로 '에'를 표기했다. 반면에 '애'는 해당되는 구결자가 있기 때문에 '厓'로 표시했다. 따라서 '손ﾍ'는 이중모음 [əj]로 발음해서는 안 되며, 단모음 '에[e]'로 보아야 할 것이다. 그러나 앞 음절이 ㅣ모음으로 끝나는 경우에는 '惟於理亦ﾍ(오직 理致에)<大學, 27b>'처럼 '亦ﾍ/예'가 나타난다.

(6) A : 百乘之家ㅌ尸 不畜聚斂之臣ﾉㅌㅌ <u>與其有聚斂之臣五又尸</u> 寧
　　　　有盜臣ﾍ손ﾉㅌ<大學, 64b>
　　B : 百乘之家ᄂᆫ 不畜聚斂之臣이니 與其有聚斂之臣으론 寧有盜臣이
　　　　라ᄒᆞ니<大栗諺, 30b>
　　b : 百乘의 家ᄂᆫ 聚斂ᄒᆞᄂᆫ 臣을 畜디 아니ᄒᆞᆯ디니 다믓 그 聚斂ᄒᆞᄂᆫ
　　　　臣을 두모론 출히 盜ᄒᆞᄂᆫ 臣을 둘 거시라 ᄒᆞ니<大栗諺, 30b>
　　C : 百乘之家ᄂᆫ 不畜聚斂之臣ᄒᆞᄂᆞ니 與其有聚斂之臣오론 寧有盜臣
　　　　이라ᄒᆞ니<大諺, 28a>
　　c : 百乘ㅅ 집은 聚斂ᄒᆞᄂᆫ 臣을 치디 아니ᄒᆞᄂᆞ니 그 聚斂ᄒᆞᄂᆫ 臣
　　　　둠으로 더브러론 출히 盜臣을 둘디라 ᄒᆞ니<大諺, 28b>
　　D : "百乘의 집은 거둬 들이는 신하를 기르지 않으니, 그 거둬 들
　　　　이는 신하를 두는 것보다는 차라리 도둑하는 신하를 두라"라
　　　　고 하니(傳 제10장 제22절).

'-五又/오로'는 비교 부사격조사로서, 현대어는 '-보다'로 해석된다. 뒤에 보조사 '-ㄴ'이 붙어 강조 또는 보조의 역할을 하기도 하고, 또 그 뒤에는 '寧'이 붙어 '-보다는 차라리'의 형태로 호응한다.

(7) A : 亡人尸 無以爲寶ﾍ五 <u>仁親乙</u> 以爲寶ﾍ손ﾉㅌ손<大學, 58a>
　　B : 亡人은 無以爲寶ㅣ오 仁親 以爲寶ㅣ라ᄒᆞ니라<大栗諺, 25b>

b : 亡人은 뻐 寶 사몰 거시 업고 親을 仁호므로뻐 寶롤 사몰디라 ᄒᆞ니라 <大栗諺, 26a>
C : 亡人은 無以爲寶ㅣ오 仁親을 以爲寶ㅣ라ᄒᆞ니라<大諺, 23b>
c : 亡ᄒᆞᆫ 사ᄅᆞᆷ은 뻐 寶 삼ᄋᆞᆯ 거시 업고 親을 仁ᄒᆞᆷ을뻐 寶 삼ᄋᆞ라 ᄒᆞ니라<大諺, 24a>
D : '亡人은 가지고 보배로 삼을 것이 없음이요, 어버이를 仁하는 것을 가지고 보배로 삼는다'라고 하니라(傳 제10장 제13절).

체언이나 용언의 명사형에 붙어, 그 말이 행위의 목적물이 되게 하는 대격조사는 '乙'이 나타나는데, 대표음은 '을'이나 이형태로 '를 · 롤'이 나타난다. 앞 음절이, '을'은 자음으로 끝난 경우에 나타나나, '올'이 나타나지 않으며, '를'은 '家'나 '好'와 같은 양성모음으로 끝난 경우, '롤'은 'ㅣ'모음으로 끝난 경우에 나타나는 특이한 모습을 보인다. '를'에 대해 金文雄(1985 : 28)은 15세기 한글 구결에서 '-를'을 거의 볼 수 없는 현상은 불경언해에 공통되는 현상이고 두시언해에서조차 '-를'을 볼 수 없다고 하였으나, 이 시대의 구결에서는 그런 현상이 나타나지 않는다.

(8) A : 詩云 穆穆 <u>文王乀亦</u> 於緝 熙敬止ᄉᆞソヒ<大學, 20b>
B : 詩云 穆穆 文王이여 於緝 熙敬止라ᄒᆞ니<大栗諺, 6b>
b : 詩예 닐오ᄃᆡ 穆穆ᄒᆞ신 文王이여 於홉다 니워 熙ᄒᆞ야 敬ᄒᆞ고 止ᄒᆞ시다 ᄒᆞ니<大栗諺, 7a>
C : 詩云 穆穆 文王이여 於緝 熙敬止라ᄒᆞ니<大諺, 6a>
c : 詩예 닐오ᄃᆡ 穆穆ᄒᆞ신 文王이여 於ㅣ라 緝ᄒᆞ야 熙ᄒᆞ야 敬ᄒᆞ야 止ᄒᆞ시다 ᄒᆞ니<大諺, 6b>
D : 詩에 말하기를, '穆穆한 文王이여, 빛남에 있어 熙와 敬에 머무르신다'라고 하니(傳 제3장 제3절).

호격 조사는 '-亦 / 여'와 '-乀亦 / 이여'가 나타난다. 이들은 문맥상 주격으로 해석이 가능하나, 영탄조의 호격으로 보는 것이 흐름에 맞는다. '-亦 / 여'는 모음으로 끝난 체언에 붙어, 호칭의 대상을 감탄조로 높여 부를 때 쓰이며, '-乀亦 / 이여'는 자음으로 끝난 체언 뒤라는 점만 다르다.

보조사는 주제 보조사와 강세 보조사가 나타난다. 주제 보조사는 '-尸/은'과 '-ㅌ尸/ᄂ' 두 형태만 나타나고, 강세 보조사는 '-丶阿/이아'와 '-厓尸/앤'이 있다.

    (9) A : 無情者丶 <u>不得盡其辭ㅌ尸</u> 大畏民志ㅌ<大學, 25b>
        B : 無情者ㅣ 不得盡其辭ᄂ 大畏民志니<大栗諺, 9b>
        b : 情 업슨 者ㅣ 시러곰 그 辭를 盡티 몯호ᄆᆫ 크게 民의 志를 畏케 호미니<大栗諺, 9b>
        C : 無情者ㅣ 不得盡其辭ᄂ 大畏民志니<大諺, 8b>
        c : 情 업슨 者ㅣ 시러곰 그 말ᄉᆞᆷ을 다ᄒᆞ디 몯홈은 크게 民의 뜯을 畏케 홈이니<大諺, 8b>
        D : 情이 없는 사람이 능히 그 말을 다하지 못함은, 크게 백성의 뜻을 두렵게 하는 것이니(傳 제4장).

(9)의 'ㅌ尸/ᄂ'은 양성모음으로 끝난 체언에 붙어 쓰이는 주제의 보조사로 그 출현수가 상당히 많다. 자음으로 끝난 체언에는 '尸/은'이 뒤따른다. 그 말을 한정 또는 지정하거나, 강조하는 뜻을 지닌다. 당시에는 음성모음으로 끝난 체언에 붙는 '는'도 있었을 것이나 나타나지는 않는다.

    (10) A : <u>此謂唯仁人丶阿</u> 爲能愛人丶沭<大學, 60a>
        B : 此謂唯仁人이아 爲能愛人ᄒᆞ며<大栗諺, 27b>
        b : 이 닐온 오직 仁人이아 能히 人을 愛ᄒᆞ며<大栗諺, 27b>
        C : 此謂唯仁人이ᅀᅡ 爲能愛人ᄒᆞ며<大諺, 25a>
        c : 이 닐온 오직 仁혼 사ᄅᆞᆷ이ᅀᅡ 能히 사ᄅᆞᆷ을 ᄉᆞ랑ᄒᆞ며<大諺, 25b>
        D : 이것을 일러 오직 어진 사람만이 능히 사람을 사랑하며(傳 제10장 제15절).

'丶阿/이아'는 주격조사 '-丶/이'와 강세의 보조사 '-阿/아'가 결합된 형태로, 15세기에는 '-사'의 형태로 비교적 널리 사용되었으나, 16세기 자료인 C本에 이르러서는 '-ᅀᅡ'의 형태를 보였다. 이 시대에 이르

러서는 그 음이 약화·탈락하여 '–아'의 형태를 보인다. 安秉禧(1977b : 36)
는 強勢를 뜻하는 助詞 '沙'가 '阿'로도 책에 나타나는데, 頭音 [z]가 脫
落한 變化를 反映한 것으로 '阿'가 보이는 資料는 書大, 周大, 心經이며,
'阿'로만 나타나는 周大는 16세기말, 곧 가장 늦은 자료라 하였다. 이로
보아 『大學』은 16세기말 이후의 자료로 추정된다. 현대어에서는 통사구
조상 '–만이'처럼 보조사가 앞에 오고 격조사가 뒤에 오나, 이 당시는
그 순서가 뒤바뀌어 표현되고 있다.

(11) A : 爲人父<u>厓卩</u> 止於慈ㅅ寸古 與國人交<u>厓卩</u> 止於信ㄟ尸寸夕<大
　　　　學, 20b>
　　　B : 爲人父ᄒᆞ얀 止於慈ᄒᆞ시고 與國人交얜 止於信이러시다<大
　　　　栗諺, 6b>
　　　b : 人父ㅣ 되얀 慈의 止ᄒᆞ시고 國人과 더브러 交호매는 信에
　　　　止ᄒᆞ더시다<大栗諺, 7a>
　　　C : 爲人父언 止於慈ᄒᆞ시고 與國人交얜 止於信이러시다<大諺, 6a>
　　　c : 人父ㅣ 도여는 慈애 止ᄒᆞ시고 國人으로 더브러 交ᄒᆞ시매는
　　　　信에 止ᄒᆞ더시다<大諺, 6b>
　　　D : 남의 아비가 되어서는 사랑에 머무르시고, 나라 사람과 더
　　　　불어 사귐에는 信에 머무시더라(傳 제3장 제3절).

'厓卩/얜'은 연결어미 기능의 '–애'와 보조사 '–ㄴ'이 붙어 강조 또
는 보조의 뜻을 나타낸다. 현대어는 '–에는/–여서는'으로 해석한다.

2) 어 미

종결어미는 평서법, 감탄법, 의문법, 청유법, 명령법이 있으나, 명령법
과 청유법 종결어미는 나타나지 않는다. 이는 자료의 분량이 적음에서
나오는 것으로, 당대에는 존재했을 것이다.

평서법은 크게 '–다'형과 '–라'형 두 가지가 나타나는데, '–다'형보다
는 '–라'형이 우세하다. 그런데 '–다'형의 경우 계사 '이–' 다음에 직접

연결된 것은 없고, 확실법 선어말어미 '-거-'의 이형태 '-어-'나 회상선
어말어미 '-더-'의 이형태 '-러-', 존경법어미 등이 연결되고 어말어미
'-다'가 붙는 형태를 보인다. '-라'형은 여러 가지 다양한 형태가 나타
나, 단순히 계사 '이-'에 어말어미 '-라'가 붙은 형부터 여러 형태소가
복합된 '-이라 ᄒᆞ니라'형까지 있다.

(12) A : 致知ᄂ 在格物者ㅌㄲ 言欲致吾之知ㄲ大ㄲ <u>在卽物而窮其理也</u>
　　　　ᄂ소<大學, 27a>
　　B : 致知 在格物者ᄂᆫ 言欲致吾之知ᆫ댄 在卽物而窮其理也ㅣ라<大
　　　　栗諺, 10a>
　　b : 知ᄅᆞᆯ 致호미 物을 格호매 잇다 홈은 내 知ᄅᆞᆯ 致코져 홀진댄
　　　　物에 卽ᄒᆞ야 그 理를 窮호매 이쇼믈 니르미라<大栗諺, 10b>
　　C : 致知ㅣ 在格物者ᄂᆫ 言欲致吾之知ㄴ댄 在卽物而窮其理也ㅣ라
　　　　<大諺, 9a>
　　c : 知를 致홈이 物을 格홈애 잇다 홈은 내의 知를 致코져 홀딘
　　　　댄 物에 卽ᄒᆞ야 그 理ᄅᆞᆯ 窮홈애 이쇼믈 니ᄅᆞ니라<大諺, 10a>
　　D : 知에 이름이 物을 格하는 데 있다는 것은, 나의 知를 이르게
　　　　하고자 하면, 物에 대하여 그 이치를 다하는 데 있음을 말
　　　　한 것이라(傳 제5장).

　　(12)은 '이러이러하다고 베풀어 말하는 뜻'의 종결어미 'ᄂ소 / 이라'로
앞에 ㅣ 모음으로 끝나는 경우 '소 / 라'로 나타난다.

　　'ᄂㅌ소 / 이니라'는 자음으로 끝난 체언에 붙어, 당연한 일 또는 경
험으로 얻은 어떤 사실을 단정적으로 베풀어 말하는 종결형 어미이다.
앞 예문 (2)의 경우는 모음으로 끝난 경우에 붙는 'ᄂㅌ소 / ㅣ니라'로
'ᄂㅌ소 / 이니라'의 이형태며, 때에 따라서는 '이'마저 생략되기도 한다.

(13) A : 人ᄂ 莫知其子之惡ᄂ소 <u>莫知其苗之碩ᄂ손ㅌ소</u><大學, 42a>
　　B : 人 莫知其子之惡ᄒᆞ며 莫知其苗之碩이라ᄒᆞ니라<大栗諺, 15b>
　　b : 人이 그 子의 惡을 아디 몯ᄒᆞ며 그 苗의 碩호믈 아디 몯ᄒᆞ
　　　　다 ᄒᆞ니라<大栗諺, 16a>
　　C : 人이 莫知其子之惡ᄒᆞ며 莫知其苗之碩이라ᄒᆞ니라<大諺, 14b>

> c : 사룸이 그 子의 사오나옴을 아디 몯ᄒ며 그 苗의 큼을 아디 몯ᄒ다 ᄒ니라<大諺, 15a>
>
> D : '사람이 그 자식의 惡을 알지 못하며, 그 싹이 큰 것을 알지 못한다'라고 하니라(傳 제8장 제2절).

'ㆍ ㅅ ㆍ ㅌ ㅅ / 이라 ᄒ니라'는 계사 '이-' + 인용의 '-라' + 'ᄒ-'(어간)+ '-니-'(설명의 어미) + '-라'(종결어미)로 분석할 수 있다. 계사 '이-'는 모음으로 끝난 음절의 뒤에서는 생략되어 'ㅅ ㆍ ㅌ ㅅ / 라 ᄒ니라'로 쓰인다. 그 외 'ㆍ ㅌ ㅅ / ᄒ니라'형도 나타난다.

> (14) A : 用之者ㆍ 舒ㆍ面 <u>則財恒足矣里ㅅ</u><大學, 63a>
>
> B : 用之者 舒ᄒ면 則財恒足矣리라<大栗諺, 29a>
>
> b : 用홀 者ㅣ 舒ᄒ면 財ㅣ 흥샹 足ᄒ리라<大栗諺, 29a>
>
> C : 用之者ㅣ 舒ᄒ면 則財恒足矣리라<大諺, 26b>
>
> c : 用홀 者ㅣ 舒ᄒ면 財ㅣ 덛덛이 足ᄒ리라<大諺, 27a>
>
> D : 쓰는 사람이 천천히 하면, 재물은 항상 넉넉하리라(傳 제10장 제19절).

(14)의 '里ㅅ / 리라'는 추측의 선어말어미 '-리-'가 사용되어, 미루어 짐작함을 나타내는 평서법 종결어미이다.

> (15) A : 殷之未喪師庢 克配上帝尸ㅌ <u>儀監于殷ㆍㅅ夕</u><大學, 54b>
>
> B : 殷之未喪師애 克配上帝러니 儀監于殷이어다<大栗諺, 23b>
>
> b : 殷의 師를 喪티 아닌 제 上帝를 克히 配ᄒ더니 맛당히 殷의 監홀디어다 <大栗諺, 23b>
>
> C : 殷之未喪師애 克配上帝러니 儀監于殷이어다 <大諺, 21b>
>
> c : 殷이 師를 喪티 아니ᄒ야신 제 능히 上帝ᄭᅴ 配ᄒ엿더니 맛당히 殷에 볼디어다<大諺, 22a>
>
> D : '殷나라가 아직 師를 잃지 않음에, 능히 상제에 配하더니, 마땅히 은나라에 볼지어다'(傳 제10장 제5절).

계사에 확실법 선어말어미 '-거-'의 이형태 '-어-'가 붙고 어말어미 '-다'가 연결된 경우이다.

(16) A : 爲人父厓尸 止於慈ゝ丷古 與國人交厓尸 <u>止於信ゝ尸寸夕</u><大
學, 20b>

B : 爲人父ᄒᆞ야 止於慈ᄒᆞ시고 與國人交앤 止於信이러시다<大栗
諺,6b>

b : 人父ㅣ 되얀 慈의 止ᄒᆞ시고 國人과 더브러 交ᄒᆞ매ᄂᆞᆫ 信에
止ᄒᆞ더시다<大栗諺, 7a>

C : 爲人父언 止於慈ᄒᆞ시고 與國人交앤 止於信이러시다<大諺, 6a>

c : 人父ㅣ 도여ᄂᆞᆫ 慈애 止ᄒᆞ시고 國人으로 더브러 交ᄒᆞ시매ᄂᆞᆫ
信에 止ᄒᆞ더시다<大諺, 6b>

D : 남의 아비가 되어서는 사랑에 머무르시고, 나라 사람과 더
불어 사귐에는 信에 머무르시는 것이다(傳 제3장 제3절).

'ゝ尸寸夕 / 이러시다'는 "계사 '이-' + 회상 선어말어미 '-더-'의 이
형태 + 존경법어미 + 종결어미"로 분석할 수 있다. 현대어에서 회상의
선어말어미 '-더'는, 존경법어미 '-시' 뒤, 종결어미 '-라, -냐, -면' 따
위의 앞, 시제의 '-았(었)-, -겠-' 등의 뒤에 붙어, 화자가 과거에 경험한
일을 회상하는 뜻을 나타내나, 당시에는 '회상'의 선어말어미가 존경법
어미에 先行하는 모습을 보인다.

감탄법은 세 가지 형태가 나타난다.

(17) A : 詩云 瞻彼 淇澳ゝ尸ᄃ 菉竹 <u>猗猗又夕</u><大學, 21b>

B : 詩云 瞻彼 淇澳혼디 菉竹 猗猗로다<大栗諺, 7b>

b : 詩예 닐오디 뎌 淇澳을 본디 菉ᄒᆞ 竹이 猗猗ᄒᆞ도다<大栗
諺, 8a>

C : 詩云 瞻彼 淇澳혼디 菉竹 猗猗로다<大諺, 7a>

c : 詩예 닐오디 뎌 淇澳을 본디 菉竹이 猗猗ᄒᆞ도다<大諺, 7b>

D : 詩에 말하기를 "저 淇澳을 보되, 菉竹이 猗猗하도다(傳 제3
장 제4절).

(17)의 '又夕 / 로다' 는 모음 뒤에서 '이'가 생략된 형태로 감탄법 선
어말어미 '-又 / 로-'와 어말어미 '-夕 / 다'의 결합으로 분석할 수 있다.
체언에 붙어 '이로구나, 이다'를 의고적으로 표현한 것이다. 물론 'ゝ又

夕 / 이로다'는 자음으로 끝난 체언에 연결된다. B本과 C本에서는 언해 문에서 '-도-'로 나타난다.

(18) A : 十目所視尒 十手所指ヒ 其嚴乎ㄴ尸底<大學, 34a>
    B : 十目所視며 十手所指니 其嚴乎ㄴ뎌ᄒ시니라<大栗諺, 13a>
    b : 열 눈의 보는 배며 열 손의 ᄀ르치는 배니 그 嚴혼 뎌ᄒ지 니라<大栗諺, 13a>
    C : 十目所視며 十手所指니 其嚴乎ㄴ뎌<大諺, 12a>
    c : 十目의 보는 배며 十手의 ᄀ르치는 배니 그 嚴ᄒ뎌<大諺, 12b>
    D : '열 눈의 보는 바이며, 열 손의 가리키는 바니, 그 엄한 것 이라고 한다(傳 제6장 제3절).

(18)은 'ㄴ尸底 / 인뎌'를 나타내는 것으로, '이-'는 계사, '-ㄴ'은 관형형어미, '-뎌'는 의존명사 'ᄃ'와 종결어미 '-여'가 결합되어 축약된 형태이다. 현대어는 '-인 것이다, -인 것을' 등으로 해석된다. 그러나 '-여'를 인용법어미로 보면 '-라고 한다'로 해석할 수도 있다. 한편, 이런 형태는 '三鍾 有ㅅㄱㅣㅜㄱ(三鍾이 있다는 것을)<13, 4-7, 瑜伽師地論>'처럼 13세기 자료에서 발견된다.

(19) A : 詩云 穆穆 文王ㄴ亦 於緝 熙敬止ㅅㅅㅣ<大學, 20b>
    B : 詩云 穆穆 文王이여 於緝 熙敬止라ᄒ니<大栗諺, 6b>
    b : 詩예 닐오디 穆穆ᄒ신 文王이여 於홉다 니워 熙ᄒ야 敬ᄒ고 止ᄒ시다 ᄒ니<大栗諺, 7a>
    C : 詩云 穆穆 文王이여 於緝 熙敬止라ᄒ니<大諺, 6a>
    c : 詩예 닐오디 穆穆ᄒ신 文王이여 於ㅣ라 緝ᄒ야 熙ᄒ야 敬ᄒ 야 止ᄒ시다 ᄒ니<大諺, 6b>
    D : 詩에 말하기를, '穆穆한 文王이여, 빛남에 있어 熙와 敬에 머 무르신다'라고 하니(傳 제3장 제3절).

호격 조사 '-亦 / 여'를 사용하여 감탄법을 나타낸다. 자음으로 끝난 경우에는 'ㄴ亦 / 이여'로, 모음으로 끝난 경우는 '亦 / 여'를 사용한다.
중세국어의 의문문에서는 주어는 1인칭이거나 3인칭일 경우, 의문사가 있는 때는 '-오'형이 나타나고, 그렇지 않은 때는 '-아'형이 나타나는데, 이 시대의 의문법이 『大學』에도 그대로 유지되고 있다.

(20) A : 人之視己㇏ 如見其肺肝然㇏ヒ <u>則何益矣里五</u><大學, 33a>
B : 人之視己ㅣ 如見其肺肝然이니 則何益矣리오<大栗諺, 12b>
b : 人의 己ㅣ 보기 그 肺肝을 봄ᄀᆞ티 ᄒᆞᄂᆞᆫ디니 엇디 益ᄒᆞ리오<大栗諺, 12b>
C : 人之視己ㅣ 如見其肺肝然이니 則何益矣리오<大諺, 11b>
c : 사ᄅᆞᄆᆡ 己ㅣ 보미 그 肺肝을 보ᄃᆞ시 ᄒᆞ니 곧 므서시 益ᄒᆞ리오<大諺, 12a>
D : 사람이 자기를 보는 것이, 그 肺와 肝을 보는 것같이 그러하니, 곧 무슨 유익함이 있겠는가?(傳 제6장 제2절)

(20)은 '-오'형 의문문으로 의문사 '何'가 호응하고 있으며, '里五 / 리오'는 繫辭 '이-'가 생략되고 추측의 선어말어미 '-리-'와 의문법 종결어미 '-오'가 연결되었다. 현대어로는 '있겠는가?'의 의미이다.

(21) A : 於止亦㇏ 知其所止ヌ所ヒ 可以人 <u>而不如鳥乎牙</u><大學, 20a>
B : 於止예 知其所止로소니 可以人 而不如鳥乎아ᄒᆞ시니라<大栗諺, 6a>
b : 止홀 제 그 止홀 바ᄅᆞᆯ 아노소니 可히 人으로ᄡᅥ 鳥만 ᄀᆞᆮ디 몯홀 것가 ᄒᆞ시니라<大栗諺, 6a>
C : 於止예 知其所止로소니 可以人 而不如鳥乎아<大諺, 5b>
c : 止홈애 그 止홀 바ᄅᆞᆯ 아도소니 可히 ᄡᅥ 사ᄅᆞᆷ이오 鳥만 ᄀᆞᆮ디 몯ᄒᆞ랴<大諺, 5b>
D : 머무르는 데 그 머무를 곳을 아노니, 사람으로서 새만 같지 못할까?(傳 제3장 제2절)

(21)은 '-아'형 의문문으로 '牙 / 아'는 현대어로 '-가?'의 의미이다.

(22) A : 若有一介臣㇏ 斷斷兮五 無他技那 其心㇏ <u>休休焉ソ尸也</u> 其如有容焉㇏亽<大學, 59a>
B : 若有一介臣이 斷斷兮 無他技나 其心이 休休焉 其如有容焉이라

<大栗諺, 26b>

b : 만일 一介 臣이 斷斷코 다른 지죄 업스나 그 무음이 休休호
미 그 容호미 잇는 둧호디라<大栗諺, 27a>

C : 若有一介臣이 斷斷兮오 無他技나 其心이 休休焉혼디 其如有容
焉이라<大諺, 24b>

c : 만일에 혼낫 臣이 斷斷ᄒ고 다른 지죄 업스나 그 무음이 休
休혼디 그 용납홈이 인는 둧혼디라<大諺, 25a>

D : 만일 한 개의 신하가 斷斷코 다른 재주는 없으나, 그 마음이
休休한지, 그 받아들임이 있는 듯한 것이라(傳 제10장 제14절).

(22)의 'ㄗ也/-ㄴ야'는 '-ㄴ지?'의 뜻으로 '-ㄴ야'는 막연한 의문의
종결어미로 볼 수 있다.

연결어미는 종결어미보다 다양한 형태를 나타낸다. 설명, 순차, 병렬 1,
병렬 2, 병렬 3, 전제, 조건 1, 조건 2, 단속, 대립, 원인, 역접 등이 골
고루 나타난다.

설명의 연결어미는 '-니'형이 대표적이다. '-니'형은 앞말이 뒷말의
까닭으로 쓰인 경우로 여기에 각종 선어말어미나 동사 어간이 연결되어
나타난다. '-니' 앞에 나타나는 형태소는 다음과 같은 것들이 있다. 계
사 '이-'가 붙어 어떤 사실을 들어 보인 다음, 그와 관련된 다른 말을
끌어내는 뜻을 나타내는 'ㄴㅌ/이니'가 있고, 추측이나 미래의 선어말
어미 '-리-'가 붙은 '里ㅌ/리니'가 있다. 회상의 선어말어미 '-더-'의
이형태 '-러'가 결합된 'ㄗㅌ/러니'도 있다.

동사 어간 'ᄒ-'가 붙은 'ᅩㅌ/ᄒ니'도 있고, 여기에 인용의 '-라'와
계사 '이-'까지 붙어 'ㄴ丷ㅛㅌ/이라ᄒ니'가 있으며 'ㄴ'는 ㅣ모음 뒤
에서는 생략되기도 한다. 한편 'ᅩㅌ/ᄒ니'류는 두 형태소 사이에 존칭
선어말어미 '-시-'가 붙은 'ᅩ寸ㅌ/ᄒ시니'와 현실법 선어말어미 '-ᄂ-'
가 붙은 'ᅩㅌㅌ/ᄒᄂ니'가 있다. '亽ㅌ/어니<大學5b>'는 1회만 등장
하는데, 확실법 선어말어미 '-어-'와 설명의 연결어미 '-니'로 분석할
수 있으나, 문맥상 이 형태는 '亽ㄴ'의 誤記이다.

앞의 (21)에서 '-又所ㅌ/로소니'는 '-니, -오니'의 의미로 보이며, 17

세기에 '徐州롤 훤히 열리로소니<1 : 8, 杜詩諺解(重)>' 등도 나타난다. 따라서 17세기 이후 근대국어시기에 '-로소니'는 '-니, -오니'의 의미로 자주 사용한 것으로 보인다.

　(23)　A : 唯仁人丶阿　放流之〱也　迸諸四夷〱亇　不與同中國〱ヒヒ
　　　　　　　<大學, 60a>
　　　　B : 唯仁人이아 放流之ᄒ야 迸諸四夷ᄒ야 不與同中國ᄒᄂ니<大栗
　　　　　　諺, 27b>
　　　　b : 오직 仁人이아 放流ᄒ야 四夷에 迸ᄒ야 더브러 中國을 同티
　　　　　　아니ᄒᄂ니<大栗諺, 27b>
　　　　C : 唯仁人이ᅀᅡ　放流之ᄒ야　迸諸四夷ᄒ야　不與同中國ᄒᄂ니
　　　　　　<大諺, 25a>
　　　　c : 오직 仁혼 사롬이ᅀᅡ 放流ᄒ야 四夷에 迸ᄒ야 더브러 中國에
　　　　　　同티 아니ᄒᄂ니<大諺, 25b>
　　　　D : 오직 어진 사람만이 放流하여, 四夷에 물리쳐, 더불어 中國
　　　　　　에 같이 있지 못하나니(傳 제10장 제15절).

　순차의 연결어미는 'ᄒ야'가 '〱也'와 '〱亇'로 함께 나타난다. '〱亇 / ᄒ야'의 'ᄀ'는 고려시대에는 'ʒ'가 주로 쓰이다가 조선시대에 들어오면서 'ᄀ'가 사용되었으며 그 全字形인 '也'와도 혼기하고 있는 것이다.

　(24)　A : 苟日新丶소亦 日日新〱㘴 又日新丶ᄉ〱亦<大學, 17a>
　　　　B : 苟日新이어든 日日新ᄒ며 又日新이라ᄒ고<大栗諺, 5a>
　　　　b : 진실로 날애 新ᄒ거든 나날 新ᄒ며 쏘 날로 新ᄒ라 ᄒ고<大
　　　　　　栗諺, 5a>
　　　　C : 苟日新이어든 日日新ᄒ고 又日新이라ᄒ며<大諺, 4b>
　　　　c : 진실로 나래 새롭거든 나날 새로이 ᄒ고 쏘 날로 새로이 ᄒ
　　　　　　라 ᄒ며<大諺, 4b>
　　　　D : '진실로 하루가 새로워지며, 나날이 새로워지고, 또 날로 새
　　　　　　로워진다'라고 하며(傳 제2장 제1절).

　병렬 1의 경우는 '-며'형으로서 둘 이상의 사물을 같은 자격으로 열거하는 의미를 지닌 것들이다. 그 앞에 단순히 동사 어간 'ᄒ-'가 붙은

'ㆍㅈ / ᄒ며'가 있으며, 여기에 계사 '이-'와 인용의 '-라'까지 붙은 복합형 'ㆍᅀㆍᅐ / 이라ᄒ며'가 있다. 단순히 계사 '이-'가 붙은 'ㆍㅈ / 이며'도 있으며, (24)의 'ㆍᅀᅐ / 이어며'는 계사 '이-' + 확실법 선어말어미 '-거-'의 이형태 '-어-' + 병렬의 연결어미 '-며'로 분석할 수 있다.

병렬 2는 둘 이상의 체언을 대등하게 이어주는 구실을 한다. (24)에서 'ㆍᅀ / ᄒ고'는 『大栗諺』, 『大諺』 등에서 'ᄒ며'에 대응됨으로 보아, 당시 'ㆍᅐ / ᄒ며'와 'ㆍᅀ / ᄒ고'는 혼동되어 사용한 것으로 보인다. 그러나 대체로 통사 구조상, 'ㆍᅐ / ᄒ며'는 화제가 한 가지일 경우이고, 'ㆍᅀ / ᄒ고'는 화제가 달라진 경우에 사용되었다. 'ᄒ고'는 'ㆍᅀ'와 'ㆍ口' 두 형태가 나타난다. 존칭법 선어말어미 '-시-'가 붙어, 'ㆍᄉᅀ / ᄒ시고'의 형태도 나타난다.

> (25) A : 有人ㆍ面 <u>此有土ㆍ五</u> 有土ㆍ面 此有財五 有財面 此有用ㆍ
> ㄴㅅ<大學, 55a>
> B : 有人이면 此有土ㅣ오 有土ㅣ면 此有財오 有財면 此有用이니
> 라<大栗諺, 24a>
> b : 人을 두면 이에 土룰 둘디오 土를 두면 이에 財를 둘디오
> 財를 두면 이에 用을 둘디니라<大栗諺, 24a>
> C : 有人이면 此有土ㅣ오 有土ㅣ면 此有財오 有財면 此有用이니
> 라<大諺, 22a>
> c : 사롬이 이시면 이에 ᄯㅏ히 잇고 ᄯㅏ히 이시면 이에 財ㅣ 잇고
> 財ㅣ 이시면 이에 用이 인ᄂᆞ니라<大諺, 22a>
> D : 사람이 있으면 이에 땅이 있음이요, 땅이 있으면 이에 재물
> 이 있음이요, 재물이 있으면 이에 씀이 있으니라(傳 제10장
> 제6절)

병렬 3은 (25)의 경우처럼 둘 이상의 사물을 대등적으로 나열하는 병렬의 연결어미로 현대어로는 '-이요'에 해당된다. 'ㆍ五 / 이오'와 그 이형태 '五 / 오'가 있다.

전제의 연결어미는 세 가지 형태가 나타난다. (1)의 'ㅁᅕ / 호ᄃᆡ'는 동사 어간 'ᄒ-' + 의도법어미 '-오-' + 전제의 연결어미 '-ᄃᆡ'로 분석

할 수 있다. 현대어로는 '하오되'로 해석함이 자연스럽다. 南豊鉉(1999a : 450)을 참고하면, 훈민정음 창제 이전의『直旨心體要節』구결에서는 '-ᄆ / 디'가 전제의 연결어미로 사용되었으나,『大學』에서는 '-ᄯ / 디'가 그 기능을 대신하고 있다. 앞의 사실은 인정하나 뒤의 사실이 이에 매이지 아니함을 나타낼 때 쓰였다. 'ᄂ ᄭ ᄯ / ᄒ디'도 나타나는데, 동사 어간 'ᄒ-'와 전제의 연결어미 '-ㄴ디'의 결합으로 분석할 수 있는데, '-ㄴ디' 는 앞의 사실을 인정하면서 설명을 덧붙이거나, 뒤의 사실이 앞의 사실 에 매이지 아니하는 구실을 한다. 또 'ᄒ ᄀ ᄇ ᄝ / 언마ᄂ'이 나타나는데, 이는 '-건마ᄂ'에서 변한 것이며 모음으로 끝난 체언에 붙는 연결형 어 미이다. 앞의 사실을 정해진 또는 마땅한 사실로 인정하거나 미루어 짐 작하면서 뒤의 사실이 이와 어긋난다는 뜻을 나타낸다.

(14)처럼 조건 1은 '-면'형으로서 앞의 사실이 가정적 조건임을 나타 내는 연결어미이다. '面 / 면', 'ᄂ 面 / 이면', 'ᄂ 面 / ᄒ면' 등이 나타난다.

> (26) A : 堯舜ᄂ 帥天下以仁ᄂ ᄇ ᄎ 而民ᄂ 從之ᄂ 古 桀紂ᄂ 帥天下
>   以暴ᄂ ᄆ ᄎ 而民ᄂ 從之ᄂ ᄇ<大學, 46a>
>   B : 堯舜이 帥天下以仁ᄒ신대 而民 從之ᄒ며 桀紂ㅣ 帥天下以暴
>   ᄒ대 而民 從之ᄒ니<大栗諺, 18b>
>   b : 堯舜이 天下를 仁으로ᄡ 帥ᄒ신대 民이 從ᄒ며 桀紂ㅣ 天下
>   를 暴로ᄡ 帥ᄒ대 民이 從ᄒ니<大栗諺, 18b>
>   C : 堯舜이 帥天下以仁ᄒ신대 而民이 從之ᄒ고 桀紂ㅣ 帥天下以
>   暴ᄒ대 而民이 從之ᄒ니<大諺, 17a>
>   c : 堯舜이 天下 帥ᄒ심을 仁으로ᄡ ᄒ신대 民이 좃고 桀과 紂
>   ㅣ 天下 帥홈을 暴로ᄡ ᄒ대 民이 조ᄎ니<大諺, 17b>
>   D : 堯舜이 天下를 거느리기를 인으로써 하시면, 백성이 따르고
>   桀紂가 天下를 거느리기를 暴로써 하면, 백성이 따르니(傳
>   제9장 제4절).
>
> (27) A : 致知ᄂ 在格物者ᄇ ᄝ 言欲致吾之知ᄝ ᄎ ᄝ 在卽物而窮其理也
>   ᄂ ᄉ<大學, 27a>
>   B : 致知 在格物者ᄂ 言欲致吾之知ᄂ ㅣ댄 在卽物而窮其理也ㅣ 라<大
>   栗諺, 10a>

b : 知룰 致호미 物을 格호매 잇다 홈은 내 知룰 致코져 홀진댄
物에 卽호야 그 理를 窮호매 이숌을 니르미라<大栗諺, 10b>

C : 致知ㅣ 在格物者는 言欲致吾之知ㄴ댄 在卽物而窮其理也ㅣ라
<大諺, 9a>

c : 知를 致홈이 物을 格홈애 잇다 홈은 내의 知를 致코져 홀딘
댄 物에 卽호야 그 理룰 窮홈애 이쇼믈 니르니라<大諺, 10a>

D : 이른바 知에 이름이 物을 格하는 데 있다는 것은, 나의 知를
이르게 하고자 하면, 物에 대하여 그 이치를 다하는 데 있
음을 말한 것이다(傳 제5장).

(26)~(27)은 조건 2 연결어미 '-ㄴ 대'를 나타낸다. 한글 구결에 대해
劉哲煥(1987 : 32)은 '-면'형이 단순한 가정문인데 반해, '-ㄴ댄'형은 앞문
에서 둘 또는 그 이상의 의문이 나오고, 그 의문을 내용으로 하는 가정
문이 된다고 하였으나, 여기에서는 그런 모습이 아니다. 그 앞에 동사
어간 '호-'가 주로 결합되며 'ㅅㄗㅊ / 호대'로 나타나거나, 존칭법 선어
말어미 '-시-'가 붙은 'ㅅ串ㅊ / 호신대'로 나타난다. 현대어로는 각각
'하면'과 '하시면'이다. 특기할만한 것으로 (27) 예문처럼 『大栗諺』에서
는 'ㄴ댄', 『大諺』에서는 'ㄴ댄'으로 대응되는 'ㄗㅊㄗ / ㄴ댄, ㄴ댄'이
있다. 현대어로는 '-하고자 하면'으로 해석된다. '대' 아래의 'ㄴ'은 주
제의 보조사가 아니라, 가정이나 조건의 보조사이다. 이런 경우는 先代
에도 흔히 있었던 現象이다.

口訣字 'ㅼ'는 'ㄱㅼ / 호디, ㅅㄗㅼ / 호디'에서 본 바처럼, '하오되'의
의미를 지니며 전제의 연결어미 역할을 하나, 口訣字 'ㅊ'가 들어간 'ㅅ
串ㅊ / 호신대, ㅅㄗㅊ / 호대' 등은 '-하면'의 의미를 지니며 조건2의 연
결어미 역할을 한다. 이는 B本과 C本에서 '-ㅼ / 디'가 (1)의 경우 '-오
디'형으로 언해된 반면, '-ㅊ / 대'는 (26)의 경우, '호신대 / 호대'로 언해
된 점으로 보아도 구결자 'ㅼ'와 'ㅊ'는 서로 다른 역할을 하고 있음을
알 수 있다.

단속의 연결어미로는 'ㅅタ可 / 호다가'가 있다. (1)의 예가 그것이다.
이는 이미 있던 동작이 일단 그치고 다른 동작으로 옮길 때, 그 그친

동작을 나타내는 연결어미이다.

 (28) A : 詩云 緜蠻 黃鳥╲亦 止于丘隅╲ㅅ╲彡 ㅌ乙<大學, 20a>
   B : 詩云 緜蠻 黃鳥ㅣ 止于丘隅ㅣ라ㅎ야놀<大栗諺, 6a>
   b : 詩예 닐오뎌 緜蠻ㅎ는 黃鳥ㅣ 丘隅에 止타 ㅎ야놀<大栗諺, 6a>
   C : 詩云 緜蠻 黃鳥ㅣ여 止于丘隅ㅣ라ㅎ야놀<大諺, 5b>
   c : 詩예 닐오뎌 緜蠻ㅎ는 黃鳥ㅣ여 丘隅에 止타 ㅎ야놀<大諺, 5b>
   D : 詩에 말하기를 '緜蠻한 黃鳥여 丘隅에 머물렀다'라고 하거늘
    (傳 제3장 제2절).

 대립의 연결어미로 'ㄴ彡 ㅌ乙 / ㅎ야놀'이 있다. 南豊鉉(1999a : 379)에는
15세기 이후 국어에서 '-거눌'이 나타나는데, 순접의 기능과 역접의 기
능을 하는 것으로 역접의 기능은 '-ㄱ ㄴ / 은을'이 접속어미로 굳어진
다음 二次的으로 발달했다고 보았다.

 (29) A : 不啻若自其口出╲面 寔能容之ㅅ 以能保我子孫黎民╲ㅌ<大
    學, 59a>
   B : 不啻若自其口出이면 寔能容之라 以能保我子孫黎民이니<大
    栗諺, 26b>
   b : 口로브터 남ㄱ티 너길 쑨 아니면 진실로 能히 容홀디라 뻐
    能히 우리 子孫이며 黎民을 保홀디니<大栗諺, 27a>
   C : 不啻若自其口出이면 寔能容之라 以能保我子孫黎民이니<大
    諺, 24b>
   c : 입오로브터 남ㄱ툴 너길 쑤니 안이면 진실로 能히 용납ㅎ는
    디라 뻐 能히 우리 子孫과 黎民을 保ㅎ리니<大諺, 25a>
   D : 그 입으로부터 나오는 것 같을 뿐만 아니면, 참으로 능히
    용납하는 것이므로 그로써 우리 자손과 黎民을 보존한 것이
    니(傳 제10장 제14절).

 원인의 연결어미로 'ㅅ / 라'가 있다. 모음 뒤에서 '이'가 생략된 형태
로 나타나는 것이다. '-이므로'의 뜻으로, 앞말이 뒷말의 원인이나 이유
가 됨을 나타내는 연결형 어미이다. 그러나 이것은 평서법 종결어미로
볼 수도 있다.

(30) A : 心誠求之面 雖不中丶那 不遠矣ㄴ 未有學養子而后令丶 嫁者
也丶ㅅㅅ<大學, 44a>

B : 心誠求之면 雖不中이나 不遠矣니 未有學養子而后 嫁者也ㅣ니
라<大栗諺, 17a>

b : 心의 誠으로 求ᄒ면 비록 中티 몯ᄒ나 遠티 아닛ᄂ니 子養
키를 學ᄒ 后애 嫁홀 者ㅣ 잇디 아니니라<大栗諺, 17a>

C : 心誠求之면 雖不中이나 不遠矣니 未有學養子而后에 嫁者也ㅣ
니라<大諺, 16a>

c : ᄆᆞᆷ애 誠으로 求ᄒ면 비록 中티 몯ᄒ나 머디 아니ᄒᄂ니
子養홈을 비혼 후에 嫁홀 者ㅣ 잇디 아니ᄒ니라<大諺, 16a>

D : 마음에 정성으로 구하면, 비록 맞지 않으나 멀지는 않은 것
이니, 자식 기르는 것을 배운 뒤에 시집가는 사람은 있지
않으니라(傳 제9장 제2절).

역접의 연결어미로 '丶那 / 이나'가 나타난다. 자음으로 끝난 체언에
붙어, 역접의 기능을 하며, 대체로 雖(비록)나 猶(오히)와 호응한다. 모음으
로 끝난 체언에는 '那 / 나'가 나타난다.

(31) A : 其所厚者厓 薄丶五 而其所薄者厓 厚丶里 未之有也丶ㅅㅅ
<大學, 13b>

B : 其所厚者 薄이오 而其所薄者 厚ㅣ 未之有也ㅣ니라<大栗諺, 4a>

b : 그 厚홀 바의 薄고 그 薄홀 바의 厚ᄒ리 잇디 아니니라<大
栗諺, 4a>

C : 其所厚者애 薄이오 而其所薄者애 厚ᄒ리 未之有也ㅣ니라<大
諺, 3b>

c : 그 厚홇 바애 薄ᄒ고 그 薄홇 바애 厚ᄒ리 잇디 아니ᄒ니라
<大諺, 3b>

D : 그 厚하게 할 바에 薄이요, 그 薄하게 할 바에 厚한 것이
있지 아니하니라(經 제7절).

前代에 전성어미로 있었던 동명사형이 이 시대에 이르러서는 명사형
어미와 관형형 어미로 분리되었다. 『大學』에서는 명사형 어미의 형태는
보이지 않고, 관형형어미만 보인다. (18)은 'ㄹ 底 / ᇙ뎌, ㄴ뎌'로 '이-'(繫

辭) + '-ㄴ'(관형형 어미) + 'ㄷ'(의존명사) + '-여'(종결어미)로 분석할 수 있으며, 현대어로는 '-인 것이다, -인 것을' 등으로 해석된다. (31)의 '⌣里 / 흐리'는 '흐-'(어간) + '-ㄹ'(관형형어미) + '이'(의존명사)로 분석되며, 현대어로는 '-한 것이'로 해석함이 자연스럽다. 그러나 '-ㄹ'를 명사형 어미로 보고 '이'를 주격조사로 보아도 해석상 큰 무리는 없어 '-함이' 도 무난하다.

선어말어미로는 설명법, 확실법, 추측법, 현재법, 감탄법, 존경법, 회상, 의도법 등이 나타난다.

설명법을 표시하는 선어말어미는 '-ㅌ / 니-'만 나타난다. 앞은 계사 '이-'나 동사 어간 '흐-'가, 뒤에는 어말어미 '-라'가 붙는다. '⟍ ㅌ ㅅ / ㅣ니라, 이니라', '⌣ ㅌ ㅅ / 흐니라' 등이 있다.

> (32) A : 故又 君子ㅌ 尸 <u>必愼其獨也</u>ㅌ ㅅ <大學, 33a>
> B : 故 君子는 <u>必愼其獨也</u>ㅣ니라 <大栗諺, 12b>
> b : 故로 君子는 반ㄷ시 그 獨애 愼홀디니라 <大栗諺, 12b>
> C : 故로 君子는 <u>必愼其獨也</u>ㅣ니라 <大諺, 11b>
> c : 故로 君子는 반ㄷ시 그 獨을 삼가ᄂ니라 <大諺, 12a>
> D : 그러므로 君子는 반드시 그 홀로를 삼가니라(傳 제6장 제2절)

(32)는 설명법 중 'ㅌ ㅅ / 니라'를 나타낸 것으로, 南豊鉉(1999a : 451)에서 이 어미는, 기원적으로 동명사어미 '-ㄴ' + 繫辭'이-' + 어말어미 '-다(>라)'의 결합으로 볼 수 있으며 설명법의 기능은 동명사어미 '-ㄴ'에서 나온 것으로 생각된다고 하였다. 으레 그러한 일이나 경험으로 얻은 사실을 타이르듯 일러주거나 설명하는 뜻을 표현한다.

확실법을 나타내는 선어말어미는 앞선 예문 (15)처럼 확실법 선어말어미 '-거-'의 異形態 '-ㅅ / 어-'가 나타나는 경우인데, 동사 어간 '흐-' 뒤에서 확실법 어미가 '-ㅑ / 야-'가 나타나기도 한다.

앞선 예문 (14)처럼 추측법을 나타내는 선어말어미로는 '-里 / 리-'가 있는데, 뒤에 연결어미나 종결어미가 연결된다. '里ㅌ / 리니, 里ㅅ / 리

라, 里五 / 리오' 등이 그것이다. 安秉禧(1977b : 75)는 '-리-'를 시제접미
사로 보고, '里' 또는 '利'로 表記되며, 이들은 모두 오랜 傳統을 갖는
借字이나 利가 佛書, 里가 儒書에 나타남이 다르다고 하였다. 『大學』도
이에 따라 '-里-'가 나타난 것으로 보인다.

앞선 예문 (5), (6)은 현실법을 나타내는 선어말어미 '-ㅌ / ㄴ-'를 보
여주고 있다. 訓讀字로서 매우 오랫동안 사용된 借字로 일관성 있게 나
타나는 것 중의 하나이다.

앞선 예문 (17)은 감탄법을 나타내는 선어말어미 '-ㅈ / 로-'를 보여
준다.

앞선 예문 (11), (16)의 경우가 존경법을 나타내는 선어말어미 '-ㅓ /
시-'를 나타낸다. 安秉禧(1977b : 71)는 경어법접미사 '-시'는 書大를 비롯
한 儒書에서는 '時', 地藏 등 佛書에서는 '示'로 나타난다고 보았는데, 여
기서도 그것이 적용되어 '時'의 略體字 'ㅓ'가 나타나고 있다. 'ㄱㄹ ㅓ
夕 / 이러시다, ㅗ申大 / ᄒᆞ신대, ㅗㅓ古 / ᄒᆞ시고, ㅗㅓㅌ / ᄒᆞ시니' 등으
로 나타난다.

앞선 예문 (11), (15)는 회상시제 선어말어미 '-더-'의 異形態 '-ㄹ / 러
-'가 나타난다. 'ㄹㅌ / 러니'와 'ㄱㄹ ㅓ 夕 / 이러시다'가 있다.

앞선 예문 (1)은 의도법 어미 '-오-'를 나타낸다. 동사 어간 'ᄒᆞ-'와
연결되어 '-ㄱ / 호-'의 형태로 나타난다. 'ㄱㅊ / 호뎌'와 'ㄱㄹ 也 / 혼야'
등이 있다.

3) 의존명사

의존명사는 'ᄃᆞ'와 '이'가 나타난다. (18)의 'ㄱㄹ底 / ᄂᆞ뎌'는 계사
'이-' + '-ㄴ'(관형형) + 'ᄃᆞ(의존명사)' + '-여(종결어미)'로 분석할 수 있다.
(31)의 'ㅗ里 / ᄒᆞ리'는 'ᄒᆞ-'(어간) + '-ㄹ'(관형형 어미) + '이'(의존명사)로
분석된다.

4) 부사화접미사

(33) A : 自天子以至於庶人屍　壹是皆以脩身爲本﹨ㄴ〟<大學, 13a>
　　 B : 自天子以至於庶人히　壹是皆以脩身爲本이니라<大栗諺, 3b>
　　 b : 天子로브터 뻐 庶人의 니르히 호굴곧티 다 身을 脩호모로
　　　　 뻐 本을 사몰디니라<大栗諺, 3b>
　　 C : 自天子以至於庶人히　壹是皆以脩身爲本이니라<大諺, 3a>
　　 c : 天子로브터 뻐 庶人에 니르히 호굴곧티 다 몸 닷그모로 뻐
　　　　 本을 삼ᄂᆞ니라<大諺, 3b>
　　 D : 天子로부터 庶人에 이르기까지 하나같이 다 脩身으로써 根本
　　　　 을 삼는다(經 제6절).

　부사화접미사는 두 형태가 나타난다. (22)의 '五 / 오'는 '兮'라는 한자
어와 결합해 '코'로 나타난다. 이는 '兮'가 'ㅎ'를 표시하고, '五'는 '-고'
로 읽었기 때문에 가능하며 '兮'를 'ㅎ-'로 읽고, '五'를 대등적 연결어
미 '-고'로 읽었을 가능성도 있다. 이러한 또 다른 例가 <大學, 64a>에
서도 '好五'가 '好코'로 나타나는데, '둏-(好)'의 말음 'ㅎ'이 '五(고)'와
연결되면서 '코'로 나타나고 있다. (33)의 '屍 / 히'[5]는 '至 / 니르다' 동사
어간에 붙어 부사로 만들었다.

5. 結 語

　본 硏究의 대상이었던 『大學』은 程子를 계승하여 朱子가 주석을 단
『大學章句』本으로, 1820년(순조 20년)에 중간한 것인데, 原文과 註釋文에
구결이 보인다. 본고는 이 책의 原文을 중심으로 1749년에 출간한 『大
學栗谷先生諺解』와 1590년에 출간한 陶山書院 所藏本 『大學諺解』를 비

---

5) 田光鉉(1988 : 21)은 17세기에 접미사 '-히'를 택하는 고유어의 派生副詞는 '-이'
　를 결합하는 것보다 매우 희소하다고 하였다.

교하고 현대어로 해석을 꾀함으로써, 16세기 말부터 19세기 중엽에 이르는 근대국어시기의 구결과 번역상의 차이를 알아볼 수 있도록 시도해 보았다.

한편 이 자료는 검토를 해 본 결과, 17세기 중엽의 것으로 보이는데, 그 근거는 다음과 같다.

첫째, 初刊本의 형태를 참고로 편찬한 重刊本이라는 점,

둘째, 16세기 資料까지도 나타났던 강세보조사 '-이ᅀᅡ'가 '-이아'로 읽히는 점,

셋째, 18세기말부터 나타나는 주격조사 '가'가 출현되지 않은 점,

넷째, 17세기 이후 설명의 연결어미로 사용되었던 '-로소니'가 출현하는 점 등이 그것이다.

原文에 사용된 구결의 문자체계는 총 34자로 많은 편은 아니었다. 또 全字體와 略體字가 동시에 쓰인 경우는 2회, 正字의 全字體는 16회, 略體字도 16회이었다. 특기할만한 것으로, '戶 / 려'는 戾의 略字體이거나 驢의 略字體인 馬戶의 두 가지 경우를 생각해 볼 수 있는데, 15세기 口訣資料를 참조할 때, 驢의 약체 馬戶 에서 나왔을 가능성이 높다. 또 '아'음의 표기에 '阝(良), 阿, 牙'라는 세 가지의 자형이 사용되었는데, 이는 각각 그 성격에 따라 쓰임을 달리하여 '阝(良)'는 확실법 선어말어미 '-거'의 변화된 형태, '阿'는 강세보조사, '牙'는 의문의 종결어미로 사용되었다.

토의 분류는 조사와 어미를 중심으로 나누고, 그 외의 형태를 첨기해 보았다. 어미는 어말어미를 중심으로 분류하여 열거하고, 선어말어미는 그 다음에 열거해 보았다.

통사・의미상 이중적인 해석이 가능한 경우로는 '亦 / 여'가 주격 또는 호격 등으로 가능했으며, 'ソ里 / ᄒᆞ리'가 관형형어미 또는 명사형 어미 등으로 가능했다. 또한 '-ㅅ / 라'는 원인의 연결어미 또는 평서법 종결어미 등으로 가능했다.

전반적으로 근대국어시기의 구결은 고대나 중세의 그것보다 정연하고

일관된 모습을 보이고 있었으며, 현대국어의 통사구조에 매우 근접한 모습을 보여주었다. 앞으로 근대국어시기의 구결을 종합적으로 검토가 필요하다고 생각된다.

VI. 『향약채취월령』에 나타난 고유어와 한자어의 연구

1. 序 論

훈민정음이 창제되기 이전에는 한자를 차용하여 우리말을 대신 표기하였다. 그래서 한자의 음이나 훈을 빌려 썼던 향찰, 이두, 구결 등이 사용되었던 것이며, 이에 따라 우리 고유의 향약명도 차자표기에 의해 기록되었던 것이다. 특히, 현재 전하는 고대국어나 중세 전기 시대의 국어 어휘의 수가 많지 않은 현실에서 이에 대한 연구는 우리에게 소중한 上代國語 硏究의 寶庫가 아닐 수 없다.

따라서 본고는 <향약채취월령>에 나오는 향약명을 중심으로, 기존의 차자표기 향약명 해독을 정리하고 또 빠진 부분에 대한 해독을 시도해 보며, 그에 나타난 고유어와 한자어를 분류함에 목적이 있다.

1) 연구사 검토

<향약채취월령>의 연구는 <향약구급방>의 연구보다 앞서는데 소창진평(1933)에서 비롯되었으며, 방종현(1972), 남광우(1997a), 조성오(1982), 손병태(1996) 등이 있다. 소창진평(1933)은 <本草綱目啓蒙>에 있는 우리나라 동물, 식물, 광물명을 硏究하면서 <향약채취월령>의 향약명 표기를 해독하여 본 자료에 대한 첫 연구가 되었다.

방종현(1972)은 선·후대의 향약명에 대한 차자자료를 수집하여 어휘 상호간의 대응을 꾀하고 어원을 추구하며, 방언까지 동원하여 연구하였

으나 미완성의 단계에서 유고로 남게 되었다. 남광우(1997a)는 60여 개의
향약명만 선택하여 후대로 이어지는 음운변화에 관심을 기울여 왔다.
조성오(1982)는 향약명을 해독하여 차자표기 체계를 수립했으나 <향약채
취월령>의 향약 재료명을 총망라하지는 않았다. 손병태(1996)는 漢語의
異名을 포함한 전 어휘를 망라하여 국어사 연구 자료로 제시하고, 방언
자료를 동원한 어원 추정, 형태론적인 어휘분석을 시도한 바 있다.

이 외에 남풍현(1981)은 <향약구급방>의 향약명을 중심으로 <향약채
취월령>을 비롯한 여러 의방서와 비교하여 밝히고 있어 가장 체계적인
연구 결과를 낳았다. 김종학(1988)은 <鄕藥文獻에 나타난 藥材名語彙 硏
究>에서 향약 약재명 어휘들의 해독형태로부터 훈민정음 이후의 문헌에
나타난 어휘들을 시대 순으로 비교·검토해 어휘의 변천양상을 살피고
변천과정에 나타난 특징을 파악하고자 하였으나, 그 해독에 있어 비합
리적인 면이 여러 면에서 보인다. 손병태(1996)은 고려시대 중기에서부터
조선시대 후기까지의 차자표기 향약명을 해독한 다음, 그것을 후대의
한글 표기 향약名과 비교 검토함으로써 그들의 변천과정을 살피고 국어
학상의 전반적인 특징들을 고찰하고자 했다. 그러나 자구해독에 연연하
다 보니 당대의 독음을 올바르게 재구해 내지는 못하고 있다.

2) <鄕藥採取月令>

이 책은 세종 10년(1428)에 집현전 직제학 유효통과 典醫監正 노중례,
副正 박윤덕 등에게 명하여 세종 13년(1431)에 단권(1책 10장 27×23.3cm)으
로 간행된 것으로 현재 刊本(印本)은 전하지 않고 寫本만이 전하고 있다.
거기에는 각지의 향토에서 산출되는 약재들(160종)을 민간에서 바르게 채
취할 수 있도록 정월부터 12월, 그리고 無時의 13기로 나누어 藥材의 漢
語名을 기록하고 그 밑에 차자표기로 향약명이 씌어져 있다.

지시 방식은 '鄕名', '同' 혹은 '卽', '一名', '又', '朱書', '上層' 등을 취

하고 있다. 이 책은 <鄕藥救急方>(1417)과 <鄕藥集成方>(1433)의 중간시기에 간행되어 국어사 연구 자료로 시사하는 바가 크다고 할 수 있다. 이 책은 서울대학교 규장각에도 轉寫本이 전하나 本稿의 臺本이 된 것은 일본 국회도서관 소장본이다.

2. <향약채취월령>의 해독

<향약채취월령>에 대하여 기존의 연구에서 해독된 사항을 살펴보고 정리하며, 그 해독의 正誤를 가려봄과 동시에 향약명의 고유어와 한자어를 분류해 보고자 한다. 기존의 해독에 대해서는 略號를 사용하는데, 그것은 다음과 같다.

가) 남광우(1997a) : "<鄕藥採取月令> 解讀 考察, 「國語學論文集」", 서울 : 일조각.
나) 조성오(1982) : "<鄕藥採取月令>의 借字表記體系 硏究", 단국대대학원 석사논문.
다) 현대어(1983) : "<향약채취월령>" 안덕균 주해, 세종대왕기념사업회.
라) 김종학(1988) : "<鄕藥文獻에 나타난 藥材名語彙 硏究>", 중앙대대학원 석사논문.
마) 남풍현(1981) : "<借字表記法 硏究>", 단국대출판부.
바) 손병태(1996) : "<鄕藥 藥材名의 國語學的 硏究>", 영남대대학원 박사논문.

1월

1. 葳薐 鄕名 豆應仇羅

가) 둥구러

　　나) 둥구레
　　다) 둥글레
　　바) 두응구라

　　녁 字를 모두 音假字로 읽을 것이요, '應'자는 ㅇ 받침을 나타낸 것이
다. 후세에 ㄹ音이 첨가된 語形. 羅는 '둥구레 : 黃精(物譜)'로 볼 때, 語末
에 'ㅣ'음表記가 있은 듯하며, <衿陽雜錄>의 '涉森犯勿羅栗 / 사슴버므레
조', '茂件羅栗 / 므프레조'에서 '레'에 대응되고 있는 것이 이를 뒷받침한
다. 남풍현(1981 : 44)에서 차자표기에서 하향이중모음의 副母音 'y'는 흔
히 생략되고 있다고 한다. 따라서 이 鄕名은 '둥글레'로 봄이 타당할 것
이며 고유어에 해당된다.

　2월

2. 雲母 鄕名 石鱗

　　가) 돌비늘
　　나) 돌비늘
　　다) 돌비늘
　　바) 돌비눌

　　두 자를 모두 訓讀字이다. 고유어로 '돌비늘'로 해독되는 것이 타당
하다.

3. 麥門冬 上層 冬沙伊

　　가) 겨스사리
　　나) 겨슬사리
　　다) 겨우살이
　　마) 겨슬사리 : 후기 中世國語에서는 '겨스사리', 近代國語에서는 '겨으
　　　　아리'가 나타남직하다.

바) 겨슬사리

'冬'은 訓이 훈민정음 제정 당시 표기로는 '겨슬', <四聲通解 下卷 張13>에는 '蔦'를 '겨스사리'라 하였다. '겨슬사리'의 'ㄹ'이 'ㅅ'위에서 탈락한 것이다. 그러나 남광우(1997a : 414)는 固有語에서 ㅿ 음 表記로 된 15세기어의 첨단적인 현실발음으로 ㅅ음 탈락형을 주장하여 '겨으사리' 내지 '겨을살이'로 읽을 것을 주장했다. 고유어이며 '겨슬사리'로 해독된다.

4. 獨活 朱書 虎驚草

　　나) 짯둘흡 : 訓讀字表記일 것이며 驚은 15세기 '두리-(怖)'와 의미상
　　　　연결되므로 '-둘흡'에 연관되나 虎는 '짜'에 대응되기 어렵다.
　　라) 짯둘흡
　　바) 범두리플 / 호두리새 / 범노라새

固有語이나 그 解讀은 '짯둘흡(?)'이라 생각되나 의문은 남는다.

5. 升麻 知骨木 又 雉鳥老草

　　나) 知는 雉의 誤寫임이 분명하며 音讀字 表記로 知骨木은 '티골목'의
　　　　表記이며, 雉鳥老草은 음으로 읽힐 가능성이 짙어 '꾀됴로플'의
　　　　表記이다.
　　라) 꾀됴로플 : '꾀됴로 → 꾀덜-'의 발달이 있었고 여기에 '分'의 뜻
　　　　을 가진 '-가리'가 添加된 것으로 본다.
　　마) 꾀됴로플 : 知는 雉의 誤寫이며 雉骨木은 漢字語이다.
　　바) 지골나모

고유어로 '꾀됴로플'로 해독된다. 바)의 해독은 타당성이 희박하다.

6. 細辛 緦

　　나) 緦는 細心의 誤寫이다. 細는 音讀字 表記이나 假字 '心'과 어울리

면서 讀字로서의 가치는 약화되었다.

마) 셰심 : 緦는 細心의 誤寫이다.

바) 緦는 細心과 같은 뜻으로, '셰심'으로 解讀된다.

'셰심'으로 해독하는 것이 타당하다.

7. 龍膽 鄕名 觀音草

나) 觀과 音은 音讀字이며 草은 訓讀字로 '관음플'의 表記이다. 후대에
'과남플'로도 表記되었는데, 이는 '음'音이 '과'의 '아'音에 유추되
어 '암'으로 바뀐 것이다.

'관음플'로 해독된다. 불교용어와 유관한 향약명으로서 불가에서 유래
된 번역한자어의 조어로 추정된다.

8. 黃耆 鄕名 甘板麻

가) 돈너삼

나) 甘과 板은 訓讀字이고 麻는 音讀字로 '돈널삼'의 表記이다.

다) 단너삼

마) 돈널삼

라) 돈널삼

'ㄹ'은 'ㅅ'위에서 탈락되므로 '돈너삼'이라 읽어야 한다는 주장도 있
으나 고유어이며 '돈널삼'으로 해독된다.

9. 茜根 鄕名 古邑豆訟

가) 곱두송

나) 넉 字가 모두 音假字로 '곱도송'을 表記한 것이다.

다) 꼭두서니

라) 곱도송 : '곱도송 > 곡도송 > 곡도손 > 곡도손이'로 變遷
했는데, '-이'는 接尾辭가 첨가된 것이다.

바) 곱도송

'곱두(도)숑 > 곡두숑'으로 된 것은 'ㅂ'받침이 'ㄱ'받침으로 바뀌는 현상으로 유사한 例에 '솝 > 속(裏), 거붑 > 거북(龜), 붑 > 북(鼓)' 등이 있다. 후대에 '곡'은 경음화되어 '꼭'이 된다.

고유어이며, '곱도숑'으로 해독된다.

10. 沙蔘 鄕名 加德

　　가) 더덕
　　나) 加는 訓假字, 德은 音假字로 '더덕'을 표기한 것이다.
　　다) 더덕

加는 訓讀, 德은 音讀으로 '더덕'이 그 해독으로 추정된다. 고유어이다.

11. 栝蔞根 鄕名 天叱月伊

　　가) 하눐ᄃ리
　　나) 하눐ᄃ리
　　다) 하눌타리
　　라) 하눐돌이
　　마) 하눐돌이
　　바) 하눐돌이

叱은 속격의 'ㅅ'으로 보는 것이 일반적이다. 고유어로 '하눐돌이'로 해독된다.

12. 當歸 鄕名 僧庵草

　　가) 승암초
　　나) 승암초
　　다) 승검초
　　라) 승암초
　　바) 승암초 : 佛家에서 유래된 飜譯漢字語의 造語로 推定된다.

'승암초'로 해독이 추정되며, 佛家에서 유래된 번역한자어의 조어로
추정된다.

13. 芍藥 鄕名 大朴花

　　가) 한박곶
　　나) 한박곶
　　다) 함박꽃
　　바) 한박곶

고유어로 '한박곶'으로 해독된다.

14. 秦芃 網草

　　나) 網과 草이 모두 音讀字로 '망초'를 表記한 것이다.
　　라) 망초 : 音讀字로서 固有語를 표기한 것이다.
　　바) 그믈플

한자어로 생각되며 '망초'라 해독된다.

15. 白合 鄕名 犬伊日

　　가) 가이날
　　나) 犬는 訓讀字, 伊는 'ㅣ'의 表記로 音假字, 日은 訓假字로, '가히날'
　　　　의 表記이다.
　　다) 개나리
　　바) 가히날

犬伊는 '가이'이다. 15세기 表記는 '가히'이나 여기서는 'ㅎ'음의 개입
을 인식할 수 없다. 15세기의 현실발음은 '가히, 가이' 등이었을 것이다.
따라서 '가이날'로 해독됨이 타당하며, 고유어이다.

16. 白芷 鄉名 仇里竹

　　가) 구리대
　　나) 구리대
　　다) 구리때
　　바) 구리대

고유어로 '구리대'라고 해독된다.

17. 黃芩 上層 裏腐屮

　　가) 숩서근플
　　나) 숩서근플
　　다) 속서근풀
　　마) 숩서근플
　　바) 숩서근플

15世紀에 '숩'과 '속'이 공존했으나, '숩'이 더 우세하였으며, 이는 <향약구급방>의 '所邑朽斤草'를 '숩서근플'로 읽는 것으로 보아 알 수 있다. 따라서 '숩서근플'로 해독되며 고유어이다.

18. 前胡 鄉名 蛇香菜

　　나) 蛇香菜 석자 모두 音讀字로 '사향치'의 表記이다. 「東醫寶鑑」,「濟衆新編」,「方藥合編」 등에는 '사양치불휘'로 기록됨.
　　다) 사양채 / 동치
　　바) 사향치

'사향치'로 解讀된다.

19. 石韋 上層一名 石花

　　다) 석위

「物名考」에는 '바위옷'으로 불리워지는 것으로 보아 필자는 '돌곳'으로 해독이 추정된다.

20. 地楡 鄕名 瓜菜

> 나) 訓讀字 表記로 '외ㄴ물'를 表記한 것이다. 「東醫寶鑑」에는 '외ㄴ물 불휘', 「物名考」에는 '슈박나물', 「方藥合編」에 '외나말뿌리' 등으로 기재
> 다) 수박풀 / 외순나물 / 지유
> 바) 외ㄴ물

고유어로 '외ㄴ물'로 해독된다.

21. 草三稜 鄕名 每作只根

> 가) 믜자기불휘
> 나) 믜자기불휘
> 다) 매자기뿌리
> 마) 믜자기불휘
> 바) 믜자기불휘

'每'는 '믜샹' 등의 15세기 表記로 보아 '믜'로 음독한다. 따라서 '믜자기불휘'로 해독된다. 고유어이다.

22. 薺苨 鄕名 季奴只

> 가) 계로기
> 나) 계루기 : 奴는 '노'음이나 대립모음 '누'로 변이한 音假字
> 다) 게로기
> 바) 계노기 / 계로기(활음조)

고유어로 '계루기'라 해독된다.

23. 鱧腸 唐本註云 一名 蓮子草

다)「東醫寶鑑」·「方藥合編」의 '한련초'와 같은 품종

한자어 '연자초'로 추정되나 확실하지는 않다.

24. 桔梗 鄕名 都乙羅叱

가) 도랏
나) 도랏
다) 도라지
라) 돌랏 : 자음 ㄹ이 중복된 형태로 표기상의 혼란인 듯
마) 도랏
바) 돌랏 : 後代에 내려오면서 '도랏, 돌랏, 도라지'로 불리었다.

'叱'은 'ㅅ'받침으로 보고, <訓蒙字會> 上 13에도 '도랏'으로 나타난다. 따라서 '도랏'으로 해독되며 고유어이다.

25. 白芨 鄕名 竹栗膠

가) 대밤플
나) 순경음 'ㅸ'의 최후 잔존 시기를 訓民正音 창제 즈음으로 볼 때, '대밤플'로 실현되었을 듯하다.
다) 대왐풀
라) 대밤플 : '膠'를 '플'로 사용하여 '草'의 意에 代用한 것은 그 말이 같은 픕을 내는 데 關係함이다(방종현, 1972 : 105).
바) 대밤플

'膠'는 문헌 표기상에 '갓블, 갓쓸'로 나타난다.
膠는 갓브리라(月釋 21 : 85), 膠 갓쓸교(訓蒙中 12), 갓블(釋譜 13 : 52), 갓쓸(三綱, 義婦) 등 따라서 '대밤플'로 해독되며, 고유어이다.

26. 貫衆 鄕名 牛高非

나) 쇠고비
다) 쇠고비
라) 쇠고비 : 후대어형 안 나타나고 일찍 소멸
바) 쇼고비 : 후대에 'ㅣ'음이 첨가되어 '쇼고비 > 쇠고비 > 쇠고비'로
되었다.

'ㅣ'음이 첨가된 '쇠고비'로 추정되며 고유어이다.

27. 白歛 朱書 加海吐

가) 가히토
나) 가히토
다) 가위톱
라) 가히토, 가히톳, 가히톱 : 15世紀 이전에 '도>토'의 激音化現象을
겪은 語彙임.

고유어로 '가히토'라 해독된다.

28. 商陸 鄕名 這里居 朱書 文章柳

나) 석자 모두 音假字로 '쟈리군'을 表記한 것이다.
다) 쟈리공 / 장녹
바) 쟈리군 : 여기서 居는 君의 誤字이다.

고유어이며 '쟈리군'으로 해독된다.

29. 天南星 豆也摩次作只

나) 두여맞자기
다) 두루미천남성
바) 두야맞자기

당시의 모음조화를 고려할 때, '두여맞자기'로 해독함이 타당하다. 고유어이다.

30. 白頭翁 採花

다) 할미꽃

미해독 향약명이다.

31. 狼毒 鄕名 吾獨毒只

가) 오독도기
나) 오독도기
다) 오독도기
라) 오독도기 : 名詞形成接尾辭 '-기(이)'가 첨가된 派生語.
바) 오독도기

'오독도기'로 해독되며 고유어이다.

32. 鬼臼 天南星大者

다) 귀구 : 우리나라에서 자생하지 않으므로 그 대용으로 천남성의
    큰 것[大者], 즉 큰천남성을 사용해서 붙여진 이름인 듯하다.
바) 鬼臼(귀구)는 천남성 중에서 지난해의 큰 덩이뿌리를 지칭한다.

'귀구'로 해독함이 타당할 것으로 보인다.

33. 虎杖根 鄕名 紺著

나) 紺와 著가 모두 音讀字로 '감뎌'를 表記한 것이다.
다) 호장근

'감뎌'로 해독되며 고유어이다.

34. 桑蝶蛸 鄕名 桑木上倘衣阿之家

가) 당의아지집
나) 뽕나모우희 당이아지집
다) 버마재비
바) 뽕나모우희당의아지집

衣는 '의 / 이'로 읽히나, 모음조화를 고려할 때, '뽕나모우희 당이아지집'으로 해독된다. 물론 고유어이다.

35. 石決明 生鮑

나) 싱포
다) 전복의 껍질
마) 싱포 : 13세기에는 包가 '보'음을 표기한 것으로 보아 'ㅂ'였을
　　 것으로 推定된다.
바) 싱보

당시 包가 '보'로 읽혀질 가능성으로 미루어 보아 '싱보'가 그 해독이 아니었나 추정된다.

36. 草烏頭 波串

가) 바곳
나) 바곳
다) 바곳

<訓蒙字會 上卷 張4>에는 '波'가 '믓결파'로 되어 있으나 東國正韻式 漢字音으로는 '방'(月釋 1 : 23)이다. '바곳'으로 해독되며 고유어이다.

3월

37. 芎藭 朱書 蛇休卜 又 蛇避卜

　나) ᄇ얌말이플 / ᄇ얌두러기플
　다) 천궁(川芎)
　라) ᄇ얌말이플, ᄇ얌두러기플 : 일찍 소멸
　마) ᄇ얌말이플 / ᄇ얌두러기플
　바) ᄇ얌말플 / ᄇ얌두러기플

'ᄇ얌말이플 / ᄇ얌두러기플'로 해독되며 고유어이다.

38. 苦蔘 鄕名 板麻

　나) 너삼
　다) 고삼 / 도둑놈의 지팡이
　라) 널삼
　마) 널삼 : 13세기에는 '널삼', 15세기에는 '너삼'으로 推定된다.
　바) 널삼 : 13세기 국어에서는 설단자음 'ㅿ'에 先行한 'ㄹ'은 아직
　　　탈락되지 않았고, 후대에 와서 'ㄹ'이 탈락되어 '너삼'으로 바뀌
　　　었다.

당대에는 '널삼'으로 불리어질 가능성이 높다. 고유어이다.

39. 玄蔘 能消卜

　나) 능쇼초
　다) 북현삼
　바) 능쇼초

'능쇼초'로 해독된다.

40. 紫草 芝草

나) 지초
다) 지치
바) 지초

'지초'로 해독된다.

41. 白薇 摩何尊

나) 석자 모두 音假字로 '마하존'의 表記이다.
다) 아마존 / 백미

'마하존'으로 해독된다.

42. 水萍 魚食

나) 고기밥
다) 개구리밥
마) 고기밥
바) 고긔밥

'고기밥'으로 해독되며, 고유어이다.

43. 王瓜 鼠瓜

나) 쥐외
다) 쥐참외
바) 쥐외

'쥐외'로 해독되며 고유어이다.

44. 藜蘆 鄕名 朴草 朱書 朴鳥伊

가) 박새
나) 박새
다) 박새
바) 박새

'草'가 '새'로 읽혔던 문헌으로는 草黃 새와이(龍歌 5 : 47), 새집(草屋, 草堂. 杜解 6 : 52, 7 : 2), 草閑 새한(龍歌7 : 25) 등이 있다.

'박새'로 해독되며, 고유어이다.

45. 射干 鄕名 虎矣扇

가) 범부체(矣를 所有格 表示로 볼 때, '버믜부체'로 읽을 수도 있다)
나) 범의부체
다) 범부체
마) 범의부체
바) 범의부채

'범의 부체'로 해독되며 고유어이다.

46. 靑箱子 鄕名 白蔓月阿比

가) 흰만드라비
나) 흰만드라비
다) 맨드라미
라) 흰만돌아비 : 梵語에서 流入된 '만돌아비'가 15世紀에 이미 固有語로 認識되어, '만드라비>만드라미'의 音韻變遷이 이루어졌다.
바) 흰만돌아비 : 梵語 '蔓陀羅華'에서 귀화한 것이다.

범어에서 유래된 어휘로 '흰만드라비'라 해독된다.

47. 澤漆 鄕名 柳漆

가) 버들옷
나) 버들옷
다) 버들옷
바) 버들옷

고유어이며 '버들옷'으로 해독된다.

48. 羊躑躅 鄕名 盡月背

가) 진돌비
나) 진돌비
다) 진달래
라) 진돌비 : '진돌비>진돌뵈>진돌외'로 變遷.
바) 진돌뵈

'盡'이 남광우 교수가 소장한 謄寫本에는 들어 있지 않아 <動動>에 나오는 '滿春 둘욋고지여(3月)'의 '둘욋곶'이 '진달래꽃'을 나타낸다고 보았다. '진돌비'로 해독되며 고유어이다.

49. 蚤体 躬身屮 卽 紫河草

나) 体는 休의 誤寫이다. '궁신초'로 推定된다.
다) 잠휴 : 우리나라의 '삿갓풀'이 좀 비슷하나 꼭 같은 것은 아니다.

'궁신초'로 해독함이 타당한 것으로 보인다.

50. 木賊 鄕名 束草 採無득

가) 속새
나) 속새
다) 속새
마) 속새

바) 속새 : 固有語이다.

고유어이며 '속새'로 해독된다.

51. 夏枯屮 鄕名云 鼈蜜

   가) 져비쓜
   나) 져비쓜
   다) 제비꿀
   바) 져비쓜

고유어이며 '져비쓜'로 해독된다.

52. 爵金香 一名 深黃此 卽 爵金花

   다) 울금의 숙근(宿根)
   바) 심황

'심황'으로 추정된다.

4月

53. 菖蒲 鄕名 松衣丁

   가) 숑의마
   나) 숑이마
   다) 창포
   라) 숑의마 : 16世紀 초부터 漢字語 '菖蒲'로 대체되었다. '부들'은 菖
      蒲의 異名으로 固有語이다.

고유어이며 '숑이마'로 해독된다.

54. 澤瀉 鄉名 牛耳菜

가) 쇼귀ㄴ몰
나) 쇠귀ㄴ몰 : 후대의 문헌을 통해 볼 때, 이 表記가 정확하다.
다) 택사
바) 쇼귀ㄴ몰 / 쇠귀ㄴ몰

나)의 주장이 타당성이 있으며 '쇠귀ㄴ몰'로 해독된다.

55. 茺蔚子 鄉名 目非也只(叱)

가) 눈비얏
나) 눈비얏
다) 암눈비앗
라) 눈비얏 : 語末子音이 'ㅈ'이었음을 보여주며, 15세기에 ㅈ>ㅅ으로
      변화함을 알 수 있다.
바) 눈비얏

이덕봉(1963)은 目非也叱을 '目秘藥'으로까지 그 어원을 추측한 바 있
다. 그 근거는 <鄉藥集成方>에 이 약재의 효능이 '明目益精'이라고 설명
되어서 눈을 보호하는 약이라고 하는 데 근거가 있다. 남광우(1997a : 419)
는 '눈비야기'로 읽을 수 있다고 보았다.
 '눈비얏'으로 읽었을 것이며, 고유어이다.

56. 藍實 靑黛

나) 모두 音讀字로 쳥더
다) 쪽 열매
라) 쳥더
마) 쳥더
바) 쳥더

「物名考」에는 고유어와 한자어의 결합형으로 나타난다. '쳥더'로 해독
된다.

57. 蛇床子 鄕名 蛇都羅叱 首書 又 蛇音置良只

가) ㅂ얌도랏 / ㅂ얌두라기
나) ㅂ얌도랏
다) 사상자
라) ㅂ얌도랏 / ㅂ얌두러기 : '-도랏'은 '-두러기'와 어형이 유사한 데
　　서 기인된 것으로 추측되나, 단정하기는 어렵다.
바) ㅂ얌도랏

고유어이며 'ㅂ얌도랏 / ㅂ얌두러기'로 해독된다.

58. 茵陳草 鄕名 加火老只

가) 더브로기
나) 老를 다른 表記들로 보아 '左'의 誤寫로 보아, '더블자기' : 集成方
　　表記가 '더위자기'로 나옴을 보아 이 시기에 b>β>w의 발달과
　　'ㄹ'탈락현상이 일어났음을 알 수 있다 鄕藥採取月令의 表記사실
　　을 중시한다면 '더뵈자기'로 실현될 가능성도 있다.
다) 더위자기
라) 더블자기 : '더블자기>더위자기'의 變遷
마) 더블자기 : 加火老只의 '老'는 '火'의 誤寫로 추측된다.
바) 더블노기

고유어이며 '더블자기'로 해독된다.

59. 蒼茸葉 鄕名 升古休伊

가) 되고마리
나) 도고마리 : 남풍현(1976)에 升은 후기 중세국어에서는 '되'(訓蒙 中
　　11b)이나, 그 선대어형은 '도'였을 것으로 推定했다.
다) 도꼬마리
바) 되고말이

'休'는 '말다' 동사의 어간 '말'로 읽었을 것이다. 따라서 고유어로서
'도고마리'로 해독된다.

60. 葛根 叱乙◦夫乙田仲

나) 즐불휘◦◦

다) 츩뿌리

라) 즐불휘◦◦

마) 즗불귀 : 田은 旧, 仲은 伊의 誤寫로 본다.

바) '◦'은 字間空白의 표기로 '즉' 정도의 의미를 지닌다. '◦'의 예는 <鄕藥集成方 83>에 木蝱을 '登外◦未飛者'로 '登外 즉 환생 못다 된 등에(나뭇잎 속에 있는 등에)'에서도 볼 수 있다. 다시 말하면 前半部의 明細化에 대한 것이 後半部에 說明形 構造로 나타나고 있다. 後半部는 前半部의 '叱乙' 植物의 '뿌리부분'을 지칭한 借字표기로 보인다. 여기서 주목되는 부분은 '夫乙田仲'이다. 앞의 '叱乙 + 根'과 대응시켜 보면 '根 : 夫乙田仲'이 대응된다. '田方言呼以而今轉爲갓又呼앗'(黃胤錫 原著, 강헌규 譯註, 華音方言 字義解 45쪽)을 참조하여 '夫乙田仲'을 解讀하면, '夫(부 : 音假) 乙 (ㄹ : 略音假) 田(갓 / 앗 : 訓讀) 仲(지 : 音假, 仲=地)' 즉 '불갓지'로 된다. 그 古形은 '＊즐기불갓'으로 推定된다. '仲'이 '地'와 같음을 밝히고자 한다. 崔孤雲은 檀君 桓因 時代의 神志 篆古碑文을 현대의 漢文으로 飜譯해 帖으로 만들어 天符經이라 하였는데, 이것은 81字로 되어 있고 暗誦되어 온 것을 수록한 관계로 겉보기에 7字 中 6字는 音이 같으나 글자 형은 다르다. 그것을 보이면 다음과 같다.(김일훈, 1994 : 20-26) 참조.

崔孤雲, 事蹟本 : 硯 愧 杳 演 同 仰 中
妙香山, 石壁本 : 析 置 妙 衍 動 昻 地

固有語이며 '즗불귀'로 解讀된다.

61. 酸漿 鄕名 叱利阿里

가) 꽈리

나) 利는 科의 誤寫로 '꽈아리'의 表記이다. '阿'는 音長을 표시한 것으로 축약된 어형인 '꽈리'로 볼 수도 있다.

다) 꽈리

라) 꽈아리 : '阿'는 長音을 나타내는 것으로 보는 견해(남광우, 1997 a : 419)가 있다.

한편 '叱'은 분명히 '된시옷'으로 의식해서 표기한 것으로 보인다. 고유어이며 '쫘리'로 해독된다.

62. 紅叶 蓼花

> 나) 료화 : 固有語는 아니다. 이는 音讀字만의 表記로 된 漢語借用語이다.
> 다) 여뀌꽃(?)
> 바) 료화

고유어는 아니며 '료화'로 해독된다.

63. 大小薊根大薊 鄉名 大居塞

> 가) 한거시
> 나) 한가시
> 다) 항가새
> 라) 한가시, 한거싀 : '엉겅퀴'의 뿌리
> 바) 한거시

'한거시>항가새'에서 'ㄴ'소리가 'ㄱ'소리 위에서 더러 'ㅇ'으로 자음동화되는 경우가 있다. 모음조화 규칙을 생각할 때, '한가시'로 해독된다.

> 안기다 > 앙기다 > 앵기다, 한길 > 항길 > 행길, 한것 > 항것(上典
> 月釋 8 : 94) 등

小薊 鄉名 曹方居塞

> 가) 조방거시
> 나) 조방가시
> 다) 조방가새
> 라) 조방가시, 조방거싀 : '조뱅이'
> 바) 조방거시 : 曹方은 指小語로 볼 수 있다.

'조방가시'로 해독된다.

5月

64. 天麻 鄕名 都羅本

나) 音讀字 表記로 보아 '도라본'으로 推定된다.
다) 수자해좃 / 천마
라) 도라본 : '도라본'으로 推定되나 일찍 소멸된 語彙인 듯하다.
바) 도라민

음독자 표기 '도라본'으로 해독된다.

65. 茅香 白茅香

다) 띠

'흰띠'로 推定되나 확실하지는 않다. 固有語로 보인다.

66. 半夏 鄕名 雉毛邑

나) 끼모롭
다) 괴무릇 / 반하 / 끼무릇
라) 끼의모롭 : 현대어 흔적 : 장끼
바) 끽모읍

'끼모롭'으로 해독된다.

67. 莨菪子 鄕名 牛黃

다) 미치광이풀
바) '우황>우왕>우웡>우엉'으로 漢語異名에서 나와 발달된 것이다.

'우황'으로 추정된다.

68. 旋覆花 鄕名 夏菊

> 나) 하국 : 音讀字만의 表記이나 漢語는 아니고 우리 국어 내에 造語
> 된 것으로 생각된다.
> 다) 금불초 / 하국 / 옷풀
> 바) 하국

'하국'으로 추정되며 한자어이다.

69. 萹蓄 鄕名 百節

> 나) 온믹듭
> 다) 매듭풀 / 옥매듭
> 라) 온ᄆ디 : 'ᄆ디'(節)의 혼성인 듯하다. 이 語彙는 '온ᄆ디>온ᄆ듭>
> 온마답>온믹듭'으로 변천하였고, 현대어로는 '마디풀'이다.

고유어이며 '온믹듭'로 해독된다.

70. 藺茹 鄕名 吾獨毒只

> 다) 우리나라에는 자생하지 않아 확인이 어려움

31항에 '狼毒'도 吾獨毒只로 나온다. 당시 표기상의 혼동에서 오지 않
았나 생각된다.

71. 郁李仁 鄕名 山梅子

> 나) 산믹ᄌ : 音讀字表記이긴 하나 漢語 기원은 아니고, '山叱伊賜羅次
> / 묏이ᄉ랏'의 漢譯으로 추측된다.
> 다) 산이스라지의 종자
> 바) 산믹ᄌ

고유어이며 '산미ᄌ'로 해독된다.

72. 蟾酥 卽 蟾眉上酥

　　다) 두꺼비

'蟾酥'(漢字語 藥名)를 설명하는 서술형을 표시한 것으로 보인다.

73. 水蛭 鄕名 巨末伊

　　가) 거머리
　　나) 거머리
　　다) 거머리

고유어이며 '거머리'로 해독된다.

74. 覆盆子 鄕名 末應德達

　　가) 멍덕딸
　　나) 멍덕달
　　다) 멍석딸기
　　라) 멍덕달
　　바) 멍덕달

고유어이며 '멍덕달'로 해독된다.

75. 胡荽 鄕名 高紫

　　나) 고싀
　　다) 고수
　　바) 고싀

고유어이며 '고싀'로 해독된다.

76. 石龍子 鄕名 都馬蛇

　가) 도마ᄇ얌
　나) 도마ᄇ얌
　다) 도마뱀
　바) 도마ᄇ얌

고유어이며 '도마ᄇ얌'으로 해독된다.

77. 紫菀 吐伊遏

　나) 퇴알 : 表記대로 읽으면 '토이알'이 되지만 다른 자료들로 보아 3
　　음절어가 아니다.
　다) 기원이 분명치 않음.
　라) 퇴알

확실하지는 않으나, '퇴알'로 해독된다.

6월

78. 黃蜀癸花 卽 黃蜀花 又名 一日花

　　다) 닥풀 / 황촉규 / 접시꽃

'황촉화'로 추정된다. 이로 보면 한자어이다.

7월

79. 蒺藜子 朱書 古今非居

　나) □는 本草綱目啓蒙에 인용된 「月令」에 '塞'로 보면, '-居塞'은
　　'-가시(刺)'로 보아야 할 것이다. 정확한 판독이 어렵다.
　다) 납가새

라) 朱書로 보아 後代人이 轉記한 것인데, 表記가 완전하지 못해 그
解讀이 어렵다. 안덕균(1983 : 96)은 □를 '입 구'(口)로 봄.

바) 冬을 冬으로 보아 '고돌비거삼'으로 解讀함. '거삼'은 '가시'에 대
응되며, '고돌비'는 후대에 '납'에 대응된다고 봄. '납'은 겨울 즉
12월을 뜻하고, '가시'는 가시를 의미한다고 했다. 그 근거로는
<村家 52>에 小薊를 羅邑居塞 즉 '작은 가시가 있는 조뱅이'라
하는 예가 있다.

필자는 □가 '塞'으로 추정한다. 63항의 大小薊根大薊 鄉名 大居塞 ·
曹方居塞와 연관된다. 따라서 '비가시'로 추정된다.

80. 馬兜鈴 鄉名 勿兒冬乙羅

나) 몰슨돌라 : 兒는 'ㅿ'음이나 'ㅿ'로 변이한 音假字이며 '슨'은 冠으
로 推定된다.

다) 쥐방울

라) 몰손돌라 : '兒'는 'ㅅ>ㅿ'의 음운변화를 보여줌.

바) 말아돌라 / 몰이돌라 : 兒는 'ㅇ'로 음차하나 'ㅣ'음이 부가되어
'이'의 속격으로 처리한다.

고유어이며 '몰슨돌라'로 해독된다.

81. 露蜂房 鄉名 牛蜂家

나) 쇠벌집

다) 말벌집

마) 쇼벌집

바) 쇼벌집

고유어이며 '쇠벌집'으로 해독된다.

82. 蟬花 鄉名 蟬脫生

나) 蟬은 '미아미'의 표기로 訓讀字이며 脫은 脫의 직접 차용이 아니

라 '脫'의 결과인 '헝울'의 表記로 보아 '蟬脫'은 '미아미헝울'의
表記이다.
다) 필자의 견해로는 현대어가 '매미 허물'로 推定된다. : 안덕균(198
3 : 98)에는 '蟬科에 속하는 곤충의 탈각(脫殼)'이라 했다.
바) 미아미헝울

따라서 '미아미헝울'로 해독된다. 고유어이다.

83. 水蘇 卽名 水芳荷

나) 믈방하
다) 개석잠풀

고유어이며 '믈방하'로 해독된다.

84. 薏苡仁 鄕名 有乙梅

가) 율민 / 율믜
나) 율믜
다) 율무
라) 율믜
마) 율믜
바) 율민

고유어이며 '율믜'로 해독된다.

85. 地膚子 鄕名 唐榾

나) 대뿌리
다) 댑싸리
바) 대뿌리

고유어이며 '대뿌리'로 해독된다.

86. 稀薟 鄕名 蟾矣衿

나) 두터븨니블
다) 진득찰 / 털진득찰
라) 두터븨니블 : 이 명칭은 일찍 消滅되고 새로운 명칭 '진득츨'로
    대체됨.
바) 두텁의니블

고유어이며 '두터븨니블'로 해독된다.

87. 麻蕡 卽 麻花上粉

나) 삼곳우희ᄀᆞᄅ
다) 마화꽃가루

일본국회도서관 소장본에는 이 항이 나오지 않는다. 고유어이며 '삼곳
우희ᄀᆞᄅ'로 해독된다.

88. 白附子 鄕名 白波串

나) 힌바곳
다) 노랑돌쩌기 / 백부자
바) 힌바곳

고유어이며 '힌바곳'으로 해독된다.

89. 桑寄生 卽 桑樹上冬乙沙里

가) 겨ᅀᅳ사리
나) 뽕나모우희겨슬사리
다) 겨우사리
바) 뽕나모우희겨슬사리

고유어이며 '뽕나모우희겨슬사리'로 해독된다.

8월

90. 遠志 鄕名 阿只卝 朱書 又 非師豆刀草

　나) 아기플 / 비사두도플
　다) 원지
　마) 아기플 / 비사두도플
　바) 아기플 / 비사두도플

고유어이며 '아기플 / 비사두도플'로 해독된다.

91. 白鮮 鄕名 檢花

　나) 검화
　다) 백선

한자어로 '검화'라 추정된다.

92. 葶藶 鄕名 豆音矣羅耳

　나) 두음의나싀 : '두음'은 후대에 '두름'에 대응되는 것이다.
　다) 꽃다지 : 두루미냉이를 꽃다지와 동일한 것으로 보았기 때문이다.
　라) 둠의나싀 : '두의나싀>둠의나싀>두루믜나싀>두루믜나이'의　음운
　　　변천을 거쳐, 현대어 '두루미냉이'로 됨.
　바) 두음의나싀

고유어이며 '두음의나싀'로 해독된다.

93. 白頭翁 鄕名 注之花

　나) 주지곳 : 후대에는 잊혀진 鄕名
　다) 할미꽃
　라) 주짓꼿 : 東醫寶鑑 이후에 '할믜십가비'로 대체되었으며, 현대어는
　　　'일본할미꽃'임.

바) 주지곳

30항에 '採花'가 있은 점으로 보아 기록자의 혼동에서 온 것으로, '주지곳'으로 해독된다.

9월

94. 酸棗 鄕名 三彌尼大棗

남풍현(1981 : 85)은 '尼'로서 이 鄕名이 佛家用語에서 왔음을 짐작할 수 있다고 하면서 沙彌, 沙彌尼는 童僧, 童女僧이므로 佛敎가 보편화되어 있던 高麗時代에는 指小的인 뜻으로 발전할 가능성을 충분히 가지고 있는 것이다.

  나) 사미니대조
  다) 멧대추나무의 씨
  라) 사미니대조
  바) 삼미니대조

불교용어에서 왔으며, '사미니대조'로 해독된다.

95. 牡荊 卽 頑荊

  다) 좀목형의 열매

미해독 어휘이다.

96. 蔓荊實 卽 僧法實

  다) 순비기나무 열매

바) 승법실 : 飜譯借用語이다.

번역차용어로 '승법실'이라 추정된다.

97. 衛矛 鄕名 件帶檜

나) '볼디회'가 表記上 독음이나 15세기 중엽에 'ㄷ'앞에서 'ㄹ'탈
락현상이 이미 일어났던 것으로 보아 'ㅂ디회'의 表記로 推定
된다.
다) 화살나무
바) 비대회

'ㅂ디회'로 해독된다.

98. 班猫 鄕名 加乙畏

가) 갈외
나) 갈외
다) 가뢰
바) 갈외

고유어이며 '갈외'로 해독된다.

99. 雀甕 鄕名 衰也只

가) 쇠야기
나) 쇠야기
다) 쐐기
라) 소야기 : 소야기>쇠야기>쐐기의 變遷을 거침. - 硬音化하여 音節
縮約이 됨.
마) 쇠야기 : '소야기'가 '쇠야기'로 발달한 것을 보여준다.
바) 소야기

고유어이며 '쇠야기'로 해독된다.

100. 雞頭實 鄕名 居塞蓮

가) 거시련
나) 가시련
다) 가시연
라) 가시련, 거싁련
바) 거시련

'싀>싁>시'는 '가시(荊)'가 '가싀(楞解 5 : 25)>가싁(古時調)>가시'로 바뀐
것과 유관하며, '가시련'으로 해독된다.

101. 菟絲子 鄕名 鳥麻

가) 새삼
나) 새삼 : 현실에서는 ' s > z '의 변화를 참작하면 '새삼'으로 실현될
  것으로 推定된다.
다) 새삼

고유어이며 '새삼'으로 해독된다.

102. 蘹香子 朱書 加音卝

가) 더음플
나) 더음플 / 감플 : 加音卝은 固有語일텐데 漢字語에 눌려 잊혀진 것인
  듯하며 '加'는 借字表記에서 晉假字,訓假字에 두루 사용되는 것으
  로 독법을 推定하기 어렵다.
다) 회향
바) 덤플

고유어이며 '더음플'로 해독된다.

103. 京三稜 鄕名 牛夫月乙

나) 쇠부들

다) 매자기의 덩이줄기
라) 쇠부돌
마) 쇼부들
바) 쇼부돌

26항의 '貫衆 鄕名 牛高非'을 '쇠고비'로 解讀함을 참고할 때, 고유어
이며 '쇠부들'로 해독된다.

104. 威靈仙 鄕名 車衣菜

가) 술위ㄴ물
나) 술위ㄴ물
다) 수뤼나물
마) 술의ㄴ물
바) 술위나물

고유어이며 '술위ㄴ물'로 해독된다.

105. 梔子 朱書 芝止

나) 지지 : 梔子의 借用語이다. 梔의 後期 中世國語 漢字音은 '지'(訓蒙
    上. 7b)이다.
다) 치자나무 열매

'지지'로 推定된다.

106. 白莢 走葉木

나) 白은 皁의 誤寫이다. '주엽나모'로 推定된다.
다) 주엽나무
바) 주엽나모

고유어이며 '주엽나모'로 해독된다.

107. 冬麻子 鄕名 吐乙麻

가) 돌삼
나) 吐는 후기 中世國語 漢字音으로는 '토'이나 상대형은 '도'로 推定
되어 '돌삼'의 표기이다.
다) 돌삼
라) 돌삼

나)의 해독을 참고할 때, '돌삼'으로 해독된다.

108. 白藥 犬矣吐叱

다) 안덕균(1983 : 117)에는 길경(桔梗)의 異名인 듯하다고 했다.

'가의돗'의 표기로 보인다.

10월

109. 菴蕳子 鄕名 眞珠蓬

나) 진쥬봉 : 국어내에서의 造語일 것이다.
다) 개제비쑥의 종자
라) 진쥬봉 : 현대어 '개제비쑥(菴蕳)'의 方言으로 '진주뽕'이 남아 있음
(이희승, 1961).

'진쥬봉'으로 해독된다.

110. 決明子 朱書 狄小豆

나) 되꽃 : 小豆의 固有語는 '꽃'이다.
다) 결명자
라) 되꽃 : 훈민정음 이후의 문헌에서 '블근꽃'으로 대체됨.
마) 되꽃

바) 더픗

고유어이며 '되픗'으로 해독된다.

111. 麋角 卽 大鹿

다) 고라니의 노각

大는 '한', 鹿은 '사슴'으로 解讀하여 '한사슴'의 표기이다. 鹿은 15세
기 文獻에 '사슴'으로 기록된 예가 많다.

사스미 등과(麋背)   <龍 88>
사슴 爲鹿   <解例 用字> 등

또는 大鹿이 '고라니'를 뜻하는 '麠'를 쓴 것으로 볼 때, '고라니'의
표기인 듯도 하다.

112. 香薷 鄕名 奴也只

가) 노야기
나) 어원을 알 수 없는 固有語이다. '노야기'의 표기로 推定된다.
다) 노래기
바) 노야기

나)의 주장처럼 '노야기'로는 추정되나 어원을 알 수 없는 고유어이다.

11월

113. 熊脂·熊膽 鄕名 古音矣余老

가) 고믜열
나) 곰의여로

다) 웅담
라) 남광우(1997a : 422)에는 '열'이 ' ㅣ 얼'의 順行同化로 되어 熊膽은
'곰의 얼'이지 않을까 하고 추측도 함.

라)의 주장은 타당성이 좀 떨어진다. '곰이여로'의 표기이며, 고유어
이다.

12월

114. 忍冬 鄕名 金銀花ㅐ

나) 音讀字表記 借用語로 '금은화초'로 推定된다.
다) 인동덩굴
바) 금은화플

'금은화초'로 추정되며 한자어이다.

115. 大戟 鄕名 柳漆

다) 대극

47항에 '澤漆'도 鄕藥名이 '柳漆'이다. 기록상 혼동에서 온 것이다.

116. 冬葵子 鄕名 阿郁

가) 아욱
나) 아옥
다) 아옥
마) 아옥 : 'b > β > w'의 발달이 훈민정음 창제 이전에 이미 있었음
을 보여준다.

고유어이며 '아옥'로 해독된다.

採無時

117. 紫石英 鄕名 紫水晶

　　나) 모두 音讀字로 'ᄌ슈졍'의 表記이다.
　　다) 자석영
　　바) 쟈슈졍

한자어이며 'ᄌ슈졍'으로 해독된다.

118. 磁石 鄕名 指南石

　　나) 音讀字表記 借用語이다. '지남셕'의 표기로 추정된다.
　　다) 자석
　　바) 지남셕

한어차용어이며 '지남셕'으로 해독된다.

119. 代赭 鄕名 朱石

　　나) 漢語 借用語로 '쥬셕'의 表記이다.
　　다) 대자석
　　바) 飜譯漢字語의 借用으로 '쥬셕'

한어차용어이며, '쥬셕'으로 해독된다.

120. 自然銅 鄕名 生銅

　　가) 산골
　　나) 산골
　　다) 산골
　　바) 산구리

銅은 '구리'로 여기서는 '굴/골'로 읽은 듯한데, 모음조화를 고려할 때, '산골'로 해독된다.

121. 藍藤根 鄕名 加士ㅏ 卽 藍漆

　　나) 가스새
　　다) 뿌리 모양이 세신(細辛)과 같은 것으로 덩굴성초본의 하나라고 했다.

고유어이며 '가스새'로 해독된다.

122. 惡實 鄕名 苦牛旁子

　　나) 쁜우벙삐
　　다) 우엉씨
　　라) 우벙삐 : '우방 > 우방 > 우왕 > 우웡'의 음운변천을 겪어 固有語
　　　　로 인식되었다.
　　바) 쁜우벙삐

고유어이며 '쁜우벙삐'로 해독된다.

123. 爵金 鄕名 深黃

　　나) 音讀字表記 借用語로 '심황'의 표기로 推定된다.
　　다) 작금(?) : 문헌의 기록이 보이지 않는다.

한어차용어로 '심황'의 표기이다.

124. 海帶 似多士摩藿而麤長

　　다) '다시마'와 비슷하다는 기록인데, 이는 「東醫寶鑑」에서 '다스마'
　　　　고 규정하고 있다. 따라서 현재어로는 '다시마'인 듯하다.
　　바) 다스마

당시의 '다스마'를 혼동하면서 쓴 기록으로 보인다.

125. 蓖麻子 阿次叱加乙伊

　가) 아지짜리
　나) 아좃가리
　다) 아주까리
　라) 아좃가이
　바) 아좃가리

고유어이며 '아좃가리'로 해독된다.

126. 羊蹄根 鄕名 所乙串

　가) 솔곳
　나) 솔곳
　다) 소루장이
　라) 솔곳
　바) 솔곳

　현대어 '소루장이'는 'ㄹ'아래에서 'ㄱ'이 탈락한 '솔옷, 솔웃' 등의
예처럼 '소루장이'에서 接尾辭 '-앙이'가 첨가된 것이다. 고유어이며 '솔
곳'으로 해독된다.

127. 鶴虱 鄕名 狐矣尿

　가) 여싀오좀
　나) 엿의오좀
　다) 담배풀
　바) 여싀오좀

　'여싀'의 △ 表記는 '여의'표기로도 볼 것인가는 생각해 볼 문제이나
'여싀'로 봄이 타당하며, 고유어로 '여싀오좀'을 표기한 것이다.

128. 山慈菰根 易無乙串 一名 金燈花

　나) 몰물곳
　다) 산자고 뿌리
　라) 몰물곳 : 固有語

고유어이며 '몰물곳'으로 해독된다.

129. 燈心艸 鄕名 古乙心

　가) 골플
　나) 골속 : 心은 '속'을 表記한 音假字로 본다.
　다) 골플

心은 艸의 誤字로 보인다. 따라서 '골플'의 표기이다. 물론 고유어이다.

130. 馬勃 鄕名 馬夫乙草

　나) 몰불버슷
　다) 말불버섯
　바) 몰불버슷

고유어이며 '몰불버슷'으로 해독된다.

131. 槐白皮 鄕名 槐花木皮

　나) 회화나모겁질
　다) 괴화나무 껍질
　바) 회화나모겁질 / 회화곳나모겁질

'회화나모겁질 / 회화나모거플'로 해독된다.

132. 海東皮 鄕名 掩木皮

　나) 엄나모거플

다) 음나무
바) 엄나모겁질

'엄나모거플 / 엄나모겁질'로 해독된다.

133. 五倍子 一名 文蛤 一名 百蟲倉

다) 붉나무의 벌레집

미해독 어휘이다.

134. 白膠 卽 鹿角膠 藥性論 又名 黃明膠

다) 사슴뿔 아교

'사슴뿔플'(?)로 추정된다. 이는 25항의 '膠'를 '플'로 사용하여 '草'의 意에 代用한 것은 그 말이 같은 音을 내는 데 관계한다는 부분과 연관이 있다고 본다.

135. 羚羊角 卽 山羊

다) 산양뿔
마) 산양뿔

'산양뿔'로 해독된다. 한자어와 고유어가 결합된 어휘이다.

136. 獳肉 獳音端 鄕名 吾兒尼

나) 吾兒尼는 모두 音假字로 '오ᅀᅡ니'를 표기한 듯하다.
다) 오소리
라) 오ᅀᅡ니
바) 오술이고기

고유어이며 '오ᄉ니'로 해독된다.

137. 石蜜 鄕云 石淸蜜 一名 石飴

나) 셕쳥꿀 : 石飴는 漢子名의 별명이다.
다) 꿀벌의 밀당

한자어와 고유어가 결합된 어휘로 '셕쳥꿀'의 표기이다.

138. 牡蠣 鄕云 大屈乙曹介

가) 한굴조개
나) 한굴죠개 : 曹는 후기 中世國語 漢字音으로는 '조'(訓蒙中, 7b)이나
　　여기서는 '죠'음 표기에 쓰였다. 이는 借字表記의 不完全性에 기
　　인함이다.
다) 모려과의 굴조개
바) 큰굴죠개

靑山別曲의 '구조개'는 '굴'과 '조개'가 아니라 '굴조개'의 'ㅈ'위에서
의 'ㄹ'탈락한 것이라고 남광우(1997a : 423)는 보았다.
나)의 주장으로 미루어 '한굴죠개'의 표기이며 고유어이다.

139. 蝟皮 鄕云 高所音猪

가) 고솜돈
나) 고솜돈
다) 고슴도치
라) 고슴돝 : 15세기 이후 '고솜돝'으로 나타난다.
마) 고슴돝 : 13세기에는 '고슴돝'이었다.
바) 고솜돝

猪를 '고슴돈(杜解 10 : 40, 訓蒙上 19)'이라 기록한 것으로 보아도 '고솜
돈'의 표기이다. 고유어이다.

140. 蠐螬 鄕云 代尾

　나) 디미
　다) 우리나라에는 기록이 없다.

‘디미’로 추정된다.

141. 烏賊魚骨 鄕云 未起骨

　나) 미긔치 : 骨의 後期 中世國語의 訓으로는 ‘뼈’이나 後代 文獻에는
　　‘骨’이 ‘치’에 대응된다.
　다) 오징어뼈
　라) 미긔치
　바) 미긔뼈

고유어이며 ‘미긔치’로 해독된다.

142. 蠶退 鄕云 蠶出紙 一名 馬鳴退

　나) 蠶退에 대응할 固有語가 없었던 것으로 正音表記는 없다.
　다) 어린 누에의 脫皮
　바) 누에(알)난죠희

‘누에난죠희’로 추정된다.

143. 芰實 鄕云 末栗

　가) 말밤
　나) 말밤
　다) 마름
　바) 말밤

이 語彙는 ‘말밤 > 말밤 > 말왐 > 말암 > 마름’의 변천을 거쳤다. 고유
어이며 ‘말밤’으로 해독된다.

144. 胡桃 鄉云 唐秋子

나) 秋는 楸의 誤寫로 楸子의 固有語는 'ᄀ래'이다. 唐楸子는 '당츄ᄌ'의 表記로 推定된다.
다) 호두나무 열매
라) 唐楸子는 '가리'의 漢字語인 '楸子'와 구별하기 위한 명칭으로, 「濟衆新編」(1799) 이후부터 '唐楸子'보다 胡桃가 보편적인 명칭으로 나타난다.
바) 당츄ᄌ : 唐은 産出장소를 나타내는 접두어로 특정명시 하위구별 표지이다.

'당츄ᄌ'의 표기로 추정된다. 한자어이다.

145. 罌子粟 鄉云 陰古米

나) 陰은 陽의 誤寫이다. '양고미'로 推定된다.
다) 양귀비
라) 양고미
바) 양고미

고유어이며 '양고미'로 해독된다.

146. 甛瓜子 鄉云 眞瓜子

나) 춤외삐
다) 참외씨

고유어이며 '춤외삐'로 해독된다.

147. 假蘇 鄉云 鄭芥 一名 荊芥

나) 덩가
다) 형개(荊芥)
바) 덩가

‘덩가’로 해독된다.

148. 薄荷 鄕名 英生

　　나) 영싱 : 薄荷의 固有語이다.
　　다) 박하
　　라) 영싱
　　마) 영싱
　　바) 영싱

고유어이며 ‘영싱’으로 해독된다.

149. 棠毬子 鄕名 地乙梨

　　나) 딜뷔 : 梨는 ‘비’음의 表記로 訓讀字이다.
　　다) 아가위나무
　　라) 딜비(딜뷔)

참고로 일본 국회도서관 소장본[1]에는 ‘地乙利’라 기록되어 있다. 고유어이며 ‘딜뷔’로 해독된다.

150. 通草 水左耳

　　나) 므자싀
　　다) 통탈목(通脫木) : 「東醫寶鑑」에서는 통초와 목통이 一物이라고 하였는데, 목통은 으름과의 ‘으름덩굴’의 줄기를 일컫는다고 한다.
　　바) 믈자이

고유어이며 ‘믈자싀’로 해독된다.

151. 水泡石

　　다) 해부석(海浮石)

---

1) 단국대 남풍현 교수님의 소장본을 참고하였다.

'믈부셕'의 표기로 추정된다.

152. 鶪鴣 鄕名 沙月鳥

> 가) 사ᄃ새
> 나) 사ᄃ새 : '사돌새'이나 이미 이 시기에 'ㄹ'음 탈락이 있었다고
> 본다.
> 다) 사다새
> 바) 사ᄃ새

고유어이며 '사돌새'로 해독된다.

153. 白瓜子 多瓜仁也 龍葵菜 加ㅓ曹而

> 가) 가마조싀
> 나) 가마조싀
> 다) 까마중이

而가 東國正韻式 漢字音으로 '싱'이다. 고유어이며 '가마조싀'로 해독
된다.

3. 固有語와 漢字語

김종학(1988 : 84-85)은 향약문헌의 향약명에서 나타난 어휘들에 대하여
다음과 같이 밝히고 있다.

> 한자를 차용하여 표기된 향약어휘는 대부분이 固有語 명칭을 표기한
> 것인데, 漢字語 이명표기와 語意解釋式으로 표기된 예가 다소 있으며 기
> 타 외래어로는 梵語에서 차용된 '만둘아비'와 '사미니대조'의 표기가 나
> 타날 뿐이다. 한편, 소멸된 향약어휘들의 대체양상을 살펴보면, 쇠부돌 >

미자깃불휘, 탑ᄂᆞ몰 > 집우디기, 쇠고비 > 회초미, 힉치 > 부칙, ᄇᆞ얌말이플 > 궁궁이, 일히의엄 > 집신나물, 몰은돌아 > 쥐방올, 주지곳 > 할미십가비, 몰말곳 > 가치무릇, 모롭 > 토란, 고돌비거숨 > 납가싀, 숑의마 > 챵포, 두터븨니블 > 진득출, 부븨여기나모 > 모관쥬나모, 딜뷔 > 아가외, 너줄콩 > 변두콩, 미긔치 > 오증어쎠, 구길바싀 > 도로릭, 바돌이별 > 나나니벌 등이다. 이들 소멸어휘 가운데 固有語가 소멸되고 漢字語로 대체된 것은 '菁蘿,土卵,菖蒲,木串子,烏賊魚,藊豆' 등으로 일반어휘의 漢字語 대체현상에 비하여 적게 나타나며, 오히려 많은 漢字語가 固有語로 인식되어 쓰이고 있음을 향약어휘에서 볼 수 있다.

　한편 필자는 <향약채취월령>의 향약명을 표기상으로 볼 때, 고유어, 한자어, 한자어와 고유어의 합성어, 기타어 등으로 나눌 수 있다고 생각한다.

　고유어는 한 字의 음을 빌려 우리말을 표기한 音借語(音假字, 音讀字)와 한자의 훈을 빌려 우리말을 표기한 訓借語(訓讀字, 訓假字)로 분류되며, 그 양적인 면에서 거의 모든 향약명이 고유어에 해당된다. 한자어는 표제어로 제시되는 原漢語와 이에 대한 異名語가 있으며, 한자어와 고유어가 합성된 형태의 향약명도 발견된다. 그 외에 몇몇 향약명은 범어 또는 불교용어에서 유래된 향약명도 나타난다.

　참고로 고유어 표기와 한어 표기가 공존하는 경우는 후대에 올수록 고유어에서 한자어 표기로 옮겨지는 추이현상이 있다.

　이상에서 분류해 본 향약명을 도식화하면 다음과 같다.

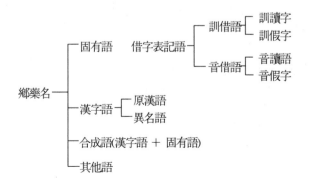

漢字語 異名 혹은 別名은 '一名'으로 표시하고, 고유어의 차자표기는 '鄕
名', '上層'이라는 지시어 다음에 혹은 지시어 없이 漢語名 다음에 직접 표
기되어 있다. 또 '朱書'라 하여 <향약구급방>의 것을 轉記한 것도 있다.

<향약채취월령>에 나온 향약명을 위 도표에 근거하여 항목별로 나누
어 보면 다음과 같다. 참고로 표 안의 숫자는 각 항목을 나타낸다.

고유어	한자어	합성어 (고유어 + 한자어)	기타어
1, 2, 3, 4, 5, 8, 9, 10, 11, 13, 15, 16, 17, 19(미해독), 20, 21, 22, 24, 25, 26, 27, 28, 29, 31, 33, 34, 36, 37, 38, 42, 43, 44, 45, 47, 48, 50, 51, 53, 54, 55, 57, 58, 59, 60, 61, 63, 64, 65, 66, 69, 70(중복), 72(설명), 73, 74, 75, 76, 77, 79, 80, 81, 82, 83, 84, 85, 86, 87, 88, 89, 90, 92, 93, 97, 98, 99, 101, 102, 103, 104, 106, 107, 108(필자해독), 110, 111, 112, 113, 115(중복), 116, 120, 121, 122, 124, 125, 126, 127, 128, 129, 130, 134, 136, 138, 139, 140, 141, 142, 143, 145, 146, 148, 149, 150, 152, 153	6, 14, 18, 23(미해독), 30(미해독), 32, 35, 39, 40, 49, 52, 62, 67, 68, 78, 91, 95(미해독), 96, 105, 109, 114, 117, 118, 119, 123(중복), 133(미해독), 135, 144, 147,	56, 71, 100, 131, 132, 137, 151	7(佛), 12(佛), 41(佛?), 46(梵), 94(佛)
112개(73%)	29개(19%)	7개(5%)	5개(3%)

-<鄕藥採取月令>의 鄕藥名 分類

위 도표에서 '미해독' 부분으로 추정되는 항목을 정리하면 '19, 23, 30, 95, 133' 등의 항목으로

  19. 石韋 上層一名 石花 (돌곶?),
  23. 鱧腸 唐本註云 一名 蓮子草(련자초?),
  30. 白頭翁 採花(?),
  95. 牡荊 卽 頑荊(?),
  133. 五倍子 一名 文蛤 一名 百蟲倉(?)

등이 있다.

또, 중복되어 나타나는 항목들로는 다음과 같다.

> 31. 狼毒 鄕名 <u>吾獨毒只</u> : 70. 藺茹 鄕名 <u>吾獨毒只</u>
> 47. 澤漆 鄕名 <u>柳漆</u> : 115. 大戟 鄕名 <u>柳漆</u>
> 52. 爵金香 一名 深黃此 卽 爵金花 : 123. 爵金 鄕名 <u>深黃</u>

이들은 기록상 혼동에서 나타난 것으로 보인다.

한편 그 동안 해독하지 않았던 항목들에 대해서도 그 해독을 추정한 항목들은 다음과 같다.

> 65. 茅香 白茅香 → '흰띠',
> 78. 黃蜀葵花 卽 黃蜀花 又名 一日花 → '황촉화',
> 79. 蒺藜子 朱書 古今非居□ → '비가싀'
> 108. 白藥 犬夞吐叱 → '가의돗',
> 111. 麋角 卽 大鹿 → '한사슴 / 고라니',
> 134. 白膠 卽 鹿角膠 藥性論 又名 黃明膠 → '사슴셜플',
> 151. 水泡石 → '믈부셕'

향약명에서 나타 고유어 중에서 그 가치가 있는 것들로는 다음과 같다. 참고로 앞의 어휘는 현재의 약재명, 뒤의 것은 되살려 쓸 소중한 고유어이다.

> 천궁 : ㅂ얌말이플 / ㅂ얌두러기플, 창포 : 숑이마, 택사 : 쇠귀ᄂ물, 사상
> 자 : ㅂ얌도랏 / ㅂ얌두러기, 수자해좃 / 천마 : 도라본, 쥐방울 : 물슨돌라,
> 개석잠플 : 믈방하, 원지 : 아기플 / 비사두도플, 화살나무 : ㅂ듸회, 회
> 향 : 더음플, 매자기의 덩이줄기 : 쇠부들, 결명자 : 되퐛, 웅담 : 곰의 여
> 로, 담배풀 : 여싀오좀, 오징어뼈 : 미긔치, 박하 : 영싱, 아가위나무 : 딜
> 뷧, 통탈목 : 믈자싀

또 이 책에 기록된 합성어(고유어 + 한자어)를 살펴보면,

> 56. 藍實 靑黛 → '쳥디'

71. 郁李仁 鄉名 山梅子 → '산미즈'
100. 雞頭實 鄉名 居塞蓮 → '가시련'
131. 槐白皮 鄉名 槐花木皮 → '회화나모겁질 / 회화나모거플'
132. 海東皮 鄉名 掩木皮 → '엄나모거플 / 엄나모겁질'
137. 石蜜 鄉云 石淸蜜 一名 石飴 → '석청꿀'
151. 水泡石 → '믈부셕'

등이 있다. 이들 향약명에서 한자어가, 56항은 '색깔'을, 71항은 '産出地'를, 100·131·132항은 '식물의 종'을, 137항은 '꿀'의 동의어를, 151항은 '돌의 성질'을 표시하는 기능을 취하고 있음을 알 수 있다. 이에 비해 고유어도 한자어와 유사하게 쓰이고 있어 한자어와 고유어의 합성에 있어 어떤 규칙성은 발견되지 않는다.

이 외에 梵語나 佛敎에 관련된 항목의 어휘들은 다음과 같다.

7. 龍膽 鄉名 觀音草 → '관음플'
12. 當歸 鄉名 僧庵草 → '승암초'
41. 白薇 摩何尊 → '마하존'
46. 靑箱子 鄉名 白蔓月阿比 → '힌만둑라비'
94. 酸棗 鄉名 三彌尼大棗 → '사미니대조'

4. 결론 및 제안

이상에서 필자는 <鄉藥採取月令>에 나오는 향약명을 한자어와 고유어를 중심으로 분류를 시도해 보았고, 그 중에서 미해독 향약명, 중복되는 향약명, 미해독 부분의 해독, 살려 쓸 소중한 고유어 향약명, 고유어와 한자어의 합성어분석, 梵語나 佛敎와 관련된 향약명 등에 대해서도 살펴보았다.

아직도 <향약채취월령>에는 미해결된 사항들이 잔존해 있음을 인식하고 이에 대한 심도 있고 포괄적인 연구가 절실하다. 또 여기서 나타난 여러 소중한 고유어 향약명을 일상생활에 실용화시키는 것도 하나의 과제가 아닌가 한다. 따라서 앞으로 이 부분에 대하여 체계적이고 꾸준한 연구자세가 선행된, 종합적이고 미세한 검토와 이에 대한 관심이 필요하겠다고 하겠다.

Ⅶ. 『玆山魚譜』에 나타난 魚名의 再檢討

1. 序 論

어류 단행본으로 한국어류연구서로서 귀중한 문헌 둘이 있다[1]. 바로 丁若銓의 『玆山魚譜』[2]와 金鑢의 「牛海異魚譜」[3]인데, 그중 『玆山魚譜』는 丁若銓이 1814년(순조 14년)에 편찬한 것으로, 전남 黑山島에서 별세하기까지 16년간 謫居生活을 하면서 집필한 것이다. 총 3권 1책으로 구성되어 있으며, 1권은 鱗類 73종, 2권은 無鱗類 43종, 介類 63종, 3권은 雜類 45종이 漢字語名, 固有語名, 형태나 생태 및 생산지, 기타 문헌상의 기록 순으로 기록되어 있다.

그동안 이에 대한 연구는 국어학자보다는 어류학자들에게 주 관심 대상이 되면서, 鄭文基(1974, 1977a, 1977b), 최기철(1991a, 1991b, 1992, 1994) 등의 연구가 선구적으로 이루어졌고, 국어학자로서 본격적 연구를 시도한 것은 1961년 방언수집 차 방문한 흑산도의 조사를 토대로 쓴 홍순탁(1963)이 최초이다. 그러나 스스로 밝힌 바와 같이 魚類에 대한 지식이 부족하여, 몇몇 魚名은 잘못 본 것이 있다. 두 번째의 본격적인 연구로는 金大植(1981)이 있다. 이 연구는 한 항목마다 실린 記事와 현대 흑산도 방언을 비교하고, 이에 따라 견해를 밝힌 것이다.

한편, 魚名에 대한 관심을 최초로 보인 연구로는 李崇寧(1935)이 있다.

---

1) 기타 근대국어 시기의 어류 관련 문헌은 金洪錫(2001 : 101)을 참고.
2) 『玆山魚譜』의 원본은 현재 전해지지 않기 때문에, 최초로 이를 번역한 鄭文基도 네 명의 각기 다른 소장자들로부터 寫本 한 권씩을 얻어 내용과 분량상의 차이를 합친 새로운 寫本을 만들었는데, 본 연구의 자료는 바로 이것이다. 이는 연세대 홍윤표 교수님께서 제공하신 자료로, 다시 한번 심심한 감사를 드린다.
3) 이에 대한 자세한 연구는 金洪錫(2001) 참고.

李崇寧(1935)은 국어학자로서 魚名에 관한 과학적인 접근을 최초로 시도
한 연구로 '魚'의 語源을 탐구하고 漢字의 魚名과 30여 가지의 魚名 解
釋을 시도하였으나, 魚名 全體를 섭렵한 연구는 아니었다.

이 외에 魚名에 대한 연구로, 여찬영(1994), 金洪錫(1996), 손병태(1997),
金洪錫(2000, 2001) 등이 있다. 여찬영(1994)은 魚名을 接尾辭를 중심으로
분류하여 접미사의 의미 규명을, 金洪錫(1996)은 魚名 2018개를 접미사별
로 분류하여 어휘론적인 연구를, 손병태(1997)는 『玆山魚譜』의 한자어명
과 고유어명을 개략적으로 알아보고, 경북 동남 지역 방언의 魚名 資料
를 몇 가지 접사에 따라 유형별 분석을, 金洪錫(2000)은 金洪錫(1996)을 기
초로 魚名의 命名法을, 金洪錫(2001)은 「牛海異魚譜」를 처음으로 살펴본
연구이다. 이외에 최근의 어류학적 연구로 이태원(2002a, 2002b)이 있는데,
이는 『玆山魚譜』의 魚名을 표준어명에 맞춰 찾아내려는 力作으로 魚名
에 대해 어휘론적 접근을 시도도 했으나, 추측에 치우친 면이 있다.

본 연구는 그동안 『玆山魚譜』에 대한 국어학적 연구가 몇 번 시도는
되었으나, 어류학적 지식의 부족으로 그 해석에 무리가 있거나, 잘못된
魚名으로 파악한 경우가 많았음을 인식하고, 이에 대한 전면적인 재검토
를 꾀하고자 하였다. 이를 위해서 기존의 어류학자의 연구인 鄭文基
(1974, 1977a, 1977b), 최기철(1991a, 1991b, 1992, 1994), 이태원(2002a, 2002b)과
흑산도 방언 연구인 홍순탁(1963), 金大植(1981)을 참조하였다.[4] 이들의 연
구를 참고로, 차자표기법 형태인 고유어명과 현대의 표준어명을 확정하
는데 주목적을 두고, 확정된 魚名을 19세기 당시의 표기형태로 확정하
며, 표기형태의 특징을 살펴보는 것이 부차적 목적이다. 19세기의 표기
형태를 확정함에 앞서, 16세기부터 19세기에 이르는 魚名 관련 문헌들
도 살펴보았는데, 本稿에서는 다음과 같은 略號로 사용하였다.

---

4) 흑산도 방언을 조사하고 연구한 홍순탁(1963)과 金大植(1981)은 다소 다르다. 더
욱이 이태원(2002a, 2002b)은 또 다르다. 그만큼 흑산도 방언이 변천을 거쳤다는
증거이다. 따라서 현지 방언 조사가 선행되어야 함이 당연시되지만, 현재까지 이
루어진 흑산도 방언의 기초 자료는 셋 중 가장 先代인 홍순탁(1963)의 조사에 전
적으로 의존함을 밝힌다.

訓蒙 - 訓蒙字會(1527)　　　　　新增 - 新增類合(16세기)
東醫 - 東醫寶鑑(1613)　　　　　譯語 - 譯語類解(1690)
倭語 - 倭語類解(17세기 말 또는 18세기 초)
同文 - 同文類解(1748)　　　　　方類 - 方言類釋(1778)
廣才 - 廣才物譜(19세기 초)　　　牛海 - 牛海異魚譜(1882)
物譜 - 物譜(1820)　　　　　　　物名 - 物名攷(1824)
佃漁 - 佃漁志(1828)

2. 『玆山魚譜』의 내용

1) 序

우선 丁若銓은 '玆山'에 대해 언급한다. '玆山者黑山也 余謫黑山 黑山之
名 幽晦可怖 家人書牘 取稱玆山玆亦黑也'라는 기록[5]이 그것이다.

다음으로 魚譜의 필요성에 대해 인식하고(余乃博訪於島人意欲成譜), 이에
따라 흑산도 현지인인 張德順, 즉 昌大라는 사람을 제보자로 두어 책을
기술함을 밝혔다(島中有張德順昌大者).

끝부분에는 魚譜 記述의 難點들이 있었다는 것과 俗稱에 따라 적음을
원칙으로 하였으나, 수수께끼 같아 해석하기 곤란한 것은 감히 이름을
지어냈음을 밝혔다(不聞其名 或舊無其名 而無所可考者太半也 只憑俗呼俚不堪讀者車
取 敢創立其名). 그리고 末尾에는 '嘉慶甲戌 冽水 丁銓 著'라는 기록을 제
시하여 지은 시기와 작자를 명시하고 있다. '嘉慶'은 仁宗의 年號이며,

---

5) 『玆山魚譜』의 序에서도 '玆'는 '黑'임을 밝혔을 뿐만 아니라, '玆'라는 글자 자체
가 '玄'의 중첩된 수식적 표기로 보아, 연세대 홍윤표 교수님은 '현산어보'로 읽
어야 함을 주장한다. 또 이태원(2002a : 5~6)은 『說文解字』나 『辭源』 등의 자전
에서 '검을 현(玄)' 두 개를 포개 쓴 글자의 경우, 검다는 뜻으로 쓸 때는 '현'으
로 읽어야 한다는 주장과 함께, 형제인 정약용이 쓴 「九日登寶恩山絶頂望牛耳島」
라는 시와 『柳菴叢書』라는 기록을 미루어 '玆'는 '玄'으로 보아야 함을 주장한다.
타당성이 있는 주장들이나 그동안 이 저술의 명칭에 대해, '자산어보'라는 독음
이 너무 일반화되어 本稿에서는 이를 따른다.

'甲戌'은 純祖 14年(1814년)에 해당한다.

2) 鱗類

(1) 大鮸 俗名 艾羽叱 <1, 鱗類 : 1a> : '艾羽叱'은 '芥羽叱'의 誤記로, 이는 '개웃'을 표기한 것이며, 표준어명[6]은 '민어'로 '大者長丈'라는 서술 구문으로 미루어 보아, 민어 중 큰놈을 지칭한 것이다. 鄭文基(1977b : 17) 는 이를 '애우치'로, 金大植(1981 : 5)은 '애우질 / 즐(애웃)'으로 본다. 이태원 (2002b : 311~315)은 생태학적 유사성을 근거로 '돗돔'임을 주장한다. 홍순 탁(1963 : 90)은 '艾'가 '芥'의 誤字인 것으로 보고, '叱'은 / ㅅ /의 音借로 본다. 따라서 그는 '개웃'으로 본다. 鄭文基(1977a)를 참조하면, 전남에서는 민어 중 특히 큰놈을 '개우치'라는 방언으로 불린다고 한다. 魚名에서 '-웃'이 쓰인 경우는 靑魚가 가난한 선비를 살찌게 한다는 뜻으로 '비웃 (肥儒)'이라는 명칭이 있는데, '개웃'의 '개'를 '개살구, 개떡'의 '개'처럼, '좋은 것이 아닌, 참 것이 아닌'을 지칭하는 접두사로 볼 수도 있다.

(2) 鮸魚 俗名 民魚 <1, 鱗類 : 1a> : '민어'를 표기한 것으로, 표준어 명도 같다.

> 田靑 案鮸音免東音 免民相近 民魚卽鮸魚也(이청이 이르길, 鮸[7]은 소리
> 가 東音으로서 免(면), 民(민)과 서로 가깝다. 그러므로 民魚는 곧 鮸魚
> (면어)이다)

---

6) 표준어명은 본 연구자가 확정한 것으로, 이 魚名에 대한 현대의 표준명, 특히 種 名을 지칭한다. 표준어명을 확정하는 일은 전문적인 어류학 지식이 없이는 불가 능하며, 문헌의 기록만으로 현대의 표준명을 확정하기란 여간 어려운 일이 아니 다. 따라서 표준어명은 어류전문가의 도움을 받아, 본 연구자가 확정한 것이다. 어류학 전문가의 도움은 鄭文基(1977a, 1977b), 최기철(1991a, 1991b, 1992, 1994), 이태원(2002a, 2002b)을 통해 받았다.

7) 참고로 '鮸'은 康熙字典에서 '[唐韻] 亡辨切, [集韻] 美辨切'로 기록되어 있어, 그 音이 '면'이다.

위의 기록으로 보아, 民魚의 民은 音假字로 보인다.

그 외 문헌에서 이 魚名에 대해 나타난 기록은 다음과 같다.

　　民魚 民魚 <譯語, 下 : 37b>
　　民魚 민어 <倭語, 下 : 24b>・<方類, 亥部 : 19a>
　　鰵鮰魚 俗言 民魚<牛海>, 鮸魚 민어 <物名, 卷二, 有情類・鱗蟲>

　(3) 䑋水魚 俗名 曹機 <1, 鱗類 : 2b> : '조긔'를 표기한 것이다. 다른 문헌들에서는 일반적으로 石首魚로 많이 표기된다. 표준어명은 '참조기'이다. 鄭文基(1977b : 22)는 䑋水와 䑋魚가 조기가 아닌, '황강다리'로 봄이 옳다고 보았다.

　'조기'의 경우는 크기에 따라 명칭이 다르게 나타난다.

　稍大者 俗呼 甫九峙 <1, 鱗類 : 2b> : '보구치'를 지칭하며, 이 어종은 독립된 魚種이다. 그러나 丁若銓은 이것을 좀 큰 조기를 일컫는 것으로 잘못 본 것이다.

　稍小者 俗呼 盤厓 <1, 鱗類 : 2b> : '반의'를 표기한 것으로 표준어명은 '보구치'이며, 그 중 좀 작은 것을 일컫는다.

　最小者 俗呼 黃石魚<1, 鱗類 : 2b> : '황석이'가 움라우트된 '황세기'를 표기한 것으로, 표준어명은 '황강달이'이다. 따라서 조기와는 별개의 종이나 이 또한 최고 작은 것을 일컫는 것으로 잘못 본 것이다.

　그 외 문헌에서 이 魚名에 대해 나타난 기록은 다음과 같다.

　　鯼 조긔 종<訓蒙, 上 : 11a>
　　石首魚 조긔<譯語, 下 : 37b>・<廣才, 鱗魚 : 2b>
　　黃石首魚 황석어<廣才, 鱗魚 : 2b>

　(4) 鯔魚 俗名 秀魚 <1, 鱗類 : 3b> : '슈어'를 표기한 것으로 표준어명은 '숭어'이다.[8] 한자어명 '鯔魚'의 '鯔'는 몸 색깔에서 유래한 것으로

─────────
8) 홍순탁(1963 : 92)은 '魚'의 音을 '어', 즉 원래 凝母에 속해 있기 때문에 국어에

치흑색의 '緇'자의 수식적 표기9)이다.

其小者 俗呼 登其里, 最幼者 俗呼 毛峙 亦呼 毛當 又呼 毛將 <1,鱗類 : 3b> : '등기리'와 '모치 / 모쟁이'의 표기이다.

'毛峙'나 '毛當'에 대해 鄭文基(1977a)를 참고하면, 평남 한천 방언에 가장 작은 놈은 '모치' 또는 '모쟁이'라 한다는 기록이 있다. 이는 흑산도의 방언과 평남 한천의 방언이 서해안이라는 공통점에서 거리상의 차이에도 불구하고 같은 용어를 사용함을 알 수 있다. 또 이태원(2002a : 81)에서는 크기나 지방에 따라, '모챙이', '모치', '모쟁이' 등의 방언이 있다고 하였다.

그 외 문헌에서 이 魚名에 대해 나타난 기록은 다음과 같다.

> 緇 슈어 치 <訓蒙, 上 : 11a>, 緇魚 치어 <倭語, 下 : 24b>
> 緇魚 슝어 <廣才, 鱗魚 : 2b>

(5) 假緇魚 俗名 斯陵 <1, 鱗類 : 3b> : '시릉이'를 표기한 것으로, 표준어명은 '가숭어'이다. 俗名 '斯陵'에서 '斯'는 현대음이 '사'이나, 중국음은 [ʂɪ]이다. 당시 이 음은 '시'일 가능성이 있다.10) 한편 향가 등의 고대 가요에서도 '斯'는 '시'로도 읽었다.11) 또 이를 뒷받침하는 것으로 현지인의 방언에 가숭어를 '시랭이'라고 부른다고 한다(이태원, 2002a : 70).

서의 音節頭音 제약에 /ŋ/이 올 수 없는 현상으로 말미암아 魚名에 'ㅇ어'의 형성을 가져왔다는 주장이 있는데, 타당한 주장으로 '숭어' 또한 이러한 이유에서 '수어'가 '숭어'로 대체된 것이라 할 수 있다. 농어(鱸魚), 상어(鯊魚) 등도 그 예에 해당한다.

9) 수식적 표기란 표기할 수 있는 한자가 있음에도 불구하고, 그를 대신하여 특수한영역과 관련된 한자로 대체하여 표기하는 방식을 뜻한다. 즉, 緇魚는 본래 몸색깔이 흑색에서 유래되었기에 緇魚로 써야 할 것이나, 물고기라는 영역을 특별히 이를 감안해서 나타내는 의미로 緇를 대신해 緇로 씀을 뜻한다.

10) 참고로 '斯'는 康熙字典에서 '[廣韻] 息移切, [集韻][韻會] 相支切'로 기록되어 있어, 그 音이 '시'이다.

11) 斯는 史,賜와 함께, '시'로 읽히는 경우가 있었다. 양주동(1965 : 386)에서도 '斯[시]는 원래 새, 셔, 시 등 諸音으로 互轉된다'로 본다.

…李時珍云鯔魚色黑故名(…이시진에 의하면 鯔魚는 색이 검기에 붙은 이름이다)

이 기록에 의거하면, 鯔魚의 '鯔'는 '緇'에서 온 수식적 표기임을 확실하게 밝혀주고 있다.

(6) 鱸魚 俗呼 甫鱸魚 又呼 乞德魚 <1, 鱗類 : 4b> : '보농어 / 껄떡이'를 표기한 것으로, 표준어명은 '농어'이다. 乞德魚를 '껄떡이'로 보는 근거는 방언형에서 '껄떡이'가 현존하며(김홍석, 1996 : 19), 신안, 완도에서는 농어를 '껄떡'이라 한다(이기갑 외, 1998 : 71). 이를 俗名으로 표기하는 丁若銓은 된소리 표기의 한자가 없는 까닭으로 이를 대신해 평음 표기의 형태로 기록한 것이다. 또 魚의 음을 굳이 표기하지 않음은 『玆山魚譜』의 여러 항에서 魚가 형식적으로 물고기를 뜻하는 의미로만 쓰인 '형식적 표기'[12]로 보이기 때문이다.

한편 金大植(1981 : 7~8)은 '보농어'의 '보(甫)'를 봄[春]이라는 시기에서 유래된 것으로, 시기상 어린것을 지칭하는 면도 지님을 밝혔다.

그 외 문헌에서 이 魚名에 대해 나타난 기록은 다음과 같다.

鱸 로어 로 <訓蒙, 上 : 鱗介 : 21a>・<新增, 上 : 14a>
鱸魚 로어 <倭語, 下 : 24b>, 鱸魚 롱어 <同文, 下 : 41a>
鱸魚 로어 <方類, 亥部 : 18b>, 鱸魚 농어 <廣才, 四, 隣魚 : 1a>
鱸 東俗所謂 걱정어 <物名, 卷二, 有情類・鱗蟲>
鱸魚 俗稱 霍丁魚(곽정어) <佃漁>

(7) 强項魚 俗名 道尾魚 <1, 鱗類 : 4b> : '도미'를 표기한 것으로, 표준어명은 '참돔'이다.

…頭項硬甚觸物皆碎… (머리도 단단하여 다른 물체와 부딪치면 대개 깨져 버린다)

---

12) 형식적 표기란, 그 字에 해당하는 訓과 音이 있음에도 불구하고 그에 따라 읽지 않고 단순히 어떤 특수한 영역임을 형식적으로 나타내기만 하는 표기를 뜻한다.

위의 서술문장으로 보아, 한자어명 '强項魚'는 머리 뒤쪽이 단단하여 붙여진 이름으로 보인다. 즉 項은 '冠'의 뒤쪽을 뜻하는 것이다. 한편 金大植(1981 : 8)은 현대 흑산도 방언에서 '도미'보다는 '돔'이 주로 사용한다는 점을, 이기갑 외(1998 : 165)에서도 전역에서 '돔'만이 나타난다고 제시했다. 그러나 後說할 '14) 道塗音發 / 도돔발, 23-3) 道音發鯊 / 돔발상어'의 경우를 볼 때, '돔'은 '塗音, 道音'으로 표기했음을 알 수 있다. 따라서 당시에는 '돔'보다는 '도미'로 명명했던 것이 후대에 '돔'으로 대체되었다고 할 수 있다.

그 외 문헌에서 이 魚名에 대해 나타난 기록은 다음과 같다.

家鷄魚 도미 <譯語, 下 : 38b> · <方類, 亥部 方言 : 19a>
鯿魚 도미 <廣才, 四, 隣魚 : 1a>, 鯒鰳(도합) <牛海>

(8) 黑魚 俗名 甘相魚 <1, 鱗類 : 5a> : 당시 현지인들은 '감생이'라 하였을 것이다. 그러나 丁若銓은 이를 '감상이'에서 변한 것으로 보고 이렇게 적었을 것이다. 표준어명은 '감성돔'이다. 완도에서는 '감생이'로 나타난다.(이기갑 외, 1998 : 12) 감성돔의 '감'은 '검[黑-'에서 온 것으로 보인다. '色黑而稍小'라는 내용이 이를 뒷받침해 준다. 한편 金大植(1981 : 8)은 흑산도 방언에 '감생이'가 현존함을 밝힌 바 있다.

(9) 瘤魚 俗名 癰伊魚 <1, 鱗類 : 5a> : '옹이'를 표기한 것으로 표준어명은 '혹돔'이다.

…而腦後有瘤 大者如拳 頷下亦有瘤 而煮之成膏…(머리 뒤에 혹이 있어 큰 놈은 주먹만하다. 턱 아래에도 혹이 있는데 이것을 삶아 기름을 만든다)

(10) 骨道魚 俗名 多億道魚 <1, 鱗類 : 5a> : '닥도미'를 표기한 것으로, 표준어명도 같다. '닥'을 표기할 수 있는 한자가 없는 관계상, 多億을 써서 이를 대신하였다. 道魚는 道尾魚의 생략표기로 이 語形이 붙은 물고기들은 모두 '도미'류이다. 金大植(1981 : 8)에 따르면, 현대 흑산도

방언에 '닥돔'이 존재한다. '色白骨甚硬'의 기록으로 미루어, 이 魚名은 뼈가 딱딱하여 '닥도미'라 지칭한 것으로 보인다.

(11) 北道魚 仍俗名[13) <1, 鱗類 : 5a> : '북도미'를 지칭하나, 표준어명은 미상이다.

　　狀類强項魚 色白味亦如之稍淡薄(모양은 도미류이다. 색이 희고 맛 또한 점점 담박함과 같다)

(12) 赤魚 俗名 剛性魚<1, 鱗類 : 5a> : '강성어'를 표기한 것으로, 표준어명은 '붉돔'이다.

　　狀如强項魚而小色赤(모양은 도미와 같고 작으며 색이 붉다)

(13) 鱒魚 俗名 蠢峙魚 <1, 鱗類 : 5b> : '준치'를 표기한 것으로, 표준어명도 같다. 李崇寧(1935 : 138)은 '티·치'型이 魚名 語尾의 一般的 定型으로 1) 語尾 '티·치'는 單獨으로 存在하지 않는 것, 2) '티·치'는 魚라는 槪念을 表示하는 것, 3) 贅語法(Pleonasmus)[14)의 例가 없는 것 등이 이 型의 특질로 보았다.

劉昌惇(1973 : 271~272)은 '치'가 물건의 뜻이며 나중에 사람의 뜻으로까지 전용한다고 보았다.[15) 그러나 여기서 '-치'의 의미는 그 둘도 아니다. 또 蒙古語 '치[赤]'와도 無關하다. 한편 金亨奎(1986a : 235)는 '치'接尾辭를 古文獻에는 人稱接尾辭로 표기했다가 近代에 와서는 物稱接尾辭에

13) '仍俗名'은 한자어명과 고유어명이 같음을 나타내는 것으로 鱗類에서는 25)竹鯊, 34)銀鯊, 51)牛舌鰈, 57)蟒魚, 64)箭魚, 無鱗類에서는 15)葡萄鮎, 43)屈明蟲 등이 있다.
14) 贅語法이란 '군더더기 단어를 사용하면서 나타나는 用語法'을 뜻한다.
15) 例. 치〔物〕: 東녀긔 칠 가져다가 <救方,上 : 21>
　　치〔人〕: 가온대 치 듕(仲) <類合,下 : 16>
　　참고로 '-치'가 새끼를 나타내는 경우가 唯一하게 있는데, '소새끼'를 '송치'라고 <靑大 : 158>와 <柳物, 一, 毛>에 기록되어 있고, 지금도 '송치'란 말은 어미소의 배안에 들어있는 胎犢을 가리키는 말로 쓰이고 있다고 덧붙였다.

많이 쓰이게 되었고, 現代에 와서는 人稱接尾辭와 魚名에 그 자취를 남기고 있다고 주장했다. 그리고 그는 '치'가 古代부터 人稱接尾辭로 쓰여왔음을 알타이 語의 蒙古語, 土耳其語, 滿洲語 등의 語例를 들면서 比較했다.16) 그러나 이 주장도 魚名에 붙이는 단순한 物稱接尾辭로만 본 것이지 그 의미 규명은 부족하다.

한편, 기타 문헌에서 이 魚名에 대한 기록은 다음과 같다.

鯔 쥰티 룩 <訓蒙, 上 : 11a>, 鰣魚 쥰치 <廣才, 隣魚 : 1a>

(14) 碧紋魚 俗名 皐登魚 <1, 鱗類 : 6a> : '고등어'를 표기한 것으로, 표준어명도 같다.

稍小者 俗呼 道塗音發 <1, 鱗類 : 6b> : 약간 작은 놈을 속칭 '도돔발'이라 한다. 이태원(2002a : 293~294)은 '도돔발'이 그 형태에 대한 내용으로 미루어 보아, '고등어'가 아닌, 전갱이 어린놈, 즉 '매가리'를 말할 수 있다고 본다. 塗音도 (10) '多億 / 닥'의 경우처럼 二音一字 표기의 형태이다.

한자어명 碧紋魚는 등푸른 무늬를 가졌다는 의미로 쓰인 것이나, 音借한 魚名들을 참고하면, 등이 둥글게 올라와 있는 형태에서 또는 물고기의 형태가 古刀와 같다고 해서 붙여진 것으로 보인다.

그 외 문헌에서 이 魚名에 대해 나타난 기록은 다음과 같다.

古道魚 고도리 <譯語, 下 : 37b> · <倭語, 下 : 25a>
古道魚 고동어 <廣才, 鱗無 : 2b>

(15) 假碧魚 俗名 假古刀魚 <1, 鱗類 : 6b> : '가고도리'를 표기한 것으

---

16) 金榮一(1986)도 接尾辭 '-ci, -chi'는 汎 알타이的이라고 할 만큼 튀르크어, 몽고어, 퉁구스어에는 널리 사용되었다고 했다. 그러나 알타이諸語에서 이 接尾辭가 사람(行爲者 名詞)을 指稱할 때만 사용됨을 밝혔을 뿐이지 魚名을 指稱할 때의 用例를 찾지 않았다.

로, 표준어명은 이태원(2002a : 301)을 참조할 때[17], '전갱이'를 가리키는 것으로 보인다. 鄭文基(1977b : 33)는 표준어명을 '가고도어'로 보나, 표준 어명은 아니다. 金大植(1981 : 9)에 따르면, 이에 대한 방언이 '쟁갱이, 가 라지'가 현존한다.

(16) 海碧魚 俗名 拜學魚 <1, 鱗類 : 6b> : 이태원(2002a : 304~306)을 참조하면, '잿방어'를 지칭하는 것으로 보인다[18]. 鄭文基(1977b : 33)는 '배 악어'로 보았는데, 이러한 표준어명은 어류 분류상이 존재하지 않는다. '배학어'를 표기한 것으로, 표준어명은 '잿방어'로 보인다.

(17) 青魚 <1, 鱗類 : 6b>[19] : '청어'를 표기한 것으로, 표준어명은 '청 어'이다. 아래의 기술내용으로 보아, 몸 빛깔에서 온 어명이다. 方言名으 로 '비웃'이라는 명칭을 갖고 있다.

青魚長尺餘 體狹色青(길이는 1자 남짓 몸은 좁고 색깔이 푸르다)

그 외 문헌에서 이 魚名에 대해 나타난 기록은 다음과 같다.

鯖 비웃 청 <訓蒙上, 鱗介 : 20b>, 鯖魚 청어 <倭語, 下 : 25b>
青魚 청어 <方類, 亥部 : 19a>,
青魚似鯶而背正青色…鯖. <廣才, 四, 鱗魚 : 2b>
眞鯖 <牛海>

(18) 食鯖 俗名 墨乙蟲 <1, 鱗類 : 7a> : '묵을츙'을 표기한 것이다. 한 편 '蟲'이라 기록한 것으로 미루어, 無鱗類의 '43) 屈明蟲 / 굴맹이'가 魚 名이 아닌 것처럼, 이 또한 같은 경우이다. 표준어명은 미상이다. 韓國方

17) 그는 색깔이 옅고 체형과 모비늘의 발달정도가 『玆山魚譜』본문의 설명과 그대로 일치하는 것으로 '전갱이'가 있음을 제시하고, 現地人의 증언도 참고하였다.
18) 그는 '잿방어'의 방언 중에 '배기'가 있는데, '배학어'와의 音似를 근거로 제시 하였다.
19) 이 어명처럼 俗名이 後說되지 않은 경우가 『玆山魚譜』에는 곳곳에 보인다. 鱗類 에서는 20)貫目鯖, 21)鯊魚, 37)鐵甲將軍 등이 있고, 無鱗類에는 23)蝟魨, 24)白魨, 25)烏賊魚, 32)四方魚, 41)大鰕, 42)海參 등이 있다.

言資料集 V - 全羅北道篇(1987 : 251)에 따르면 '먹을'의 방언형을 남원 지방에서는 'mugul / 묵울'로 표현한다. 그러나 여타 지역에서는 'məgil / 먹을'이나 'məgəl / 먹얼'로 나타난다. 전남 전역에서 '먹대(食)'를 '묵다' 로 표현한다(이기갑 외, 1998 : 247). 따라서 이는 제보자가 '묵을청'이라 발음했던 것을 丁若銓이 '묵을츙'으로 잘못 들어 생긴 현상으로 보인다. '鯖 / 청'도 '蟲 / 츙'으로 발음했을 가능성이 있으나, 이 경우의 방언형은 나타나지 않는다.

　　墨乙者食也 言不知産卵但知求食也(墨乙은 '食'이다. 産卵을 알지 못하
　고 먹을 것만 구하는 데서 이른 말이다)

　(19) 假鯖 俗名 禹東筆 <1, 鱗類 : 7a> : '우동피리'를 표기한 것이나 표준어명은 미상이다. 민물고기 '피라미'는 담양과 여수 등에서 '피리'로 불려지는데, '筆'은 '피리'를 지칭하는 것으로 보인다. 金大植(1981 : 9)은 방언에 '우둥푸리'가 있음을 근거로 하여, '-필(筆) : -풀'의 대응을 제시하였다.

　(20) 貫目鯖 <1, 鱗類 : 7b> : '관목'을 표기한 것으로, 표준어명은 '관목' 또는 '건청어(乾靑魚)'이다. 알배기 청어를 간하지 않고 껍질을 벗겨서 반으로 갈라 말린 것을 말한다. 다음 기록은 이를 뒷받침해 준다. 이에 대해 金大植(1981 : 10)은 양쪽 눈이 서로 貫通해 있다는 解剖學的 事實을 중시한 丁若銓 나름의 命名일 가능성을 제시하였다.

　　腊之尤美故凡靑魚之腊皆稱貫目(얼간포는 더욱 좋고, 청어얼간포를 대
　개 貫目이라 칭한다)

　(21) 鯊魚 <1, 鱗類 : 7b> : '상어'를 표기한 것으로, 표준어명도 같다.

　　鮐魚 卽 海鯊 <1, 鱗類 : 8b>
　　鯊海中所産 以其皮如沙得名 … 李時珍云 古曰魚交 今曰沙 是一類 而有

數種也 皮皆有沙(상어는 바다에서 사는데, 그 껍질이 모래와 같다고 해서 그 이름을 沙魚라고 이름 지었다. … 이시진은 말하기를, 예전에 魚交 라 했고, 지금은 沙라 하는데, 이는 같은 것으로 여러 종이 있다. 껍질에는 대개 모래가 있다)

위의 기록으로 미루어, 鯊는 '모래[沙]'의 수식적 표기로 보인다. 그 외 문헌에서 이 魚名에 대해 나타난 기록은 다음과 같다.

　　鯊 상엇 사 <訓蒙, 上 : 11a>, 鯊魚 상어 <譯語, 下 : 37a>
　　鯊魚 사어 <倭語, 下 : 24b>, 鮫魚 상어 <廣才, 鱗無 : 2a>

(22) 膏鯊 俗名 其凜鯊 <1, 鱗類 : 8b> : '기름상어'를 표기한 것으로, 표준어명은 '곱상어'이다.

　　…肝油特多而全身皆膏脂也…(특히 간에는 기름이 많고 전신이 대개 기름이다)

(23) 眞鯊 俗名 參鯊 <1, 鱗類 : 8b> : '춤상어'를 표기한 것이다. 鄭文基(1977a)는 '별상어'를 지칭한 것으로 보았고, 이태원(2002b : 247~250)은 '돔발상어'를 지칭한 것으로 본다. 서술의 내용상 표준어명은 '돔발상어'로 보인다.

(23-1) 大者 名 羌鯊 俗名 民童鯊 : '민둥상어'를 표기한 것으로, 개상어 큰놈을 지칭한다.

(23-2) 中者 名 檛枸鯊 俗名 朴竹鯊 : '박죽상어'를 표기한 것으로, 개상어 중간놈을 지칭한다.

(23-3) 小者 名 道音發鯊 : '道音發鯊'는 '돔발상어'를 쓴 것인데, 독립된 표준어명에 '돔발상어'가 따로 있어, 이는 丁若銓이 잘못 본 것으로 보인다.

(24) 蟹鯊 俗名 揭鯊 <1, 鱗類 : 9a> : '게상어'를 표기한 것으로, 표준

어명은 '별상어'이다. '게(揭)'는 音假에서 온 것이다. '好食蝤蟹故名(방게를 먹기 좋아하여 이런 이름이 생겼다)'라는 기록이 이를 뒷받침한다.

한편 金大植(1981 : 11)은 이 물고기의 살에서 게 냄새가 난다고 하며, 회(膾)감으로 좋다고 한다는 제보자의 의견을 제시하였다.

(25) 竹鯊 仍俗名 <1, 鱗類 : 9a> : '죽상어'를 표기한 것으로, 표준어명은 '까치상어'이다. 鄭文基(1977b : 39)는 표준어명을 '죽상어'로 보았다.

(26) 癡鯊 俗名 非勤鯊 <1, 鱗類 : 9b> : '비그니'를 표기한 것으로, 표준어명은 '복상어'이다. 鄭文基(1977b : 39)는 표준어명을 '비근상어'로 보았다. 이에 대해 金大植(1981 : 11)은 흑산도 방언 '비근덜이'에서 '비근-'만 표기되고, '-덜이'는 표기되지 않은 것으로, 이 종이 워낙 느리고 게으른 습성에서 '非勤'이라는 의미가 반영되었다고 보았다. 여기서 '鯊'는 상어임을 표시하는 형식적 표기에 불과하며, 그 음을 발음하지 않았던 것으로 보인다. 상어류에서 27) 全淡鯊, 28) 愛樂鯊, 30) 毛突鯊, 33) 丹徒令鯊 등의 鯊도 모두 형식적 표기이다.

(27) 矮鯊 俗名 全淡鯊 <1, 鱗類 : 9b> : 이 항목에서는 일명 '趙全淡鯊魚[20], 濟州兒'라는 기록을 丁若銓은 뒤에 제시하고, 그 뜻을 모르겠다고 하였다. 그러나 이 魚名은 '전대미'를 표기한 것이다. 鄭文基(1977b : 40)는 표준어명을 '왜상어'로 보았다. 이태원(2002a : 243~244)은 서술 내용에 가장 걸맞은 것으로, '두툽상어'를 제시하였다. 이에 따라 표준어명은 '두툽상어'로 보인다. 한편 진도에서는 상어새끼를 '전데미'라 한다 (이기갑 외, 1998 : 535).

'但體小爲異'의 기록으로 보아 한자어명 '왜상어'는 몸이 작은 형태에서 유래됨을 알 수 있다.

(28) 駢齒鯊 俗名 愛樂鯊 <1, 鱗類 : 9b> : '애래기'를 표기한 것이며, 표준어명은 '행락상어'이다. 鄭文基(1977b : 40)는 '병치상어'로 본다. 金大植(1981 : 11)의 조사에 의하면, 현지인들이 '어낙상어'로만 발음한다고 하

---

20) '趙전댐이'는 趙氏 姓을 가진 사람을 놀릴 때, 현지인들이 사용한다고 한다(金大植, 1981 : 11).

였다.

(29) 鐵剉鯊 俗名 苗鯊 <1, 鱗類 : 9b> : '줄상어'를 표기한 것으로, 표준어명은 '톱상어'이다. 鐵剉는 모서리를 다듬는 연장인 '줄'을 일컫는 것으로 '苗'은 音借만 하여 쓴 것이다. 鄭文基(1977b : 41)는 '줄상어'로 본다.

　　…人或誤觸甚於兵刀故曰鐵剉…(사람이 혹 잘못해 몸에 닿으면 兵刀보
　다 더 심해, 고로 '철좌'라 한다…)

위의 기록으로 미루어, 한자어명이나 고유어명이 모두 형태를 보고 명명되었음을 알 수 있다.

(30) 驍鯊 俗名 毛突鯊 <1, 鱗類 : 10a> : '모도리'를 표기한 것으로, 표준어명은 '청상아리'로 추측된다. 鄭文基(1977b : 42)는 '모돌상어'로 본다.

驍鯊의 '驍'는 '날래다'는 의미인데, '齒甚硬驍勇絶倫' 기록이 이를 뒷받침한다.

(31) 錐鯊 俗名 諸鯊 <1, 鱗類 : 10b> : '졔리'를 표기한 것으로, 이태원(2002b : 283~286)을 참조하면, 표준어명은 '전자리상어'이다. 鄭文基(1977b : 42~43)는 '저자상어'로 본다. 金大植(1981 : 12)은 가오리와 비슷할 정도로 넓적하게 생긴 상어이며, 현지인들은 '제자리, 제자리상어'로 命名한다고 하였다.

(32) 艫閣鯊 俗名 歸安鯊 <1, 鱗類 : 11a> : '귀안상어'를 표기한 것으로, 표준어명은 '귀상어'이다.

　　…今名曰艫閣是魚之狀類是故名…艫閣亦船之兩耳也(이제 이름을 '노각'
　이라 한 것은 물고기의 모양이 이를 닮았기 때문에 그로 인해 이름 지
　었다…'노각'은 또한 배의 양 귀이다)

(33) 四齒鯊 俗名 丹徒令鯊 <1, 鱗類 : 11a> : '단도롱'을 표기한 것으로, 표준어명은 '괭이상어'이다. 물론 '鯊'는 형식적 표기이다. 鄭文基

(1977a)를 참조하면, 방언상에 '썬도령', '썬도롱, 단도롱', '도렝이', '도롱상어' 등이 나타나는 것으로 미루어, 제보자의 '단도롱'이 丁若銓에게는 '단도령'으로 들려서 '丹徒令'으로 기록한 것으로 보인다. 鄭文基(1977b : 44)는 '사치상어'로 본다.

(34) 銀鯊 仍俗名 <1, 鱗類 : 11b> : '은상어'를 지칭하며, 표준어명도 같다. '色白如銀'의 기록으로 보아, 빛깔을 보고 명명했음을 알 수 있다.

(35) 刀尾鯊 俗名 還刀鯊 <1, 鱗類 : 11b> : '환도상어'를 표기한 것으로, 표준어명도 같다. '末仰殺末曲如還刀'라는 기록 중 '還刀[21]'에서 유래한 명명이다.

(36) 戟齒鯊 俗名 世雨鯊 <1, 鱗類 : 12a> : '세우'를 표기한 것으로, '鯊'는 형식적 표기이며, 표준어명은 이태원(2002b : 275~276)을 참조할 때, '백상아리'로 생각된다. 현재도 흑산도 현지인은 백상아리를 '세우, 새우, 세우상어, 세우상에' 등으로 부른다(이태원, 2002b : 275~277). '世雨 / 세우'는 날카로운 이빨을 많이 세우고 있어 붙여진 것으로 추측된다. 鄭文基(1977b : 45)는 '극치상어'로 본다.

(37) 鐵甲將軍 <1, 鱗類 : 12a> : '철갑장군'을 표기한 것으로, 표준어명은 '철갑상어'이다. 鄭文基(1977b : 46)는 '철갑장군'으로 본다.

　　… 鱗掌許大堅硬如鋼鐵(비늘은 손바닥만큼 크고, 강철과 같이 단단하다)

위 기록으로 보아, 형태를 가지고 명명한 魚名이다. 그런데 표준어명이 '철갑상어'로 보이는 또 다른 것에 '(39) 恩折立(총저립)'이 있다. 이에 대해 이태원(2002b : 302)은 후대에 添記한 이청이, 丁若銓이 쓴 글을 고증하고 보충하는 과정에서 온 실수로 보았다. 그럴듯한 주장이다.

(38) 箕尾鯊 俗名 耐安鯊 又稱 豚蘇兒 <1, 鱗類 : 12b> : '내안상어'와 '돗소아'를 표기한 것으로, 표준어명은 '범고래'이다. 鄭文基(1977b : 46)는 '내안상어'로 보았다. 金大植(1981 : 13)은 흑산도 방언에 '돗새이'가 있음

21) 還刀란 지난날, 군복을 갖춰 입고서 차던 軍刀를 일컫는다.

을 제시하고, 이는 돌고래의 종류임을 밝힌 바가 있으나, '豚蘇兒'가 '돗
새이'의 표기라 보기에는 어려운 점이 있다.

상어 무리는 아가미 호흡을 하기 때문에, 고래처럼 물을 뿜으려 호흡
하는 경우는 없다고 한다. 또 아래의 기록 중 지느러미나 꼬리의 모양,
무리 진다는 점 등에서 이 魚名은 丁若銓이 '범고래'를 상어로 잘못 보
고 기술한 것으로 보인다.[22]

… 天欲雨則羣出噴波如鯨 船不敢近(… 하늘에 비가 오려 할 때, 무리로
나와 물결을 고래와 같이 뿜는데, 배는 감히 근접하지 못한다)

(39) 錦鱗鯊 俗名 恩折立 <1, 鱗類 : 13a> : '총저립'을 표기한 것으로,
표준어명은 '철갑상어'이다. 鄭文基(1977a)는 '철갑상어'로, 鄭文基(1977b :
47)에서는 '총절입'으로 본다.

(40) 黔魚 俗名 黔處歸 <1, 鱗類 : 13a> : '검처귀'를 표기한 것으로,
표준어명은 이태원(2002b : 331~334)를 참조할 때, '조피볼락'이다. 鄭文基
(1977a)는 '쏨뱅이'로, 鄭文基(1977b : 48)는 '금처귀'로 본다.

稍小者 俗名 登德魚, 充小者 俗者 應者魚 <1, 鱗類 : 13a>

흑산도 방언을 참조할 때, 登德魚는 '등데기', 應者魚는 '응자리'를 音
借하여 쓴 것으로 보인다. 前者는 '-이', 候者는 '-리'를 붙인 형태이다.

(41) 薄脣魚 俗名 發落魚 <1, 鱗類 : 13a> : '발락'을 표기한 것으로,
표준어명은 '볼락'이다. 뒤에 서술하길 '甚薄味'라고 하여 맛이 엷은 것
에서 온 것으로 '입에 얇다'는 薄脣이나, 입술의 색처럼 얇은 자줏빛에
서 온 것으로 보인다. 한편 俗名을 發落으로 부른 것은 '薄'의 또 다른
訓 '발'에서 온 것이나 落은 미상이다. 「牛海」에는 甫鱳로 기록되었는
데, 이는 甫羅의 異表記로 鱳는 羅자에서 온 수식적 표기이다(김홍석

---

22) 이에 대해, 2003년 4월 5일 KBS '역사스페셜 — 조선시대, 최신식 어류백과사
   전이 있었다'에 검증한 바가 있다.

2001 : 105). 한편 鄭文基(1977b : 49)는 '發落魚'가 뽈낙어 무리에 속한다고 하였다.

(42) 赤薄脣魚 俗名 孟春魚 <1, 鱗類 : 13b> : '밍춘어'를 표기한 것으로, 표준어명은 '도화볼락'이다. 孟春魚는 초봄[孟春]에 이 고기가 오는 것에서 유래한 것이다.

(43) 頳魚 俗名 北諸歸 <1, 鱗類 : 13b> : '뿍저구'를 표기한 것으로, 표준어명은 '쏠배감펭'이다. 홍순탁(1963 : 97)은 '뿍저구'를 표기한 것으로 보았다. 金大植(1981 : 14)에 따르면, 흑산도 방언에 '뿍쩌구, 북저구, 뿍쩨이' 등이 있다. 전라도 방언에 어두음 된소리 현상이 많다. '붉다'도 '뿕다'로, '붉어진다'도 '뿕어진다, 뻙어진다'로 나타난다. 따라서 '北'은 '뿍'을 대신한 표기로 보인다. 이처럼 된소리 표기에 마땅한 한자어가 없는 관계로 이와 유사한 소리의 한자로 대체하여 표기한 흔적이 몇 곳 보이는데, (45) 遜峙魚 / 쏜치, (69) 工蔑 / 꽁멸, (70) 末獨蔑 / 말뚝멸 등이 그것이다.

(44) 釣絲魚 俗名 餓口魚 <1, 鱗類 : 13b> : '아구'를 표기한 것으로, 일반적으로 '아구'라 하여 널리 알려졌으나, 표준어명은 '아귀'이다. '口極大'라는 기록으로 보아, 그 형태에서 명명된 魚名이다.

(45) 螫魚 俗名 遜峙魚 <1, 鱗類 : 13b> : '쏜치'를 표기한 것으로, 표준어명은 이태원(2002b : 344~345)을 참조하면, '미역치'이다. 鄭文基(1977b : 50)는 '손치어'로 본다. '螫'의 訓과 音이 '벌레쏠 석'으로 '쏜다'의 대응어로 '遜'자를 썼다.

　…近之則螫 人或被螫痛不可忍…(가까이 가면 쏜다. 사람도 혹 쏘이면, 통증이 견디기 어렵다)

(46) 鰈魚 俗名 廣魚 <1, 鱗類 : 14a> : '광어'를 표기한 것으로, 표준어명도 같다. 鄭文基(1977b : 50)는 이를 '넙치가자미'로 본다. 廣魚를 고유어명인 '넙치'의 표기로도 볼 수 있으나, 金大植(1981 : 14)의 조사에 의하

면, 현지인들은 '넙치'라는 표현은 쓰지 않고, '광어'로만 표현함으로 미루어, '넙치'라고 했을 가능성은 희박하다.

그 외 문헌에서 이 魚名에 대해 나타난 기록은 다음과 같다.

廣魚 광어 <倭語, 下 : 25a>

(47) 小鰈 俗名 加簪魚 <1, 鱗類 : 15a> : '가재미'를 표기한 것으로, 표준어명은 '가자미'이다. 여수에서는 '가제미', 광양에서는 '가재미', 완도에서는 '가잘메기'가 나타난다(이기갑 외, 1998 : 7).

「牛海」에서는 '沈子魚 / 침즈어'라 하여 서술하길, '比目魚로 가자미[鰈]와 같다. … 소리에 있어 沈玆沈玆하여서'라 하였다.

그 외 문헌에서 이 魚名에 대해 나타난 기록은 다음과 같다.

比目魚가자미 <方類, 亥部 : 19a>, 比目魚셔더 <廣才, 四, 無鱗 : 2a>
比目 … 謂之鰈東俗一以가잠이 <物名, 卷二, 有情類・鱗蟲>

(48) 長鰈 俗名 鞵帶魚 <1, 鱗類 : 15a> : '허대'를 표기한 것으로, 표준어명 '참서대'를 지칭한다. 鞵帶의 鞵는 鞋와 같은 음으로 '신발'의 의미도 같다. 따라서 鞵帶魚는 鞋帶魚와 같은 표기이며, '鞋底魚 허대 <譯語, 下 : 38b>'의 기록으로 미루어 '허대'를 표기한 것이다. 이 魚名은 任意的 現象인 경구개음화로 '허대>서대'까지 변천한 것으로 보인다. 한편, 鄭文基(1977b : 53)는 '혜대어'로 본다. 鞵帶魚는 아래의 기록을 참조하면, 그 모양을 표현함에서 비롯됨을 알 수 있다.

…田靑 案此形酷似鞋底矣(이청은 이 형태가 심하게 가죽신의 바닥과 유사하다고 하였다)

(49) 羶鰈 俗名 突長魚 <1, 鱗類 : 15a> : '돌장어'를 표기한 것처럼 보이지만, 이는 '突長帶魚'의 생략표기로 '돌장대'를 표기한 것으로 여겨진

다. 앞뒤 항목들이 '-대'류의 '鰈'종류를 기술하는데, '-장어'류의 '鰻'종류를 특별히 이 항에서 기술한 것은 전개상 일관성·통일성의 측면에 위배된다. 실제 魚名 중에는 '장대'라는 것이 있다. 표준어명은 '흑대기'이다. 鄭文基(1977b : 53)는 '돌장어'로 본다.

(50) 瘦鰈 俗名 海風帶 <1,鱗類 : 15b> : '히풍대'를 표기한 것으로, 표준어명은 미상이다. 鄭文基(1977b : 53)는 '해풍대'로 본다.

(51) 牛舌鰈 仍俗名 <1, 鱗類 : 15b> : '우셔디'를 표기한 것으로, 표준어명은 '노랑각시서대'이다. 鄭文基(1977 : 53)는 '서대'로 본다. 牛舌鰈는 '長酷似牛舌'라는 기록으로 미루어, 길이에서 온 魚名임을 알 수 있다.

그 외 문헌에서 이 魚名에 대해 나타난 기록은 다음과 같다.

比目魚 셔디 <廣才, 鱗無 : 2a>

(52) 金尾鰈 俗名 套袖梅 <1, 鱗類 : 15b> : '투수매'를 표기한 것으로, 표준어명은 '각시서대'이다. '-매'류 魚名은 '빈지매, 생매, 니루매, 노르매' 등이 있는데, 이들은 모두 이북지역에서 나타나는 魚名으로(金洪錫, 1996 : 36) '투수매'가 나타남은 특이한 현상이다.

金尾鰈는 '尾上有一團金鱗'의 기록을 참조하면, 그 형태에서 붙여진 이름임을 알 수 있다. 鄭文基(1977b : 54)는 '투주매'로 본다.

(53) 薄鰈 俗名 朴帶魚 <1, 鱗類 : 15b> : '박디'를 표기한 것으로, 표준어명은 '박대'이다.

(54) 小口魚 俗名 望峙魚 <1, 鱗類 : 15b> : '망치'를 표기한 것으로, 표준어명은 '망상어'이다. 峙 자체가 '魚' 자체를 뜻하기 때문에, 魚가 이에 後接하는 것은 중복 표기일 뿐이다.

(55) 魩魚 俗名 葦魚 <1, 鱗類 : 15b> : '위어'를 표기한 것으로, 표준어명은 '웅어'이다.

鰄魩魚 <牛海>, 葦魚 위어 <譯語, 下 : 37a>

刀梢魚 위어 <方類, 亥部 方言：19a>
鱭魚 위어 <廣才, 四, 隣魚：1a>
鱭魚 위어 魛魚, 葦魚 <物名, 卷二, 有情類・鱗蟲>

(56) 海魛魚 俗名 蘇魚 又名 伴倘魚 <1, 鱗類：16a>：'송어 / 반당이'
를 표기한 것으로, 표준어명은 '반지'이다. 鄭文基(1977b：56)는 '밴댕이'
로 본다. 蘇魚가 '송어'인 것은, 앞서 '秀魚'가 '슝어'로 표기되는 魚의
凝母的 特性에서 기인한 것이고, 伴倘魚를 '반당이'로 보는 것은 동시대
의 여타 문헌들의 명칭에서 도움을 받을 수 있다.
   小者 俗名 古蘇魚 <1, 鱗類：16b>：'고송어'를 표기한 것으로, '반지'
작은 것을 일컫는다.
   그 외 문헌에서 이 魚名에 대해 나타난 기록은 다음과 같다.

蘇魚, 獐口魚 반당이 <譯語, 下：35b>,
蘇魚 반당이 <方類, 亥部 方言：19a>
蘇魚 반당이 <廣才, 四, 鱗無：2b>, 鱖鮇 <牛海>
蘇魚 반당이 <物名, 卷二, 有情類, 鱗蟲>

(57) 蟒魚 仍俗名 <1, 鱗類：16b>：'망어'를 표기한 것으로, 표준어명
은 '꼬치삼치'이다. 鄭文基(1977b：56)는 '망어'로 본다. 金大植(1981：16)은
'삼치'로 본다.
   그 외 문헌에서 이 魚名에 대해 나타난 기록은 다음과 같다.

拔魚 一名 芒魚 <譯語, 下：37b>, 拔魚 망어 <方類, 亥部：19a>
拔魚 방어 芒魚 <廣才, 四, 無鱗：2a>, 魜鯉 <牛海>
拔魚東海大魚 방어 名而遂疑魴魚則誤矣 芒魚 <物名, 卷二, 有情類・鱗蟲>

(58) 黃魚 俗名 大斯魚 <1, 鱗類：16b>：大斯魚의 '大'가 '夫'의 誤記
로 보이며, '斯'는 '(5) 斯陵 / 시릉이'에서 '시'로 읽었을 가능성을 제시한
바 있다. 따라서 夫斯魚는 '부시리'를 표기한 것이며, 표준어명도 같다.

이태원(2002a : 310~311)은 서술 내용으로 미루어, '부시리'임을 제시한다. 한자어명 '黃魚'는 몸 색깔에서 유래한 명명이다. 鄭文基(1977b : 57)는 '대사어'로 본다.

(59) 青翼魚 俗名 僧帶魚 <1, 鱗類 : 17a> : '승디'를 표기한 것으로, 표준어명은 '성대'이다. 鄭文基(1977b : 57)는 '승대어'로 본다.

(60) 灰翼魚 俗名 將帶魚 <1, 鱗類 : 17a> : '장디'를 표기한 것으로, 鄭文基(1977a)는 '꼬마달재'를 지칭하는 것으로, 鄭文基(1977b : 58)는 '장대어'로 본다. 이태원(2002a : 134~136)은 '양태 / 돛양태'를 표준어명으로 본다. 그 근거로 방언 상 '장대'라 나타나고, 몸체와 가슴지느러미의 색깔이 황흑색이라는 기록을 제시한다. 따라서 표준어명은 '양태'로 본다.

   …色黃黑翼稍小而與體同色(지느러미는 황흑색으로 좀 작고, 아울러 몸
   또한 색이 같다)

(61) 飛魚 俗名 辣峙魚 <1, 鱗類 : 17a> : '날치'를 표기한 것으로, 표준어명도 같다. '-魚'가 俗名의 魚名에 붙어, 특별한 의미를 지니지 않고 '형식적 표기'로 보이는 경우가 많았다. 앞에서 본 '帶'나 '峙' 뒤의 '魚'는 형식적 표기임이 틀림없다.

(62) 耳魚 俗名 老南魚 <1, 鱗類 : 18b> : '노내미'를 표기한 것으로, 표준어명은 '노래미'이다. 한편 광양에서는 '노래기[蚓]'를 '노내기'라 하는데(이기갑 외, 1998 : 117) 이와 유사한 모습을 보여준다.

(63) 鼠魚 俗名 走老南 <1, 鱗類 : 18b> : '쥐노내미'를 표기한 것으로, 표준어명은 '쥐노래미'이다. '走'는 한자어명 '鼠'에 대응되는 것으로 '쥐'음을 대신한 한자어이다. 「牛海」에서는 '鼠鱛 / 쥐갈피·쥐뢰'로 나온다.

(64) 箭魚 仍俗名 <1, 鱗類 : 18b> : '전어'를 표기한 것으로, 표준어명은 '전어'이다.

(65) 扁魚 俗名 瓶魚 <1, 鱗類 : 19a> : '병어'를 표기한 것으로, 표준

어명도 같다. 甁[23]은 소리가 東音으로서 扁(편)과 서로 가깝다. 앞에서 (2)항에서 보인 '民魚는 곧 鮸魚'라는 내용과 유사한 표현인 것이다.

(66) 鰛魚 俗名 蔑魚 <1, 鱗類 : 19b> : '멸치'를 표기한 것으로, 표준 어명도 같다. 魚가 峠를 대신해서 쓴 표기로 보인다.

(67) 大鯫 俗名 曾蘖魚 <1, 鱗類 : 20a> : '증우리'를 표기한 것으로, 표준어명은 '정어리'이다. 정어리는 '정'에 대응하는 한자가 '曾'이라는 점과 '징어리, 증얼이'라고도 부름을 보아서 '정'이 長音이었음을 쉽게 알 수 있다. 「牛海」에는 '蒸鬱'이라 기록되어 있다.

(68) 短鯫 俗名 盤刀蔑 <1, 鱗類 : 20a> : '반도멸'을 표기한 것으로, 표준어명은 이태원(2002b : 138～139)을 참조하면, '밴댕이'이다.

(69) 酥鼻鯫 俗名 工蔑 <1, 鱗類 : 20a> : 흑산도 방언의 '꽁멸'을 참고 하면(이태원, 2002b : 134～137), '꽁멸'을 '工蔑'로 표기한 것이다. 표준어명 은 그 형태나 습성을 통해 볼 때, '까나리'이다. 金大植(1981 : 18)도 '까나 리'를 지칭하는 것으로 본다.

한편 이처럼 俗名 표기에 있어 한자어에 그 音이 없기에 그와 유사한 것을 빌려 쓴, 일종의 音似로 이를 대신한 어명들이 몇 있다. (70) 末獨 / 말뚝, (72) 長同魚 / 쟝동어 등이 그것이다.

(70) 杙鯫 俗名 末獨蔑 <1, 鱗類 : 20a> : '말뚝멸'을 표기한 것으로, 표준어명은 이태원(2002a : 239～241)을 참조하면, '매퉁이'이다. 현지인들 은 말뚝같이 생겨서 '말뚝고기'라 부른다고 하였다. 鄭文基(1977b : 66)는 '말독멸'로 본다. 아래의 기록을 참조하면, '末獨蔑'의 末獨은 모두 音假 의 형태임을 알 수 있다.

…狀如杙故名(모양이 말뚝과 같다하여 이런 이름이 붙었다)

(71) 大頭魚 俗云 无祖魚 <1, 鱗類 : 20b> : '무조어'를 표기한 것으로,

---

23) 참고로 '甁'은 康熙字典에서 '[廣韻] 薄經切, [集韻]·[韻會] 旁經切' 등으로 기록 됨으로 미루어, 그 音이 '병'임을 알 수 있다.

표준어명은 '문절망둑'이다. 아래 기록으로 미루어, 고유어명은 그 생태 습성에서 비롯된 것임을 알 수 있다.

　　…螫食其母故似稱無祖魚云(그 어미를 찔러서 먹기에 고로 無祖魚라고 도 말한다)

　小者 俗音 德音已 <1, 鱗類 : 20b> : 이 항목에 대해 鄭文基(1977b : 67) 는 '덕음파(德音巴)'라 음을 달았으나, 끝 자 '파'는 '이(已)'가 옳다. 기록 상으로도 그렇고, 보통 魚名에서 '-이'로 끝나는 경우가 많지, '-파'로 끝나는 경우는 없기 때문에, 이는 잘못 본 것이다. 이는 '더그미'라는 방언을 기록한 것으로 보인다. 金大植(1981 : 18)은 이를 '덤버리'로 추정 한다.

　(72) 凸目魚 俗名 長同魚 <1, 鱗類 : 20b> : '쟝동어'를 표기한 것으로, 표준어명은 '짱뚱어'이다.

　(73) 螫刺魚 俗名 瘦瞖魚 <1, 鱗類 : 20b> : '슈염어'를 표기한 것으로, 표준어명 '자가사리[螫魚]'를 지칭한다. 鄭文基(1977b : 68)는 '퉁가리'로 본다.

3) 無鱗類

(1) 鱝魚 俗名 洪魚 <2, 無鱗類 : 1a> : '홍어'를 표기한 것으로, 표준 어명도 같다.

그 외 문헌에서 이 魚名에 대해 나타난 기록은 다음과 같다.

　　洪魚 홍어 <倭語, 下 : 25a>

(2) 小鱝 俗名 發及魚 <2, 無鱗類 : 2a> : '발급어'를 표기한 것으로, 표준어명은 '홍어'이다. 홍어 중 작은놈을 지칭한 것으로 보인다. 鄭文基

(1977b : 73)는 '발급어'로 본다.

(3) 瘦鱝 俗名 間簪 <2, 無鱗類 : 2a> : '간재미'를 표기한 것으로, 표준어명은 '상어가오리'이다. '간재미'는 '간잠이'에서 온 것으로 魚名에 '-이'가 상투적으로 붙은 것이다. '-이'는 체언에 붙어 語調를 고르는 구실로 붙였을 것이나, 이로 인해 앞 음절에 'i모음 역행동화'현상을 일으키기도 한다. 이와 비슷한 것으로 '-리'도 있다. 鄭文基(1977b : 73)는 '간자'로 본다.

(4) 靑鱝 俗名 靑加五 <2, 無鱗類 : 2a> : '청가오리'를 표기한 것으로, 표준어명은 '청달내가오리'이다. 鄭文基(1977b : 73)는 '청가오리'로 본다.

(5) 黑鱝 俗名 墨加五 <2, 無鱗類 : 2b> : '먹가오리'를 표기한 것으로, 표준어명은 '묵가오리'이다.

(6) 黃鱝 俗名 黃加五 <2, 無鱗類 : 2b> : '노랑가오리'를 표기한 것으로, 표준어명도 같다.

(7) 螺鱝 俗名 螺加五 <2, 無鱗類 : 2b> : '쇼라가오리'를 표기한 것으로, 표준어명은 미상이다. 鄭文基(1977b : 74)는 '소라가오리'로 본다. 앞서 (5), (6)의 경우와 마찬가지로, '加五 / 가오리' 앞의 한자는 訓讀으로 일관성 있게 표기한 것으로 보인다.

그 외 문헌에서 '螺[소라]'에 대해 나타난 기록은 다음과 같다.

　　螺蛳 쇼라 <譯語, 下 : 38b> · <同文, 下 : 41b>

(8) 鷹鱝 俗名 每加五 <2, 無鱗類 : 2b> : 표준어명 '매가오리'를 표기하고 지칭하는 것이다. 고유어명의 '每'는 音假字임을 알 수 있다.

　　…鼓勇而竦其肩有似搏禽之雁(용기를 내어 그 어깨를 일으킬 때는 새를 나꿔채는 매와 유사하다)

(9) 海鰻鱺 俗名 長魚 <2, 無鱗類 : 3a> : '쟝어'를 표기한 것으로, 표준어명은 '바다뱀'이다. 鄭文基(1977b : 75)는 '장어'로 본다.

(10) 海大鱺 俗名 彌長魚 <2, 無鱗類 : 3b> : '붕장어'를 표기한 것으로, 표준어명은 '붕장어'이다. '海大'는 '하다'로 '大'를 옮긴 것으로 보이며, '彌'이 '크다'의 의미를 지칭하는 音假로 보아, 우리의 고유어에 '大'의 뜻으로 쓰이는 것이 있었던 것으로 생각된다.

(11) 犬牙鱺 俗名 介長魚 <2, 無鱗類 : 3b> : '갯장어'를 표기한 것으로, 표준어명은 '갯장어'이다. '齒踈如犬'의 기록으로 보아, 고유어명의 '介'는 音假字로 '개[犬]'음을 표시한 것이다.

(12) 海細鱺 俗名 臺光魚 <2, 無鱗類 : 4a> : '디광어'를 표기하고, 표준어명은 '빨갱이'이다. 이태원(2002a : 342~345)은 붉은 색깔을 띠고, 몸이 장어 형태로 가늘고 길쭉하며 개펄에서 서식하면서 몸길이가 20Cm 안팎인 '빨갱이'가 서술내용과 부합되기 때문에 표준어명을 '빨갱이'로 본다.

長一尺 許體細如指 頭如指 蛔色紅黑 皮滑 伏於鹵泥中(길이는 한 자이며, 대략 몸은 손가락과 같으며, 머리도 손가락과 같고, 색은 검붉고, 껍질은 미끄럽다. 개펄 속에 숨어산다)

(13) 海鮎魚 俗名 迷役魚 <2, 無鱗類 : 4a> : '미여기'를 표기한 것으로, 표준어명은 '물메기'이다. 鄭文基(1977b : 77)는 '바다메기'로 본다. 俗名의 '魚'는 형식적 표기에 불과하다.

그 외 문헌에서 이 魚名에 대해 나타난 기록은 다음과 같다.

鮎 메유기 덤 <訓蒙, 上 : 11a>, 鮎魚 머유기 <譯語, 下 : 37a>
鮎魚 덤어   <倭語, 下 : 25a>, 鮎魚 메유기 <同文, 下 : 37a>
鮎魚 머유기 <廣才, 鱗無 : 1a>, 豹魚   <牛海>
鮎 머유기   <物名, 有情類, 鱗蟲部>

(14) 紅鮎 俗名 紅達魚 <2, 無鱗類 : 4a> : '홍달어'를 표기한 것으로, 표준어명은 '베도라치'이다. 鄭文基(1977b : 78)는 '홍달어'로 본다. 이태원(2002b : 385~387)은 현지들인이 '홍달수'라 지칭하는 '베도라치'가 이 魚

名임을 밝혔다.

(15) 葡萄鮧 仍俗名 <2, 無鱗類 : 4a> : 13)항에서 鮧이 '미여기'에 대응함으로 미루어, '포도미여기'를 표기한 것으로 보이며, 표준어명은 미상이다. 鄭文基(1977b : 78)는 '포도메기'로 본다. 이태원(2002b : 385)은 색깔이 검다고 한 점과 여러 정황을 참고할 때, '그물베도라치'를 지칭한다고 보았다. 이에 따라 표준어명을 정한 것이다.

(16) 長鮧 俗名 骨望魚 <2, 無鱗類 : 4b> : 현지인들의 '골망딩이'를 참고할 때(이태원, 2002b : 388~390), '골맹이'를 표기한 것으로 보이며, 표준어명은 '등가시치'이다. 鄭文基(1977b : 78)는 '골망어'로 본다. 金大植(1981 : 20)은 '골망디'라는 현지 방언을 참조해, '골 + 망디(망둥이)'의 분석도 고려해 볼 만하다고 제시하였다. 이태원(2002b : 388~390)은 '장갱이'로 추측했으나, 현지인들은 '등가시치'를 '골망딩이'라 지칭한다고 한다.

(17) 鮀魚 俗名 服全魚 <2, 無鱗類 : 4b> : 흑산도 방언의 '복쟁이, 복징이, 복재이' 등으로 미루어(金大植, 1981 : 20), 움라우트된 '복전이', 즉 '복제니'를 표기한 것으로, 표준어명은 '복어'이다. 완도에서는 복어를 '복제니'라 한다(이기갑 외, 1998 : 286).

그 외 문헌에서 '복[鮀]'에 대해 나타난 기록은 다음과 같다.

    鮰 복 하, 鮀 복 돈 <訓蒙, 上, 鱗介 : 21a>
    복(河豘) <東醫2 : 4a>, 복(鮀魚)·복(河鮀) <譯語, 下 : 37 : b>
    河豚 복 <方類, 亥部 : 19b>·<廣才, 四, 無鱗 : 1b>
    河豚魚 <物譜, 鱗蟲 : 4>

(18) 黔鮀 俗名 黔服 <2, 無鱗類 : 4b> : '검복'을 표기한 것으로, 표준어명도 같다.

(19) 鵲鮀 俗名 加齒服 <2, 無鱗類 : 5a> : '가치복'을 표기한 것으로, 표준어명은 '까치복'이다. 까치[鵲]는 근대국어시기에 '가치'로 표기한다. 「牛海」에는 이와 연관된 기록으로 '鵲鰒鱠'라 하여, 그 모양이 잠자리와

비슷하여 붙여진 이름이라 하였다.

(20) 滑魨 俗名 蜜服 <2, 無鱗類 : 5a> : '밀복'을 표기한 것으로, 표준어명도 같다.

…而灰色黑文膩骨…(회색바탕에 검은 무늬가 있으며, 뼈가 미끄럽다)

'滑'의 訓音이 '미끄러울 활'인데, 그에 대한 설명을 참조하더라도 '密'이 '滑'의 訓 '미끄럽다'와 대응하여 音借한 것이다.

(21) 澀魨 俗名 加七服 <2, 無鱗類 : 5b> : '가칠복'을 표기한 것으로, 표준어명은 '까칠복'이다. 이 魚名은 몸 표피가 거칠기 때문에 붙여진 魚名일 텐데, '色黃腹有細莿'이라는 내용으로 미루어 '細莿'에서 '가칠'이 온 것이다.

(22) 小魨 俗名 拙服 <2, 無鱗類 : 5b> : '졸복'을 표기한 것으로, 표준어명도 같다. '體甚小'라는 기록으로 미루어, 몸이 극히 작은 것에 유래한 魚名이다. 기록상 '小 : 拙'이 대응된다. '拙'의 訓과 音이 '못날 졸, 졸할 졸'인데, 일상어에 '拙稿, 拙夫, 拙丈夫'등의 '拙'이 '왜소하고 못남'과 유관한 것으로 보아 '小 : 拙'의 대응은 가능하다고 보며, '졸'음에 작은 의미를 내포하는 또 다른 漢字 '卒'과도 연관성이 있어 보인다. 「牛海」에는 '石河魨 / 돌복'으로 나온다. 河魨은 魺(복 하)와 魨(복 돈)의 합성어로 '복'이란 訓이 중첩된 訓讀의 형태이다.

(23) 蝟魨 <2, 無鱗類 : 5b> : '가싀복'을 표기한 것으로, 표준어명은 '가시복'이다. 온몸에 가시가 있어 붙여진 魚名이다. 근대국어시기에 '가시[芒刺]'는 '가싀'였다.

(24) 白魨 <2, 無鱗類 : 5b> : '흰복'을 표기한 것으로, 표준어명은 미상이다. 현재 어종 중에 '흰복'은 없으며, 당시에 있었던 어종이었으나 현재는 멸종되었거나 서두에서 밝힌 '敢創立其名'에 의거해 붙여진 魚名으로 보인다.

(25) 烏賊魚 <2, 無鱗類 : 5b> : '오적어'를 표기한 것으로, 표준어명은

'오징어'이다.

그 외 문헌에서 이 魚名에 대해 나타난 기록은 다음과 같다.

　　오증어 쪄미긔치(烏賊魚骨) <東醫2 : 2a>
　　오증어(烏賊魚) <譯語, 下 : 36b>
　　烏賊魚 오젹어 <倭語, 下 : 25a>・<方類, 亥部 : 19a>
　　烏賊魚 오증어 <廣才, 四, 無鱗 : 2a>
　　鯼鮂 <牛海>, 烏鰂 오직어 <物譜, 水族 : 2>
　　烏賊魚 오증어 <物名, 卷二, 有情類・鱗蟲>

(26) 鰇魚 仍名 高祿魚 <2, 無鱗類 : 7a> : '고록이'를 표기한 것으로, 표준어명은 '꼴두기'이다. 鄭文基(1977b : 84)는 '고록어'로 본다. 담양에서는 꼴뚜기젓을 '고록젓'이라 한다(이기갑 외, 1998 : 32).

그 외 문헌에서 이 魚名에 대해 나타난 기록은 다음과 같다.

　　柔魚 골독이 <廣才, 鱗無 : 2a>

(27) 章魚 俗名 文魚 <2, 無鱗類 : 7b> : '문어'를 표기한 것으로 표준어명도 같다.

그 외 문헌에서 이 魚名에 대해 나타난 기록은 다음과 같다.

　　八稍魚 팔쵸어 <倭語, 下 : 24b>,　八稍魚 문어 <同文, 下 : 41a>
　　八帶魚 문어 <方類, 亥部 : 18b>,　八稍魚 문어 <廣才, 鱗無 : 2a>
　　鱆鮹 <牛海>,　望潮 문어 <物譜, 水族 : 2>

(28) 石距 俗名 絡蹄魚 <2, 無鱗類 : 8a> : '낙디'를 표기한 것으로 표준어명은 '낙지'이다. '蹄'는 현대음이 '제'이나 중국음은 [tí] 또는 [dí]로, 당시에는 '디'로 읽었을 가능성이 있다. 또 <譯語>의 '낙디'라는 기록으로 보아도 그럴 가능성이 짙다.

그 외 문헌에서 이 魚名에 대해 나타난 기록은 다음과 같다.

小八稍魚 낙디 <譯語, 下 : 36b>, 小八梢魚 낙지 <方類, 亥部 : 19a>
章魚 낙지   <廣才, 鱗無 : 2a>, 八梢魚 낙지   <物譜, 水族 : 2>

(29) 蹲魚 俗名 竹今魚 <2, 無鱗類 : 8b> : '쥬그미'를 표기한 것으로, 표준어명은 '주꾸미'이다. 鄭文基(1977b : 87)는 '죽금어'로 본다.

(30) 海豚魚 俗名 尙光魚 <2, 無鱗類 : 8b> : '상괭이'를 표기한 것으로, 표준어명도 같다. 魚가 형식적 표기임을 나타내는 것으로, 본래 '상광이'이었을 것이나, '-이'의 영향으로 음운변화가 일어난 대표적 경우이다. 상괭이는 돌고래과의 포유동물로 돌고래 무리 중 가장 작으며, 등지느러미가 없고 머리가 둥글다. 주둥이가 튀어나오지 않은 것이 특징이다. 鄭文基(1977b : 88)는 '상광어'로 본다.

　…體圓而長色黑似大豬(몸은 둥글고 길며, 색깔은 흑색이고, 큰 돼지와 유사하다)

(31) 人魚 俗名 玉朋魚 <2, 無鱗類 : 9b>

　形似人…玉朋魚長可八尺身如常人頭如小兒有鬚髮 … (모양은 사람과 비슷하다.…옥붕어는 길이가 가히 8척정도이고 몸은 보통 사람과 같으며, 머리는 어린아이와 같다. 수염, 머리털이 있다…)

'옥붕이'를 표기한 것으로 보인다. 통상 상상의 물고기로 알려진 人魚를 그 당시의 현지인들의 입을 빌려 옮긴 것으로 보인다. 뱃사람들이 때에 따라 바다 포유류들이 바다 위에 누워서 새끼에게 젖을 먹이는 모습을 인어로 착각한다고도 하며, 원시공동체 사회에서 있었던 魚神崇拜 思想에서 비롯된 것일 수도 있다.

한편 金大植(1981 : 22)은 물개의 일종으로 보고, 현지인들이 일컫는 '옥봉이, 옥보이'가 그 수컷의 생식기로 補腎의 약재로 쓰인다고 하였다.

(32) 四方魚 無俗名 <2, 無鱗類 : 11b> : 'ㅅ방어'를 지칭하나, 이태원 (2002a : 386~388)을 참고하면, 표준어명은 '육각복'이다.

體四方形 長廣高 略相等而長稍大於廣(몸은 사방형으로 길이는 넓고 높아 대략 서로 비슷하며 길이는 좁고 크기는 넓다)

(33) 牛魚 俗名 花折肉 <2, 無鱗類 : 12a> : '곳제륙'을 표기한 것으로, 표준어명은 '꽃자리'이다. '花折肉'의 '花'는 訓讀, '折肉'은 音假이다. 鄭文基(1977b : 95)는 牛魚가 철갑상어를 말한다고 보았다. 이태원(2002a)은 소 덩치만 하고 길고 뾰족한 부리를 달고 있는 것은 '꽃제루'로 불리는 물고기인데, 이는 바로 花折肉의 '花'에서 비롯되었다고 현지인의 이야기를 실었다. 그러나 '꽃제루'라는 표준어명은 없으며, 이 魚名은 '꽃자리'가 표준어명이다. 한편 金大植(1981 : 22)은 현지인들의 방언에 '꽃제륙'이 있다고 조사하였다.

(34) 鱠殘魚 俗名 白魚 <2, 無鱗類 : 12b> : '빙어'를 표기한 것으로, 표준어명은 '뱅어'이다. 한자어명 '鱠殘魚'는 아래 기록을 참조할 때, 전설에서 비롯된 것으로 보인다.

…案博物志云吳王闔廬行食魚鱠棄殘餘於水化爲魚名鱠殘(「박물지」에서 이르길, 오왕의 합려가 물고기회를 먹고 남은 것을 물에 버렸는데, 이것이 변해 물고기가 되어, 鱠殘이라 이름 지었다)

그 외 문헌에서 이 魚名에 대해 나타난 기록은 다음과 같다.

비어(麵條魚) <譯語, 下 : 37a>, 麵條魚 비어 <方類, 亥部 方言 : 19a>
鱠殘魚 빙어 <廣才, 隣魚 : 1b>, 飛玉 <牛海>

(35) 鱵魚 俗名 孔峙魚 <2, 無鱗類 : 13a> : '공치'를 표기한 것으로, 표준어명 '학공치'를 지칭한다. 「牛海」에서는 이 魚名이 '魟鰣 / 공치'[24]로 나타나며, 이는 '공치(工峙)'를 音假한 것이다. 한편 丁若銓은 학공치를 無鱗類로 보았는데, 이는 잘못 본 것이다.

24) '魟'의 現在音은 '홍'이나 [廣韻]에는 '古紅切', [集韻]에는 '沽紅切'이라 하는 것으로 보아 그 音이 '공'이다.

(36) 裙帶魚 俗名 葛峙魚 <2, 無鱗類 : 13a> : '갈치'를 표기한 것으로, 표준어명도 같다. 신라지역에서는 '칼치', 백제지역에서는 '갈치'로, 南部 方言에서는 갈치(과거 新羅 領域, 그 외는 칼치(北部 方言)라 命名했다(김홍석, 1996 : 48).

宋喆儀(1993 : 357～361)는 '갈치'가 그 구성 요소인 '갈ㅎ'이 '칼'로 변화되었으며, 공시적인 규칙에 의해서는 '칼 + 치'로부터 '갈치'를 도출해 낼 수 없으므로 어휘화(어떤 복합어들을 형성해 내던 규칙이 현재의 언어 체계 내에서는 더 이상 생산적이지 못하게 되면 그 규칙에 의해 형성된 복합어들은 화석화한 것)했다고 보았다.

그 외 문헌에서 이 魚名에 대해 나타난 기록은 다음과 같다.

裙帶魚 갈티 <譯語, 下 : 37b>, 裙帶魚 갈치 <廣才, 鱗無 : 2a>

(37) 鶴觜魚 俗名 閑璽峙 <2, 無鱗類 : 13b> : '한새치'를 표기한 것으로, 표준어명은 '청새치'이다. '한새치'의 '한'은 大의 뜻으로 쓰인 것이며, 최기철(1994 : 455～461)에 따르면, '공치'의 방언 중에 '한새치, 황새치'가 공존함을 알 수 있다. 이는 그동안 널리 알려진 '한새>황새, 한쇼>황소'의 변천과 같은 것이다.

…大者丈許頭如鶴觜…(큰놈은 열 자 정도이며, 머리는 학의 부리와 같다)

(38) 千足蟾 俗名 三千足 又名 四面發 <2, 無鱗類 : 13b> : '삼천발/ㅅ면발'의 표기로, 표준어명은 '삼천발이'이다. 鄭文基(1977b : 98)는 '천족담'으로 보고, 이는 '문어의 종류'라 하였다. 이태원(2002b : 181～186)은 현지인들이 '삼천발이'를 '삼천발'로 명명한다고 하였다. 한편 '三千足/삼천발'의 足은 訓讀한 것이고, '四面發/사면발'의 發은 音假한 것이다.

全體周圍有無數之股…生脚脚又生枝枝又生條條又生蘗(온몸 주위에 무수

히 많은 다리가 나 있는데,…다리가 나고, 다리에서 가지가 나고, 가지
에서 작은 가지가 나고, 작은 가지에서 잎이 나온다)

그 외 문헌에서 이 魚名에 대해 나타난 기록은 다음과 같다.

八脚子 스면발 <同文, 下 : 43a>

(39) 海鮀 俗名 海八魚 <2, 無鱗類 : 14a> : '해포리'를 표기한 것으로,
표준어명은 '해파리'이다. 金大植(1981 : 23)은 흑산도 방언에 '해포리'가
있음을 확인한 바 있다.

(40) 鯨魚 俗名 高來魚 <2, 無鱗類 : 15a> : '고래'를 표기한 것으로,
표준어명은 같다.

그 외 문헌에서 이 魚名에 대해 나타난 기록은 다음과 같다.

鯢 고래 예 <訓蒙, 上 : 11a>, 鯨 고래 <同文, 下 : 41b>

(41) 大鰕 <2, 無鱗類 : 15b> : '한시비'를 표기한 것으로, 표준어명은
'대하'이다. 광양을 제외한 전역에서 '새우'를 '세비'라 한다(이기갑 외,
1998 : 350).

그 외 문헌에서 이 魚名에 대해 나타난 기록은 다음과 같다.

蝦兒 새오 <譯語, 下 : 38a>, 鰕 새오 하 <倭語, 下 : 26a>
鰕 시오   <廣才, 鱗無 : 2b>

(42) 海參 <2, 無鱗類 : 16a> : '희슴'을 표기한 것으로, 표준어명은
'해삼'이다.

그 외 문헌에서 이 魚名에 대해 나타난 기록은 다음과 같다.

海蔘 희슴, 뭐 <廣才, 鱗無 : 2b>

(43) 屈明蟲 仍俗名 <2, 無鱗類 : 16b> : '굴맹이'를 표기한 것으로, 표준
어명은 '군소'이다. '蟲'은 물고기가 아님을 나타내는 형식적 표기이다. 鄭
文基(1977b : 104)는 '굴명충'으로 본다. 이태원(2002a : 217~220)은 현지인들이
'군소'를 '굴미이, 굴밍이'로 현재 사용하고 있다고 조사한 바 있다.

(44) 滔蟲 俗名 五萬童 <2, 無鱗類 : 16b> : 鄭文基(1997)는 '滔蟲(제충)'
을 '淫蟲(음충)'으로 보았으나, 滔蟲의 표기가 뚜렷하다. '오만동'을 표기
한 것으로, 표준어명은 미상이다.

3. 結 論

魚名을 확정함에 있어, 현지조사는 필수적인 것이다. 그러나 그동안
이에 대한 조사가 많이 행해졌고, 이들 조사된 연구를 토대로 魚名을
확정함이 큰 무리가 없을 것이다. 따라서 기존의 흑산도를 연구 조사한
연구물과 전라방언의 현상을 참고로 魚名을 확정하였음을 밝힌다.

『玆山魚譜』의 魚名을 전면적으로 재검토함으로써, 그동안 잘못 보아
온 고유어명과 표준어명을 확정하였으며, 표기형태의 특징적인 면도 알
수 있었다. 확정한 고유어명과 표준어명은 본론으로 대신하고, 표기형태
에서 나타난 특징을 정리하면 다음과 같다.

― 俗名 表記에 있어, 한자 표기가 어려운 경우는 두 자를 포개어 한
자를 나타냈다. 그 예로 (10) 多億道魚 / 닥도미, (14) 道塗音發 / 도돔발,
(23-3) 道音發鯊 / 돔발상어 등이 있다.

― 丁若銓은 당시의 俗名을 현지인들의 발음형 그대로를 옮긴 것이
아니라, 좀 천하거나 피해야 할 말이 있는 경우는 고상하게 고쳐서 기
록한 것으로 보인다. 그 예로 (3) 黃石魚 / 황세기 → 황석어, (8) 甘相魚 /
감생이 → 감상어, (23-1) 民童鯊 / 민둥상어 → 민동사, (33) 丹徒令鯊 / 단

도롱→ 단도령사, (34) 白魚 / 빙어 → 백어, (72) 長同魚 / 쟝동이 → 장동어 등이 있다.

－ 수식적 표기가 사용되었다. (4) 한자어명 鯔魚의 鯔는 緇의 수식적 표기이며, (21) 鯊魚의 鯊는 沙의 수식적 표기이다.

－ 형식적 표기가 나타난다.

첫째, '魚'가 물고기 이름임을 뜻한다는 단순히 형식적인 표기로 쓰인 경우, 즉 '-魚'가 형식적 표기인 경우가 있다. 그 예로 鱗類에서는 (6) 乞德魚 / 껄떡이, (7) 道尾魚 / 도미, (8) 甘相魚 / 감생이, (9) 癰伊魚 / 옹이, (13) 蠢峙魚 / 준치, (41) 發落魚 / 발락, (44) 餓口魚 / 아구, (45) 遜峙魚 / 쏜치, 無鱗類에서는 (26) 高祿魚 / 고록이, (28) 洛蹄魚 / 낙디, (30) 尙光魚 / 상괭이, (40) 高來魚 / 고래 등이 있다.

둘째, 鯊가 상어류임을 뜻한다는 형식적 표기로 쓰인 경우가 있다. 그 예로 (26) 非勤鯊 / 비그니, (27) 全淡鯊 / 전대미, (28) 愛樂鯊 / 애래기, (30) 毛突鯊 / 모도리, (33) 丹徒令鯊 / 단도롱 등이 있다.

셋째, 물고기가 아님을 나타내는 형식적 표기로 '蟲'을 쓴 경우가 있다. 無鱗類의 (43) 屈明蟲 / 굴맹이 등이 그 예이다.

－ 생략표기가 나타난다. 그 예로 (10) 道魚-道尾魚, (49) 突長魚-突長帶魚 등이 그것이다.

－ 俗名 중 된소리 표기는 음이 유사한 한자어로 대체하여 표기하였다. 그 예로 (6) 乞德魚 / 껄떡이, (43) 北諸歸 / 뿍저구, (45) 遜峙魚 / 쏜치, (69) 工蔑 / 꽁멸, (70) 末獨蔑 / 말뚝멸 등이 있다.

－ 발음상의 자연스러움을 위해 '-이'나 '-리'를 俗名 끝에 붙여 읽었다.

첫째, '-이'류로는 (8) 甘相魚 / 감생이, (19) 禹東筆 / 우동피리, (26) 非勤鯊 / 비그니, (27) 全淡鯊 / 전대미, (28) 愛樂鯊 / 애래기, (30) 毛突鯊 / 모도리, (40) 登德魚 / 등데기, (47) 加簪魚 / 가재미 등이 있으며,

둘째, '-리'류로는 (15) 假古刀魚 / 가고도리, (40) 應者魚 / 응자리 등이 있다.

마지막으로 『玆山魚譜』의 魚名을 재검토하면서, 본 연구자가 새롭게 밝혀낸 것들만 정리하여 도표로 제시하면 다음과 같다.

연번	표기	필자의 讀音	鄭文基 (1977b)	홍순탁 (1963)	牛海 (1882)	金大植 (1981)	이태원 (2002)
鱗類 (5)	斯陵	사릉이	가숭어	사능리		사룽(능)	가숭어
(11)	北道魚	북도미	북도어			북도어	
(15)	假古刀魚	가고도리	가고도어	?		가고도어	전갱이
(19)	禹東筆	우동피리	우동필	우동풀		우동필	
(26)	非勤鯊	비그니	비근상어	비근덜이		비근사	복상어
(28)	愛樂鯊	애래기	병치상어	애락상어		애낙(악, 락)사	칠성상어
(31)	諸鯊	졔리	저자상어	제자리		제(저)자사	전자리상어
(36)	世雨鯊	세우	극치상어	새우상어		세우사	백상아리
(38)	豚蘇兒	돗소아				돈소아	
(40-1)	登德魚	등데기		등덜이		등덕어	황점볼락
(40-2)	應者魚	응자리		응저리		응자어	赤色볼락
(41)	發落魚	발락	볼낙어	볼래이	보라	발락어	볼락
(47)	加簪魚	가재미	가자미	가잠이		가잠어	가자미
(48)	鞋帶魚	허대	혜대어			혜대어	
(49)	突長魚	돌장대	돌장어	돌장어		돌장어	
(59)	僧帶魚	승디	승대어	성대		승대어	성대
(62)	老南魚	노내미	노래미	노램이		노람(남)어	노래미
(63)	走老南	쥐노내미	쥐노래미	쥐노램이	쥐갈피/쥐뢰	주노람(남)	쥐노래미
(71)	德音已	더그미	덕음파			덤버리	
無鱗類 (13)	迷役魚	미여기	바다메기·	미기	표어	미역어	
(17)	服全魚	복제니	복전어	복쟁이		복전어	
(28)	洛蹄魚	낙디	낙지	낙자	큰시오범	낙제어	
(29)	竹今魚	쥬그미	죽금어	죽금		죽금어	
(30)	尙光魚	상괭이	상광어	상광어		상광어	
(31)	玉朋魚	옥붕이	인어	?		옥붕어	
(38)	三千足	삼천발	천족담	천발이		삼천족	삼천발이
(41)	大鰕	한시비	대하			대하	
(43)	屈明蟲	굴맹이	굴명충	굴명		굴명충	군소

Ⅷ. 魚名의 命名法에 대한 어휘론적 고찰*

1. 序 論

1) 硏究 目的

예로부터 우리가 살고 있는 한반도는 삼면이 바다로 싸여 있어, 해안을 끼고 수산업이 번창했던 곳이다. 특히 그 연근해가 한류와 난류의 상극상이 현저하여 겨울철과 여름철의 수온차가 20℃ 이상이며 동해는 해저수가 솟아오르는 환류 현상이 심해 각종 플랑크톤이 번식하고 물고기가 서식하기에는 최적의 장소라 한다. 그리고 서해는 수심이 평균 40m 내외인 천해지역으로 한류성 어족의 유일한 월하수역이며, 남해는 한류와 난류의 교차지점으로 한류성과 난류성 어류가 함께 하는 지역이라 한다. 이렇듯 그 연안의 수심이 얕고 대륙붕이 발달해 각종 어류와 조개류 등이 서식하기에는 좋은 환경을 보유한 수산물의 보고임은 널리 알려진 사실이다. 따라서 수산물에 대한 命名이 자연적으로 발달했던 것은 당연한 결과다. 한편 여찬영(1994 : 1)은 命名에 대해 '사물에 명칭을 부여하는 것은 사물과 사물을 구별하기 위한 것이 주된 목적인데 그 사물이 지니는 여러 가지 특성 가운데 서로 구별되는 차이를 식별해 주는 구체적이고 대표적인 특성을 바탕으로 명칭이 붙여지는 것이 일반적이다'라고 하였다.

물고기에 대한 생리나 생태 분포 등을 자연과학 중 어류학 분야에서 鄭文基, 최기철의 선두적인 연구로 체계화되었으며, 두 선두자가 수집한

---

* 이 논문은 필자의 拙稿(1996)를 命名法에 따라 다시 정리한 것이다.

수는 상당하다. 그러나 이에 대한 국어학적 연구는 그 동안 거의 이루어지지 않고 있었다. 따라서 본고에서는 어류학자들이 조사한 물고기 이름(以下 魚名)을 그 命名法을 중심으로 어휘론적 관점에서 접근해 보았다. 본고의 이해를 위해 몇 가지 밝혀 둘 점이 있다.

우선 본고의 대상이 되는 어휘는 鄭文基(1977)의 『韓國魚圖譜』에 나오는 총 2018개(그 중 標準名[1]은 868개)의 단어 중, 국어학적으로 논의의 가치가 있다고 생각되는 標準名 100개를 고찰의 대상으로 하여, 이들을 命名法에 따라 구분해 보고, 魚名 語彙의 조어 재구, 고문헌에 나타난 魚名 考察, 각 기준에 의해 분류된 어휘들에 대한 분석 등에 중점을 두고자 한다.

2) 魚名 研究史 槪觀[2]

(1) 魚名을 소개한 것 중 가장 오래된 것은, 1425년에 출판된 河演의 『慶尙道地理誌』土産部로 21종의 魚名이 기록되어 있다.

(2) 兪好通 등이 1433년(세종 15년)에 편찬된 『鄕藥救急方』에 魚類 11종의 漢字名과 方言이 기재되어 있다. 이 책에는 河演이 발표한 이 외의 魚種으로 7종이 있다.

(3) 孟思誠 등이 1432년(세종 14년)에 출판한 『新撰八道地理志』에 魚類 10여 종의 이름이 기재되어 있으나, 新種은 없다.

(4) 鄭麟趾가 鄭道傳의 『高麗史』를 1454년에 개찬한 『高麗史地理志』에 魚類 10여 종의 이름이 기재되어 있으나, 이미 발표한 것들이다.

(5) 鄭麟趾가 1454년에 찬진한 『世宗實錄 地理志』土産部에 34종의 魚名을 소개했으나 모두 이미 발표한 魚名이다.

---

1) 標準名은 生物學界의 '學名'을 基準으로 한 韓國語의 '種名'을 말한다.
2) 본래 韓國産 魚類名稱에 관한 연구가 魚類學者에 의해 그 동안 주가 되었기에 여기서는 鄭文基(1977)의 『韓國魚圖譜』에 나오는 「韓國産 魚類의 研究史」를 참고했음을 밝힌다.

(6) 崔世珍이 1527년 제작한『訓蒙字會』上卷 <鱗介>편에 40종이 실려 있는데, 그 중 魚名은 22종이다.3)

(7) 李荇이 1530년(중종 25년)에 編纂한『新增東國輿地勝覽』土産部에 魚名이 46종이 실렸는데 그 중 26종은 새로 추가된 것이다.

(8) 許浚이 1611년(광해군 3년)에 編纂한『東醫寶鑑』중「本草綱目」에 魚類 10여 종의 이름이 실려 있으나 이미 기록된 魚名이었다.

(9) 李睟光의『芝峰類說』(1614), 愼以行 등의『譯語類解』(1690), 이서하의『北關誌』등은 10여 종의 魚名이 소개되었으나 이미 발표된 것들이다.

(10) 朴世堂의『山林經濟誌』(1660~1700), 徐命膺의『故事新書』(18C) 등에는 20여 종의 魚名이 있으나 이미 위에 기재된 것이었다.

(11) 李晚永이 1807년 2월 이전에 발표한『才物譜』에는 魚名 63종이 기록되어 있으나 이 역시 이미 소개된 것이다.

(12) 丁若銓이 1814년(순조 14년)에 편찬한『玆山魚譜』중에 魚類 101종에 대한 方言 및 漢字名이 기재되어 있으며 우리나라 魚類 單行本으로서 최초인 동시에 귀중한 문헌이다. 魚名 101종 중 아직 위에 소개되지 못한 魚類 72종이 실렸다.

(13) 丁若鏞이 편찬한 1814년『雅言覺非』중에는 魚名 50종이 기재되어 있는데 아직 소개하지 않았던 未記錄 魚名은 18종이다.

(14) 金鑢가 1821년 편찬한『牛海異魚譜』에는 51종의 魚名이 있는데 그 중 33종이 새로운 것이었다.

(15) 韓致奫이 1789~1835년 사이에 편찬한『海東繹史』에는 魚類 18종의 方言이 기재되어 있다.

(16) 徐有榘가 1834년~1845년 사이에 편찬한『林園經濟志』중「佃漁志」에 학자적 신의를 가질 수 있는 魚名 97종이 소개되었는데 43종은 새로운 것이었다.

(17) 李圭景이 1835년~1845년 사이에 편찬한『五洲衍文長箋散稿』에는

---

3) 이에 대해 金鎭奎(1993)에서는 '同訓語가 9종이고 그 중 2종(미르,싱포)는 死語'라고 분석했다.

魚名 32종이 실려 있다.

(18) 柳僖가 편찬한『物名攷』(순조 때)에는 70여 종의 魚名이 있다.

(19) 黃泌秀가 낸『名物紀略』에는 魚名 61종이 기재되어 있는데 처음 소개된 것은 11종이었다.

(20) 19C 말부터 20C 초까지는 외국인의 韓國産 魚類 研究가 활발했는데, 대개가 자기 나라의 전문 잡지에 部分的으로 발표하는데 그치었다. 대표적인 사람들로는 S. M. Henzenstein, F. Seidachner, L. S. Berg, Mori Tamezo(森爲三) 등이다.

(21) 鄭文基는 1934년『朝鮮之水産』과『朝鮮魚類譜』에서 韓國産 魚類 159종에 관한 方言, 漢字名, 日本語名 등을 조사 833종의 方言, 形態, 生態 등을 조사한『韓國魚譜』를 商工部 명의로 출간하였다. 그 후 1977년에는 이제까지 조사 研究한 것에 몇 개의 미기록 魚種을 첨가해 도합 872종을 정리한『韓國魚圖譜』를 완성했다.

(22) 李崇寧은 1986년「魚名雜攷」에서 국어학자로는 처음으로 魚名에 대한 고찰을 시도했으나 종합적인 고찰이 되지는 못하였다.

(23) 여찬영은 1994년『曉星女大 韓國傳統文化研究』중「우리말 물고기 명칭어 연구」에서 魚名을 접두사를 중심으로 분류하고 각 접두사의 의미를 살펴보고자 하였으나 이 또한 폭넓지 못한 점이 있다.

2. 魚名의 命名法에 따른 分類

필자가 위의 책들을 참조하여-특히 鄭文基(1977)『韓國魚圖譜』-魚名을 조사 연구하여 본 결과 총 2018개(그 중 標準名은 868개)의 魚名을 알아낼 수 있었다. 여기에서 語彙論的으로 고찰의 대상이 되는 100개의 魚名을 추출해 命名法에 따라 다음과 같이 나누었다.

① A형 魚名 : 물고기의 형태·색상에 따라서 命名한 魚名
② B형 魚名 : 물고기의 생태·습성을 따라서 命名한 魚名
③ C형 魚名 : 魚名을 吏讀 또는 군두목[軍都目][4] 등으로 차자표기한
　　　　　　魚名
④ D형 魚名 : 傳說, 民譚, 神話 등에서 유래한 魚名
⑤ E형 魚名 : 외국에서 語源이 들어오거나 그 영향을 받은 魚名.
⑥ F형 魚名 : 命名의 由來를 알기 어려운 魚名

1) A형 魚名 : 물고기의 형태·색상에 따라서 命名한 魚名

(1) 은어 : 모습이 아름다워 銀光魚, 銀條魚라고 하며(A형 魚名), 咸鏡道에서는 '도로묵어'를 '은어'라고도 부른다. 그 유명한 산지로 청천강, 慶南 밀양 강, 全南 섬진강 등이며 두만강은 물이 차서, 한강은 흙탕물이라 이 은어가 서식 못한다고 한다(鄭文基, 1974 : 62~66). 徐有榘의 「佃漁志」에는 '銀口魚'라 命名하며, 이는 '주둥이의 턱뼈가 銀처럼 하얗기 때문에 붙여졌다'고 기록했다.

(2) 고등어 : 그 이름은 등이 둥글게 올라와 있는 형태에서, 또 그 물고기의 형태가 古刀와 같다고 해서 붙여졌다 한다. 徐有榘의 「佃漁志」에는 '古刀魚'로 표기했고, 江原道 고저 지방에서는 작은 고기를 '고도리', 幼魚 중 큰 놈을 '통소 고도리'라 命名한다. 이 세 魚名에서 '*곧–'이라는 共通 語根을 類推해 낼 수 있는데, 이는 國語의 祖語가 單音節의 名詞로 名詞形 語尾 'ㅌ'를 갖는다는 徐廷範(1989)의 주장과 일치한다.

그렇다면 古刀魚는 '곧어'의 借字表記이고, '고도리'는 '곧＋오리(새끼를 뜻하는 명사)'이다. 즉 고등어의 古代 國語는 '*곧'이라는 결론[5]이며,

---

4) 姜憲圭(1988 : 52)에서는 군두목 표기의 대표적 예로 '民魚, 屈非, 古刀魚(고등어)' 등을 들었다. '군두목[軍都目]'을 李熙昇(1975) 『國語大辭典』에 보면 '漢字의 뜻은 어찌되었든지 音과 새김을 따서 물건의 이름을 적는 법. 콩팥을 [豆太], 괭이를 [廣耳]로 쓰는 것 등. 이조 말엽에 胥吏에 의하여 이루어졌음'이라 나온다.
5) 고등어의 古代 國語 祖語形이 '*곧'이었던 것이 시대가 흐름에 따라 모든 물고기의 전형적 형태인 '잉어'와 합쳐지면서 '곧＋잉어 > 고딩어 > 고등어'가 되지 않

이것은 '돼지(어미돼지)'의 古代 國語[6]가 '*돝[豕]'이라는 것과도 맞아 떨어진다.

(3) 열목어(熱目魚) : 붉은 눈을 가졌다 해서 또는 눈에 열이 있어 그를 식히기 위해 찬물을 찾기에 붙여진 魚名이다.

(4) 두틉상어 : 釜山에서 두틉상어, 두테비, 두테비상어 등으로 불리며 全南에서는 범상어로 불려진다. 두꺼비[蟾], 범[虎]은 우리 민족의 역사상 신비로운 영물들로 여겨짐을 상기할 때, 두 영물이 한 種의 魚名에 같이 쓰임이 흥미로우며 두꺼비의 고어는 '두텁이'이다.

* 두텁이 셤(蟾) <倭下 27>
* 두텁이 <漢淸文鑑 444d>
* 蟾蜍 두텁이 <柳物二昆>

(5) 곱사연어[僂鰱魚] : 그 형태를 본 따 명명한 A형 魚名이다.

(6) 잉어 : 물고기 형태 중 가장 典型的인 것이기에 그 傳說이 많고 특히 龍과 결부된 傳說도 많다. 徐有榘의 「佃漁志」에는 잉어를 '이어(鯉魚)'라 하고 '十자 무늬[文理]를 가지고 있는 까닭에 리(理)의 음을 따서 리(鯉)라 했다'라는 기록과 함께 빨강이 잉어의 본 바탕색이라고 주장했다. 링어(鯉魚)를 유창돈(1964)은 加重調音으로 설명했다.

잉어는 그 색깔 때문인지 발갱이(전장 1자 5치 내외)[한강 보광리 근처], 발갱이(1자 이내)[청평천], 발갱이(1자 내외)[京畿 여주] 등의 '발갱이'라는 魚名이 한강변에서 많이 보인다. 『柳氏物名考』 二水부분에도 '鱒 발강이'이라 하여 '잉어 새끼'를 지칭하는 용례가 보인다.

「朝鮮館譯語」[7]<鳥獸門>에 '鯉魚 板果吉 立我'라는 기록이 있다. 그

앉을까 하는 생각도 든다.
6) 韓國語史의 時代區分은 李基文의 『國語史 槪說』(塔出版社, 1982)를 따른다.
7) 참고로 편찬연대에 대해 의견이 분분한데, 크게 네 가지가 있다.
  ① 明末로 보는 견해
  ② 1389년에 성립되었다고 보는 견해
  ③ 고려 후기로 보는 견해

동안 이 부분의 해독이 확실한 게 없었다.[8]

지금까지는 板果吉를 *P'an(?)-ko-ki＝Pan-kuɔ-ki[9] 또는 ＜부어? 고기＞로 주장하는 두 가지의 큰 주장이 있었는데, 筆者는 前者의 주장이 옳음을 증명하려 한다.

즉 '발갱이'의 方言을 통해 pan-kuo-ki ＞ pal-kuo-ki ＞ pal-ko-ki ＞ pal-kø-ki ＞ pal-kæ-ki ＞ pal-kæ-hi ＞ pal-kæ-i ＞ pal-kæŋ-i'[10]로 보는 것이다. 물론 중국의 경우 板魚는 比目魚의 異名으로 板魚 즉 比目魚와 鯉魚와는 딴 판의 물고기라는 단점이 있기는 하나 그것은 '제보자'와 '표기자'의 거리에서 빚어진 현상으로 볼 수밖에 없다.

또 여기에 한 가지 더 첨가할 것은 「朝鮮館譯語」의 제보자가 한강 근방의 사람이라는 李基文(1968)의 주장[11]을 뒷받침하는 증거가 되기도 한다.

---

④ 15세기 네 번째 李基文의 주장이 가장 說得力이 있다고 본다. 즉, 明永 樂年間 (永樂 6年 1408頃)에 성립되고 明末까지의 사이에 부분적으로 교정됐다는 주장이 내외적 증거가 他 주장에 비해 충분한 편이다.

8) 이 부분 해석에 대한 대표적인 주장은 다음과 같다.

① 文璇奎(1972 : 191-192)는 '부어? 고기(붕어類의 물고기의 뜻인 「鮒魚고기」라고 말한 것을 表記者가 「번-고기」 또는 「벙-고기」라 錯誤함)'이라 해석해 놓고 「번～벙」部分이 「板」字를 대신할 수는 없다고 했다.

② 姜信沆(1971 : 61)은 '판(板)고기'라 해석하면서, '未解決 項의 하나로 中國語의 ＜板魚＝比目魚＞(가자미)를 사음한 것 같다'고 덧붙였다.

9) 韓國語의 I.P.A. 표기는 다음과 같이 한다.

ㅏ a, ㅓ ə, ㅗ o, ㅜ u, ㅡ i, ㅣ i, · ʌ, ㅣ ɔj, ㅢ ij, ㅐ æ, ㅔ e, ㅚ ø, ㅟ wi, ㅑ ja, ㅕ jə, ㅛ jo, ㅠ ju, ㅘ wa, ㅙ wæ, ㅝ wə, ㄱ k, ㄴ n, ㄷ t, ㄷ l, r, ㅁ m, ㅂ p, ㅅ s, ㅇ ŋ, ㅈ c, ㅊ cʰ, ㅋ kʰ, ㅌ tʰ, ㅍ pʰ, ㅎ h, △ z, ㅸ β, ㄲ Ɂk, ㄸ Ɂt, ㅃ Ɂp, ㅆ Ɂs, ㅉ Ɂc, ㆅ Ɂh, 생략 ɸ.

10) k ＞ h ＞ ɸ(생략) ＞ ŋ의 현상의 例는 金榮一(1986)의 주장을 참조하면, 다음과 같다.

① *집욱 ＞ 집웅 ＞ *집우 ＞ 집웅(지붕); 욱[上]의 再構는 慶尙道 方言과 全南 方言의 '우게(위에)', 몽고어의 ögede(위에), 퉁구스어의 ūig-(올리다) 등을 참고할 수 있다.

② *나락(國) ＞ 나랑 ＞ 나라 ＞ 나랑(咸鏡道 方言); *나락의 再構에는 鄕歌 安民歌에서 '國惡'과 日本의 古都'奈良'(이것은 韓國語 '나라'와 同源語다)의 異表記 形에 寧樂, 乃樂 등

③ *바닥(海) ＞ 바당 ＞ 바다 ＞ 바당(濟州 方言); *바닥의 再構에는 鄕歌 普皆廻向 歌의 '海惡'을 참고할 수 있다.

잉어를 일본에서는 Koi(鯉)[12], 몽고에서는 'Mulko'(『蒙語類解』에는 '물쿠')
라 하고 만주어의 사전류로서 1748년에 刊行된 『同文類解』 下卷 <水
族>部에는 '무쥬후'라고 하는데 일본어는 Mulkoki에서 Mul이 탈락하여
'koki > kohi > koi'로 변하고, 몽고어는 'Mulkoki'의 '*Mulko'이며, 만주
어의 '무쥬후'도 'Mu~k(>h)o'가 들어가 있는 것으로 봐서 잉어가 많은
물고기의 전형이고 광범위하게 분포하며 흔하기 때문에, 우리말의 '물고
기'라는 語源은 바로 '잉어'를 지칭하는 말에서 유래하지 않았을까 하는
추측을 감히 해본다.

요약하면 '잉어[鯉]'를 지칭하는 고대 우리의 고유어는 '*반(발)고기'와
'*물고기', 두 가지가 있었다고 생각된다. 그 중 '*반(발)고기'는 '발갱이'
로 변화되어 지금도 方言 속에 남아 있고, 다른 하나인 '*물고기'는 '잉
어[鯉]'를 지칭하는 말에서 '魚'를 지칭하는 말로 그 의미가 확대되었다
고 할 수 있다. '물고기'는 E형 魚名이고 '발갱이'는 A형 魚名이다.

(7) 붕어 : 붕어계 魚名 중 '큰 가시 붕어'가 있는데 이 물고기는 바늘
처럼 끝이 뾰족하고 억센 가시가 여섯이 있어서 붙여진 이름으로 A형
魚名의 성격을 띠며 울진에서는 그런 까닭에 一名 '육침, 육침붕어'라
하기도 한다.

또 '버들붕어'는 몸이 버들잎처럼 얇고 붕어처럼 납작하다는 데서 붙
여진 A형 魚名으로 그 겉모양이 화려해 一名 '각시붕어, 기생붕어, 꽃붕
어'라고도 한다. 충남 일부에서는 뒷지느러미와 등지느러미가 '바디'와
비슷하다고 '바디쟁이, 바디붕어'라고도 한다.

(8) 황어(黃魚) : 李義鳳의 『東韓譯語』(1789)에 '袈裟魚(智異岳溪中出魚) <形
如著袈裟故名'[13]라는 기록이 있고 李荇의 『新增東國輿地勝覽』(1530)[14]에

---

11) 李基文(1968 : 49)는 '조선관역어는 어느 方言보다도 서울말을 反映할 蓋然性이
    크지 않은가 한다. 그것은 會同館에서 우리나라 使臣의 接待에 당한 通事들을
    위하여 마련된 것이므로 당시의 우리나라 中央語를 表記하는 것을 原則으로 삼
    았음직하다'라는 주장의 확실한 증거가 된다.
12) 洪舜明(1985 : 174)은 '鯉리 리, 魚교 어, 고이'라 기록했다.
13) 姜憲圭(1988 : 112) 再引用.

는 龍游潭과 袈裟魚를 소개하면서 '袈裟魚는 등에 있는 무늬가 중들이 입은 袈裟와 같다고 해서 붙여진 이름으로, 지리산 서북쪽의 達空寺 옆에 猪淵이 있는데, 袈裟魚는 이곳에서 알을 낳고 매년 가을에는 하류의 용유담까지 내려온다'는 기록이 있다.

袈裟는 탐(貪), 진(瞋), 치(痴)의 세 가지 욕심을 버렸다는 표시로 빨간 색의 세 띠를 걸치는 옷을 이르는데 물고기가 빨간 띠를 걸쳤다면 혼인 색으로 이런 물고기는 황어밖에 없다고 한다. 그렇다면 고서에 전하는 袈裟魚는 황어임이 틀림없다. 袈裟魚, 黃魚 모두 A형 魚名이나 이렇게 다르게 보았던 선조들의 재치가 놀랍다.

(9) 망동이 : 徐有榘의 「佃漁志」에서 말뚝망둑어를 망동이[望瞳魚]로 기록했다. 이 종은 '눈이 크고 눈동자가 튀어나와 있어서 마치 사람이 눈을 부릅뜨고 먼 곳을 바라보는 것과 같은 까닭에 망동이라는 이름이 붙었다'고 설명했다.

(10) 꺽저기 : 徐有榘의 「佃漁志」에는 '꺽적위[斤過木皮魚]'로 나온다. 꺽적위는 그 당시 쓰였던 方言이겠지만, '斤過木皮魚'의 유래는 모르겠다. 斤過木皮魚는 '도끼가 나무를 지나가고 물고기 껍데기가 남았다'란 뜻일 텐데 그 중 '皮'의 표현에 '껍데기'란 것으로부터 '꺽저기'란 魚名이 온 듯하나 확실하지는 않다.

참고로 장흥과 강진에서는 '네눈뱅이, 네눈붕어, 태극붕어'라 하는데 이는 두 눈 외에 아가미 뚜껑에 있는 청록색 무늬까지 쳐서 '네 눈'이라 표현한 것이며, 그것을 태극무늬로까지 보았다.

(11) 눈볼대 : 釜山 지방에서 '눈볼대, 눈퉁이, 눈뿔다구, 붉은 고기'라 命名한다. 이는 이 물고기가 눈이 크고 몸 전면에 아름다운 붉은 색을 가진다고 붙여진 A형 魚名이다.

그렇다면 '大, 長'의 의미의 '-퉁'이 있고, '赤'의 의미로 '-볼대, -뿔다구'가 사용되었다.

(12) 눈불개 : (11)항의 '눈볼대'라는 魚名과 비슷한 것으로 '눈불개'가

14) 최기철(1991a : 62-65) 再引用.

있다. 서유구의 「佃漁志」에 '독너울이[鱒]'라 하여 홀로 고귀하게 행동하는 것을 좋아해 '魚'+'尊'=준(鱒)이라 하며, 눈동자에 빨간 맥이 있어 赤目魚, 赤眼鱒이라 부르기도 한다.

눈불개의 方言類는 크게 두 가지로,

① 독놀이계는 한강과 임진강변에서 불리는데 그 例로 덕너구리(연천), 독노구리(양평), 독노리, 독놀이(서울) 등이 있고
② 동서계로 금강변에서 주로 불린다. 그 例로 동서(청원, 충남, 무주), 동서고기(大田), 동세(대전), 동승이(논산, 부여) 등이 있다. 이 동서계 方言은 그 유래는 모르나 눈이 붉다는 데서 온 말이라면 瞳瑞 또는 瞳暑가 아닌가 한다.

(13) 무늬얼게돔 : 漢字語로 '紋櫛鯛'로 표기한다. 그 중 '櫛'자는 그 釋과 音이 '빗 즐, 빗질 즐, 즐비할 즐'인데 '얼게'의 대응어를 '櫛'자로 표현했다. 그런데 다른 접미사를 가진 魚名 중 큰줄얼게비늘[大條粗鱗魚]와 먹테얼게비늘[黑緣粗鱗魚]에는 '얼게'의 대응어로 '粗(거칠 조, 추할 조, 대강 조, 클 조)'자를 썼다. '얼게 : 櫛 : 粗'의 관계가 설정된다.

'얼게'가 쓰이는 말에 '얼게빗'이 있다. 일상어에서 서로의 간격이 뜨다는 의미로 '성기다'가 있는데, '얼게'가 '성기다'라는 뜻 자체를 이르는 말인지, 아니면 얼게빗의 '얼게'가 빗 자체를 이르는 말인지 궁금하다.

(14) 별목탁가자미 : 日本語로는 'Hoshi-darumagarei(星達磨鰈)'이다. 두 魚名의 대응관계로 볼 때 '목탁'과 '達磨'가 대응된다. '달마'의 뜻이 '법, 진리, 본체, 궤범, 이법, 교법'으로 보면 두 단어간의 상관성은 충분히 있다고 하겠다.

(15) 피라미 : 최기철(1991a)에서 그는 이 어종의 별명이 무려 500가지가 넘는다고 하여 몇 개의 例를 '젓피리, 갱피리, 피라지, 은피리' 등을 소개했다.15) 徐有榘의 「佃漁志」에는 '불거지[赤鯉魚], 참피리, 날피리'라

─────────────

15) 최기철(1994)에는 그 수컷을 이르는 方言이 '가래, 가리, 간다리, 갈라리, 개피리, 꽃가리, 꽃갈, 먹지, 불거지, 비단피리, 세비, 술메기, 적도지, 홍가리' 등이라 했

기록되어 있는데, 참피리는 비늘이 잘고 고르며 은백색의 아름다운 색
깔 때문이라 하고, 날피리는 일명 '필암어'라 하며, 불거지는 온 몸이
분홍색에다가 파란 색을 띤 검은 점이 있으며 아감덮개도 붉은 까닭에
이런 이름이 붙었다고 했다. 「佃漁志」에 실려 있는 이 어종들은 모두
피라미의 수컷을 적은 것이다.

그런데 '피라미'처럼 암수의 구별 명칭이 발달한 어류는 없다. 피라미
의 암컷만 일컫는 방언들만 나열해 보면 '피래미(청평천), 훈두수(자성), 물
행베리(자성), 쇠지네(삭주, 수풍)' 등이고 그 수컷의 방언들은 '불너지(청평
천), 먹지(경북 의성), 불지네(강계), 진어리(삭주, 수풍), 줄오리(벽동, 자성)' 등
이 있다. 너무 다양하여 그 각각의 語源이 다른 것으로 보이며 암수구
별에 있어 '어두, 어중, 어미' 등의 규칙적인 법칙이 발견되지 않는다.

(16) 참마자 : 평양에서는 '알락매재기'라 부르는데, '알락'의 뜻은 '본
바닥에 다른 빛깔이나 점이 조금 섞인 모양이나 자취'이다.

경기도 청평천 근방에서는 그 수컷을 '참마자', 암컷을 '매자'라 命名
하는 데 암수의 구별을 '참'의 '無有'로 했다.16)

(17) 갈치 : 남부 방언에서는 갈치(과거 신라 영역), 그 외는 칼치(북부 방
언)라 명명했다.

宋喆儀(1993 : 357-361)에서 '갈치'는 그 구성 요소인 '갈ㅎ'이 '칼'로 변
화되었으며, 공시적인 규칙에 의해서는 '칼+치'로부터 '갈치'를 도출해
낼 수 없으므로 어휘화(어떤 복합어들을 형성해 내던 규칙이 현재의 언어 체계
내에서는 더 이상 생산적이지 못하게 되면 그 규칙에 의해 형성된 복합어들은 화석
화한 것)했다고 보았다.

는데 피라미의 方言이 무려 400여 가지가 넘는다고 설명했다. 이상의 語彙를 分
析해 보면 수컷을 이르는 名稱들에 'K~r'系列이 57%정도로 무슨 연관이 있을
듯하다.
16) 劉昌惇(1973)에서 接頭辭의 語義上 分類를 두 가지로 보고, 對立語를 형성하는
것과 통상적인 語彙에 接頭辭가 연결하여 特定語를 이루는 경우가 있다고 했다.
'참마자 : 매자'는 그 중 後者의 경우이다.
한편 여찬영(1994)에서 접두사 '참-'을 "접두사 '돌-, 들-'과 대립되는 '허름하지
않고 썩 좋은'의 뜻을 지니는 접두사"로만 보았다.

(18) 청항알치 : 靑齒魚로 전남에서는 기록하고 있다. 齒의 釋과 音은 '이 치, 나이 치, 늘어설 치, 벌일 치'로 '-항알- : 齒'가 무슨 연관이 있나 의문이다.

(19) 꼬치삼치 : 이를 『譯語類解』에는 '拔魚 一名 芒魚'라 기록하였다. 芒의 釋과 音이 '꼬리별 망'으로 볼 때, '꼬리별'과 이 魚名이 관계가 있는 듯하다. 참고로 拔의 釋과 音은 '뺄 발, 뽑을 발'이다.

(20) 새앙쥐치 : 小鼠魚로 경남에서 불려진다. '새앙 : 小'의 관계를 볼 수 있다.

(21) 학공치와 줄공치 : '미꾸리 / 미꾸라지, 메기 / 미유기'가 너무 똑같아 같은 종으로 혼동하는 것처럼 '학공치 / 줄공치'도 같은 종으로 일반인들이 생각하나 전혀 다른 종이라 한다. 아래 턱 밑이, 학공치는 빨갛고, 줄공치는 검다고 한다. 학공치의 '학-'은 '황-'에서 와전되고, 줄공치의 '줄-'은 검다는 의미의 '걸 / 갈'에서 와전된 것이 아닌가 하는 생각[17]이다.

(22) 동사리 : 徐有榘의 「佃漁志」에는 '둑지게[堰負魚]'로 나오는데 이는 '둑 밑에 엎드려서 웬만한 일에도 떠나지 않는 까닭에 붙인 것'이라 한다. 최기철의 조사에 의하면 방언이 135개가 있는데 이를 語頭別로 나눠보면 다음과 같다.

ㄱ. 'Ku-'류 : 25개(18%) - '구구'라는 소리를 내서 命名(B형 魚名)

ㄴ. 'Tu-'류 : 28개(21%) - 몸이 원통형이어서 '둥-'에서 온 命名으로 보인다(A형 魚名)

ㄷ. 'Mʌ-'류 : 8개(6%) - 모양새가 멍청해서 온 命名으로 보인다(A형 魚名)

ㄹ. 'Pu-'류 : 60개(44%) - 등에 노랗게 무늬가 있어 '불[火]-'에서 온 命名으로 보인다(A형 魚名). 또는 양측 아감덮개가 주기적으로 벌름거리며 풀무질한다는 데서 붙인 B형 魚名일 가능성도 있다.

---

17) 여찬영(1994 : 11-12)은 '줄-'이 '여러 형태의 줄과 관련된 것'으로 보았으나, 반드시 그렇지는 않다. 또 '황-'도 '몸체나 점 줄 무늬 따위의 색깔이 황색인 것'으로 보았으나 이 또한 마찬가지다.

ㅁ. 'Chu-'류 : 9개(7%) － 'ku>chu'으로 軟口蓋音에서 硬口蓋音化되는
특이한 변천과정에서 온 것으로 보인다.
ㅂ. 기타 : 5개(4%)

(23) 쉬리 : 쉬리의 방언은 매우 다양한데, 최기철의 조사에 의하면
190가지가 넘는다고 한다. 그것을 나눠보면 다음과 같다.

ㄱ. 가락딱지계 : 全北 진안군 마령면 일대에서만 쓰임
ㄴ. 가새피리계 : 충청도, 전라도, 경상도 지방에서 널리 통용. 전북
　일부에서는 '가위피리'라 부르기도 함. '가위'의 方言 '가새'로 명
　명함.
ㄷ. 가시내피리계 : 쉬리의 모습이 아름다워 온 말인 듯하며 주로 경
　북에서 통용된다. 청도군 一部에서는 '부산가시내'라고도 한다.
　거창, 함양 地方의 '기생 오래비', 단양의 '기생피리', 남원의 '기
　생호래비' 등도 이와 연관이 있다. A형 魚名.
ㄹ. 까치천어계 : 거제도에서만 통용. 지느러미 무늬가 까치의 색채와
　비슷해서 붙여진 A형 魚名.
ㅁ. 딸치계 : 주로 전북과 충청도.
ㅂ. 싸리치기계 : 충청도 이북.
ㅅ. 쇠리계 : 강원도와 경기도(쇠리, 쇄리, 쉐리 등)
ㅇ. 여울계 : 전국 각지에서 쓰이며 여울에 산다고 해서 붙인 B형 魚
　名으로 여울치, 여울각시 등이 있다.

(24) 돌고기 : 徐有榘의 『林園經濟十六志』 중 「佃漁志」에 '돗고기(豚)[18]
로 실려 있다. 이는 몸의 생긴 모양이 돼지 새끼와 비슷하다고 해서 붙
였다 한다.

돌고기의 방언은 매우 다양해 최기철(1991a)은 1990년까지 500가지가
넘는다고 주장하였는데, 그의 주장에 따른 분류를 해보면 다음과 같다.

---

18)　　　*tot　　　＞　tot＋aci　＞　toaci　＞　twæci
　　어미 돼지의 祖語　　　새끼　　末音t탈락　새끼 돼지
　　丁若鏞의 『雅言覺非』에서처럼 豕(어미 돼지)와 豚(새끼 돼지)의 구별이 있는데
　　'豕'도 '돗아지(돼지)'라고 이름은 잘못이라는 것의 증거이다.
　　☞ 姜憲圭(1988 : 121) 참조.

주둥이가 뾰족하다는 데서 온 꼴조둥이, 곰미리, 대퉁이 등의 100여 가지, 바닥에 돌이 깔린 곳에서 맴돈다고 해서 온 돌피리, 돌치 등의 100여 가지, 두꺼비를 연상해서 온 두꺼바리, 두꺼뱅이, 뚜꼬망 등의 100여 가지, 몸의 양측에 검은 세로띠가 있어서 온 먹지, 순경고기, 순사고기 등, 배가 부르다고 해서 배불떼기, 연필처럼 생겼다고 해서 연필고기, 주둥이가 길어서 온 이쁜이, 항아리처럼 생겼다고 해서 항아리고기 등 매우 다양하다.

유사어종으로 몸이 검고 지느러미에 검은 무늬가 있어 '감돌고기'라 불리는 어종이 있는데, 이 감돌고기의 학명은 'Pseudopungtungia nigra Mori'로 'nigra'는 검다는 뜻이다. '감돌고기'의 '감'은 '검[黑]'에서 온 것이다. 한자어로 감돌고기는 '黑石點'이라 한다. 감돌고기의 方言들은 금강, 만경강, 웅천천에서만 통용되며, 이들 검은 물고기라는 뜻의 方言들은 감돌고기라는 표준어가 설정된 후에 생긴 것이라고 최기철(1992 : 74-81)은 주장하였다.

(25) 송어 : 우리의 고전문학 작품에 간혹 등장하는 '산천어'는 송어의 陸封型으로, 송어가 바다로 내려가지 않고 강에 남아서 성숙한 것을 이른다고 한다. 한편 許浚의 『東醫寶鑑』에는 '소나무 마디의 색과 비슷한 까닭에 송어라 命名했다'는 기록이 있고, 徐有榘의 「佃漁志」에는 '색이 붉고 선명하며 소나무의 마디와 같은 색인 까닭에 송어라 부른다'라는 기록이 있다. 위 두 문헌으로 볼 때 송어는 A형 魚名이다.

(26) 숭어(崇魚) : 魚名 중 그 종류가 100여 개 이상으로, 많은 이름을 가지고 있는 것 중의 하나이다. 전국적으로 분포되어 있으며 그 중 그 이름이 가장 많은 곳은 한강 하류의 황산도로 무려 11개의 방언이 있다.

河演의 『慶尙道地理誌』, 鄭麟趾의 『世宗實錄 地理志』에는 水魚로, 李荇 등의 『東國興地勝覽』, 徐命膺의 『故事新書』 등에는 秀魚로, 許浚의 『東醫寶鑑』에는 『本草綱目』을 인용하여 '슝어'라는 우리말을 첨부했다. 이 때 벌써 '슝어'란 말이 통용된 것으로 보인다.

徐有榘의 「佃漁志」에는 '슝어'라 기록하며 덧붙이기를 '속인들은 수어라고 부르며 몸색이 검어서 치(鯔)라고 하며, 숭어의 어린것은 살지고 아름다워서 자어(子魚)라고 부르기도 한다. 또 생긴 모양이 뛰어나서 우리나라 사람들이 秀魚라 한다'[19]라고 했다.

(27) 헌장어(墨長魚) : '헌 : 黑[墨]'이 대응되고 있다. 어떤 연관이 있는지는 모르겠다.

(28) 붕장어 :『玆山魚譜』에 '海大鱺 俗名 弸長魚'로 기록되어 있는데 '海大'는 '희대'(평성＋평성)로 '大,多'의 의미를 지닌 '하다'(거성＋거성)를 옮긴 것과 차이는 나나, 일종의 차자표기로 보면 연관이 있을 듯하다. 대체적으로 '붕'이 그 크기가 크고 긴 어류에 일반적으로 붙는 점으로 미루어 볼 때, '弸'이 '하다'[大, 多]의 의미를 지닌 고유어의 音借라 할 수 있다. 참고로 '퉁'도 '大, 長'의 의미와 연관이 있는 듯하다.

(29) 농어 : '옆에 검은 점이 많은 작은 놈'을 전남 순천과 장흥에서는 '깔다구(空多魚)', 莞島에서는 '껄떡이(乞德魚)', 한반도 전역에서 '가슬맥이' 라는 방언으로 불려진다. 이 세 方言의 語頭音인 '깔-',[20] '껄-', '가슬-' 은 '검은 점'을 나타내는 순 우리말로 보인다.

(30) 무태장어 : 한자어로 '無泰長魚'라 쓴다. 한라산 천지연에 살고 있는 고기로 '큰뱀장어, 왕뱀장어'라는 뜻이다. 여기에서는 '크다'의 의미로 '무태(無太)'로 쓰고 있다. 여러 魚名에서 '크다'의 의미로 '無泰'를 쓰고 있다.[21]

無泰의 字意 '크지 않다'라는 의미가 아닌, '매우 크다'의 의미로 쓴 경우다.

(31) 밀어 : 徐有榘의 「佃漁志」에 '크기가 밀알과 같다'고 해서 命名했다고 전한다. 俗稱 密魚라고도 부른다.

(32) 오징어 :『才物譜』에는 '오즉어(烏鯽)'로, 『四解』(下, 60)에는 '오증어'

---

19) 최기철(1991a : 89-92) 再引用.
20) '갈-'을 여찬영(1994)은 '작은'의미를 나타내는 接頭辭로 보았는데, 반드시 그렇지는 않다.
21) 그 대표적 例로, 標準語名 '물치다래'가 강구 지방에서는 몹시 큰놈을 '무태다랭(無泰鱪)'이라 하는데 여기서도 '無泰'는 '몹시 크다'라는 의미로 쓰이고 있다.

로 나오는데, 이를 유창돈(1973)은 'ㄱ > ㅇ'으로 되는 자음변화로 보았다.

(33) 갈견이 : 이 어류는 태백산맥의 서쪽으로 흐르는 강에만 널리 서식하며 中國, 日本에도 널리 퍼져 있는 서쪽의 물고기라 한다. 그렇다면 '갈견이'란 말은 우리나라 서부 지역에서 널리 쓰고 또 그곳에서 생겨난 것으로 보인다. 이 종은 거제도에서 '산천어'라 命名한다.

徐有榘의 「佃漁志」에서는 갈견이를 눈검정이(眼黑魚)라 기록했는데 이는 그 당시 方言을 제시한 듯하다. 지금도 강원도와 경기도 일대에서는 갈견이를 '눈검정이'라 널리 쓰고 있다 한다. 여기서도 '갈 : 검정'의 대응이 보인다.

(34) 빨갱이 : 한자어로는 發光魚이며 서해안에서 불려지는 魚名이다. 서정범(1989 : 406)은 '빛발과 햇발의 <발>이 光의 뜻'이라고 보았는데, 이를 근거로 한다면, '빨갱'은 '光＋光'의 意味重疊이 된다.

(35) 두테비 : 유창돈(1973 : 33)에서 '두텁다'와 '둗겁다'는 共通語根 '둩'에서 파생한 단어로 '두텁다'는 '둩다'에 접미사 '-업다'의 연결된 형태이고, '둗겁다'는 '둩다'에 '-겁다'가 연결된 형태로 보았다. '두터비'와 '둗거비'도 이에 준한 어형 구성으로 보았다. 두꺼비와 비슷하다고 해서 붙여진 A형 魚名이다.

한편 <解例, 用字>에는 '두텁[蟾]'으로, <救方, 下, 67>에는 '두터비'로, 『同文類解』 下卷 <水族>部에도 '두터비(蝦蟆)'로 표기해 형태적 조건에서 同義異音語가 형성되었음을 보여주고 있다.

(36) 대구(大口) : 이 부류에 '대구'가 있는데, 경남 거제와 진해 지방에서 중간 크기의 '도령 대구'보다 작은 것을 '보령 대구'라 하고, 물고기 뱃속의 알인 '곤이'를 가진 흰 것을 '곤이 대구'라 부른다. '곤이'라는 아름다운 순 우리말을 찾게 되는 방언이다.

(37) 조기 : 기운을 돕는다고 해서 한자어로 助氣라 쓰고, 또 朝起라는 기록도 있다. 한편으로 머리에 돌 같은 耳石이 두 개 있어서 붙여진 石首魚라고도 불린다.

참고로 이 조기와 아주 비슷한 것을 標準語名으로는 강달어(江達魚), 平

北 方言으로는 황강달이(黃江達魚)라는 것이 있는데 이를 충남 아산만에서
는 황세기[黃石魚], 전남 법성포에서는 황숭어리, 목포에서는 황실이 등으
로 불려진다.

傳說에 임경업 장군이 처음으로 연평도에서 엄나무발로 조기를 잡았다
고 한다. 최세진의 『訓蒙字會』(1527)에는 '鰃 조긔 종'으로 나오며22), 『玆
山魚譜』와 『名物紀略』등의 고서에서는 조기 말린 놈을 '가조기상어(鯗魚)'
또는 '백상(白鯗)'이라 기록하고 조기알젓을 '축이(鮧鮾)'라 소개했다.

李義鳳의 『東韓譯語』(1789)에는 조기에 대해 기록하기를 天知魚(石首魚)
<常曝於屋上 鴟猫皆不博噬 故居人回之 爲天知魚23)라 했는데 이를 해석하
면 "옥상에서 (이 고기를) 말릴 때, 올빼미와 고양이는 모두 감히 잡아서
씹을 수가 없었다. 고로 (그 곳에) 사는 사람이 돌아보고 '天知魚'라 했
다"로 할 수 있다.

(38) 사루기 : 우리나라의 대표적인 특산어의 하나로 압록강변에서 '살
기, 사루기, 사루고기'라 명명하고 한자어로는 矢魚라 한다. 압록강 상류
에서 특히 흔한 유선형의 물고기로 큰놈을 一名 '생매'라고도 한다.

矢는 중세어에도 '살'의 용례가 많이 보인다.

   * 세 사롤 마치시니<龍 32>
   * 흔 사래 쎄니<龍 23>
   * 스믈 살 마치시니<龍 32>
   * 흔 살옴 마자<月十 29>
   * 살와 살와 놀히 맛드르면(箭箭 柱鋒)<蒙 19>
   * 쏜 살이 세낱 붌쏜 쎄니이다<曲 40>
   * ㅂ예 살흘 아사<三譯四 22>

(39) 쭉지성대 : 강릉에서 한자어로 '翼承大魚'다. '날개'[翼]가 '죽지24)'
로 표현되고 있다. '죽지'는 <靑大 134>에서도 '보라미 두 죽지 녑희'

---

22) 金鎭奎(1993 : 294) 再引用.
23) 姜憲圭(1988 : 112) 再引用.
24) '죽지'는 李熙昇의 國語大辭典에 '새의 날개가 몸에 붙은 부분'이라 나옴

라 하는 기록이 있다. '쭉지'는 '죽지'의 硬音化에서 온 것이다.

(40) 서대 : '서대'가 붙는 표준어 魚名 중에 '납서대(南舌魚), 동서대(東舌魚), 참서대(舌魚)'가 있다. 이 방언 속에서 '舌(설)'이 '섣'으로 표현되었음을 알 수 있다. 이는 고대 국어의 어휘가 [t]음이 많은 단음절어 명사라는 국어사의 일반적 원칙에 부합된다.

(41) 졸복 : 丁若銓의 『玆山魚譜』에 '小魨 俗名 拙服'이라 기록되어 있는데, 여기서 '小 : 拙'이 대응된다. '拙'의 釋과 音이 '못날 졸, 졸할 졸, 무딜 졸, 나 졸'인데, 일상어에 '拙稿, 拙夫, 拙丈夫'등의 '拙'이 '왜소하고 못남'과 유관한 것으로 보아 '小 : 拙'의 대응은 가능하다고 보며, '졸'음에 작은 의미를 내포하는 또 다른 한자 '卒'과도 연관이 있을 것으로 보인다.

(42) 흰수마자 : 日本語는 'Shirahige-kamatsuka(白鬚鎌柄)'이다. '白'을 일본어로 'Shiroi'라 하는데, 이 魚名의 'Shira'가 '白'과 대응하고 있다. 이를 근거로 볼 때, 'Shira : 白 : 새(明)'의 대응을 쉽게 이끌어 낼 수 있다.

참고로 '새 : 明'의 대응은 다음과 같은 문헌의 용례에서 알 수 있다.

    * 새벼레 이 이바디를 앗기노라(明星惜此筵)<杜초十五 50>
    * 새별(明星) <譯上 1><同文上 1>
    * 새별이 노파시니(明星高了)<老上 52>

한편 홍윤표(1999 : 180)에서 '샛별'을 동쪽에서 제일 먼저 뜨는 별로 보아 '새'는 '동쪽'을 의미하는 것으로 보고, 또 다른 예로 東風을 '샛바람'을 제시했다. 後說할 '샛비늘치'까지를 참조하여 정리해보면, '새'는 '白, 明, 東'이라는 뜻과 연관되는데, 필자는 '새'의 의미가 둘이라 생각한다. '白, 明'의 의미가 그 하나고, '東'의 의미가 다른 하나이다.

(43) 샛비늘치 : 통영에서 白鱗魚로 불린다. '새 : 白'의 대응이 이 魚名에도 나타난 점으로 미루어 둘 사이에는 깊은 연관이 있다고 할 수 있다.

(44) 말락볼낙 : 경남 지역에서 한자어로 '瘠發落魚'라 한다. '瘠'의 釋

과 瘠이 '파리할 척, 메마를 척'으로, 살집이 없는 빼빼한 몸매를 '말랐다'고 흔히 말하는 데 아마 이와 연관이 있을 것으로 보인다.

(45) 상어가오리(鯊鱝) : 남해안에서는 이 方言과 '상어가부리'가 통용되고 있다. 이 점으로 미루어 보아 '-뫄리'의 영향에서 온 '-우리／오리'류로 보인다.

한 가지 특기한 것으로 '鱝'은 그 釋과 音이 '가오리 분'인데 '-가오리, -수구리'를 漢字化해서 표기할 때 모두 '鱝'자를 썼다. '-가오리'와 '-수구리'는 어떤 연관이 있는 것으로 보인다.

(46) 점매가리 : 한자어는 '點頭魚'다. 그렇다면 '점＋맥＋아리'로 볼 때 '맥：頭'의 관계가 설정된다. 이 대응은 무슨 이유인지 의문이 남는다.

(47) 가물치 : 許浚의 『東醫寶鑑』(1611)엔 '가모티(鱧魚)', 『本草綱目』에는 소라처럼 검다고 해서 '려(蠡)'로 기록되어 있으며, 이보다 60여 년 뒤에 나온 康遇聖의 『捷解新語』(1676)에는 '黑魚 가믈치'로 나온다. 한편, 『譯語類解』(1690：下36b-37a)에는 가믈티(烏魚, 火頭魚, 黑魚)로 나오며, 또 『同文類解』(1748)에는 '黑魚 가몰치'로 나온다.

그런데 이 魚名은 '가물＋치'의 합성어로 볼 때, '가물'의 의미가 鱧, 黑 등과 대응되고 또 다음과 같은 문헌상에서는 玄과도 관련이 있다.

　　＊ 玄 가몰 현 ＜光州千字文, 1＞(1575년)
　　＊ 玄 가믈 현 ＜石峰千字文, 1＞(1583년)
　　＊ 玄 감을 현 黑而有赤色 ＜註解천자문, 1＞(1804년)

따라서 형태소를 '감-＋-을＋-치'로 분석할 수 있으며, 그 뜻은 '검은 고기'라는 결론이 나온다.

2) B형 魚名 : 물고기의 생태·습성을 따라서 命名한 魚名

(1) 뱅어(白魚) : 그 종류가 7가지로[25], 잡아 올리면 바로 백색으로 변

해 붙인 B형 魚名이다.

그 중 붕퉁뱅어가 가장 큰 종으로 '붕퉁'이 '大,長'의 의미이다. 徐有榘의 「佃漁志」에는 이 種을 '立春 이후엔 몸색이 점점 파랗게 변해 드물게 되고, 얼음이 녹으면 볼 수 없다'고 해서 氷魚라 했다. 그러나 여러 가지 이름 중 그 뿌리는 '백어'로 '백어 > 뱅어 > 방어'로 변한 것이다. 참고로 崔世珍의 『訓蒙字會』(1527)와 『同文類解』(1748)에는 '빙어'로 나온다[26].

(2) 두우쟁이 : 한강 주변인들은 이를 '공지'라 부른다. 한강과 임진강 사이의 咫尺이 이런 경우에는 千里처럼 아주 다른 형태의 魚名으로 나타나고 있다. 또 충남의 금강변 어부들은 이 고기를 '사침어(沙沈魚)' 또는 '삼치마'라 부르는데, 이는 그 입이 주둥이 밑에 붙어 있어 모래바닥에 잘 붙기 때문에 붙여졌다는 B형 魚名이다.

(3) 멸치(蔑致) : 鄭文基(1974 : 159-160)에 따르면, 원래 경남과 전라도에서 부르던 명칭으로, 멸치가 물 밖으로 나오면 속히 죽어 버린다는 점에서 주어진 이름이라 하며, 바다를 잘 헤엄쳐서 다닌다는 뜻으로 行魚라고도 부른다. 『才物譜』에는 '몃[鱴魚]'으로 기록되어 있다.

(4) 날치 : 飛魚, 辣峙魚로 전남, 경남, 『玆山魚譜』 등에 기록되어 불리어지는 데 辣의 音이 '랄'로 두음법칙 'ㄹ>ㄴ'이 지켜지고 있으며 B형 魚名이다.

(5) 버들치 : 徐有榘의 「佃漁志」와 「蘭湖漁牧志」에는 柳魚로 소개하면서, '강 버들 밑에서 노는 것을 좋아하는 까닭에 버들치라는 이름이 붙었다'고 기록되어 있다.

이 물고기의 命名은 주로 다음과 같이 다섯 부류로 나눌 수 있다.

ㄱ. 'Toŋ-'류 : 6개(6%) - '똥[糞]'과 연관된 命名

---

25) 뱅어의 7가지 종류 : 뱅어, 국수뱅어, 붕퉁뱅어, 벚꽃뱅어, 도화뱅어, 젓뱅어, 실뱅어 등
26) 金鎭奎(1993 : 293) 再引用.

ㄴ. 'Mi~ri'류 : 5개(5%) － mara(魚)와 연관된 魚名. '꾸밈새나 붙어 딸린
것이 없다'는 의미의 접두사 '민-'과도 연관이 있는 것으로 보인다.
ㄷ. 'Pʌdil-'류 : 41개(44%) － '柳'와 연관된 命名
ㄹ. 'cuŋ-'류 : 38개(41%) － '중[僧]'처럼 맑은 곳에서 조용히 헤엄치
는 습성에서 붙인 命名.
ㅁ. 기타 : 3개. (3%)

위 命名의 부류 중 'ㄱ'과 'ㄴ'은 '물[糞] : 말[魚]27)'과 연관된 'Toŋ
- : Mi~ri'인 듯한데 확실치는 않다.

(6) 살치 : 徐有榘의 「佃漁志」에는 '헤엄치는 속도가 무척 빨라서 마치
시위를 떠난 화살과 같다고 하여 살치[箭魚]라고 했다'는 기록으로 보아
B형 魚名이다.

(7) 종어(宗魚) : '여무기, 요메기'라고도 하는데 熱目魚, 餘項魚, 열갱이[銀
魚] 및 열기 등과 함께 이 '요'와 '여'는 '머리[宗]간다'는 뜻으로 보인다.

(8) 모래무지 : 함북 지역에서 '모래미티, 몰개무치'라 부른다. 여기서
'모래'의 전 단계는 '몰개'임을 알 수 있다. 그 방언 수가 최기철(1994)의
조사에 의하면 260가지 정도라 할 만큼 그 命名法이 다양하다. 그 중
'모래사징이'류가 있는데, 이는 경북 안동지방을 중심으로 분포한다. 이
말은 '모래'라는 순 우리말에 '사(沙)＋징＋魚'의 漢字語에서 온 '사징이'
의 合成語이거나, '사청어(沙淸魚)'라는 魚名에서 '사정어>사징어>사징이'
로 변화된 듯하다. 이것은 안동의 양반계급이 모래무지를 일컫는 말로
沙淸魚를 써 왔는데 그 지역 평민계급들의 命名語인 '모래무지'가 양반
을 흉내 내다 보니 '모래사징어'가 되지 않았나 하는 최기철의 주장은
탁견이다.

徐有榘의 「佃漁志」에는 '모래마자(鯊)'로 나오며 이는 '사람을 보고 재
빨리 주둥이로 모래를 파고 들어가기에 붙인 이름'이라 기록했으며 一
名 '沙埋魚'라고도 부른다고 첨기하고 있다.

27) 李崇寧(1982)은 'mara(魚) : 물(大便)'의 상관성을 주장하며 新羅時代의 大便은
'm~l(r)形의 語彙였을 것이라고 주장했다.

(9) 미꾸리 : 보통 일반인들은 미꾸리와 미꾸라지를 같은 물고기로 보고 있으나, 정면에서 보아 몸통이 동글한 것이 미꾸리고, 납작한 것이 미꾸라지이며, 그래서인지 속칭 미꾸리를 '동글이', 미꾸라지를 '납작이'라 한다.

崔世珍의 『訓蒙字會』에는 밋구리, 許浚의 『東醫寶鑑』(2 : 46)에는 밋구리(鰍魚), 愼以行 등의 『譯語類解』(下 : 37b)에는 밋그리(泥鰍魚), 『同文類解』에는 '밋그리[泥鰍], 徐有榘의 「佃漁志」엔 '밋구리[泥鰍]'로 나온다. 몸이 미끄럽다는 의미에서 온 B형 魚名이다.

(10) 미꾸라지 : 李晩永의 『才物譜』와 柳僖의 『物名攷』에는 '밋그라지(鰍魚)'로 나온다. 이 魚名의 접미사 '-아지 / 어지'는 새끼를 뜻하는 접미사의 계통이 많으나 그렇지 않은 것도 많이 발견되는데 '-치'에서 온 듯[28]하기도 하다. 또 특이한 것으로는 '-ㄱ지'의 형태가 있다.

> ① '-아지 / 어지'의 탈락 또는 축약에서 온 것 : 불거지(충주, 달천), 쌀미꾸라지(경북 의성), 지름도라지(낙동강), 붕어지(충남, 황해도), 미거지(통영) 등 총 34개.
> ② 국어의 음운교체 'ㅅ~ㅈ~ㅊ'현상에서 '-치'와의 연관에서 온 것 : 곱지(경남), 반지(충남), 공지(경기 행주), 살지(경북 의성), 언지(한강 하류 월곶), 납지(함북) 등 총 27개.
> ③ '-ㄱ지'의 특이한 형태 : 버드락지(강원도 김화, 고저), 먹지(경북 의성), 용구락지(석왕사천), 미꼬락지(순천과 그 외), 꺽지(순천, 섬진강) 등 총 13개.

(11) 은어 : 그 수명이 1년이라 연어(年魚)라고도 한다.

(12) 붕어 : 일부 지방에서는 까부리, 까불챙이, 까불태기, 까불테기 등

---

28) 과거 國語에서는 音韻 ㅅ~ㅈ~ㅊ이 交替될 수 있었는데, 中世語와 現代語에서 그 例를 찾아보면, 마줌(適) : 마춤, 전조(緣由) : 전추, 믄지-(撫) : 문치-, 저지-(潤) : 저치-, 혼자(獨) : 혼차, 느잡-(低) : 느참- 등이 있으며 때로는 '-아지'와 '-아치'가 共存하기도 한다(例. 송아지 = 송아치 : 전남·경남 방언). 이에 대하여 김영일(1986)은 "'아시, 아지,아 치'는 音韻交替形으로서 본래 實辭였는데, 그 의미는 小, 孚, 初이었으며, 이것이 후대에 내려오면서 접미사로 전용되었다"고 보았다.

으로 부르는데, 이는 조용히 헤엄칠 때에도 유별나게 긴 지느러미들을 쉴새 없이 흔드는 모습에서 붙인 魚名이며, 포도각시, 포도고기, 포도대장, 포도붕어, 포도쟁이, 포돌챙이, 포두쟁이 등으로 부르기도 하는데, 이는 모두 싸움을 잘해서 포도꾼이나 포도대장으로 붙인 魚名이다.

  (13) 동사리 : 수정된 알은 수컷이 지키는데 그 때 '구구, 구구'하는 소리를 내는 까닭에 '구구리' 또는 '꾸구리'라 하기도 한다.

  (14) 밀어 : 柳僖의 『物名攷』에는 '빽빽하게 떼 지어 하천의 상류 쪽으로 올라가기 때문에 밀어(密魚)라고 한다'고 기록되어 있다.

  (15) 조기 : 봄에 바닷물을 따라 연안에 회유해 온다는 뜻의 유수어(蝤水魚)로도 불린다.

  (16) 꾸구리 : 강원도와 충북 일대에서는 자갈이 깔린 곳에 산다고 하여 '돌고기, 돌고주, 돌고지, 돌꾸지, 돌나래미, 돌모지, 돌무치, 돌부자, 중어돌라리' 등의 방언을 쓴다. 잡으면 바로 창자가 썩는다고 '똥지게(홍천), 썩으배기(홍천), 썩쟁이(홍천)'라 불리기도 하며, 영동 지방에서는 망둥어과와 둑중개과 魚類를 통틀어 뿌구리, 뚜구리, 뚝지 등으로 부른다.

  (17) 꾸구리 : 강원도 정선에서 동사리를 '꾸구리'라 부르기도 하고, 여울에 사는 돌박가란 뜻으로 '여울돌박가', 중처럼 점잖은 돌박가란 뜻의 '중돌박가'라고도 부른다.

  홍천, 인제, 평창에서는 몸이 매끄럽다고 '기름돌부지, 기름바소, 말뚝사구'라 부른다. 또 눈에 눈꺼풀이 있어 '눈멀이(무주), 눈봉사(무주), 소경돌나리(평창)'등의 방언도 있다.

  (18) 가물치 : 徐有榘의 「佃漁志」에는 좀더 세분해서

   ― 가물치(鱧) : 밤에는 반드시 머리를 들어 예(禮)를 하기에 '鱧'
   ― 모든 물고기 쓸개는 쓴 데 가물치는 감주(甘酒)처럼 달다고 해서 '鱧'
   ― 몸에 꽃무늬가 있어 文魚라고도 한다고 설명한다.

李圭景의 『五洲衍文長箋散稿』(1835~1845)에는 '가물치의 머리에 七星이 있어 밤이면 머리를 북으로 돌려 쳐다본다'라고 기록하고 있다. 그래서

인지 安東 지방에서는 '칠성가물치'라고도 한다.

3) C형 魚名 : 魚名을 吏讀이나 군두목[軍都目] 등으로 借字表記한 魚名

(1) 民魚 : 대중들의 물고기란 뜻에서 지어진 C형 魚名. 『玆山魚譜』, 『才物譜』, 『物名攷』, 『東醫寶鑑』 등에서는 각각 면어(鮸魚), 표어(鰾魚), 회어(鮰魚)라 기록되어 있는데 이는 中國 文獻 그대로 옮긴 것이다.

(2) 동갈민어 : 전남, 제주에서 한자어로 帶民魚라 한다. 帶의 釋이 '띠, 둘레, 쪽'인데 이는 '동갈민어'의 '동갈-'29)과 유관한 C형 魚名이다.

(3) 꺽정이 : 柳僖의 『物名攷』(1830년)에는 '鱸'라 하고 그 속칭이 '꺽정이'라고 밝혔다.

『林園經濟志』에는 '松江鱸 俗名 霍丁魚(거억쟁이)'라고 기록하면서 덧붙이길 '盧者라는 말은 검은 것이라는 뜻'이라고 했다. 徐有榘의 「佃漁志」에도 거억정이, 노어(鱸魚)는 俗稱 곽정어(霍丁魚)라고 했는데 이로 볼 때 霍丁魚는 꺽정이를 借字表記한 C형 魚名이다. 이는 '농어' 설명 때 '깔-, 껄-, 가슬-'이 검은 점을 나타낸다는 것과 깊은 관계가 있으며 이 주장의 또 다른 증거이다. 그래서 '꺽정이'의 '꺽'은 '검은 것'을 나타낸다고 생각된다. '꺽정이, 거억정이'란 이름은 임진강, 한강, 삽교천 지방에서 그 변형이름과 함께 널리 쓰일 뿐이고 그 외 지방에서는 동사리와 혼동한다고 한다.

(4) 꽁치 : 꽁치(魟致<전남>)로 魟의 釋音은 '고기 이름 홍'이다. 이는 'k > h' 현상의 영향으로 보인다. C형 魚名이다.

홍윤표(1999 : 170)에는 『雅言覺非』에서 "꽁치는 원래 '공치'인데, 이 물고기는 아가미 근처에 침을 놓은 듯 '구멍'이 있어서 '공치'는 '구멍 공

---

29) 여찬영(1994)은 "'동갈'의 의미는 불분명하나 이들 가운데 몸의 일부에 갈색을 띠는 것이 더러 있으므로 갈색과 관련이 있을 듯"하다고 했지만, 그와는 무관한 것으로 보인다.

(孔'의 '공'에 '-치'가 붙었다"고하여 '공치'가 된소리 현상으로 '꽁치'가 되었다고 하였다.

(5) 청새치 : 『玆山魚譜』에 '鶴鵻魚 俗名 閑璽峙'라 기록되었다. 鶴의 釋인 '황새'의 '황'과 閑의 音이 '한'의 관계로 볼 때도 '황새 : 한새 : 大鳥'인 것이 확실하며 鵻(자벌 자, 부리 취) : 璽(옥새 새)와는 그 연관이 궁금하다.30) 『玆山魚譜』의 기록상의 魚名은 C형 魚名이나 '청새치'라는 魚名은 A형 魚名이다.

(6) 가물치[鱧] : 兪孝通 등의 『鄕藥集成方』(1434)에는 '加母致'(일반 백성의 가모치란 方言을 吏讀文화 한 C형 魚名), 『四聲通解』 上28(1517)에는 '俗乎火頭魚 가모티', 崔世珍의 『訓蒙字會』 上20(1527)에는 '鱧 가모티 데'31)로 나온다.

(7) 단줄우럭 : 한자어로 單條蔚億魚라 한다. 이는 吏讀 또는 군두목(軍都目)표기가 아닌가 한다(C형 魚名).

(8) 드렁허리 : 최기철(1991a : 177-180)에 보면, 그 方言의 수가 무려 95개에 달하고 있다. 濟州道에서는 '선어'라 한다. 95개의 方言을 분류하면 다음과 같다.

　　ㄱ. 땅패기계 : 7개. 주로 全羅道에서 부름. 땅을 판다는 데서 온 말
　　ㄴ. 두렁허리계 : 34개. 논을 판다는 데서 옴.
　　ㄷ. 우리계 : 다양하지 않음. 굴속을 드나든다는 데서 옴.
　　ㄹ. 웅어계 : 비교적 다양. 공중에서 생존할 수 있을 정도로 적응력이
　　　　강하다고 해서 불려짐.

95개를 지역별로 보면, 전북 51, 전남 22, 충남 21, 경기 21, 충북 8, 강원·제주·경북이 각각 2, 경남 1로 대체로 남으로 갈수록 많고, 북으로 갈수록 빈약하다.

兪孝通 등의 『鄕藥集成方』에 '선어(鱔魚) : 동을남허리(冬乙藍虛里)'가 드

---

30) 혹시 옥새를 '뼈나 부리, 상아' 등으로 만들었기 때문인가 하는 추측도 하게 된다.
31) 金鎭奎(1993 : 293) 再引用.

렁허리에 대한 첫 기록인데, 이는 방언을 차字 표기한 魚名임을 알 수
있다. 崔世珍의『訓蒙字會』에는 '鱔 드렁허리 선', 許浚의『東醫寶鑑』에도
'선어(鱔魚), 드렁허리'로 나온다. 李晩永의『才物譜』, 柳僖의『物名攷』에
는『本草綱目』을 인용해 선어, 황선(黃鱔)이라 하며, 진흙 속에서 살고 뱀
과 비슷해 가늘고 길다고 썼다.『五洲衍文長箋散稿』에는 드렁허리를 '俗
名이 雄魚 혹은 斗郞前里'라 기록되어 있다. '斗郞前里'가 '드렁허리'를
표기한 것이라면 '前 : 허'라는 결과가 나온다.

(9) 정어리(曾蘖魚) : '징어리, 증얼이'라고도 부름을 보아서 '정'이 長音이
었음을 쉽게 알 수 있다.『牛海異魚譜』에는 '蒸鬱'이라 기록되어 있다.

(10) 열목어 :『東國輿地勝覽』, 「佃漁志」와 동월(董越)의『朝鮮賦』에는
餘項魚 또는 飴項魚로 기록되어 있다. 여기서 項은 '목'의 뜻이고, 飴는
'엿'의 뜻으로 '여목어, 엿목어'라는 방언을 차자 표기한 것이다.

(11) 멸치 :『牛海異魚譜』에는 '末子魚'로 기록되어 있는데 이는 *맞
[mat]을 표시한 것이다.

(12) 걸장어[鉤長魚] : 평북지역에서 쓰는 魚名이다. 그런데 鉤의 釋音이
'갈고리 구, 갈고랑 구'이다. '訓讀＋音讀'의 구조이다.

(13) 참마자 : 徐有榘의「佃漁志」에는 '마지[迎魚]'라 전하는데, 방언에도
남아 주로 경기도와 충청도 일대에 널리 통용되고 있으며 1896년 이전에
발간한『춘천속지』에도 梅子魚로 소개되었고, 김원순의『평창군신지지』
(1826)에는 梅魚로 나온다. '마지'의 형태는 '맞이[迎]'에서 옴이 확실하다.

(14) 매가오리 :『玆山魚譜』에 '鷹鱝 俗名 每加五里'란 기록이 있다. 鷹
의 音讀字로 '每'를 사용하고 '鱝'는 加五里로 표기했다. 그런데 '加五里'
는 '가오리'도 틀림없지만, 魚名 중에 '도다리'가 있는데, 이와도 연관이
있다. 이는 加의 釋을 딴 '더'와, 五의 釋을 딴 '닷'이다. 문헌상으로도
다음과 같은 용례에서 알 수 있다.

加 : 더
* 더홀 가(加) <倭語類解 下32>

　五 : 닷
　　* 닷됫 ᄡ롤(五升米) <杜초十五 37>
　　* ᄡᆞᆯ 혼말 닷되 잇ᄂᆞ니 <三강烈 28>
　　* 혼되 닷홉을 <救간六 7>
　　* 닷홉곰 머기면 <救간一 14>

　이상으로 미루어 '*더닷리'가 모음조화에 의해 '도다리'[32]된 것이다. 실제로 가오리와 도다리는 그 魚形이 비슷하여 납작하고 마름모꼴이다.

　(15) 찰양태 : 전남에서 차자표기로는 粘良太魚다. 粘의 釋과 音이 '붙을 점, 붙일 점, 끈끈할 점'인데, 이로 볼 때 '찰'은 '붙다, 끈끈하다'와 깊은 연관이 있다. 우리 일상생활에서 많이 쓰는 '찰떡, 찰흙'도 이와 같은 맥락에서 쓰인 것이다.

　(16) 쑤기미 :『玆山魚譜』에 '螫魚 俗名 遜峙魚'로 기록되어 있는데 '螫'의 釋과 音이 '벌레쏠 석'으로 '쏜다'의 대응어로 '遜'자를 썼다. '遜'은 '쏜'音을 대신하고자 音借한 것이다.

　(17) 밀복 : 丁若銓의『玆山魚譜』에 '滑魨 俗名 密服'이라 되어 있다. '滑'의 釋과 音이 '어지러울 골, 미끄러울 활'인데, '密'을 音讀字로 본다면, '滑'의 釋 '미끄럽다'와 '密'의 대응이 자연스럽다.

　(18) 민달고기 : 한자어로는 '雲月魚'다. '雲'의 釋과 音은 '구름 운, 은하수 운, 팔대손 운, 하늘 운'이다. 필자는 여기서 한 가지 조심스럽게 주장하고자 한다. '은하수'의 고유어로 '미리내'라는 말이 있다. 기존에는 '龍川'으로 '미리[33]' + '내'의 합성어로 보았는데, 필자는 이것이 혹시 위에서 '민달'을 '雲月'로 표현한 것으로 보아 '민내[雲川]'가 변한 말이 아닌가 하는 생각이다. 우리가 밤하늘에 보는 '미리내'는 '구름이 흐르

─────────────

32) 도다리는 한자어로 '鰈'로 표기하는데 이 字는 또 '가자미'를 쓸 때도 쓴다. 그
　렇다면 '鰈'과 '鰭'의 관계 설정도 문제시되는데 실제 이 두 종류의 고기들은
　모양이 비슷하다.

33) 金鎭奎(1993 : 229)에는 徐在克의『中世國語單語族 研究』(啓明大出版部, 1980) 72
　쪽을 인용하여, "미르는 '미리'라는 형태로도 쓰였는데 용은 물과의 불가분의
　관계가 있으므로 물과 미리에 나오는 [m]과 [r]음운이 알타이 제어의 공통 특징
　을 말하기도 한다"라고 기록하고 있다.

는 내'로 보여 지기도 한다.

4) D형 魚名 : 전설, 민담, 신화 등에서 유래한 魚名

(1) 靑魚 : 한자명으로 肥儒魚라고 했는데 이는 선비들을 살찌게 한다는 데서 온 이름이다. 최세진의 『訓蒙字會』(1527)에도 '비웃'으로 나온다.

(2) 임연수어(林延壽魚) : 관북지방의 임연수라는 사람이 잘 잡아서 이름이 붙여졌다고 「佃漁志」에 나온다.

(3) 명태 : 咸鏡道에서는 초겨울 도루묵(은어) 떼를 쫓는 명태는 '은어바지'라 하고, 서울 지방에서도 음력 섣달 초순부터 떼 지어 오는 명태를 '섣달바지'라 한다. 이 두 방언의 공통점은 떼를 짓는 魚名에 '-바지'라는 접미사를 갖고 있는 점이다. '떼'와 '-바지'[34]와는 어떤 연관이 있을 것으로 보인다.

'명태(明太)'란 魚名은 함경도 지명 明川의 '明'과 과거 함경도 관찰사 閔모의 어부였던 '太'의 合成語라는 설명이 鄭文基(1974)에 나온다. 이로 보아서 D형 魚名이다. 또 그는 「명태의 이름과 어원」이라는 글에서 '北魚라는 이름이 (明太라는 이름보다 먼저 불려졌으며 그 증거로 趙三在의 『松南雜識』<魚鳥編>의 北魚明太, 我國元山島所産, 而明川地古不捉矣, 明川太姓人, 以釣得北魚, 大而肥美故, 名明太(북어명태는 원산도 산물로, 옛날에는 명천 지방에서 잡히지 아니하였었는데, 명천 사람 太氏가 처음으로 낚아 먹어 보았더니, 비대하고, 또 맛이 훌륭하기에 명태라고 이름했다)'를 제시했다.

(4) 자가사리(黃顙魚) : 標準語로는 '동자개'[35]이다.

---

34) 趙恒範 編 『國語 語源研究 叢說(Ⅰ)』—「명태의 이름과 어원—鄭文基」(太學社, 1994)을 보면, "바 지는 은어를 '받다' 또는 은어를 '쫓아서 먹으러 오는' 명태 떼의 뜻"이라고 주장했다.

35) '동자개'는 지역에 따라 다양한 방언이 통용되는데 이것은 어원이 다르거나 와음, 전음에서 온 것으로 보인다.
　　- 語源이 다른 경우 : 동자개를 '빠가사리, 짜가사리, 쏘가리' 등으로 부름.
　　- 訛音이나 轉音 : 빠가, 빡아, 빠가사리, 빡아사리, 빡어사리 등 강원도 금화

徐有榘의 『佃漁志』에 "메기와 비슷하나 배는 노랗고, 등은 노랗고 푸른색을 띠며, 떼지어 놀 때는 '삐걱삐걱' 소리를 낸다. 사람들은 이 물고기가 사람을 쏜다고 해서 석어(螫魚)라 한다"라고 기록되어 있다.

이 부류의 方言 중에 '바가사리' 또는 '빠가사리'는 '바가바가' 또는 '빠가빠가' 소리를 낸다고 해서 그렇게 命名되었다고 하는데, 一說에 일본인들이 동자개 무리의 '삐걱삐걱' 소리를 '바가바가'로 듣고, 자신들을 욕한다고 땅바닥에 내동댕이쳐서 그 후로 우리나라 사람들이 '바가바가'라 불렀다고도 한다.

(5) ƒ36)효자고기 : 標準語名으로는 '검정망둑'이다. 忠南 논산 효암서원의 『효암서원지』에 '銀文魚를 얻어 어머니를 봉양했다'는 구절이 있다. 이것은 은색 무늬가 있어 銀文魚, 乙자 무늬가 있어 '乙文魚'라고도 했다는데 이 고장 사람들은 이 고기를 대부분 효자고기라 부른다고 한다.

(6) 두우쟁이 : 方言에 '미수개미'가 있다. 이에 대해 徐有榘의 「佃漁志」에는 미수감미어(眉叟甘味魚)라는 물고기가 '미슈감미'라는 방언과 함께 소개되었는데, 이는 임진강 상류에 허미수(許眉叟)라는 사람이 맑은 강물 위에 배를 띄워 놓고 이 물고기를 먹기 좋아해서 그 지방 사람들이 붙인 것이라는 기록이 있다. 그런데 이 許眉叟라는 사람은 역사상 실존 인물로 본명이 許穆이며 1595년부터 1683년까지 살면서 문장이 뛰어나 우의정까지 올랐으며 여기저기에 서원을 세워 후학을 배출했던 사람이다.

최기철의 『민물고기를 찾아서』(1991)에서 보면, 1985년 당시에도 임진강 중·하류 강변 일대에서는 '미수개미, 미수감이, 미수갬이' 등으로 쓰인다고 밝혔다.

지방에서는 '자가사리'라 하고, 평양 지방에서는 '자개, 황쟈개'라 한다. 원래 동자개의 지느러미 가장자리가 黃白色을 띠는데 '자가'는 '자개'에서 온 말로 보고, 자개가 '金조개 껍데기를 썰어낸 조각'이라는 사전적 의미를 가지며, 意味重疊의 '황쟈개' 등으로 볼 때, 결론적으로 다음과 같은 등식에서 '자가'가 '黃白色'을 뜻하는 것으로도 볼 수 있다.

동자개 : 지느러미 가장자리의 黃白色 ≒ 자개 : 金조개 껍데기 썬 조각
≒ 황쟈개 : '黃'의 意味重疊

36) 'ƒ'표시는 標準語名이 아니고 方言 魚名임을 나타낸다.

(7) 종어(宗魚) : 전설에 의하면, 宗魚라는 이름은 조선 왕조 때 어느 임금이 龍鳳湯의 龍을 대신한다는 뜻에서, 물고기 중 이 고기가 '머리 간다'는 뜻으로 命名했다고 한다(鄭文基, 1974 : 122).

5) E형 魚名 : 외국에서 語源이 들어오거나 그 영향을 받은 魚名

(1) 학공치와 줄공치 : 이 종의 방언 중 강원도 동해안변의 사여리, 사요리, 수요리 등은 '사요리'라는 일본어에서 유래되었다.

(2) 빙어 : '빙어'라는 최근의 표준어와 일제 시대 때의 표준어 '공어'가 많은 걸로 보아 최근에 알려진 魚種이다. 그 방언 중 '아까사끼, 아까새끼, 오까사끼' 등은 일본어 '와카사기(Wakasagi)'에서 訛傳된 E형 魚名이고, 공어(公魚)는 中國 문헌에서 온 E형 魚名이다. 標準魚名 빙어는 B형 魚名이다.

(3) 황복 : 李晩永의 『才物譜』(1807년 以前)에는 河豚으로 기록되어 있으며, 徐有榘의 「佃漁志」에는 '복[河豚]은 건드리면 화를 내, 배가 氣球처럼 팽창하여 물위에 뜨는 까닭에 噴魚, 氣泡魚, 吹肚魚 등으로 부른다'고 기록되어 있다. 噴魚, 氣泡魚, 吹肚魚는 中國에서 도입된 말이다.

(4) 붕어 : 古書에 부어(鮒魚)[37] 또는 즉어(鯽魚)라고 기록했는데 中國에서는 Fu-yü, Ji-yü로 발음하는 것으로 보아 '부어, 즉어'는 모두 중국어에서 유래된 말이다. 붕어가 언제부터 썼는지 모르나 許浚의 『東醫寶鑑』이 한글로 '붕어'라 기록된 최초의 문헌이다.

붕어의 방언 중 특기할 것은 魚名을 나뭇잎 크기로 '팥잎(3치 내외), 밤잎(4치 내외), 감잎(5치 내외)<수원 서호 지역>' 등으로 표시했는데 그 크기에 따라 부르는 이름이 여타의 어류보다 많이 발달했고 그 중 대표적인 것으로 '씨알<잔챙이<대어<중치<준척<월척' 등의 명명법이 있다.

---

37) 劉昌惇(1973)에서 '加重調音'으로 붕어(鮒魚)를 보았다.

6) F형 魚名 : 命名의 유래를 알기 어려운 魚名

(1) 메기 : 標準語名 '메기'도 있고, '미유기'도 있다. 이 둘은 일반인들이 같은 고기로 혼동하여 쓰고 있으나, 앞서 밝힌 미꾸리와 미꾸라지가 전혀 다른 고기인 것처럼 '메기'와 '미유기'도 모양은 비슷하나 전혀 다른 고기라고 한다. 미유기는 메기보다 몸이 홀쭉하고 등지느러미가 유별나게 작아 살은 셋뿐이고 가장 긴 것도 눈 지름보다 조금 길다고 한다.

京畿 지방에서는 일반적으로 '미오기'로 부른다. 경기 일부, 충청도, 경남, 전라도에서는 '메기'로, 경기도에서 고어로는 '미유기', 현재는 '미오기, 미어기' 등으로 불리며, 평안도에서는 '메사귀, 메사구'로 불린다.

고서의 기록을 보면, 崔世珍의 『訓蒙字會』(1527)에는 '메유기', 許浚의 『東醫寶鑑』에는 '머여기', 愼以行 등의 『譯語類解』에는 '미유기', 『同文類解』(1748)에는 '鮎魚 메유기', 李晚永의 『才物譜』에는 '머유기', 柳僖의 『物名攷』엔 '머유기', 丁若鏞의 『雅言覺非』(1814)에는 '미유기', 徐有榘의 「佃漁志」엔 '머역기', 漢字로는 '鮎魚' 또는 '鮧'이라 했다.

(2) 미유기 : 메기보다 몸이 가늘고 길며 등지느러미가 작고 주둥이 끝이 직선형으로 아래턱이 돌출한 것이 메기와는 다르다. 옛날의 경기도와 평안도에서는 메기와 혼동해 각각 '미유기', '메사구'라 명명했다. 한편 경기도 일부와 함남 이남 등에서는 '메기'라 부른다고 한다.

(3) 복섬 : 울릉도에서 한자어로 '箱鮐'으로 표기하는데, '箱'의 釋音이 '상자 상, 수레곳간 장, 곳집 상'으로 복섬과는 어떤 상관이 있나 궁금하다.

(4) 매리복 : 평북 등곳이 지역에서 한자어로 '紋鮐'이라 표기한다. '매리 : 紋'의 연관성도 궁금하다.

(5) 별복 : 전남에서 한자어로 '星鮐', 전남 청산도 지방에서 '깔복'이라 한다. '별[星] : 깔'의 연관성이 유추되나 의심이 좀 간다.

(6) 노래미 : 『玆山魚譜』에 '耳魚 俗名 老南魚'라는 기록이 있고 '줄노래미'라는 標準語名도 漢字語로는 '條耳魚'라 기록하고 있다. 그렇다면

耳는 '노람'이라는 단어를 類推해낼 수 있는데, 耳[귀]에 가까운 어휘로 '놀, 노람' 등이 있지 않았을까 하는 생각이 든다.

(7) 반지 : 魚名 '반댕이, 밴댕이'와 연관이 있다. 한천 지역에서는 이 어종을 '반디'라 부르는데, 李崇寧(1981 : 27-28)은 '디>지'의 구개음화 현상은 문헌으로 보아 16세기 말에 시작되었다고 했으나, 이는 현재까지 구개음화 이전의 단계임을 보여주고 있다.

(8) 얼비늘치 : 荒鱗魚라 통영에서 불리는데 荒의 釋은 '거칠다, 오랑캐, 빠지다' 등으로 '오랑 : 올 : 얼', '얼빠지다38)'의 '얼' 등으로 보아 荒을 '얼'로 표기한 것이 아닌가 하나 확실하지 않고 荒과 '얼'의 관계 여부는 미상이다.

(9) 누치 : 청평천에는 작은 것을 '접비', 경기도 광나루에서도 작은 것을 '적비'라고 한다. '적다(少, 小)'의 '적-'에서 붙여진 이름인지 아니면 '누 : 積'에서 붙여진 이름인지 의문이다. 최기철(1991a)의 조사에 의하면 董越의 『연경제전집』에는 '朝鮮重脣魚'로, 李荇 등의 『新增東國輿地勝覽』, 徐命膺의 『故事新書』, 韓致奫의 『海東繹史』, 徐有榘의 「蘭湖漁牧志」와 「佃漁志」, 柳僖의 『物名攷』 등에는 눌어(訥魚)로 소개했다 하며, 『海東繹史』와 『物名攷』에는 '눕치'와 '눗치', 「蘭湖漁牧志」와 「佃漁志」에는 '누치'라는 사투리도 소개하고 있다고 한다. 또 康遇聖의 『捷解新語』(1676)에는 '重脣魚 눗치'로 기록하고 있다.

(10) 어름치 : 최기철(1992 : 134)에 의하면, 標準語 어름치는 1950년대 경기도 가평천과 철원군 금성남천에서 쓰이고 있었던 '어름치'가 그대로 받아들여진 것이며, '어름치'의 方言은 크게 두 가지로 大別할 수 있다고 했다. 하나는 어름치계이고 다른 하나는 반어계이다.

어름치계 方言은 현재 임진강 및 한강 수계와 금강 수계에서 통용되고 있으며 반어계 方言보다 단연 우세하다. 우세한 이유는 한자어가 근간이

---

38) 劉昌惇(1973 : 42)에는 '얼빠지다'는 "'넋[魂]이 빠지다[拔, 無]'의 뜻이 아니고, '어리[迷, 愚]이 잠기다[耽, 沒, 溺]'의 뜻으로 보고, '얼빠지다'는 '迷惑 속에 잠겨 있다, 완전히 갈피를 못 잡고 있다"로 보았다.

된 '반어'라는 魚名이 일반 민중들에게 잘 받아들여지지 않았을 것으로 최기철은 보았다. 타당한 주장이다. 어름치계 方言을 들어보면, 그림치(춘성), 드름치(홍천), 어둠치(영월), 어램치(정선), 어럼치(명주, 정선, 옥천), 어름치(영월), 어름치(강원, 경기, 충북, 금산, 무주, 진안), 어름치기(가평), 어림치(영월, 평창), 얼음치(강원, 가평, 포천, 충북, 금산, 장수), 연음치(철원), 으름치(홍천, 옥천, 진안), 이름치(파주), 절음치(영월) 등이다.

반어계 방언은 그 말이 언제부터 쓰여 왔는지는 알 수 없으나 현재 정선군과 평창군 일대에서 각각 반어, 반어사리 등으로 불려지고 있다.

(11) 볼낙 : 丁若銓의 『玆山魚譜』에 '薄脣魚 俗名 發落魚'로 나온다. '薄'의 釋과 音이 '얇을 박, 적을 박, 발 박'으로 맨 마지막의 '발 박'의 '발'이란 釋을 딴 것으로 볼 수 있으나 '脣'의 釋音이 '입술 순'인데, '脣 : 落'의 대응관계는 궁금하다.

(12) 저자가오리 : 이 어류를 한자로는 '鑴鱝'이라 쓴다. '鑴'의 釋과 音이 '대패 산, 깎을 산, 쇳조각 산'인데 왜 '저자'와 대응되게 '鑴'을 썼는지 궁금하다.

(13) 끄리[39] : 청평천에서 그 수컷을 '바디끄리', 암컷을 '초끄리'라 했는데 '바디 : 초'가 '수 : 암'과는 어떤 연관이 있는 것인지 아니면 수의적인 현상에서 나온 명명인지 미상이다

劉昌惇(1973)은 일반적으로 동물의 경우는 '암,수'의 接頭로 性을 구분하나, 예외적 현상으로 동물의 경우에 奇語的인 性別語가 있으며 그 대표적인 例로 '꿩'과 '소'가 있다고 보았다. 이처럼 '바디 : 초 = 수 : 암'도 奇語的인 性別語의 일종으로 보인다.

(14) 통가리 : 한자어로는 黃螫魚라 하고 경북 영양 지방에서는 一名 '텅가리'라고도 한다.

(15) 송사리 : 일반인들은 잉어과 어류의 稚魚를 통틀어서 '송사리'라

---

39) 최기철(1991a)에서는 과거에 현 標準語인 '끄리'란 말보다 '치리'를 더 많이 사용한 것으로 보았다. 徐有榘의 「佃漁志」에 '魚桼 魚'라 漢字語로 쓰고, '치리'나 '어희'라고도 부른다고 方言을 소개했다. 또 '民間에서 七魚나 七伊魚라고 부르는 것은 '칠'이란 音을 땄을 뿐, 어떤 뜻이 있는 것은 아니다'라고 기록했다.

하는데, 송사리는 별개의 독립종으로 머리가 눈인지, 눈이 머리인지 모를 정도로 큰 것을 일컫는다.

송사리의 方言은 최기철의 조사에 의하면 50여 개가 있는데 이를 語頭別로 나눠보면 다음과 같다.

ㄱ. '곱(曲)ㅅ-'류 : 18개. (35%) — 대표적 例가 '곱사리'이고 그 외는 이와 비슷한 유형이다. 이는 아이들이 소꿉을 가지고 살림살이 흉내를 내는 '소꿉(꼽)살이'와 어떤 연관이 있지 않나 의문이 간다.

ㄴ. '눈-'류 : 21개. (41%) — 상술한 바처럼 그 눈이 큰 데서 유래한 命名(A형 魚名)

ㄷ. '송ㅅ-'류 : 7개. (14%) — 그 命名의 유래를 알 수 없다.

ㄹ. 기타류 : 4개. (1%)

(16) 고양이고기 : 함남 차호 지방에서는 '자래고기'라 한다. '자래'를 李熙昇(1961)에, ㉠ 쌍으로 된 알주머니, ㉡ 땔나무, 생나무, ㉢ '자라'의 方言 등으로 실려 있다. 여기서 '자래'는 세 가지 의미 중 어떤 뜻으로 사용됐는지, 또 사용된 그 뜻과 고양이는 어떤 연관이 있는지 미상이다.

3. 結 論

이상에서 필자는 2,000여 개의 魚名 중에서 국어학적으로 논의의 가치가 있다고 생각되는 100개 어휘를 추출해 그 命名法에 따라 구분해 보았다.

그런데 100개의 標準名을 중심으로 살펴보았으나 실제로 본고에서 언급한 魚名은 약 270개가 된다. 이를 命名法에 따라 구분해 보면 다음과 같다.

順	標準語名	A(형태·색상)	B(생태·습성)	C(차자표기)	D(설화)	E(外來)
1	은어	銀光魚, 銀修魚, 銀口魚			도로묵어	
2	고등어	고등어[古刀魚]				
3	열목어	熱目魚		餘項魚, 飴項魚		
4	두틉상어	두틉상어, 두테비, 두테비상어				
5	곱사연어	곱사연어				
6	잉어	잉어, 발갱이				물고기
7	붕어	큰가시붕어, 육침, 육침붕어, 버들붕어, 각시붕어, 기생붕어, 꽃붕어, 바디쟁이, 바디붕어	까부리, 까불챙이, 까불태기, 까불테기, 포도각시, 포도고기, 포도대장, 포도붕어, 포도쟁이, 포돌챙이, 포두쟁이			부어(鮒魚), 즉어(鯽魚)
8	걸장어			걸장어[鉤長魚]		
9	황어	袈裟魚, 黃魚				
10	망동이	망동이[望瞳魚]				
11	껑저기	껑적위[斤過木皮魚], 네눈뱅이, 네눈붕어, 태극붕어				
12	눈볼대	눈볼대, 눈퉁이, 눈뿔다구, 붉은고기,				
13	눈불개	눈불개, 동서(瞳瑞,瞳署)	독노리, 독놀이, 덕너구리			
14	무늬얼게돔	무늬얼게돔[紋櫛鯛], 큰줄얼게비늘[大條粗鱗魚], 먹테얼게비늘[黑緣粗鱗魚]				
15	별목탁가자미	별목탁가자미				

順	標準語名	A(형태·색상)	B(생태·습성)	C(차자표기)	D(설화)	E(外來)
16	피라미	참피리, 불거지				
17	참마자	알락매재기		마지[迎魚]		
18	갈치	갈치, 칼치				
19	청항알치	청항알치[靑齒魚]				
20	꼬치삼치	꼬치삼치[芒魚]				
21	새앙쥐치	새앙쥐치[小鼠魚]				
22	학공치	학공치				사여리, 사요리, 수요리
23	줄공치	줄공치				사여리, 사요리, 수요리
24	동사리	동사리	둑지게[堰負魚], 구구리, 꾸구리, 여울돌박가, 중돌박가			
25	쉬리	가락딱지, 가새피리, 가시내피리, 까치천어	여울치, 여울각시			
26	돌고기	돗고기[豚魚], 꼴조등이, 곰미라, 대통이, 먹지, 순경고기, 순사고기, 배불떼기, 연필고기, 이쁜이, 항아리고기, 감돌고기[黑石點魚]				
27	송어	송어				
28	숭어	치(鯔), 어린 것은 子魚, 秀魚				
29	헌장어	헌장어[墨長魚]				
30	붕장어	彌長魚		海大鱧		
31	농어	깔다구[乫多魚], 껄떡이[乞德魚], 가슬맥이				
32	무태장어	無泰長魚				
33	물치다래	무태다랭[無泰鱛]				
34	밀어	밀어	밀어(密魚)			
35	오징어	오즉어,오증어				

順	標準語名	A(형태·색상)	B(생태·습성)	C(차자표기)	D(설화)	E(外來)
36	갈견이	눈검정이[眼黑魚]	산천어			
37	빨갱이	빨갱이[發光魚]				
38	두테비	두테비				
39	대구	대구(大口)				
40	조기	石首魚	蝤水魚		助氣, 朝起 天知魚	
41	강달어	황세기[黃石魚], 황숭어리, 황실이				
42	사루기	살기, 사루기, 사루고기, 矢魚				
43	쭉지성대	쭉지성대[翼承大魚]				
44	서대	납서대[南舌魚] 동서대[東舌魚]				
45	졸복	拙服				
46	흰수마자	흰수마자				
47	샛비늘치	샛비늘치[白鱗魚]				
48	말락볼낙	瘰發落魚				
49	상어가오리	상어가오리				
50	매가오리	매가오리[鷹鱝]		도다리[加五里]		
51	점매가리	點頭魚				
52	가물치	가모티, 가믈치, 가믈티, 가몰치, 文魚	鱧, 칠성가물치	加母致		
53	뱅어		뱅어[白魚], 氷魚			
54	두우쟁이		사침어(沙沈魚) 삼치마			
55	찰양태			찰양태[粘良太魚]		
56	쑤기미			螫魚		
57	멸치		멸치	末子魚		
58	날치		날치			
59	버들치		버들치[柳魚], 중태기			
60	살치	살치[箭魚]				
61	종어	여무기, 요메기, 熱目魚, 餘項魚, 열갱이[銀魚], 열기				

順	標準語名	A(형태 · 색상)	B(생태 · 습성)	C(차자표기)	D(설화)	E(外來)
62	밀복	밀복	滑魨			
63	모래무지	모래미티, 몰개무치, 모래마재[沙埋魚]	모래사징이			
64	미꾸리	동글이	미꾸리			
65	미꾸라지	납작이	미꾸라지			
66	은어		연어(年魚)			
67	꾸구리	눈멀이, 눈봉사, 소경돌나리	돌고기, 돌고주, 돌고지, 돌꾸지, 돌나래미, 돌모지, 돌무치, 돌부자, 중어돌라리, 똥치게, 썩으배기, 썩쟁이, 기름돌부지, 기름바소, 말뚝사구			
68	민어			民魚		鮸魚, 鱦魚, 鮰魚
69	동갈민어			帶民魚		
70	꺽정이	鱸魚		霍丁魚 (거억쟁이)		
71	꽁치		공치(孔致)	釭致		
72	청새치	청새치		閑墅峙		
73	단줄우럭			單條鱳頑魚		
74	드렁허리		땅패기, 두렁허리, 우리, 웅어, 선어, 黃鱔	冬乙藍虛里, 斗郎前里		
75	정어리			蒸鬱		
76	청어				肥儒魚, 비웃	
77	임연수어				임연수어, 이민수	
78	명태				명태(明太)	
79	동자개	황쟈개			자가사리	
80	검정망둑	銀文魚, 乙文魚			효자고기	
81	두우쟁이				미수개미	
82	빙어		빙어			아까사끼, 아까새끼, 오까사끼, 공어(公魚)
83	황복					噴魚, 氣泡魚, 吹肚魚

順	標準語名	A(형태 · 색상)	B(생태 · 습성)	C(차자표기)	D(설화)	E(外來)	F(불명)
84	메기					메기, 미오기, 미유기	
85	미유기					미유기, 메사구, 메기	
86	복섬					箱魨	
87	매리복					紋魨	
88	별복					星魨, 깔복	
89	줄노래미					條耳魚	
90	반지					반디, 반지	
91	얼비늘치					荒鱗魚	
92	누치					접비, 적비, 눌어, 눕치, 눗치, 누치	
93	어름치						어름치 외, 반어, 반어사리
94	볼낙						薄唇魚 發落魚
95	저자가오리						鏈鱝
96	끄리						치리, 끄리
97	퉁가리						黃螯魚 텅가리
98	송사리						곱사리 송사리
99	민달고기						雲月魚
100	고양이고기						자래고기

표에서의 결과를 참고로 하여, 魚名의 각 命名法 유형을 비율로 따져 보면, 다음과 같다.

A형 魚名(물고기의 형태 · 색상에 따라서 命名한 魚名) : 42%(114)
B형 魚名(물고기의 생태 · 습성을 따라서 命名한 魚名) : 27%(72)
C형 魚名(魚名을 吏讀 또는 군두목[軍都目] 등으로 차자표기한 魚名) : 7%(20)
D형 魚名(전설, 민담, 신화 등에서 유래한 魚名) : 5%(13)

E형 魚名(외국에서 語源이 들어오거나 그 영향을 받은 魚名) : 6%(16)
F형 魚名(命名의 유래를 알기 어려운 魚名) : 13%(34) 등이다.

즉, 魚名의 命名은 A형 魚名과 B형 魚名이 主가 되고, C형 魚名, D형 魚名, E형 魚名은 대체로 그 수가 적은 편이었다. 한편 명명의 유래를 알기 어려운 魚名인 F형 魚名도 많은 편이다. 이로 보아 우리나라 사람들은 魚名의 명명에 있어 형태, 색상, 생태, 습성 등을 위주로 命名한다는 점을 알 수 있었다.

魚名에 대한 연구는 여찬영(1994)의 주장처럼 국어어휘론 분야에 속하지만, 국어 조어법과 의미론뿐만 아니라 우리말 명칭어의 체계 수립과 나아가서는 어류학 등에 밑바탕이 될 수 있는 분야이다. 특히 新種 魚名 부여 시 魚名의 특성이 활용될 수 있는 것이기에 자못 그 중요성이 크다고 생각한다.

그러나 본고는 구분과 분석이 명확하지 않고 때에 따라서는 추측에 그친 감도 있다. 물고기에 대해 우선 전문성이 부족한 점도 그 기술에 큰 난점이었다. 魚名의 선두적 연구라는 변명으로 스스로 위로해 보며, 앞으로 많은 연구가 되어야 할 것으로 믿는다.

IX. 「牛海異魚譜」에 나타난 차자표기법 연구
— 魚名을 중심으로

　우리나라의 魚譜는 두 종이 있는데, 그 중 丁若銓의 「玆山魚譜」(1814)
는 어류 101종에 대한 방언 및 한자명이 기재된 어류 단행본으로 당시
72종의 신어종이 수록되어 있다. 다른 하나인 「牛海異魚譜」[1]는 薝庭 金
鑢가 편찬한 저서로 魚名 51종이 수록되어 있으며, 그 중 33종은 당시
에 새로운 것이었다. 「牛海異魚譜」는 그 당시 어류에 대한 전문적인 보
고서로는 丁若銓의 「玆山魚譜」와 더불어 한국 어류 연구서의 쌍벽을 이
루는 저서[2]이다. 또 공교롭게도 두 문헌은 같은 시대인 1801년(순조 1년)
에 천주교 사건으로 유배되어 전자는 黑山島에서, 후자는 鎭海에서 魚族
에 대한 자료를 정리한 것이다.

　한편, 그 동안 국어학 분야에서 魚名에 대한 연구는 거의 이루어지지
못하였다. 李崇寧(1986)은 처음으로 魚名에 대한 고찰을 시도했으나 종합
적인 고찰은 되지 못하였고, 여찬영(1994)은 魚名을 접두사를 중심으로
분류하고 각 접두사의 의미를 살펴보고자 하였으나 이 또한 폭넓지 못
한 점이 있다. 김홍석(1996)은 총 2018개의 魚名을 접미사 분류를 중심으
로 하여 魚名의 어휘론적 연구를 시도했으며, 김홍석(2000)은 김홍석(1996)
을 기초로 魚名의 명명법에 대해 살펴보았다.

---

1) 이 자료는 연세대 홍윤표 교수님께서 延安 金氏 門中에 있는 『薝庭遺藁』의 복사
　본을 제공해 주셨다. 다시 한번 감사의 뜻을 전한다.
2) 이 외에 19세기 무렵에 출간한 어류 관계 문헌으로서는 『方言集釋』(一名 方言類
　釋, 1778), 李晚永의 『才物譜』(1807), 丁若鏞의 『雅言覺非』(1814), 李嘉煥 『物譜』
　(1820), 柳僖의 『物名考』(1824), 韓致奫의 『海東繹史』(1789～1835), 徐有榘의 『林園
　經濟志』중 「佃漁志」(1828), 李圭景의 『五洲衍文長箋散稿』(1850년경), 『廣才物譜』(19
　세기초) 등이 있다.

그러나 「玆山魚譜」에 대한 연구도 최범훈(1987)[3]을 비롯해, 수 편에
불과하며, 더욱이 「牛海異魚譜」에 대한 연구는 전무한 상태이다. 따라서
본고는 「牛海異魚譜」에 수록된 魚名을 중심으로 차자표기 형태와 체계
를 규명해 봄과 동시에 「玆山魚譜」를 비롯한 魚名 관련 도서와의 통시
적 대비를 꾀하고자 한다.

본고에 사용된 문헌들의 略號는 다음과 같다.

訓蒙 - 訓蒙字會(1527)
東醫 - 東醫寶鑑(1613)
譯語 - 譯語類解(1690)
同文 - 同文類解(1748)
方類 - 方言類釋(1778)
廣才 - 廣才物譜(19세기 초)
玆山 - 玆山魚譜(1814)
物譜 - 物譜(1820)
物名 - 物名考(1824)
佃漁 - 佃漁志(1828)

1. 「牛海異魚譜」 개관

「牛海異魚譜」는 『藫庭遺藁』의 卷8이며 寫本으로 1권 1책으로 구성되
어 있다. 牛海라는 것은 鎭海의 近海를 일컫는 말로 鎭海는 일명 牛山이
라고도 하였다. 이 책은 저자인 金鑢는 1801년(순조 1) 姜彛天의 飛語 事
件에 대한 재조사에서 천주교도와 친분을 맺었다는 혐의로 鎭海에 유배

---

3) 이 논문에서는 "어명 접미사는 우리 나라 해안에서 서식하는 어종 중 '~어'가
35%, 고유식 접미사가 65%이지만 고유식 접미사로는 '~치 . 티'가 단연 많아
8%나 되는데 ≪玆山魚譜≫에는 '치 ,어'가 중복된 접미사도 있다"도 보았으나
拙稿(1996 : 8)에서는 2018개의 魚名을 정리하여 '-어'가 23.4%이고 고유식 접미
사는 76.6%로 분석했으며, 고유식 접미사로 '-치'는 11.5%로 '-이'(14.4%), '-
리'(13.1%) 다음이었다.

되었다. 2년 반 동안 그곳에서 가난한 어민들과 친하게 지내면서 고통받는 서민들의 애환과 사랑을 느끼게 되었고, 또 이때 「牛海異魚譜」도 지었다. 그 곳 어부들과 함께 연근해의 물고기의 종류를 세밀히 조사하고 연구하여 그 이름, 生理, 形態, 習性, 産地, 繁殖, 效用 등을 기록하였고, 魚類를 주제로 한 <牛山雜曲>도 수록되어 있다. 조사 기록된 어류와 조개류는 약 70종에 달하며, 그 중 어류는 51종이다. 前頭에는 魚名에 대한 것이, 後尾에는 조개와 소라류에 대해 기술되어 있다. 전부 60쪽으로 구성되었으며, 한 쪽에 10행으로 되어있다.

한편 조선 순조 때의 문신인 薝庭 金鑢의 저서인 『薝庭遺藁』는 12권 6책이며, 시, 일기, 전, 어보, 발 등으로 구성되어 있는 것으로 卷8 부분에 「牛海異魚譜」가 수록되어 있다. 『薝庭遺藁』는 金鑢 사후 61년인 1882년(고종 10)에 그의 嗣孫인 高靈縣監 謙秀가 편집, 간행할 때에 從孫 綺秀가 補遺集을 첨가하여 간행한 것이다. 그의 遺藁가 동생인 犀園에게 보관되어 있다가 그의 嗣孫인 謙秀가 11권으로 편집하여 간행하려 하자 종손인 綺秀가 보유집을 더한 것이다.

金鑢는 1797년(正朝 21) 겨울에 姜彝天의 飛語獄事에 연좌되어 함경도 경원으로 귀양 갔다가 富寧으로 移配되고, 1801년(純祖 1) 李象謙의 疎에 의해 鎭海로 다시 移配되었다가 1806년 풀려 나와 전후 적거생활이 10년이었다.

『薝庭遺藁』는 卷頭에 1882년 宋近洙 등이 쓴 序文이 있고, 卷1은 詩 90首와 後尾에 跋文이 있고, 卷2는 자신이 黃山에 있을 때 아버지의 벗인 辛解元과 쓴 俚曲을 모아 엮은 黃城俚曲 125首가 있으며, 卷3은 擬唐別藁라는 詩 84首와 跋文이 있다. 卷4는 衆果 五言古詩 十韻 30首와 衆蔬 五言古詩 十韻 19首, 衆花 五言律詩 10首 등과 後尾에 跋文이 있고, 卷5는 '問汝何所思'란 제목 아래의 詩 146首가 있으며, 卷6은 '問汝何所思'란 제목 아래의 詩 142首가 있다. 卷7은 「坎窞日記」로 1797년(正朝 21) 姜彝天의 뜬소문으로 옥사에 연루되었던 사정과 부령으로 유배되는 여정을 北遷日錄이라는 부제를 달아 일기체로 서술한 것이 있고, 卷8인

「牛海異魚譜」는 1801년 李象謙의 疎로 다시 진해로 귀양 갔을 때 지은 것이다. 卷9는 丹良秘史로 傳 8편이 실려 있다. 卷10은 叢書題後로 39편의 跋文이 있고, 卷11은 倉可樓外史題後라 하여 68편이 있고, 卷12는 보유집으로 詩 20首. 書 4편, 序 1편, 記 2편, 跋 1편, 上樑文 1편, 奉安文 1편, 祈雨文 6편, 金舜弼傳先府君遺事 등과 後尾에 1882년 金綺秀가 쓴 跋文이 실려 있다.

전반적으로 이 책은 각 항목별로 다음과 같은 전개를 하였다.

魚名 → 下位 魚名 → 上位 魚名 → '一名 ○○'형태의 魚名 → 형태나 맛, 색 표현 → 크기나 잡히는 지역 소재 → 土人들의 작업 형태나 命名法 → 余牛山雜曲曰 '○○……○○'

例) 鯆魚 : 混沌幰頭도 있다. 一名 烏老 , 보통 사람들이 一名 幰頭魚, 烏賊이며, 노비들은 僧魚이라고도 한다. 肉色은 淡黃이고 맛은 鯸魚와 비슷하며 混沌幰頭라는 것도 있다. 내가 牛山雜曲曰 耳鳴酒…….

2. 魚名 해독

총 51항목의 魚名을 나누어 기술하되, 먼저 「牛海異魚譜」의 내용을, 다음에는 그 魚名에 대한 표준어명과 차자표기 형태 및 체계를, 마지막은 그 魚名과 관련된 문헌들의 기록을 살펴본다.

1) 文鰤魚(문절어)

[가] 一名 睡鮫 一名 海鰌. 文鰤魚는 鱖魚와 유사하다. 생긴 모양이 쏘가리와 비슷하지만 그보다 좀 작다.……土人들의 말에 의하면 이 고기를 많이 먹으면 잠을 잘 잘 수 있다고 한다.

(文鰤魚一名睡鮫一名海鰌狀似鱖魚 狀似鱖魚而稍小……土人言多食文鰤則善睡)

[나] 표준어명으로 '망둑어' 또는 '문절망둑'을 지칭한다. 망둑어 눈
이 망원경 모양과 같다하여 호수에 있는 것을 望瞳魚, 바다의 것을 彈
塗魚라고도 한다. 海鱖은 바다의 쏘가리라는 의미에서 온 魚名이고 睡鮫
은 잠을 잘 잘 수 있도록 한 것에서 온 魚名이다.
　　文鯽魚는 '문절어'의 표기로 音假＋音讀＋音讀이고, 海鱖은 '바닷
쏘가리'의 표기로 모두 訓讀한 것이며, 睡鮫은 '좀문'으로 訓讀＋音假
한 것이다.

최기철(1994 : 395)은 '꼬시래기, 망뎅이, 망동어, 망둑어, 망둥이, 문저
리, 문절구, 문절이, 문주리, 운저리, 운조리, 운주리, 운지리, 참문조리와
같은 방언형이 각 지방에 쓰인다'고 하였다.
　[다] 이와 관련한 다른 문헌의 기록은 다음과 같다.

　　鱖魚 소가리　　　　　　　　　　　<方類, 亥部 : 19a>
　　鱖魚　금린어, 쏘가리　　　　　　　<廣才, 四, 隣魚 : 1a>
　　鱖 금인어　　　　　　　　　　　　<物譜, 鱗蟲 : 1>
　　望瞳魚　　　　　　　　　　　　　　<佃漁>

2) 鉗鮏(함송)

　[가] 別種으로 土鉗, 黏米鮒(찹쌀붕어)도 있다. 鉗鮏은 金鯽과 유사하
다. …… 土鉗은 稍大하여 맛이 담백하고 泥氣가 있으며 黏米鮒은 더
작으나 맛은 최고이다(土鉗 黏米鮒 鉗鮏 似金鯽 ……土鉗稍大而味淡有泥
氣 黏米鉗尤小然味最佳鱠).

　[나] 표준어명은 '각시붕어'이다. 최기철(1994 : 156)을 참고하면, 지금도
경상도 지역에서는 붕어를 '-송어'로 부른다고 했다. 鉗은 [廣韻]과 [集
韻]에 '胡甘切'로, '蛤也 與蚶同'이다. 音은 '함'이나, 蚶과 같은 것으로,
'살죠개'의 訓을 빌리고, 鮏은 松魚를 지칭한 것으로 보아, '살죠개송어'
의 표기이며, 모두 訓讀의 형태이다.

3) 甫鱺魚(보라어)

[가] 湖西地方에서 나는 黃石魚(참조기를 지칭)와 유사하며 극히 작고 빛깔은 옅은 자줏빛이다. 우리나라 방언으로 옅은 자줏빛을 보라라고 하고 또 보라는 아름다운 비단을 말하는데, 보라라는 이름은 이에서 비롯되었다. 土人들은 甫鮥 또는 甹竿魚이라 한다. 대개 巨濟島에서 많이 난다(狀似湖西所産黃石魚 極小色淡紫 東方方言以淡紫色爲甫羅甫美也 甫羅者猶言美錦也然則甫羅之名 土人呼以甫鮥或稱甹竿魚 盖巨濟多産).

[나] 표준어명으로 '볼낙'이다. 甫鱺은 甫羅의 異表記로 鱺는 羅자에서 온 수식적 표기이다. '보라'의 표기이며, '音假 + 音假'의 형태이다. 鱺는 [集韻]에 '良何切'로 音은 '羅'이며 訓은 '魚名. 一身十首'이다. 상상의 물고기를 일컫는다. 그 訓이 특수하며 단순히 魚名이라는 기록으로 보아 訓을 빌리지는 않았을 것이다.

[다] 이와 관련한 「玆山魚譜」의 기록은 다음과 같다.

> 薄唇魚 俗名 發落魚   <玆山, 鱗類 : 13a>
> 赤薄唇魚 俗名 孟春魚   <玆山, 鱗類 : 13b>

前者의 기록은 그 뒤에 '甚薄味'라고 설명된 것으로 보아 맛이 얇은 것에서 온 것으로 '입에 얇다'는 薄唇이나, 입술의 색처럼 얇은 자줏빛에서 온 것이라 볼 수 있다. 한편 俗名으로 이를 發落으로 부른 것은 '薄'의 또 다른 訓 '발'에서 온 것이다. 그러나 落은 미상이다. 孟春魚는 초봄[孟春]에 이 고기가 오는 것에서 유래한 것이다.

4) 魟鯱(공치)

[가] 蕎花魟鯱도 있다. 魟鯱는 모양이 鼻魚이다. 土人들은 昆雉體細라 하며 長緗色을 띠고 주둥이가 위에 있고 길어 鳥喙와 같다. 이 고기의

품종 중에서 최고 비린[腥]것에 蕎花魟鮄가 있다. 몸은 稍肥하고 주둥이
는 尖白하다(蕎花魟鮄 魟鮄 象鼻魚也 土人呼曰昆雉體細而長縹色有嘴上嘴長
如鳥喙 此魚魚品中最腥有一種名蕎花魟鮄 體稍肥嘴尖白)

　[나] 표준어명은 '줄공치'이다. 몸길이가 보통 180mm 안팎이라 한다.
'魟'의 音이 現在音은 '홍'이나 [廣韻]에는 '古紅切' [集韻]에는 '沽紅切'
이라 나오는 것으로 보아 '공'임을 알 수 있다. 魟鮄는 공치(工峙)로 音假
한 것이다.
　최기철(1994 : 455-461)에 따르면, 공치는 크게 두 종이 있는데, 줄공치
와 학공치가 그것이다. 각 방언에서는 이를 구별하지 않고 사용하여 '공
미리, 공치, 깡꽁치, 꽁치, 끝주둥이, 실치리, 한새치, 황새치, 황새치리'
등이 있다고 한다.

　5) 馬魟鮄(마공치)

　　[가] 外形이 魟鮄와 유사한데 큰 것을 馬魟鮄라고 한다. 土人은 둘다
魟鮄라 한다. 윗부리는 길고, 아랫부리는 짧다(形似魟鮄 而大曰馬魟鮄 土
人通名魟鮄 上嘴長下嘴短).

　[나] 학공치의 몸의 길이가 200~400mm로 줄공치보다 크다고 하는
데, 이로 미루어 표준어명으로 '학공치'이다.
　魚名 표기 자체에 주목한다면, '몰공치'를 쓴 것이다. 즉 訓讀＋音
假＋音假의 형태이다.
　劉昌惇(1973 : 110)에는 '말-'이 큰 것을 뜻하는 接頭辭인데 아마도 '몰
[馬]'에서 전성된 것으로 보고 있어 그 근거로 지금의 '말승냥이, 말거
미' 등과 '말검어리 : 바소 갓튼 멀검어리 <海東, 117>'를 제시하였다.
　[다] 이와 관련한 다른 문헌의 기록은 다음과 같다.

　鱵魚 俗名 孔峙魚　　　　　　　　　　　　<玆山, 無鱗類 : 13a>

6) 鮰鮰(회회)

[가] 모양이 蚖蟲과 유사하며 흰색이다. 양끝이 같아서 머리에 눈이 없어 눈이 지렁이[蚯蟓]와 같이 가늘고 길다(形似蚖蟲色白兩端 皆行無頭 眼如蚯蟓細長).

[나] 표준어명은 '흰실뱀장어'이다. 鮰鮰는 '회회' 또는 '회고기'로 前者는 鮰의 다른 표현으로 모두 音假이고 後者는 音假에 名詞를 붙인 형태이다.

7) 鼠鱲(서뢰)

[가] 鼠鱲은 鼠魚이다. 몸빛이 쥐와 비슷하다. 귀가 없고 네 개의 다리색이 연하다(鼠鱲鼠魚也 渾身似鼠 無耳及四足色淡).

[나] 표준어명으로 '쥐노래미'이다. 한편 鼠鱲는 '쥐갈피'로 보면 모두 訓讀이나, '쥐뢰'로 보면 鱲는 畾자에서 온 수식적 표기로 訓讀＋音假가된다. 어떻게 읽었는지 알 수가 없다.
[다] 이와 관련한 다른 문헌의 기록은 다음과 같다.

鼠魚 俗名 走老南   <玆山, 鱗類 : 18b>

8) 石河魨(석하돈)

[가] 鵲䲙鱠, 癩河魨, 黃河䲙鱠, 䲙鱠 등도 있다. 모양이 河豚과 비슷하고 조금 다른 것을 土人은 河豚子라 한다. 그러나 䲙鱠은 아래턱[頷]이 자줏빛이 있어 肉疣가 赤豆와 비슷하므로 河豚子는 아니다. 河豚과 같은 조상이나 다른 族이다. 그러나 사람으로 하여금 腹痛이 있어 일명 鵲䲙鱠 일명 蜻蜓鱠라 한다. 癩河魨은 䲙鱠에 비해 심히 큰 독성이 있다. 일

명 黃沙鰒鱠는 극히 작고 반점이 없으며 황색의 빛깔을 띠며 마모되면 가루가 되어 떨어[屑落]진다. 큰 독을 갖고 있다(形如河豚而少異土人以爲河豚子 然余見鰒鱠頷下有紫色 肉尤如赤豆以此知非河豚子 然盖與河豚同祖而異族者 然令人腹痛有一種名鵲鰒鱠一名蜻蜓鱠 癩河魨比鰒鱠甚大有大毒 一種名黃沙鰒鱠稍小而無斑點 渾身黃色摩之則屑落 有大毒).

[나] 표준어명은 졸복(拙鰒)이며 위 기록상의 河豚子는 '복삿기'를 이른다.
石河魨은 '돌복'으로 河魨은 魧(복 하)와 魨(복 돈)의 합성어로 보면 '복'이란 訓의 중첩이다. 따라서 모두 訓讀의 형태이다.
또 蜻蜓鱠는 그 모양이 잠자리와 비슷하여 붙여진 魚名이다. 그리고 鵲鰒鱠과 연관된 기록이 <茲山, 無鱗類 : 5a>에서 '鵲魨 俗名 加齒服'이 보이는데, 이는 '까치복'을 쓴 것이다.
[다] 이와 관련한 다른 문헌의 기록은 다음과 같다.

魧 복 하 , 魨 복 돈	<訓蒙上, 鱗介 : 21a>
복(河狋)	<東醫 2 : 4a>
복(魨魚), 복(河魨)	<譯語下 : 37 : b>
河豚 복	<方類, 亥部 : 19b>
河豚 복	<廣才, 四, 無鱗 : 1b>
小魨 俗名 拙服	<茲山, 無鱗類 : 5b>
河豚魚 복	<物譜, 鱗蟲 : 4>

「茲山魚譜」상의 기록은 '小 : 拙'이 대응되어 '拙'이 '왜소하고 못남'이라는 訓으로 '小'를 대신하고 있다. 이와 비슷한 訓을 지닌 字로 '卒'이 있는데, 이 또한 '小'를 대신할 수 있다고 본다.

9) 沈子魚(침자어)

[가] 沈子는 比目魚로 가자미[鰈]와 같다. 흰 빛깔에 비늘이 없다. 그 행동에 소리가 있어 沈玆沈玆하여서 沈子라 하며 子는 玆가 된 것이다.

큰 독이 있다(沈子比目如鰈渾白無鱗 其行有聲自呼沈玆沈玆故名沈子 子者
玆之吡也有大毒).

[나] 표준어명은 比目魚이다. '소리가 있어 沈玆沈玆하여서'라는 기록
으로 보아 沈子魚는 音假로 '침즈어'의 표기이다.

[다] 이와 관련한 다른 문헌의 기록은 다음과 같다.

比目魚 가자미   <方類 亥部：19a>
比目魚 셔디   <廣才, 四, 無鱗：2a>
鰈魚 俗名 廣魚   <玆山, 鱗類：14a>
東海有……謂之鰈東俗一以가잠이   <物名, 卷二, 有情類·鱗蟲>
(比目은 東海에 있으며 鰈으로 東俗에 '가잠이')

10) 都鰑(도알)

[가] 일명 都卵이다. 憂은 方言으로는 卵이다. 붕어[鯽]와 유사하며 都
는 腹의 都이고 卵은 중요한 것만 가려 쓴다[摘卵]. 맛이 蟹卵과 유사하
다(一名都卵憂者方言卵也 似鯽而無肉一身都是腹腹中都是卵摘卵 味似蟹卵).

[나] 憂은 '알[卵]'을 이르는 것이다. 都란 중요한 지점을 가리키는 의
미로 사용되고 있다. 都의 訓音에 '못 저'도 있지만 이와는 멀다. 표준어
명은 잉어과의 '돌고기' 일종이다.

都鰑은 '도알'로 '音讀＋音假'의 형태이다.

11) 閑鯊魚(한사어)

[가] 모양은 鮒魚와 비슷하다. 土人은 寒沙라고도 한다(狀如鮒魚 土人
呼此魚爲寒沙).

[나] 모래무지의 일종이다. 참고로 鯊魚(모래무지)에 대한 기록은 다음과 같다. 「玆山魚譜」는 別稱의 기록이 없는데, 시간상으로 가장 가까운 시대의 문헌들의 기록으로 미루어 보아 '샤어 / 사어'라 그대로 音讀했을 것이다.

    鯊魚 사어 <方類, 亥部 方言 : 19a>
    穿沙魚 모래무지 <方類, 亥部 方言 : 19b>
    鯊魚 모리무지, 두루쟝이 <廣才, 四, 隣魚 : 1a>
    鯊魚 <玆山, 鱗類 : 7b>
    鯊 샤어, 두리치 <物譜, 鱗蟲 : 2>
    鯊魚 모리무디 <物名, 卷二, 有情類·鱗蟲>

閑鯊魚는 '한모리무디 / 한샤어'를 표기한 것으로 閑은 金洪錫(1996 : 50)을 참고하면 '한[大]'의 의미이다. 따라서 이 표기는 音假 + 訓讀 또는 音假 + 音讀 + 音讀으로 보아야 할 것이다.

12) 鮢鱴(증울)

   [가] 색은 靑이고 머리는 작아 관북지방 해상의 鯖魚 같다.   土人은 이를 蒸鬱이라 하는데, 蒸蒸鬱鬱이라는 말이고 頭痛이라는 것이다. 물고기가 희귀한 지방에서는 이를 살 때 末子魚라 하는 물고기가 있는데, 이는 鮢鱴과 비슷하지만 이는 극히 작고 연해 모든 곳에 있다. 漢師 지방의 말린 것을 鱴兒라고 하여 사는데 이와 비슷한 것으로 이 지방[鎭海]에서도 鱴兒가 나온다. 土人은 幾라 하는데 幾는 방언으로 鱴이다. 혹 鮮이나 鱊도 末子와 大同小異하여 會聞 關東의 海人들은 鱴兒라 한다 (色靑頭小如關北海上所捉飛衣鯖魚 土人謂之蒸鬱言 蒸蒸鬱鬱然頭痛也 魚族稀貴地方賣之有一種名末子魚 如鮢鱴 而甚小與沿海諸處 漢師所賣淹鮑魚名鱴兒者 相似此地亦産鱴兒 土人名曰幾幾之言方言鱴也 或鮮或鱊如末子大同小異然會聞 關東海人言鱴兒).

   [나] 앞부분의 鮢鱴은 '정어리'를 일컬으며, 그 색상, 형태 그리고 土

人들의 呼稱 등을 설명하고 있다. 뒷부분의 末子魚는 '멸치'를 일컫는 것이다. 鄭文基(1974 : 159~160)에서는 원래 경남과 전라도에서 부르는 명칭으로 멸치가 물 밖으로 나오면 속히 죽어 버린다는 점에서 주어진 이름이라 한다. 정어리와 멸치를 함께 설명하고 있다.

鮧鱂은 모두 音假한 것으로 '증울 / 정울 / 정얼' 등일 것이다. 末子魚는 '멸티'를 표기한 한 것으로 音假 + 音假 + 訓讀이다.

[다] 이와 관련한 다른 문헌의 기록은 다음과 같다.

[鮧鱂]
大鰌魚 俗名 曾蘗魚 <兹山, 鱗類 : 20a>

[末子魚]
鯷魚 멸치 <廣才, 四, 鱗無 : 2b>
鰌魚 俗名 蔑魚 <兹山, 鱗類 : 19b>
鯷魚 멸티 <物名, 卷二, 有情類·鱗蟲>

홍윤표(2000 : 213-215)에서 15세기말부터 나타난 t구개음화는 비어두음절에서 먼저 일어나 어두음절에까지 확대되어 나타난다고 했는데, 이 현상이 <物名考>(1824)와 <廣才物譜>(19세기 초)에까지 이어지는 모습을 볼 수 있다.

13) 鱇鮀(양타)

[가] 一名 鮄魚에 비교하여 假鮄魚라 한다. 물 돌며 물고기가 모이는 곳을 兀兀이라 하는데, 방언으로 條이다. 따라서 말하길 魚條는 그 길과 같으며 길이 있으면 종적을 찾을 수 있다. 土人은 이 고기가 많은 것을 囊柁라 하는데 囊柁는 그 소리가 변한 것이다(一名假鮄魚比鮄魚 匯魚所聚會處曰兀兀者 方言條也 故謂之魚條如路之有條可蹤而尋也 土人呼此魚多曰囊柁囊柁者聲之變也).

[나] '올올(兀兀)'이라는 어휘를 발견할 수 있는 부분이다. 다음의 증거로 보아 고유어 '올'을 晉借한 것이다. '올'이 실이나 줄의 가닥의 의미로 17세기에는 사용한 흔적이 많다.

홍윤표 외(1995 : 2032)를 참고하면 다음과 같은 17세기의 기록이 보인다.

올 됴(條) <千字文(七長寺版) : 24b>(1661년)
올 됴(條) <類合(七長寺版) : 6a>(1664년)
그 여돈 올로뻐 一 升을 삼으니라 <家禮諺解6 : 13b>(1632년)
혼 올이 銀 젼메온 셥 사긴 씌롤 민둘게 ᄒ라 <朴通事諺解上 : 19a>
(1677년)

'囊柁는 그 소리가 변한 것'이라는 기록으로 보아, 魚裏鮀는 囊柁로 晉假이다. '낭티'의 표기이다. 柁이 '티'로 읽힘은 '柁 티 <方類, 亥部 方言 : 4a>'에서 찾을 수 있다. 이 물고기는 '가방어(假魴魚)'를 기록한 것이다.

[다] 魴魚에 대한 다른 문헌의 기록은 다음과 같다.

魴 방어 방 <訓蒙上, 鱗介 : 20b>
방어(魴魚) <譯語下 : 36b>
鯿花魚 방어 <方類, 亥部 : 18b>
魴魚 : ……細鱗其色青白腹內有肪…… 방어 <廣才, 四, 鱗魚 : 3a>
魴魚 난세찌느리 <物名, 卷二, 有情類, 鱗蟲>

특히 『物名考』의 기록은 이 문헌이 日語를 책 상단에 기록한 흔적들이 여럿 보이는데, 이는 魴魚를 일컫는 日語인지, 아니면 현대어의 '까나리'와 晉似한 것으로 보아 고유어인지 불분명하다.

14) 鱸鮕(오로)

[가] 混沌蠊頭도 있다. 일명 烏老이다. 보통 사람들이 일명 蠊頭魚, 烏賊이며, 노비들은 僧魚라고 한다. 맛은 鮸魚와 비슷하며 混沌蠊頭라 한

다(一名烏老人一名蟇頭魚一名烏賊奴一名僧魚味似鮇魚……云有一種名混沌
蟇頭).

[나] 표준어명은 '오징어'이다. '오즉어>오증어>오징어'의 단계를 거쳐
현대에 전한다. 劉昌惇(1973 : 83)에서 '오징어'는 '오즉어'에서 'ㄱ>ㅇ'으
로 되는 子音變化로 보면서 그 근거로 오즉어(烏鰂)<物譜, 水族>, 오증어
<四解, 下, 60>를 제시했는데, <物譜, 水族 : 2>에는 '오즉어'가 아니라
'오직어'로 나온다. 誤讀이다. 한편 <物譜, 水族 : 2>에는 '오즉어'는 '鰂
(즉)'으로 '賊'을 대신해 표기하면서 오는 혼동일 가능성이 높다.

鱸鯦는 烏老로, 鯦는 [廣韻]에 '哀都切', [集韻]에 '汪胡切'이라 하여
'烏賊'이라는 魚名이라 했다. '오로'의 표기일 것이다. 音讀＋音假의 형
태이다.

[다] 이와 관련한 다른 문헌의 기록은 다음과 같다.

> 오증어 쎠미긔치(烏賊魚骨) <東醫 2 : 2a>
> 오증어(烏賊魚) <譯語 下 : 36b>
> 烏賊魚 오적어 <方類, 亥部 : 19a>
> 烏賊魚 오증어 <廣才, 四, 無鱗 : 2a>
> 烏賊魚 <玆山, 無鱗類 : 5b>
> 烏鰂 오직어 <物譜, 水族 : 2>
> 烏賊魚 오증어 <物名, 卷二, 有情類 · 鱗蟲>

15) 鱸奴魚(노로어)

[가] 一名 鱸鯦이다. 鯦은 男이다. 男은 奴와 더불어 그 뜻이 가깝다.
鱸魚와 비슷하다. 土人은 一名 鞏魚라고도 하는데, 이는 잘 달린다[善跳]
라는 것으로 東方方言에 鞏은 盧奴이며 盧는 神犬이며 鱸奴의 뜻은 또
한 같다(一名鱸鯦 鯦者男也 男與奴其義近之 狀似鱸魚 土人謂之鞏魚 其曰
鞏魚者以善跳也 東方方言鞏呼盧奴 盧者神犬名鱸奴之義似亦取).

[나] 표준어명은 '꺽정이'이다. '鱸魚'는 한자어명이고, '꺽정이'는 고유어명이다. '鼠魚 俗名 走老南 <玆山, 鱗類 : 18b>'의 기록에서 老南과 鱸鮧은 音이 같다. 어떤 연관이 있는 듯하다.

「牛海異魚譜」의 기록상으로 볼 때, 鱸奴魚는 '神犬[노루]과 비슷한 남자와 같은 물고기'라는 뜻으로 '노로어'이다. 따라서 鱸奴魚은 音讀＋音假＋音讀의 형태이다. 土人의 犙魚도 '노로어'의 표기로 '訓讀＋音讀'이다.

[다] 이와 관련한 다른 문헌의 기록은 다음과 같다.

　　鱸 로어 로 <訓蒙 上, 鱗介 : 21a>
　　鱸魚 로어 <方類, 亥部 : 18b>
　　鱸魚 농어 <廣才, 四, 隣魚 : 1a>
　　鱸魚 又呼 乞德魚 <玆山, 鱗類 : 4a>
　　鱸 東俗所謂 걱정어 <物名, 卷二, 有情類·鱗蟲>
　　鱸魚 俗稱 霍丁魚(곽정어) <佃漁>
　　松江鱸 俗名 霍丁魚(거억쟁이) <林園經濟志>

<佃漁志>나 <林園經濟志>의 霍丁魚(곽정어 / 거억쟁이)는 音假한 것이다. '松江鱸 俗名 霍丁魚(거억쟁이) <林園經濟志>'은 鄭文基(1977 : 245)의 내용을 재인용한 것인데, 이 문장과 함께, '盧者라는 말은 검은 것이라는 뜻'이 添記되어 있다고 한다. 鱸魚(농어)도 '옆에 검은 점이 많은 작은 놈'을 전남 순천과 장흥에서는 '깔다구(㜁多魚)', 莞島에서는 '껄떡이(乞德魚)'라 한다는 내용으로 보아, '鱸 / 깔(㜁) / 껄(乞)'은 黑의 의미와 연관이 있다.

16) 鮽鰾(녹표)

[개] 白鰾魚도 있다. 長鰾魚이다. 一名 綠瞟이며 모양이 鯊魚와 비슷하고 조금 넓고 맛은 시다. 鰾鮦魚는 俗言으로 民魚이다. 白鰾魚는 색이 아주 희어서[皓白] 눈과 같다. 품종이 우수한 것을 綠鰾라 한다(長鰾魚也一名綠

鰾形似鯊魚稍廣味酸 鰾鮰魚俗言民魚 一種名白鰾魚鰾色皓白如雪 品勝綠鰾云).

[나] 표준어명은 民魚이다. 대중들의 물고기란 뜻은 아니고 音假한 것이다. 鰊鰾는 綠鰾로 '녹표'라 했을 것이나 확실치는 않다. 모두 音讀의 형태이다.

[다] 이와 관련한 다른 문헌의 기록은 다음과 같다.

> 民魚(民魚) <譯語下 : 37b>
> 民魚 민어 <方類, 亥部 : 19a>
> 鮠魚 민어 <物名, 卷二, 有情類 · 鱗蟲>
> 鮸魚 俗名 民魚 <玆山, 鱗類 : 1b>

17) 豹魚(표어)

[가] 鱓魚彪로 일명 文彪魚이다. 모양은 鮎魚와 비슷하다. 독하게 골격이 크고 한 丈이 넘게 흐르고 몸에 白點이 三錢錦 豹子皮와 같다(鱓魚彪也一名文彪魚 形與鮎魚酷肖大者丈餘渾身白點如三錢錦 豹子皮).

[나] 표준어명 '메기'를 일컫는 것이다. 豹魚 또한 音讀으로 '표어'이다.

[다] 이와 관련한 다른 문헌의 기록은 다음과 같다.

> 鮎 메유기 졈 <訓蒙上, 鱗介 : 21a>
> 메유기(鮎魚) <同文下 : 41>
> 鮎魚 머유기 <方類, 亥部 : 19a>
> 鮎 메역기 <物譜, 鱗蟲 : 1>

18) 鰺鰦(참치)

[가] 音은 參差로 魴 종류이며 색이 미세한 청색이며 입은 작고 맛도 魴魚와 유사하다. 土人은 시[酸]기 때문에 酉參魚라고 한다(音參差亦魴類

色微青口小味似魴魚 土人以酸爲酉參故土人呼以酉參魚).

[나] 표준어명은 '다랭어'로 요즘은 '참치(參差)'로 더 유명하다. 一名 참치방어라고도 한다.

鰺鰪은 參差로 '참치'를 표기한 것이며, 모두 音假이다.

19) 鶖鰊(원앙)

[가] 一名 鴛鴦魚, 一名 海鴛鴦, 鰤魚와 형태가 비슷하다. 이 고기는 雌雄이 반드시 서로 隨雄하며 다니고 암수가 앞뒤로 줄지어 다니며 죽음에 이르러도 떨어지지 않는다(一名鴛鴦魚一名海鴛鴦狀似鰤魚 此魚雌雄 必相隨雄行則雌衝雄尾至死不落).

[나] 표준어명으로 '납자루'가 아닌가 한다. 서로 함께 다닌다고 하여 붙여진 魚名이다.

鶖鰊은 '鴛鴦'의 異表記로 '증경이'로 읽었을 가능성이 높으며 訓讀이다. 근대국어시기에 '鴛鴦'은 '증경이'이다.

증경이(鴛鴦) <東醫 1 : 39a>
鴛鴦 증경이 <方類, 亥部 方言 : 11a>

20) 魛鱝(모질)

[가] 秀魚와 비슷하고 한 몸의 주둥이와 옆 지느러미가 모두 이롭게 창과 같다. 사람들이 잘못 건드리면 곧 다친다. 土人들이 말하길 魛魚가 고래 뱃속에 들어가면 거머리처럼 하여 반드시 죽는다고 한다(似秀魚一身嘴鬣皆如矛戟 人誤觸則傷 土人言魛魚入鯨腹蹂躝必死云).

[나] 창[矛戟]이란 표현을 쓴 것으로 보아서 표준어명이 '동자개'나

'창고기'인 종류의 어떤 물고기인 듯하나 확실하지는 않다.

鯟鯔은 그 형태가 矛戟과 유사하다는 점으로 미루어 보아 '창고기'(訓讀)이며, '모질'(音讀)도 가능하다.

21) 靑家鯈鯉(청가오리)

[가] 家鯈鯉는 方言으로 鈌魚이다(家鯈鯉者方言鈌魚也).

[나] 표준어명으로 '가오리'이다. 一名 '홍어(鈌魚)'라고도 한다.
[다] 이와 관련한 다른 문헌의 기록은 다음과 같다.

　　鈌魚 홍어 <方類, 亥部 : 19a>
　　靑鱝 俗名 靑加五 <玆山, 無鱗類 : 2a>
　　鷹鱝 俗名 每加五 <玆山, 無鱗類 : 2b>
　　鈌 무럼 湘洋魚 鈌魚小者 가오리 <物名, 卷二, 有情類 · 鱗蟲>

'家鯈鯉, 加五里, 加五'는 모두 '가오리'를 音假한 것이다. 한자어로는 '鈌魚, 鱝'이다.

덧붙여 '加五里'는 '가오리'도 틀림없지만, 魚名 중에 '도다리'가 있는데, 이와도 연관이 있다. 즉 加의 訓을 따 '더', 五의 訓을 따 '닷'으로 보면, '*더닷리 > 도다리'[4]가 아닌가 하는 생각이다. 이렇다면 '도다리'는 訓假와 音假를 병행한 것이다. 실제로 가오리와 도다리는 그 魚形이 비슷하여 납작하고 마름모꼴이다.

결국 靑家鯈鯉는 '청가오리'로 '音讀 + 音假', 도다리는 '訓假 + 音假'의 형태이다.

---

4) 도다리는 한자어로 '鰈'로 표기하는데 이 字는 또 '가자미'를 쓸 때도 쓴다. 그렇다면 '鰈'과 '鱝'의 관계 설정도 문제시되는데 실제 이 두 종류의 고기들은 모양이 비슷하다.

22) 鬼䲂(귀홍)

[가] 一名 假䲂酷. 䲂魚와 비슷하고 황색이며 큰 것은 全車라 할 수 있다. 그러나 비린내가 있고 독이 있어 먹지 못한다(一名假䲂酷 似䲂魚 色黃大者可全車 然有腥臭且有毒不可食).

[나] 표준어명은 무엇인지 미상이나 '鬼'가 後說한 부분을 참고하면, 부정적인 뜻으로 사용됨을 알 수 있다. '귀홍어 / 귀가오리' 등이 가능한데, 前者는 모두 音讀의 형태이고, 後者는 音讀 + 訓讀의 형태이다.

23) 鯛鰫(도할)

[가] 紅都鰫, 白都鰫 등도 있다. 骨魚로 모양이 鯔魚와 비슷하다. 鯛鰫에 鯛는 陶이다. 土人은 都骨이라 한다. 康熙사이에 한 漁夫가 石首魚를 잡으러 바다에 갔다가 石首魚는 잡지 못하고 都骨을 수백마리 잡아 버리고 돌아오니 가을이 되었고 또 大口魚를 잡으러 갔다 大口魚는 잡지 못하고 都骨만 잡아 前行처럼 했다. 다리를 지나가는 한 스님이 이를 보고 都骨을 百錢에 사서 표피와 내장은 버리고 뼈로 어린이의 감질병을 고치는데 신통한 효력이 있다는 고사가 있다(骨魚形似鯔魚 鯛鰫鯛者 陶也 土人謂之都骨 康熙間一漁夫捉石首往海曲不得石首 只得都骨數百枚棄 之而歸秋 又捉合魚往海曲又不得合魚 只得都骨如前將棄之 有一行脚僧見之 以百錢買之去皮腸 只以骨……小兒牙疳神效).

[나] 南豊鉉(1981 : 144)에서 附骨疽이 現代固有語는 '무, 뮈, 미' 등으로 骨과 같은 뜻으로 '미'가 쓰임을 증명한 바 있다. 이를 근거로 한다면 鯛 鰫 즉 都骨는 '도미'일 가능성이 상당히 높다. 그렇다면 '音假 + 訓讀'의 형태이다.

[다] 이와 관련한 다른 문헌의 기록은 다음과 같다.

도미(家鷄魚) <譯語 下 : 38b>

家鷄魚 도미 <方類, 亥部 方言 : 19a>
鯿魚 도미 <廣才, 四, 隣魚 : 1a>

24) 閏良魚(윤량어)

[가] 閏良魚는 盲魚로 모양이 銀魚와 비슷하나 눈이 없고 큰 독이 있
다. 土人은 尹娘魚(尹娘이라는 아녀자의 수절과 연결)라고도 하며 이 고
기는 閏月에 肥大해서 그리하여 그 이름을 閏良이라 한다(閏良魚盲魚也 狀
似銀魚而無目有大毒 土人謂之尹娘魚此魚有閏月之歲甚肥大云然則其名閏良).

[나] 어떤 물고기를 지칭하는 미상이다. 기록상 보이는 尹娘魚로 보아,
閏良魚는 音假로 '윤낭'의 표기일 것이다.

25) 鱙鯱(호호)

[가] 單鱙鯱, 胞高蹄, 雙頭絡蹄, 六脚文魚 등이 있다. 二十四梢魚이다.
모양의 반은 쪼개져 大小八梢魚가 유사하다. 俗名은 大八梢者는 文魚, 小
八梢者는 絡蹄이다. 이 고기는 무릇 24개의 다리가 있는데, 좌우에 각각
12개의 다리는 각각 黏蹄에 있다(二十四梢魚也 形半折似大小八梢魚 大八
梢者俗名文魚 小八梢者俗名絡蹄是也 此魚凡二十四脚左右各十有二枚脚名有
黏蹄).

[나] 표준어명으로는 '문어 / 낙지'이다. 鱙鯱에서 鱙는 [集韻]에 '下老
切'로 그 訓은 大鰕이다. 鯱는 그 訓音이 '물범 호'이다. 따라서 鱙鯱는
'큰싀오범'라 불려졌을 것인데, 訓讀이다.
[다] 이와 관련한 다른 문헌의 기록은 다음과 같다.

八帶魚 문어 <方類, 亥部 : 18b>
小八梢魚 낙지 <方類, 亥部 : 19a>
八梢魚 문어 似章魚而大 文魚 章魚 낙지 ……絡蹄 <廣才, 四, 無鱗 : 2a>

章魚 俗名 文魚 <玆山, 無鱗類 : 7b>
石距 俗名 絡蹄魚 <玆山, 無鱗類 : 8a>
八梢魚 낙지 望潮 문어 <物譜, 水族 : 2>

「玆山魚譜」의 章魚는 八枝長脚이란 보충기록으로 미루어 '문어'에 대한 설명이다.

南豊鉉(1981 : 52~53)에서 落蹄 項은 常食할 수 있는 食用物이고, '羊蹄, 馬蹄'가 菜類인 점으로 보아 '馬蹄'의 異名임이 틀림없다고 하면서 이 單語가 쓰인 문맥에 대해 그 뜻이 分明치 않다고 기술되어 있다. 그 文脈은 '凡犬咬 禁食生魚生菜猪肉及犬肉落蹄'이다. 여기서 落蹄는 列擧된 順序로 보아 肉類인 '낙지'로 보아야 할 것이다. 이는 「牛海異魚譜」와 『廣才物譜』의 기록을 참고하면 그 해답을 얻을 수 있다.

26) 安鱫魚(안반어)

[가] 土人이 이르기를 安鱫이란 安水瀍洞이라는 곳이다. 혹은 雁飯이라 한다(土人謂之安鱫言安水瀍洞處也 或謂之雁飯).

[나] 어떤 물고기를 지칭하는지 미상이나 安鱫魚은 安瀍이나 雁飯의 音假로 보아야 할 것이다. 이 표기가 '안반'인지 '기러기밥'인지는 미상이다.

27) 可達鱄鮫(가달마지)

[가] 큰 입과 가는 비늘로 鱸魚와 유사하고 극히 작다. 土人은 鱸魚子라 한다. 그러나 눈이 미세하게 돌출되고 맛은 泥氣가 있어 鱸魚子는 아니다(巨口細鱗似鱸魚而極小 土人以爲鱸魚子 然眼微突味有泥氣知非鱸魚子).

[나] 꺽정이 종류의 어떤 魚名이다. 可達鱒鮍는 音假로 '가달마디'일
것이다. 가달마디의 '-마디'는 모리무디의 '-무디'와 같은 接尾辭일 것
이다.

28) 鱸鮹(영수)

[가] 山林鱸鮹도 있다. 독함[酷]이 鯔魚와 유사하다. 鯔魚는 色이 미세
한 黑色이고 鱸鮹는 色이 미세한 黃色이다. 鯔魚는 잘 뛰지만 鱸鮹는 잘
뛰지 못한다. 맛은 鯔魚와 비슷한데, 東人들은 鯔魚로써 秀魚를 삼는다.
山林鱸鮹에서……山林의 의미는 잘 모르겠다. 湖西 丹陽 江水에서 나오
는 것을 錦鱗魚라 하는데 이와 서로 비슷하다(酷似鯔魚 鯔魚色微黑鱸鮹
色微黃 鯔魚躍鱸鮹不能善躍 味似鯔魚東人以鯔魚爲秀魚 山林鱸鮹…… 山林
之義未知 湖西永春丹陽江水所産錦鱗魚相似).

[나] 내용으로 미루어 '쏘가리'가 표준어명이다. 鱸鮹는 霝秀로 '영슉
어'의 표기이며 音假 + 訓讀이다. 鱸은 霝의 수식적 표기이다.
[다] 이와 관련한 다른 문헌의 기록은 다음과 같다.

> 소가리(鱖魚) <東醫 2 : 2b>
> 소과리(鱖魚 / 錦鱗魚) <譯語 下 : 38a>
> 鱖魚 소가리 <方類, 亥部 方言 : 19a>
> 鱖魚 금린어 又 쏘가리 <廣才, 四, 鱗魚 : 3a>
> 鱖 소가리 錦鱗魚 <物名, 卷二, 有情類·鱗蟲>
> 鱖 금인어 <物譜, 鱗蟲 : 1>

홍윤표(2000 : 120)에서 以(뻐)가 과거 오랫동안 써 내려오던 인습적인
단어로 사용되면서 'ㅄ'이 17세기부터 19세기 이르는 근대국어시기에
계속 이어졌다고 했는데, 그 증거로 19세기까지 사용되는 모습을 보여
주고 있다.

29) 眞鯖(진청)

　　[가] 鯖魚의 일종이다. …… 東人들은 海州의 鯖魚를 제일로 삼는다
(眞鯖鯖魚也 ……東人以海州鯖魚爲第一).

　　[나] 표준어명은 '참청어'이다. 眞鯖은 '춤청어'의 표기로, 眞이 '춤'으
로 읽혔을 근거로는 '眞鯊 俗名 參鯊 <玆山,鱗類 : 8b>'가 있다. '춤[眞]-'
은 '들-, 돌-, 개-'의 대립접두사로 흔히 식물명에 주로 붙지만 여기서
는 魚名에도 붙었다. 이 표기는 訓讀 + 訓讀의 형태이다.
　　[다] 이와 관련한 다른 문헌의 기록은 다음과 같다.

　　　　鯖 비웃 청 <訓蒙 上, 鱗介 : 20b>
　　　　青魚 청어 <方類, 亥部 : 19a>
　　　　青魚 似鮀而背正青色……鯖 <廣才, 四, 鱗魚 : 2b>
　　　　假鯖 俗名 禹東筆 <玆山, 鱗類 : 7a>

30) 飛玉(비옥)

　　[가] 麫條玉魚도 있다. 飛玉은 玉魚로 土人은 霏烏라 하며 霏烏는 방
언으로써 비가 온다는 의미이다. 이 고기는 조수를 따라 올라와 비가
오면 반드시 온다. 海邊人들은 이 고기를 보고 비 오는 것을 점친다(飛
玉玉魚也 土人謂之霏烏霏烏者方言雨來也 此魚隨潮而上則雨來必驗每 海邊
人望而知之以此占雨).

　　[나] 표준어명은 '뱅어'이다. 飛玉은 위의 기록으로 미루어 보아, '비
오'로 音假이다.
　　[다] 이와 관련한 다른 문헌의 기록은 다음과 같다.

　　　　비어(麫條魚) <譯語 下 : 37a>
　　　　麫條魚 비어 <方類, 亥部 方言 : 19a>

31) 鱡魛魚(계도어)

[가] 鱡魛는 刀魚이다. 鱸鯑와 모양이 비슷하다(鱡魛刀魚也 狀似鱸鯑).

[나] 표준어명으로는 '웅어'로 鱡魛魚는 '계웅어'를 표기한 것이다. 鱡는 戒의 수식적 표기이며, 音假 + 訓讀의 형태이다.

[다] 이와 관련한 다른 문헌의 기록은 다음과 같다.

> 위어(葦魚) <譯語 下 : 37a>
> 刀梢魚 위어 <方類, 亥部 方言 : 19a>
> 鱭魚 위어 <廣才, 四, 鱗魚 : 1a>
> 魛魚 俗名 葦魚 <玆山, 鱗類 : 15b>
> 鱭魚 위어 魛魚, 葦魚 <物名, 卷二, 有情類・鱗蟲>
> 鱭魚 本草綱目 鱭 俗稱 葦魚 <佃漁>

32) 鰜鯣(겸장)

[가] 土鰜鯣도 있다. 鰜鯣은 牙魚이다. 혹시 말하여 兼鮇로 불리며 鯽과 비슷하다. 흑색이고 배가 커 주머니배와 같다. 土人은 兼腸이라고도 하는데, 兼은 兼山의 兼이고 腸이 많다는 것이다. 土人이 말하길 兼腸을 많이 먹으면 즉 사람으로 하여금 腸을 크게 한다하여 土鰜腸이라고도 한다(土鰜鯣 鰜鯣牙魚也 或曰兼鮇似鯽 而色黑腹大如囊腹 土人謂之兼腸兼如兼山之兼言腸多也 土人言多食兼腸則能令人腸大云有一種名曰土鰜腸).

[나] 표준어명은 미상이다. 붕어의 일종이다. 鰜鯣은 '겸양'으로 音假이다.

33) 鮕鯹(망성)

　[가] 鮕鯹은 鱅魚의 別族이다. 口邊에 세세한 가시가 있어 옥수수 까
끄라기[稻芒]와 같아서 土人들은 鮕魚라고도 한다(鮕鯹鱅魚之別族 口邊有
細刺如稻芒故土人謂之鮕魚).

　[나] 표준어명은 '꼬치삼치'이다. 鮕鯹는 芒星을 쓴 것으로, 鮕鯹는 '망
성' 또는 '꼬리별'이라 했을 것이며 前者는 音讀＋音假이고 後者는 모
두 訓讀이다. 그런데 芒은 그 자체로 '꼬리별'이라는 뜻을 가지고 있는
데, 星이 添記된 것은 의미중첩인 것이다.
　[다] 이와 관련한 다른 문헌의 기록은 다음과 같다.

　　　拔魚 一名 芒魚 <譯語, 下：37b>
　　　拔魚 망어 <方類 亥部：19a>
　　　拔魚 방어 芒魚 <廣才, 四, 無鱗：2a>
　　　拔魚東海大魚 방어 名而遂疑魴魚則誤矣 芒魚 <物名, 卷二, 有情類·鱗蟲>

　위 문헌상의 기록으로 보면, ㅂ과 ㅁ이 音韻의 대응에서 同義異音語로
된 것으로 'ᄇᆞ다[碎<同文, 下, 57>：ᄆᆞ다<同文, 下, 36>, 벚[樳]<杜
重, 十五, 23>：몆<杜초, 卄, 51>, 섭겹다[襦]<杜초, 十五17>：섬썹다
<번小, 十12>, 덥써즐다[鬱]<石千, 18>：덦거즐다<法화, 三, 3>' 등의
例[5]가 있으나, '방어：망어'가 이와 같은 경우인지, 아니면 착오에서 온
것인지는 확실치 않다.

34) 鱏鮴(황소)

　[가] 青鮴, 班鮴, 木棉鮴 등이 있다. 鱏鮴는 鮴魚와 유사하다. 짙은 황
색이며 약간 크다. 鮴魚는 鰈魚,比目魚이다. 土人은 鮴魚라 한다(鱏鮴似鮴

─────────
5) 劉昌惇(1973：125) 再引用.

魚而深黃色稍大 穌魚鰈魚比目魚也 土人謂之穌魚).

[나] 穌魚를 鰈魚, 比目魚라 했는데, 이는 잘못된 기록이다. 穌魚는 '밴댕이'를 일컫는 것으로 鱝穌는 '황반당이'를 표기한 것이고, 音假＋訓讀이다.

[다] 이와 관련한 다른 문헌의 기록은 다음과 같다.

　　蘇魚, 獐口魚 반당이 <譯語, 下：35b>
　　蘇魚 반당이 <方類, 亥部 方言：19a>
　　蘇魚 반당이 <廣才, 四, 鱗無：2b>
　　海魸魚 俗名 蘇魚 又名 伴倘魚 <玆山, 鱗類：16a>
　　蘇魚 반당이 <物名, 卷二, 有情類, 鱗蟲>

35) 石鯿子(석편자)

[가] 鯿은 魴과 유사하다. 머리에 石首가 있어 石首魚(조기)와 같다. 고기 맛은 古刀魚(고등어)와 유사하다. 土人은 石魴이라고도 한다(鯿似魴 頭有石如石首魚 味似古刀魚 土人謂之石魴).

[나] 표준어명은 '방어'이다. 石鯿子는 '돌방어삿기'의 표기로 모두 訓讀이다.

[다] 이와 관련한 다른 문헌의 기록은 다음과 같다.

　　鯿花魚 방어 <方類, 亥部 方言：18b>
　　鯿魚 도미 <廣才, 四, 隣魚：1a>
　　扁魚 俗名 瓶魚 <玆山, 鱗類：19a>
　　鯿 병어 魴魚 <物名, 卷二, 有情類・鱗蟲>

36) 吐鰻(토묵)

[가] 墨色을 지니며 鮎과 유사하다. 큰 독이 있어 먹물을 토해내서

…… 오징어의 먹물과 비슷하며 土人은 長鰂이라 말한다(墨色似鮎 而有
大毒近人則吐墨 ……如烏賊� 土人謂之長鰂).

[나] 표준어명이 무엇인지 미상이다. 吐鱺는 吐墨의 異表記로 '토먹'을
표기한 것이다. 그렇다면 音讀＋訓讀의 형태이나 확실치는 않다.

37) 銀色鯉魚(은색리어)

   [가] 잉어와 비슷해 구별할 수 없으나 단지 색에 있어 爛銀色을 지닌
다. 土人은 잉어라 하나 잉어의 색은 黃이다(皆如鯉魚無別但色似爛銀 土
人謂之鯉魚然鯉魚色黃).

[나] 표준어명은 '은잉어'로 銀色鯉魚는 '은니어'를 표기한 것이며 모
두 音讀이다.
   [다] 이와 관련한 다른 문헌의 기록은 다음과 같다.

        鯉 리어 리 <訓蒙 上, 鱗介：21a>
        닝어 내고 …… 몬져 닝어 ᄒᆞ나흘 믈에 달혀 <胎産：40b>(1608)
        닝어로ᄡᅥ 달힌 믈에 <胎産：19b>(1608)
        리어 둘흘 어더 머긴대 <東新續孝：23b>(1617)
        니어 쓸게(鯉魚膽) <東醫 2：1a>
        鯉魚ᄅᆞᆯ 낫가 내니 <朴通 下：51a>(1677)
        鯉魚(鯉魚) <譯語 下：36b>
        鯉魚 니어 <方類, 亥部 方言：19a>
        鯉魚 리어 <廣才, 四, 鱗魚：2a>
        鯉 니어 <物譜, 鱗蟲：1>
        鯉 니어 <物名, 卷二, 有情類·鱗蟲>

38) 髥鮕(염고)

   [가] 鱖魚와 형태가 유사하다. 입 곁에 긴 수염이 있다. 土人은 髥高

魚라 한다. 髥高라 함은 髥羔(수염이 있는 새끼양)이며 때로는 羊魚라
한다(形似鱖魚 口傍有長髥 土人謂之髥高魚 髥高者髥羔也 或曰羊魚).

[나] 위 기록상의 내용으로 미루어보아, 좀 작으면서 긴 수염이 있는
물고기를 이른다. 그러한 물고기는 '동자개' 종류인데, 이 물고기의 표준
어명은 '동자개'인 듯하나 확실치는 않다. 다른 문헌상에 '洋魚 가오리
<方類, 亥部 : 19b>'가 있으나 이와는 다른 魚名이다.

髥鮇는 髥羔의 異表記로 '염삿기'로 音讀 + 訓讀이다.

[다] 羔는 그 무렵에 '삿기'를 대신했음을 다음과 같은 기록에서 알
수 있다.

鹿羔 사슴의 삿기 <方類, 亥部 方言 : 13a>
獐羔 노로삿기 <方類, 亥部 方言 : 13a>
羊羔 양의 삿기 <方類, 亥部 方言 : 15b>

39) 貝魚(패어)

[가] 일명 貝秀魚라 하며 鯔魚와 유사하다. 맛은 秀魚와 비슷하다(一
名貝秀魚似鯔魚 味似秀魚).

[나] 표준어명은 미상이나, 숭어의 일종이다. 貝魚는 '패어 / 죠개어'이
며, 前者는 音讀, 後者는 訓讀 + 音讀의 형태이다.

40) 黑鯟鮑(흑과포)

[가] 黃鯟鮑도 있다. 몸이 표주박[瓠匏]과 유사하다. 土人은 瓠魚라 한
다. 독이 있고 먹지 못한다(體似瓠匏 土人謂之瓠魚 有毒不可食).

[나] 표준어명은 미상이다. 전복의 일종이다. 黑鯟鮑는 '흑박 전복'를

표기한 것으로 音讀 + 訓讀 + 訓讀이다. 鮢는 瓠의 수식적 표기이다. 魚名을 기록한 부분에서 조개류인 전복에 대한 설명을 한 것은 혼동에서 온 결과이다. 당시의 여러 문헌들에는 이런 실수를 범한 것이 흔하다.

[다] 전복(全鰒)에 대한 기록이 보이는 문헌은 다음과 같다.

　　鰒 싱포 복 <訓蒙上, 鱗介 : 20a>
　　싱포겁질을 블에 술오고 <諺解痘瘡集要下 : 57a>(1608)
　　싱포겁질(石決明) <東醫2 : 7b>
　　싱포(鰒魚) <譯語, 下 : 37a>
　　싱포(石決明) <譯語, 下 : 37a>
　　鰒魚 싱포 <方類, 亥部 方言 : 19a>
　　鰒魚 전복 <廣才, 四, 介蛤 : 1a>

41) 鮇鮢(미갈)

[가] 모양이 石首魚와 유사하다. 土人은 말하길, 梅渴이라 한다(形似石首魚 土人謂之梅渴)

[나] 표준어명은 미상이며, 鮇鮢은 '미갈 / 민갈'을 표기한 것으로 鮢은 [廣韻]엔 '呼艾切', [集韻]엔 '虛艾切'으로 '해'이며 訓은 '魚名'으로만 되어있다. 그러나 鮢은 渴의 수식적 표기로 보아, 모두 音假이다.

42. 阿只鮇鱏(아지모장)

[가] 秀魚에 많은 무리가 있는데, 그 고기를 일컬어 鱝라고 하고 속되게 이르길 秀魚라 한다. 鮇鱏은 대개 秀魚와 유사하고, 조금 다르고 아주 작으며 백색인 것을 阿只鮇鱏이라 이른다(秀魚多族有名魚鱝俗謂之秀魚 鮇鱏皆似秀魚 而少異其最小而色白者名阿只鮇鱏).

[나] 阿只는 指小接尾辭로 자주 사용되나 여기에서는 현대어의 '아기

돼지, 아기염소'처럼 語頭에 사용되고 있다. 阿只觧鱂는 '아기모장'의 표기이며, 모두 音假이다. 표준어명은 미상이나, 숭어의 일종이다. 鱂은 [字彙補]에 '音 牆'이라 했으며, 鱂은 牆의 수식적 표기이다.

43) 鱦魚(풍어)

[가] 鮄魚 또는 錦帆魚라 한다. 이 고기는 바람을 만나면 서서 다니며 마치 넓은 돛[張鵬]과 같다. 그러므로 이름하여 鱦이다. 鱦은 音이 鵬이다. 土人은 陶叱[6]帆(돛범)이라 하고 陶叱(돛)은 방언으로 豚이다(鮄魚錦帆魚 此魚遇風立行如張鵬 故名鱦 鱦音鵬 土人謂之陶叱帆 陶叱者方言豚也).

[나] 표준어명은 '돌고기'이며, 鱦魚는 鵬魚의 異表記로 '돗고기'를 일컫는다. <佃漁志>에 이 물고기에 대해 '돗고기[豚魚]'라 소개하고 있다. 이 형태는 訓讀＋訓讀이다. 鵬나 豚의 訓은 당시 여러 문헌상의 기록으로 보아, '돗'이었다.

44) 鱸鰭(용서)

[가] 두렁허리[鱓]와 유사하다. 鱓이란 속되게 이르길 鱔魚라 하기도 한다. 경기 안에서는 熊魚라고 하고 湖西남쪽에서는 蠪腰魚라 한다. 이 고기는 안개[霧]를 토하고 해파리나 땅거미[蜥蝪]와 같아서 土人은 龍壻 또는 海蜥蝪 또는 海鰭이라 한다(似鱓鱓者俗所謂鱔魚 畿內謂之熊魚 湖西南謂之蠪腰魚者是也 鱸鰭能吐霧如蜥蝪 土人謂之龍壻 或謂之海蜥蝪 或謂之海鰭).

[나] 표준어명은 '드렁허리'이다. 鱸鰭는 龍壻의 異表記로 '룡사회'의

---

6) 陶叱帆에서 '叱'은 '돗'의 末音 'ㅅ'을 표기한 것이다. 구결에서도 '叱'은 末音 'ㅅ, ㅈ'을 대신하는 표기로 사용한다.

표기이며, 이는 音讀 + 訓讀이다. '룽'은 '드룽'의 縮約된 표기이며, '사회'는 '사위'[壻]의 당시 표기이다.

[다] 이와 관련한 다른 문헌의 기록은 다음과 같다.

> 鱓 드렁허리 션 <訓蒙上, 鱗介 : 20b>
> 산 드렁허리롤 <諺解痘瘡集要下 : 60a>(1608)
> 鱓魚 드렁허리 <東醫, 2 : 3b>
> 鱓魚 드렁허리 <譯語, 下 : 38a>
> 鱓魚 드렁허리 <方類, 亥部 : 19b>
> 鱓魚 두렁치기 <廣才, 四, 無鱗 : 1a>
> 鱓魚(션어) 두렁허리 <物名, 卷二, 有情類・鱗蟲>
> 鱓魚 俗名 雄魚 或 斗郎前里 <五洲衍文長箋散稿>(19세기)

45) 矮鮂(왜송)

[가] 색과 맛이 鮂魚와 유사하다. 그러나 형태가 짧고 왜소해 土人은 난쟁이鮂魚라 한다. 難長이란 方言으로 矮이다(色味皆似鮂魚 然形短矮 土人謂之難長鮂魚 難長者方言矮也).

[나] 표준어명은 '왜송어'로 송어의 일종이며, 矮鮂은 '난쟁이송어'의 표기이며, 訓讀 + 訓讀의 형태이다. 한편 難長(>난쟁이)은 고유어를 한자화한 擬音假字 표기이다.

[다] 송어(松魚)에 대한 기록은 다음과 같은 문헌상에서 보인다.

> 松魚 송어<廣才, 四, 無鱗 : 2a>
> 松魚 송어<物名, 卷二, 有情類・鱗蟲>

46) 箭沙鱣魚(전사전어)

[가] 鱣魚와 유사하다. 모래를 배에 가득히 두었다 내어 뿜는 것이

射工과 같아 土人은 鱣射工이라 한다(狀似鱣魚 而滿腹都是沙近人則吹沙如
射工 土人謂之鱣射工).

[나] 표준어명은 미상이나, 철갑상어의 일종이다. 箭沙鱣魚는 '전사견
어'로 모두 音讀이다.
[다] 이와 관련한 다른 문헌의 기록은 다음과 같다.

　　　　견어(玉板魚) <譯語, 下 : 37a>
　　　　玉板魚 견어 <方類, 亥部 方言 : 19a>
　　　　鱣 黃魚, 玉版魚 <物名, 卷二, 有情類·鱗蟲>

47) 鱗笋(인순)

[가] 一名 竹笋魚. ……모양이 葦魚와 비슷하다. 鱗皮 사이에 은은한
마디[節]가 있어 마치 竹筍과 같다(一名竹笋魚 形似葦魚 鱗皮間隱隱有節
如竹笋).

[나] 표준어명은 미상이나, 웅어의 일종이다. 鱗笋은 '비늘순'으로 訓
讀 + 音讀이다.

48) 帖錢鰱魚(첩전련어)

[가] 모양이 鰱魚와 비슷하다. 흰색이고 등에 큰 흑점이 있어 五銖錢
과 같고 양변에는 각각 세 점이 있다(形似鰱魚 色白背有大黑點如五銖錢
兩邊各三點).

[나] 표준어명은 '은연어'이다. 帖錢鰱魚는 '첩전년어'로 모두 音讀이다.
[다] 鰱魚에 관한 다른 문헌상의 기록은 다음과 같다.

　　　　鰱魚 년어 <譯語, 下 : 36b>

鰱魚 鰱魚 <同文, 下 : 41a>
魴頭 넌어 <方類, 亥部 方言 : 19a>
鰱魚 넌어 <廣才, 四, 鱗無 : 2a>

49) 釘魾(정자)

[가] 梨花甘鱐, 丹椒甘鱐 등이 있다. 土人은 甘鱐라 하다. 丁子와 유사하
다. 丁子란 속된 이름으로 兀腸活東子라 하다. 흑색이고 꼬리가 없고 작
은 것이 茅實과 같다. 梨花甘鱐는 이 고기가 梨花필 때 나 담흑색과 반점
이 있다. 丹椒甘鱐의 丹椒는 俗稱으로 苦椒로 苦椒가 맺을 때 난다(土人或
謂之甘鱐狀似丁子 丁子俗名兀腸活東子也 色黑無尾小如茅實 一種名梨花甘鱐
梨花開時生淡黑有班點 一種名丹椒甘鱐丹椒俗所謂苦椒也 結子時生).

[나] 표준어명은 '미꾸리'이다. 참고로 미꾸라지와 미꾸리는 비슷하지만
서로 다른 종으로 미꾸라지는 미꾸리보다 맛도 덜하고 납작하여 下級으
로 친다. 따라서 미꾸라지와 미꾸리를 구별하기 위해 '甘'이란 漢字로써
미꾸리를 표현한 것이다. 兀腸活東子는 당시의 '올창이'를 표기한 것이다.
釘魾는 丁子의 수식적 표기로 '뎡즈'를 표기한 것이며 音讀이다.
   [다] 이와 관련한 다른 문헌의 기록은 다음과 같다.

鰍 밋그리 츄 <訓蒙 上 : 20b>
밋그리 (泥鰍魚) <譯語 下 : 37b>
泥鰍 밋그리 <方類, 亥部 方言 : 20a>
鰌魚 밋구리 <廣才, 四, 鱗無 : 1a>

50) 鮂達魚(도달어)

[가] 鮂達魚 역시 鰈類이다. 比目魚이다. 이 고기는 가을 후에 살이 찌
기 시작해서 큰 것은 三四尺이므로 土人은 秋鮂 혹은 霜酥라고도 한다(鮂
達魚亦鰈類比目 此魚秋後始肥大大者三四尺 故土人謂之 秋鮂 或曰 霜酥).

[나] 표준어명은 '도다리'이다. 鮡達魚는 '도다리'의 표기로 모두 音假
이다.

51) 白條魚(백조어)

[가] 白條는 一名 白鰷라 하며, 白小와 유사하다. 玉魚(강준치)가 겨울
이 되면 살이 오를 뿐만 아니라 길어져서 이 물고기가 된다고 말한다.
나는 玉魚를 보았지만 등에 반점이 없었다. 그러나 白鰷는 등에 먹을
뿌린 것과 같은 미세한 흑점이 있어 서로 다른 異種이다(白條一名白鰷似
白小 玉魚至冬則肥長爲此魚云 余見玉魚背上無班點 白鰷背上有噀墨細點必
是異族).

[나] 표준어명은 '백조어'이다. 白條魚는 '빅됴어'의 표기이며, 音讀이다.

III. 結 論

결론은 <牛海異魚譜>를 해독한 결과를 표로 열거하는 것으로 대신한
다. 참고로 표 중에서 借字表記體系欄의 숫자는 1 : 音讀字, 2 : 訓讀字,
3 : 音假字, 4 : 訓假字 등을 표시한다.

연번	한자명	차자표기	차자표기체계	표준어명
1)	文鰤魚	문절어	311	망둑어, 문절망둑
	海鰤	바닷뽀가리	22	
	睡鮫	줌문	23	
2)	鮒鮧	살죠개숑어	22	각시붕어
3)	甫鱫	보라	31	볼낙
4)	魟鮹	공치	33	줄공치
5)	馬魟鮹	물공치	233	학공치

연번	한자명	차자표기	차자표기체계	표준어명
6)	鮰鮰	회회 / 회고기	33 / 3	흰실뱀장어
7)	鼠鱧	쥐갈피 / 쥐뢰	22 / 23	쥐노래미
8)	石河魨	돌복	22	졸복(拙鰒)
9)	沈子魚	침즈어	33	比目魚
10)	都鱷	도알	13	돌고기의 일종
11)	閑鯊魚	한모러무디 / 한샤어	32 / 311	모래무지의 일종
12)	鮏鱹 末子魚	증울 / 정울 / 정얼 멸티	33 332	정어리 멸치
13)	鱶鮀	낭티	33	가방어(假魴魚)
14)	鰞鮶	오로	13	오징어
15)	鱸奴魚 / 鱉魚	노로어	131 / 21	꺽정이
16)	鯠鰾	녹표?	11	民魚
17)	豹魚	표어	11	메기
18)	鰺鮭	참치	33	다랭어
19)	鱉鮛	증경이	22	납자루?
20)	魟鱝	창고기 / 모질	22 / 11	동자개 / 창고기?
21)	靑家鮹鯉	청가오리	1333	가오리 / 홍어(虹魚)
22)	鬼鮇	귀홍어 / 귀가오리	11 / 12	?
23)	鯝鰭	도미	32	도미
24)	閨良魚	윤낭	33	?
25)	鰝鯢	큰시오범	22	문어 / 낙지
26)	安鱷魚	기러기밥 / 안반	33	?
27)	可達鱄鮫	가달마디	33	꺽정이 일종
28)	鱸鯑	영슙어	32	쏘가리
29)	眞鯖	춤청어	22	참청어
30)	飛玉	비오	33	뱅어
31)	鹹魛魚	계웅어	32	웅어
32)	鰊鰑	겸양	33	붕어의 일종
33)	鮧鯹	망성 / 꼬리별	13 / 22	꼬치삼치
34)	鯖鮇	황반당이	32	황밴댕이
35)	石鯿子	돌방어삿기	222	방어
36)	吐鱷	토먹	12	?

연번	한자명	차자표기	차자표기체계	표준어명
37)	銀色鯉魚	은니어	111	은잉어
38)	髥鮭	염삿기	12	동자개?
39)	貝魚	패어 / 죠개어	11 / 21	숭어의 일종
40)	黑鮬鮑	흑박 젼복	122	전복의 일종
41)	鮇鰨	미갈 / 믜갈	33 / 33	?
42)	阿只鮇鱔	아기모색	3333	숭어의 일종
43)	䲵魚	돗고기	22	돌고기
44)	鱅鰖	룡사회	12	드렁허리
45)	矮鮅	난장이숑어	22	왜송어
46)	箭沙鱣魚	젼사젼어	1111	철갑상어의 일종
47)	鱗笋	비늘순	21	웅어의 일종
48)	帖錢鰱魚	쳡젼년어	1111	은연어
49)	魟魣	뎡즈	11	미꾸리
50)	鮡達魚	도다리	33	도다리
51)	白條魚	빅됴어	111	백조어

三. 기 타

I. 경제 용어 방언의 언어지리학적 고찰
— 等語線과 山經表와의 상관관계를 중심으로

1. 序 論

方言[1]은 근대 유럽에서 말하는 언어지리학(linguistic geography)이 우리의 국어학에도 도입되면서, 方言의 古形 뿐만 아니라, 국어 변천 과정을 방언의 지리적 분포의 해석을 통해 알 수 있게 해 주었다. 특히 본고는 방언어휘론의 처지에서 1987년부터 1993년까지 간행된 『한국방언자료집』 (한국정신문화연구원 간행) 중 '經濟'부분(339~402항)을 자료로 삼아, 방언의 언어 지리학적 분포를 알아보고, 등어선의 기준이 무엇인가를 살펴보며, 때에 따라서는 어휘론적으로도 간략히 서술하고자 한다. 경제 용어 부분 중에서 方言區劃으로 어떤 차이를 나타내는 어휘 11개 항목을 선택 했는데 그것은 다음과 같다.

345. 에누리	346. 덤	348. 풀무	349-1. 모루채
350. 바퀴	352. 마리	353. 쌍	355. 그루
358. 자루	361. <보충>④ 뭇(머리카락)		362. 꾸러미

상기 항목의 선택 기준은 분포 범위가 전국적이어서 지역간 변별력이 떨어지는 어휘는 제외하였으며, 각 지역의 지방색이 두드러지게 잘 나타나는 어휘들을 선별하였다.

그런데 等語線 형성에 있어 모든 어휘가 똑같은 모양을 형성하는 것

---

1) '方言'이란 용어는 廣義로 一國의 國語를 뜻하기도 하지만, 本稿에서는 狹義의 '地方의 言語'로 사용하였다.

은 아니다. 等語線을 어려운 과정 속에서 설정했어도, 각각의 어휘 항목마다 서로 다른 等語線이 형성되는 현상을 쉽게 볼 수 있다. 게다가 언어 현상이 시대가 흐름에 따라 변화한다는 것은 기정화된 사실이다. 변화의 속도 면이나 양적인 面에서도 특히 그 정도가 심한 語彙面을 가지고 等語線을 설정한다는 것은 그 특성상 잠정적이고 임시방편적일 수도 있다. 그러나 이러한 현실 속에서도 等語線으로 區劃을 시도하는 것은 방언의 현상 중의 한 일면을 파악하는데, 이 방법이 효과적일 뿐만 아니라 적절하기 때문이다.

본고는 기술의 편의상 현재의 행정구역을 중심으로 그 분포를 알아보았다. 방언은 그 외적 요소 중 지형이 방언 분화에 큰 역할을 하는데, 그간의 연구에서는 주로 山脈圖를 중심으로 살펴 본 것이 많았다. 즉 태백산맥과 소백산맥을 중심으로 동서분화의 이유를 밝혔고 남북분화는 노령산맥과 차령산맥 및 광주산맥 등을 그 기준으로 삼았던 것이 기존에 연구였었다.

그러나 山脈圖는 일제강점기에 일본이 식민지 수탈의 일환으로 지하자원 생산을 위해 지질 조사를 하여 산맥의 구조를 파악한 것이다. 즉 지질 구조선으로서의 산맥을 구분한 것이다. 한편 조석필(1995)은, '山脈이란 용어는 일제가 조선 강점을 기정 사실화해가던 무렵인 1903년, 일본인 지리학자 고또분지로(小藤文次郎)의 손에 의해 태어났으며, 그는 朝鮮의 地質을 연구하여 『한반도의 지질구조도』라는 것을 발표하면서 그 기초인 태백산맥, 소백산맥 따위의 산맥 그림이 생겨나게 되었다는데, 고또분지로(小藤文次郎)가 우리나라 땅을 조사한 것은 1900년 및 1902년 두 차례에 걸친 1개월 동안이었다. 한 나라의 지질 구조를 당시의 기술 수준으로 그만한 기간에 완전하게 조사했다고는 상상할 수 없는 일이다. 그럼에도 불구하고 1903년에 발표한 한 개인의 이 지질학적 연구 성과는, 향후 우리나라 지리학의 기초로 자리 잡아 산경표를 대신하여 지리 교과서에 들어놓게 되었다'라고 주장한다.

반면에 우리의 전통적인 지리서인 '山經表'에 등장하는 산줄기의 개념은 우리가 기존에 알고 있는 '山脈圖'와는 다른 모습을 보여준다. 과거 우리의 조상들은 지질적인 구조로서 산줄기를 구분한 것이 아니라, 생활영역이 되는 하천과 산의 분수계로 산줄기를 구분하여 백두산에서 지리산까지 연결되는 등줄산맥을 '백두대간'이라 불렀고, 그 외에는 많은 산줄기의 이름이 표기되어 있는데, 주로 河川의 이름과 관련이 크다.

『山經表』는 조석필(1995 : 10~11)에서 '1769년 旅菴 申景濬이 펴낸 지리서로 1대간 13정맥으로 나누었는데, 山經表 이전인 16세기 朝鮮方域地圖와 그 이후인 19세기 大東輿地圖에도 이 원리가 이용된 것으로 보아 이 표는 어느 한 사람의 돌출된 아이디어가 아니라, 축적된 지리 인식의 한 표현이었다'는 것이다.

'山經表'와 '申景濬'에 대해 李弘稙(1977)의 『새 國史辭典』(서울 : 百萬社)에서는 다음과 같이 설명하고 있다.

　　山經表 : 1책 사본. 우리나라 전국(全國)의 산맥표(山脈表). 이조 영조 때 사람 신경준(申景濬)이 작성했다 한다. 백두산을 중심으로 동서남북에 뻗친 각 산맥들의 분포를 기록하고 있다. 1913년 경성 광문회(光文會)에서 국판 102편 활판본으로 간행했다(583쪽).

　　신경준(申景濬) : 1712(숙종 38)~1781(정조 5). 이조 영조 때의 실학자(實學者). 자는 순민(舜民), 호는 여암(旅菴), 본관은 고령(高靈), 내(淶)의 아들. 해박한 지식과 학덕이 높아 천(天)·관(官)·직(職)·방(方)·성(聲)·율(律)·의(醫)·복(卜)의 학문, 역대의 헌장(憲章), 해외의 기서(奇書)에 이르기까지 도통하고, **특히 팔도 산천도리(山川道里)의 지리에 정통하였다.** 1754년(영조 30) 증광을과(增廣乙科)에 급제, 승문원(承文院)에 들어가 성균전적(成均典籍)을 지내고, 왕명으로 <동국여지승람(東國與地勝覽)>을 감수(監修)하여 그 공으로 승정원 동부승지에 뽑힌 후 병조참지로 옮겨 **<팔도지도(八道地圖)>를** 감수하였다.
　　(저서) 소사문답(素砂問答), 의표도(儀表圖), 조앙도(覜仰圖), 강계지(江界志), 산수경(山水經), 도로고(道路考), 일본증운(日本證韻), 언서음해(諺書音解) 등(712쪽).

이상에서 申景濬은 박식한 지리학자임을 알았고, 또 그에 의한 山經表

또한 당시까지의 지리 연구의 총화임을 알 수 있었다. 게다가 요즘의 지리학회에서도 山經表의 정확성을 인정하고 있으며, 이에 대해 두 방송사(MBC, EBS)에서는 그 정확도와 과학성에 대한 검증이 있었다.

한편 이러한 山經表에 의한 山經圖와 지질학상의 지질도인 山脈圖의 차이점을 요약하면 다음과 같다(그림 참조).

山經圖	山脈圖
땅 위에 실존하는 산과 강에 기초하여 산줄기를 그렸다.	땅 속의 지질 구조선에 근거하여 땅 위에 산들을 분류하였다.
따라서 산줄기는 산에서 산으로만 이어지고	따라서 산맥선은 도중에 강에 의해 여러 차례 끊기고
실제 지형과 일치하며	실제 지형에 일치하지 않으며
지리학적으로 자연스러운 선이다.	인위적으로 가공된, 지질학적인 선이다.

<표 1> 山經圖와 山脈圖의 차이점

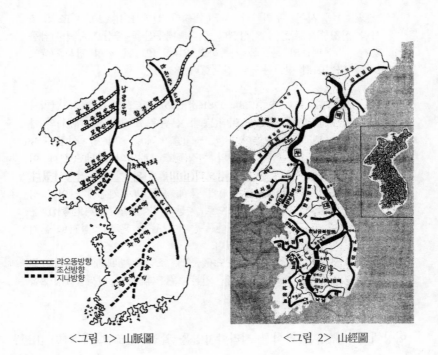

<그림 1> 山脈圖 　　　　　　　　　<그림 2> 山經圖

따라서 山經表는 산과 강에 기초한 구획이기에 문화, 생활 등이 이에
따라 구분하는 것이 훨씬 객관적이고 실용적이며 타당도가 높다고 할
수 있다.

그 구체적인 예를 조석필(1995 : 37~38)은 다음과 같이 제시했다.

인류 문명의 발상지는 모두 큰 강 주위에서 태동했다. 그것은 세계사
첫 장에서 배웠던 상식이다. 강이야말로 인간 문화를 총체적으로 반영
하는 '거울'인 것이다.

그에 비하면 산은 장애물이다. 정착이 불가능한 곳일 뿐 아니라, 이
동에도 걸림돌이었다. 이러한 특성은 역설적으로 산 또한 인간의 문화
형태를 결정하는 요소라는 말이 된다. 강 하고는 정반대 의미의 '거울'
인 것이다.

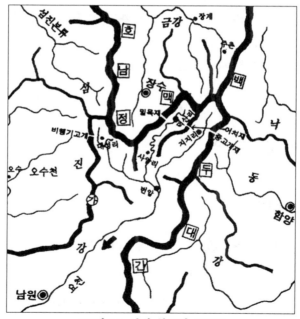

<그림 3> 남원 부근의 山經表

위 그림은 금강, 낙동강, 섬진강하여 세 강이 나뉘는 지역이다. 해발
600미터 고지대인 지지리(知止里)는 섬진강 지류인 요천의 발원지인데,

직선거리로 따져 장수읍이 8km, 함양읍 15km이고, 남원은 25km쯤 떨어져 있다.

　문제 하나 풀자. "지지리 사람들은 나들이 갈 때 주로 어디로 갈까?"

　눈치 채셨겠지만 답은 "남원"이다. 가장 멀리 떨어져 있음에도, 그래서 "남원 100리길" 해가면서도 주민들은 남원의 생활권으로 산다. 까닭이야 물론 남원 가는 길에는 재[峙]가, 다시 말해 넘어야할 산이 없기 때문이다. 물길 흐르는 대로 걷기만 하면 되기 때문이다.

　함양 쪽을 보면 높이 750미터의 중고개재가, 장수 방향에는 어치재, 밀목재 하여 그만한 높이의 장벽이 두 개나 버티고 있다. 결국 거리상으로 가장 가까운 장수읍이 산과 강의 이치에 따라 가장 '먼' 동네로 간주되는 것이다.

　이상에서 우리나라 사람들은 산과 강에 따라 그 생활권이 달랐으며, 단순히 지질학적 구획인 山脈圖에 의해 나누어진 생활권이기보다는 문화생활의 구획인 山經表에 의해 그 생활을 비롯한 여러 가지 문화적인 면이 이루어졌음을 알 수 있다. 따라서 본고도 山經表에 따른, 방언의 언어지리학적 고찰을 시도해 보겠다.

2. 경제 용어 방언의 고찰

1) 에누리(345)[2]

　에누리, 에노리, 에너리, 애널리, 애녀리, 애누리 등의 대표형[3]을 '에누리'로 보았다. 이 에누리형은 대체로 전국적인 분포를 보였다. 에누리

---

2) (　)안의 숫자는 한국정신문화원 편,『韓國方言資料集』(1987~1993) 상의 '항목'을 표시함.
3) 설정 기준을 우선 순으로 보면 다음과 같다.
　① 표준어이거나 이에 가까운 것.
　② 늘어진 語形보다는 간략히 줄어든 語形.
　③ 分布圖上에 그 분포가 폭넓은 語形.

형에서 외누리(외누리, 외느리, 외너리)는 전남 서북 해안에서 집중적으로 발달하며 고립된 형태를 보여준다.

한편, 깎자형[4]은 백두대간의 바로 동쪽, 즉 경남과 경북 내륙에 발달하고, 함북정맥 이북, 즉 경기 북부에 분포했다.

에누리형은 전국적으로 분포하고 있으며, 깎자형은 경남·북 내륙에 나타나지만 에누리형과는 다소 다른 상황에서 행해지는 어휘이며, 에누리형의 침투 확장이 예상된다.

전남 서북 해안의 외누리형은 에누리형의 語頭音 ɛ, e가 ö로 나타나는 圓脣母音化 현상을 볼 수 있다.

2) 덤(346)

크게 두 가지 형태로 나타나는데, 덤형과 우수형[5]이 그것이다. 덤형은 덤, 두엄, 듬, 둠, 더움, 더음, 덧도리 등을 일컬으며, 우수형은 우수, 우수리, 우사리, 위수, 운수, 훈수, 우애로, 웅개 등을 일컫는다. 경기, 강원, 충청의 중부방언과 전라, 경상의 남부방언이 확연히 구분되는 현상을 보인다. 그러나 충남의 동남부 내륙(논산, 대덕)과 충북의 남부지역(보은, 옥천, 영동)은 남부방언군의 영향을 받고 있음을 알 수 있다. 특이한 것으로 전이지대 부근의 충남 서천과 충남 공주에서 '개평'이 나타나고 있다.

한편, 덤형 중에서 경기와 충남 서부에서는 '듬, 둠'이 주로 나타나, 'ㅓ'가 'ㅡ, ㅜ'로 高母音化하는 현상을 보였으며, 강원 동부, 충북 북부

---

4) 에누리형은 體言 形態이나, 깎자형은 敍述 形態를 가지는데, 방언자료 수집의 과정에서 일어난 현상으로 보인다.

5) 신기철·신용철(1988)의 『새 우리말 큰사전』(서울 : 삼성이데아)은 '덤, 우수, 우수리'에 대해 다음과 같이 설명하고 있다.

① 덤 : 제 값어치의 물건 밖에 조금 더 없어 주거나 받는 물건.(859쪽)

② 우수 : 일정한 수효 밖에 더 받는 물건.(2517쪽)

③ 우수리 : 물건값을 제하고 거슬러 받는 잔돈.(2517쪽)

에서는 '더웁, 더음'이 나타나는데, 이는 音長化 하려는 심리에서 이 지역민들의 노력에 의해 '덤→ 더웁, 더음'으로 변하는 것이 아닌가 한다.

또 우수형 중에도 전라남북도의 접경지역과 경상, 전라 접경지역에서 '운수, 훈수'가 나타나는데, 終聲 'ㄴ'이 첨가되고 있다. 제주도에는 위와는 완전별개형인 'puč'əjunda'가 나타나고 있다.

3) 풀무(348)

이 어휘는 크게 풀무형과 풍구형으로 二分되며 접두사 '개-'가 붙는 특이형이 있다 이를 자세히 도표화하면 다음과 같다.

어휘	풀무형		풍구형	개불미형
	풀무형	불무형	풍구, 풍고, 풍기, 풍기독, 풍노, 풍로, 허풍산	개불미, 개불메, 기불메
어휘	풀무, 풀무도가니, 풀무독, 풀미, 풀매	불무, 불모, 붐무, 불미, 불매		
지역	경기 충청 북부	충청 남부, 경상, 전라, 제주	강원, 경기 남동부	경남 일부

<표 2> '풀무'의 분포도

풍구형은 강원도에만 나타나는 어휘임을 확연히 알 수 있으며 접두사 '개-'[6]가 붙어 이뤄진 개불미형이 경남의 일부(밀양, 하동, 합천, 김해)에서 나타났다. 그리고 거센소리가 되지 않은 불무형이 풀무형보다 훨씬 광범위하게 나타났으며, 특히 '불미, 불매'가 경상도와 제주도에 주로 나타났다.

문헌상 '불무'는 '풀무'의 古形으로

微妙훈 불무로 한 像올 노기며(以玄爐陶於羣像) <圓覺 上一之一17>
불무 야(冶) <訓蒙 下16, 類合 下41>

---

6) 신기철·신용철(1988 : 98)에는 "'야생의, 마구되어 변변하지 못한'의 뜻으로 쓰이는 말"로 나온다.

에서 나타난다. 결국 시대가 흐름에 따라 거센소리 현상이 되어가는 모습을 볼 수 있다.

풍구는 '바람을 불어 넣는 機具'라는 의미의 한자어 '風具'에서 오지 않았나 생각하며, 참고로 풀무는 신기철·신용철(1988 : 3571)에서 '불을 피울 때에 바람을 일으키는 도구'로 풍구는 같은 책 3575쪽에서 '①곡물에 섞인 쭉정이·겨·먼지 따위를 날리는 데 쓰이는 농구(農具). 곡물 선별기 ②풀무' 등으로 나온다. 이로 미루어 보아 '풍구'는 방언 조사상의 문제[7]나 의미 유사에서 온 혼동에서 온 것으로 보인다.

4) 모루채(349-1)[8]

크게는 세 가지로 나누어 볼 수 있다.

	쇠메형	메형	망치형
어 휘	쇠메, 쇠뭉치, 쇠뫼, 쇠매, 쇠미, 쇠매댕이, 쇠꽃망치, 쎄메	메, 미, 매, 맹이, 망이, 큰메, 큰매	마치, 망치, 망추, 큰망치
지 역	서남 해안	전국적	충북 북부, 경기 일부

<표 3> '모루채'의 분포도

모루채의 방언들은 '모루채'라는 표준어가 오히려 그 분포에 있어 협소한 것으로 보아 표준어 설정이 잘못된 것이다. 이 외에 '견노, 겐노, 갠노'의 특이형이 경기 광주, 전남 진도, 전북 고창, 강원 평창, 강원 영월, 경남 진양 등에서 나타난다. 낙남정맥과 호남정맥(山經表 참고)을 기준

---

7) 姜憲圭(1987 : 97, 99)에도 1971년 8월 21일부터 8월 26일까지의 6일 동안 실시한 학술답사보고서에서, 충남 공주시 석장리에서는 '풍구'(標準語)를 '불풍기'(方言)로, 공주시 시목동에서는 '불무'(標準語)를 20년 토착한 40세의 남자가 '불풍구'(方言)로 발음한 보고가 있다.
8) 신기철·신용철(1988 : 1172)에는 '모루채 : 달군 쇠를 모루(대장간 두드림 받침대) 위에 놓고 메어칠 때 쓰는 쇠메'로 나온다.

으로 쇠메형과 메형이 구분됨을 알 수 있다.

5) 바퀴(350)

크게 세 가지로 나타난다.

	바퀴형	발통형	동태형
어 휘	바퀴, 바쿠, 바키, 바쿠어, 빠쿠, 바뀌, 바꾸, 바끼	발통, 궁글통	동태, 동테, 통테, 도랑태, 동태바꾸
지 역	경기, 강원, 충청, 전라 내륙, 경북 북부, 제주	전라 서해안, 경상 내륙	경북 내륙, 경북 남부, 경남 북부 및 남동해안

<표 4> '바퀴'의 분포도

호남정맥 서쪽과 백두대간의 전라·경상 접경에 '발통형', 백두대간의 동쪽에 '동태형'이 나타나며, 그 외는 '바퀴형'이 나타나는데, 단연 '바퀴형'이 우세하다. 바퀴형 중 둘째 음절이 'ㄲ'이 되는 형태가 전라도와 경상 북부에 나타나고 있다.

6) 마리(352)

크게 두 가지로 나타난다.

	마리형	바리형
어 휘	마리, 머리	바리, 발
지 역	경기, 충남·전북 서해안, 전북 내륙, 전남, 경북 일대, 경남 북동부, 충북 북서, 제주	강원, 충북 북동, 충북 남부, 충남·전북 내륙, 경남 서해안

<표 5> '마리'의 분포도

바리형이 주로 백두대간과 금남호남정맥·한남금북정맥을 중심으로

산맥 지역에 분포하며, 마리형이 평지에 주로 분포하는데, 前者보다는 後者가 그 세력을 확장하는 형태를 보여주는 듯하다. 참고로, 신기철·신용철(1988 : 1312)에 '바리'는 '소나 말 따위의 등에 잔뜩 실은 짐 또는 그 짐을 세는 단위'라고 나온다.

7) 쌍(353)

크게 두 가지 형태로 나타난다.

	쌍형	자웅형
어 휘	쌍, 샹, 상, 쌩	자웅, 쟈웅, 자욱, 자우, 장우, 장운, 장오, 장온, 장완, 장웅, 장옹, 장원, 장군
지 역	경기, 영서, 충남 이북, 호남 내륙, 경북 북 동부, 제주	충남 남서부, 전남 북서부, 전남 내륙, 충북, 전남, 경상

<표 6> '쌍'의 분포도

크게는 '쌍형'과 '자웅형'이 대립되는 모습을 보이며 '자웅형'이 폭넓게 나타나고 있다.

8) 그루(355)

크게 다섯 가지로 나누어진다.

	그루형	나무형	개형	주형	대형
어 휘	그루, 구루, 거루, 그르	나무, 낭구, 구	개	주, 줄, 줴	대
지 역	경기, 강원 북서	경북 일부, 경남 남해안	경기·강원 내륙, 충북 북부, 경남 북부	충남, 충북 남부, 제주, 전라, 경북 일부	영동, 경북 일부

<표 7> '그루'의 분포도

이 중 특기할 만한 것이 영동 지역에 나타나는 '대형'이다. 이는 嶺東 地域의 方言이 嶺西 地域의 方言 뿐만 아니라 중부 방언(경기, 충청, 황해, 제주)과 사뭇 다름을 알 수 있다.

9) 자루(358)

크게 세 가지로 나타난다.

	자루형	가락형	개형(특이형)
어 휘	자루, 잘루, 자리	가락	개
지 역	동해안, 서해안	내륙지방, 남해안	강원 남부

<표 8> '자루'의 분포도

위 표는 표5> '마리'의 분포도와 상당히 유사함을 볼 수 있다. 표5>보 다는 좀 더 내륙에 발달한 어휘가 확장되는 모습을 보여준다. 특히 동·서해안에는 자루형이 발달하고, 남해안에는 가락형이 발달했으며, 특이하 게 개형이 몇몇 지역(강원 영월, 정선, 삼척, 경북 안동)에 나타난다.

10) 뭇(361 보충 ④ - 머리카락)

크게 네 가지로 나눌 수 있다.

	웅큼형	모숨형	뭉큼형	주먹형
어 휘	웅큼, 옹큼, 웅콤, 옹콤, 오큼, 우큼, 우쿰, 오쿰	모숨, 모심, 모섬, 모셤, 모침, 모슴, 모스미, 모새기	묶음, 뭉치, 무큼, 뭉큼, 뭉뎅이, 뭉탱이, 뭉텅이, 무데기,뭉텅이	주먹, 주먹이, 주멕이, 줌, 주묵, 주목, 춤
지 역	강원 내륙, 경기, 충북, 전북	강원 동남부, 경북	전북 서해안, 전북 남원·함평, 경남 거창·산청, 충북 영동, 제주 남제주	경기 중서부, 충남, 전남, 경남

<표 9> '뭇'(머리카락)의 분포도

기존에 나누었던 방언군의 방식에 크게 어긋나는 모습을 보여주고 있다. 대체로 경남과 전남이 '주먹형'으로 일치하고, 강원과 경북이 '모숨형'으로 일치한다. 세 가지 형태가 서로 대등하게 세력을 유지하며 비슷한 크기의 구역을 차지하고 있다. 서로의 혼전이 계속되는 어휘라 할 수 있다.

11) 꾸러미(362)

크게 二分할 수 있으며 특이형으로 '엮어리, 엮꺼리'가 경남 남동해안 몇 곳에 분포한다.

	꾸러미형	줄형
어 휘	꾸러미, 꾸레미, 꾸래미, 끄레미, 끄리미, 꾸럽, 꺼래미, 꺼리미, 꿴대기, 끼리미	줄
지 역	경기, 경북 동부	전라, 강원, 경상 내륙

<표 10> '꾸러미'의 분포도

'꾸러미'는 신기철·신용철의 『새 우리말 큰사전』(1988 : 588)에 '꾸리어 싼 물건을 세는 단위'라 했고, 같은 사전에서 '줄'은 '푸성귀나 잎담배 따위를 모숨모숨 엮어 묶은 두름을 세는 말'이라 정의하고 있다. 서로 의미가 '엮어 싼 것을 센다'는 점에서 유사하다. 그러나 '줄형'이 언중들에게 더 호소력이 있어서인가, 더 上代形이기 때문인지는 모르겠으나 일반적으로 이 형이 전국적 분포를 나타내고 있다.

3. 結 論

이상 11개의 經濟 用語 方言들을 살펴보았다. 11개의 方言을 區劃하면서 나타난 선들은 한 곳에 집중시켜 종합적인 등어선을 만들어 보면 다음과 같은 점들이 파악된다. 本稿는 대방언권을 方言區劃線이 5회 이상 지나가는 지역을 경계로 구분하였고, 소방언권은 3~4회 지나가는 지역을 일컫는다.

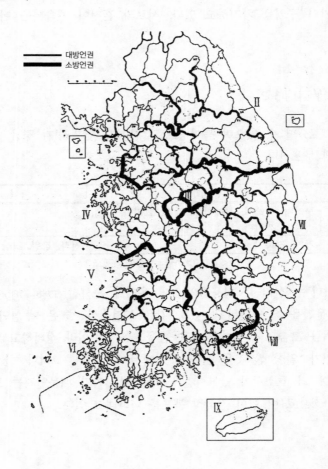

　　대체로 강원 : 충북, 경기 : 충남, 충남 : 전북 등의 행정구역선이 5회 이상 區劃하며 대방언권의 分界線 역할을 하고 있으나 충청 이남과 경상·전라 지역은 山經表의 정맥들을 중심으로 구별됨을 확연히 알 수 있다. 이는 기존 山脈圖보다는 山經表가 方言 區劃을 설정하는 데 그 타

당도가 높은 것으로 생각된다. 특히 백두대간과 호남정맥, 낙남정맥, 한남·금북정맥 등은 區劃線이 큰 역할을 하고 있음을 알 수 있다. 그러나 언어 현상이라는 것은 시각적으로 分界線을 그리기가 쉬운 것이 아님을 다시 한번 느낄 수 있다.

방언구획은 음운적, 어휘적, 문법적 특징의 종합에 의한 지역적 등어선을 설정하고, 그 등어선의 묶음을 따라서 경계선을 그어야 되지만, 본고는 몇 개의 방언을 가지고 등어선이 山經表상의 정맥들과 어느 정도 일치하는가를 알아보기 위한 시도이었으며 語彙的 差異를 기준으로 한 경계선이었기에 방언군을 자세히 살펴보는 데는 부족한 면9)이 있었다.

결국 방언 구획선은 행정구역과 山經表를 통합한 형식으로 한, 綜合的인 등어선 설정이 가장 합리적일 것이다. 따라서 그동안 구획선 설정에 있어 비현실적이고 이상적인 山脈圖를 가지고 방언구획선의 경계를 삼았던 것을 지양하고, 문화와 생활면 그리고 실제 지형 상으로도 현실적인 山經表가 – 민족 전통을 살리자는 면을 고려하지 않더라도 – 정확한 분계선이 된다는 점을 알 수 있었다. 따라서 앞으로의 연구가 이러한 관점에서 이루어지기를 기대한다.

---

9) Chambers and Trugill(1980 : 112-115)은 '어휘체계를 구성하는 항목은, 화자들이 자의적으로 통제하고 변화시킬 수 있으므로, 음운면이나 형태, 통사면에 속하는 항목보다 그 가치가 낮게 평가되어야 할 것이다'라고 할 정도이다. – 崔明玉 (1998 : 462)을 再引用함.

Ⅱ. 외래어 표기의 실제와 그 대안에 대하여
- 고교생 설문 조사를 참고하여

1. 머리말

2001년 국립국어원에서 발간한 <표준국어대사전>의 정의를 빌리면, 외래어란 '외국에서 들어온 말로 국어처럼 쓰이는 단어'로 정의[1]하고 있다. 그러나 이러한 정의만으로 외래어를 충분히 표현했다고 보기는 힘들다. '국어처럼 쓰인다'는 문장의 의미가 애매할 뿐만 아니라, 우리말에 동화된 사실을 간과했기 때문이다. 그리고 외래어는 발음, 통사 구조

---

1) 외래어에 대한 여러 학자들의 정의를 살펴보면 다음과 같다.
  김민수(1973 : 103~104) : 외국에서 수입되어, 제 국어 가운데서 사용되는 단어 (이상억, 1982 : 57에서 재인용)
  남풍현(1985 : 6) : 한 언어가 다른 언어로부터 받아들인 단어로 일명 차용어. - 외국어와의 구별 기준은 '동화'이다.
  임홍빈(1996 : 4) : 다른 언어에서 온 것으로 우리말에 동화된 단어 - 동화라는 요소가 핵심이다.
  김세중(1998 : 5) : 국어 어휘 중에서 외국어에 기원을 둔 말
  송철의(1998 : 21) : 외국어로부터 들어와 자국어에 동화되어 자국어로 사용되는 어휘들
  김수현(2003 : 3~6) : 국가간의 상호 교류를 통해 의사소통의 수단으로 사용되던 외국어가 점차 그 나라의 표기 체계에 변화되어 자국어로서의 역할을 하게 되는 어휘
  강신항(2004 : 10) : 국어에 없는 새로운 개념을 나타내기 위하여 외국어를 차용하는 것
  정희원(2004 : 10) : 외래어, 차용어, 귀화어 중에 국어에 완전히 동화되고, 또 일반인들에게 외국어에서 온 말이라는 의식이 없이 고유어와 똑같이 취급되는 말들은 귀화어이고, 일반 언중이 외래 어휘임을 인식하는 나머지 낱말들은 모두 외래어다. 그들 중에 동화 과정이 완료되어 국어의 어휘 체계 속에 확고한 지위를 차지하게 된 말은 따로 차용어라 한다.

그리고 어휘 표현 면에서 확고한 위치를 가지고 기능하는, 국어의 한 부분이다. 이에 따라 외래어는 '외국에서 들어와 동화되어 자국어의 위상을 가지는 단어'로 정의 내리는 것이 어떨까 한다.

반면에 외국어와는 어떤 점에서 차이[2]가 있을까. 자국어는 일차적이고 상호의사소통의 주된 매개체로서의 위상을 가지며 동화 현상이 있다. 반면, 외국어는 외국에서 들어 온 말 자체로, 이차적이고 상호의사소통의 부수적 매개체로서 동화현상이 없이 현지 발음과 표기를 유지하는 것이다. 가령 sorry라는 영어는 '소리'라 표기하지 않으며 [sɔ : ri]라는 발음으로 '미안(하다)'의 의미를 지닌다. 즉, 본말의 표기를 쓰고 그 발음을 흉내 내는 것이다. 따라서 이는 외국어가 될 수는 있어도 외래어[3]가 되기는 힘든 것이다.

본고는 현행 외래어를 분류해 보고, 정착 정도에 따른 외래어를 자세히 살펴보겠다. 또한 현행 외래어 표기법을 기본 원칙에 치중하여 알아보고, 실제 고교 현장에서 그에 대한 인식 정도나 사용 실태가 어떤지 설문조사를 하였다. 이를 참고해 현행 외래어 표기법의 문제점과 대안에 대해 간략히 고찰하고자 한다.

---

2) 한국정신문화연구원(1991 : 263)에는 외래어와 외국어의 구별 기준을 다음 7가지로 제시하였다.
① 발음・형태・용법이 한국어의 특질과 근본적인 충돌을 일으키지 않는다.
② 인용이나 혼용이 아니고 한국어 문장 속에서 자연스럽게 사용되고 설명이나 주석 등 특별한 처리가 필요하지 않다.
③ 한글로 적는다.
④ 외국어 의식이 없다.
⑤ 우리 사회에서 널리 쓰인다.
⑥ 사용빈도가 잦다.
⑦ 차용 후 사용기간이 길다.
한편, 정희원(2004 : 6)은 외국어와 외래어의 가장 중요한 차이는, 외래어는 국어화한 말이며, 외국어는 그렇지 않은 말이라는 것이라 보고, 그 구분 기준은 '쓰임'과 '동화'의 조건으로 정리할 수 있다고 보았다.
3) 임동훈(1996 : 41-42)은 외래어의 특수성을 네 가지로 제시한다.
① 두음법칙이 적용되지 않는다.
② 국어는 'ㄹ', 'ㅋ'으로 시작하는 단어의 수가 많지 않으나 외래어는 그렇지 않다.
③ 접사로 쓰이는 경우가 아주 드물다.
④ 그 어형이 불안정하다.

2. 외래어의 분류

외래어를 그 기준에 따라 여러 유형으로 나누어 볼 수 있다.

정착 정도에 따라 유입기(流入期) 외래어, 과도기(過渡期) 외래어, 정착기(定着期) 외래어, 귀화기(歸化期) 외래어 등으로 나눌 수 있다.

유입기(流入期) 외래어는 새로운 문화·지식·사상 따위가 들어오면서 같이 유입된 최근의 외래어로 아직 언중들에게 생소하거나 낯선 단계의 외래어를 말한다. 과도기(過渡期) 외래어는 외래어라는 의식은 있으나 들어온 지 꽤 되어 일상생활에서 자주 사용하는 단계로, 유입기와 정착기의 중간 단계인 불안정한 상태의 외래어이며, 정착기(定着期) 외래어는 들어온 지 상당 기간이 지나, 외래어라는 의식이 없어져 낯익은 단계의 외래어를 말한다. 귀화기(歸化期) 외래어는 일명 '귀화어'라 하는 것으로, 들어온 지 수 백년 이상이 되어, 외래어라는 의식이 전혀 들지 않고, 국어 문법 규칙의 적용까지 받는 외래어를 말한다.

또 유래된 지역에 따라서도 나눌 수 있는데, 우리나라에 인접하는 지리적 특수성과 과거 역사적 관련성에서 비롯된 일본과 중국에서 들어온 외래어가 있고, 20세기 이후 물밀 듯이 밀려오는 서양 외래어가 있다. 물론 서양 외래어의 대표격은 영어이다. 이들 외래어가 우리말의 주된 것들이다.

3. 정착 정도에 따른 외래어 고찰

본고는 앞에서 제시한 여러 기준 중에서 정착 정도에 따른 외래어를 자세히 알아보고, 특히 서양 외래어를 주된 논의의 대상으로 삼고자 한다. 최근의 언어생활 속에서도 수적인 우세를 점할 뿐만 아니라 외래어의 요소가 가장 강하면서도 많은 문제를 발생하는 것이 서양 외래어이기 때문이다.

첫째, 유입기의 외래어는 유입된 지 얼마 되지 않았기 때문에, 아직 국어사전에 등재되지 않은 단어이다. 세리머니(ceremony)[4], 웰빙(Well-being), 엑스터시(ecstasy), 홈페이지(home page) 등이 그에 해당한다.

둘째, 과도기의 외래어는 수적으로 많은 편인데, 그 중에는 실제 언중의 발음 또는 표기와 동떨어진 것들도 많다. 그 예들을 나열하면 다음과 같다.

> 가운(gown), 러닝셔츠(running shirts), 로열(royal), 미라(mirra), 바비큐(barbecue), 배지(badge), 보닛(bonnet), 비스킷(biscuit), 새시(sash), 새시(chassis), 선글라스(sunglass), 액세서리(accessory), 얼람 시그널(alarm signal), 초콜릿(chocolate), 카디건(cardigan), 카뷰레터(carburetor), 카스텔라(castella), 캐러멜(caramel), 캐럴(carol), 캐비닛(cabinet), 커닝(cunning), 커튼(curtain), 커피숍(coffee shop), 컴퍼스(compass)[5], 컷(cut)[6], 클라이맥스(climax), 타깃(target), 팸플릿(pamphlet), 플래카드(placard) 등

셋째, 정착기의 외래어는 외래어 표기법 제5항의 관용 표기 인정항목에 관련되는 어휘들이다. 그 예들을 나열하면 다음과 같다.

> 가스(gas), 껌(gum), 란제리(lingerie), 마사지(massage), 마이크(microphone), 메리야스(medias), 빨치산(partisan), 삐라(bill), 사디즘(sadism), 시스템(system), 잠바(jumper), 지르박(jitterbug), 카메라(camera), 커트(cut)[7], 코스모스(cosmos) 등

넷째, 귀화기의 외래어는 들어온 지 수 백년 이상된 외래어로 언중들

---

4) 이 단어를 국립국어원에서는 2002년도 정부 언론 외래어 심의 공동위원회를 통해 '세리머니'를 올바른 표기로 정하고 '뒤풀이'라는 순화어를 쓰는 것이 더 바람직하다고 한 바 있다.
5) 한국정신문화연구원(1991 : 264)에 따르면, 이 단어는 원래 네덜란드어 '콤파스(kompas)'였으나, 영어의 힘을 빌려 세계에 전파된 예로 제시하였다. 그러나 현행 외래어 표기법으로는 '컴퍼스'가 옳은 표기이다.
6) 필름의 한 컷
7) 전체에서 일부를 잘라 내는 일. 탁구 용어

이 외래어라는 인식조차 하지 못하는 정도로 국어화(國語化)하여 표기와 발음 면에서 전혀 이질감을 느끼지 못하는 것이다. 그 예로 '빵(pão), 고무(gomme), 남포(lamp), 담배(tabaco>tobacco)' 등이 있다.

4. 현행 외래어 표기법

현재 사용하는 외래어 표기법은 1986년 제정된 것으로, 1933년 <한국 마춤법 통일안>, 1941년 <외래어 표기법 통일안>, 1948년 <들온말 적는 법>, 1959년 <로마자의 한글화 표기법> 이후의 것이다. 우리의 음운체계를 무시하고 본말의 원음에 가깝게 표기하는 방법과 본말의 원음과는 다소 다르더라도 우리의 음운체계를 따르는 표기 방법 중에서, 우리의 경우는 전자(前者)의 방법을 취한다. 즉, 표음주의 원칙으로서 외국어의 원형과 원음을 살려서 쓰는 방식을 취하고 있다.

제1장 표기의 기본 원칙, 제2장 표기 일람표, 제3장 표기 세칙, 제4장 인명·지명 표기의 원칙 등으로 나누어졌는데, 그 중 가장 기본이 되는 것은 제1장이다. 그 내용은 다음과 같다.

제1항, 외래어는 국어의 현용 24자모만으로 적는다.
제2항, 외래어의 1음운은 원칙적으로 1기호로 적는다.
제3항, 받침에는 'ㄱ,ㄴ,ㄹ,ㅁ,ㅂ,ㅅ,ㅇ'만을 쓴다.
제4항, 파열음 표기에는 된소리를 쓰지 않는 것을 원칙으로 한다.
제5항, 이미 굳어진 외래어는 관용을 존중하되, 그 범위와 용례는 따로 정한다.

5. 외래어 표기에 대한 고교생 설문조사

현행 외래어 표기에 대해 언중들의 인식 정도와 그 사용에 대한 실태를 알아보고자 설문조사를 실시하였다. 2005년 5월 9일과 5월 10일 양일간 실시하였으며, 조사대상은 천안지역 인문계 고등학생 1학년 74명, 2학년 70명, 3학년 63명, 총 207명을 대상으로 9개 문항을 30분간 가량의 시간을 주고 실시하였다. 참고로 %는 소수점 첫째 자리에서 반올림하였다.

1) 외래어 표기법이 제정된 연도를 묻는 질문에 1986년이라는 정답에 응답한 학생은 불과 5%에 불과했고, 모른다는 응답이 70%이었으며, 그 외는 1988년, 1990년, 2004년 등으로 응답하였다. 이는 우리나라에 외래어 표기법이 제정된 사실에 대해 교육받은 적이 없음을 알 수 있는 단적인 예다.

2) 한자어를 제외한 외래어가 우리말 전체에서 어느 정도 비중을 차지하는가 하는 질문에, 우리말의 30%라는 응답이 30%, 우리말의 40% 이상일 것이라는 응답이 32%, 우리말의 20%라는 응답이 24%, 우리말의 10%라는 응답이 10%였으나, 우리말의 5%라는 응답은 4%에 불과했다. 한편, <표준국어대사전>에 수록된 표제어 중에서 한자어를 제외한 순수외래어는 4.7% 23,361개 어휘였다.[8]

우리말의 30% 이상이라는 응답이 62%라는 결과로 미루어, 최근 나타나는 외래어 범람이라는 시기적 특성에서 비롯할 수도 있으나, 대체적으로 청소년들은 우리말 속에 외래어의 비중이 상당히 크다는 인식을

---

8) 서울대 국어교육연구소(2002 : 116-117)에 의하면, 2001년 <표준국어대사전>의 총 항목수 508,771개 중 외래어는 23,361개로 4.7%, 고유어는 131,971개로 25.9%, 한자어는 297,916개로 58.5%, 기타 혼합 형태는 55,523개로 10.9%라 하였다.
그런데 강신항(1985 : 34-35)을 참조하면, 20여 년 전에도 우리말에는 외래어가 6% 내외를 항상 차지하였다. 1983년도 일간지 중앙일보(7월 28일자)와 일간스포츠(7월 14일자)의 각각 한 면씩을 조사해 본 결과, 5.72%, 6%가 각각 나왔다고 하였다.

갖고 있는 것이다.

3) 현재 언중들이 외래어 표기에 대한 인식 정도는 어떠한가에 대한 질문에, 잘 알고 있다고 본 응답은 단 1%에 불과하였고, 보통이다가 32%, 잘 모르고 있다는 응답이 67%였다. 언중들의 외래어 표기에 대한 인식이 거의 없음을 알 수 있다.

4) 현재 쓰이는 외래어 표기법을 본인이 사용하는 데 지장이 있는가 하는 질문에 정확하게 알아 쓰고 있다는 응답이 2%에 불과한 반면, 알기는 하지만 표기의 정확성에 대해서는 자신이 없다는 응답이 무려 82%를 차지하였으며, 혼란스러워 잘 모르겠다는 의견도 16%에 달했다. 따라서 정확하게 외래어 표기법을 지켜 사용함이 어렵다는 것을 확연하게 보여주고 있다.

5) 정확한 외래어 표기가 어려울 때 어떻게 하는가 하는 질문에 그 언어 발음에 비슷하게 생각해서 쓴다는 응답이 63%, 주위 선생님이나 친구에게 물어본다는 응답이 20%, 그냥 내 맘대로 쓴다는 응답이 15%, 그 언어사전에서 발음을 찾아 그에 맞게 쓴다는 응답과 국어사전을 찾아 쓴다는 응답은 각각 1%에 불과하였다. 결국 정확한 외래어 표기에 큰 고민 없이 쉽게 쓰고 있음을 알 수 있다.

6) 영어의 경우 외래어 표기의 기준은 영국식 발음인지, 미국식 발음인지를 묻는 질문에, 미국식 발음이라는 응답이 38%, 둘 중 편의에 따라 골라서 한다는 응답이 35%로 나왔으며, 영국식 발음과 미국식 발음을 병행한다는 응답이 15%, 영국식 발음이 12%였다. 영어 교육이 미국식 발음을 위주로 하는 현상에서 비롯된 것으로 보인다.

7) 외래어를 우리의 고유어로 고친다면 어떻게 생각하는가를 묻는 질문에, 고치면 좋으나 그렇지 않아도 괜찮다는 응답이 51%, 굳이 고칠 필요 없이 표기법에 맞춰 쓴다는 응답이 18%, 당연히 우리말로 고쳐야 한다는 응답이 25%, 표기법에 연연하지 말고 발음에 맞춰 쓴다는 응답이 6%이었다. 우리말로 고쳐야 한다는 생각이 좀 우세함을 알 수 있다.

8) 현행 외래어 표기법의 문제점과 좋은 점을 써 보라는 질문을 하고

서술식 응답을 요구하였다. 66%가 서술식으로 응답하였다. 문제점으로
는 대다수가 표기법 자체가 혼란스럽고 외래어 표기법이 홍보가 부족하
다는 것과 헷갈린다는 응답 등이 많았다. 좋은 점으로 꼽는 것은 '혼란
스러운 외래어를 체계적으로 표기할 수 있다, 우리말을 풍부하게 하고,
표현하기 어려운 용어를 대체하여 표현한다, 마땅한 고유어가 없을 때
좋다, 세계화에 도움이 된다' 등의 응답이 있었다.

9) 앞서 '3. 정착 정도에 따른 외래어 고찰'에서 제시했던 외래어 중에
서 과도기의 외래어와 정착기의 외래어의 예들 44개를 올바른 표기 형
태로 제시하고 잘못 표기한 경우는 표시해 보라고 해 보았다. 팸플릿
(pamphlet), 카스텔라(castella)는 60%가 넘었고, 바비큐(barbecue), 얼람 시그널
(alarm signal), 삐라(bill) 등은 58%가 잘못 쓴 것으로 파악하였으며, 캐럴
(carol), 캐비닛(cabinet), 커닝(cunning) 등도 54% 가량이 잘못 쓴 것으로 보았
다. 이외에 클라이맥스(climax)(45%), 타깃(target)(45%), 플래카드(placard)(44%), 러
닝셔츠(running shirts)(42%), 액세서리(accessory)(37%), 새시(sash)(36%), 메리야스
(medias)(35%), 사디즘(sadism)(34%), 로열(royal)(33%) 등을 대체로 적지 않은 수
가 잘못된 표기로 보고 있었다. 반면 10% 이내로 잘못 쓴 것이라 파
악한 외래어로는 코스모스(cosmos)(0%), 잠바(jumper)(3%), 시스템(system)(3%),
마이크(microphone)(4%), 란제리(lingerie)(7%), 카뷰레터(carburetor)(7%), 빨치산
(partisan)(8%), 카메라(camera)(9%), 컷(cut)(9%) 등이 있었다.

이번 설문조사의 대상을 고교생에 한정함으로써 전체 언중들의 의식
정도나 사용 실태를 파악했다고 하기는 어렵다. 그러나 이들은 한글맞
춤법 규정 속의 '교양인'9)에 속하며, 앞으로 가까운 시일 내에 사회를
이끌어 나갈 동량들이다. 이 설문 조사 자체가 차출식 표본조사에 불과
하다는 단점은 있지만, 전체의 모습 중의 한 편린(片鱗)을 보고자 했던
것이다. 이 설문 조사의 결과를 종합적으로 정리해 보자.

___

9) 외래어 표기법은 한글맞춤법의 하위법에 해당하며, 고교생은 평범한 사회생활을
  하는 일반인이 된다는 가정 아래에서, 아마 일생동안 가장 국어에 관심이 있고,
  있어야만 하는 시기에 속한 사람들이다.

우선 국어 속에 얼마나 외래어가 비중을 차지하는지, 외래어 표기법
이 있는지도 잘 인식하지 못하고, 외래어 표기에 대한 인식도 턱 없이
부족하였다. 그 표기는 표기 방법을 알지 못한 채 행해졌으며, 그 정오
(正誤)에 대해서도 자기편의 위주로 분별하였다. 그 표기의 기준도 영국
식 영어라기보다는 미국식 영어라는 생각이 팽배하였다. 그러나 이들은
외래어를 편리하게 표기할 수 있는 대안이 있어야 함을 절실히 느끼고
있었으며, 많은 관심이나 홍보가 있어야 함을 주장한다. 마지막으로 혼
동하기 쉬운 외래어 44개항을 제시한 경우는 30여 개항에 대해 올바른
표기형을 찾아내지 못하였다. 이러한 결과로 미루어, 현행 외래어 표기
법의 근본적인 문제점이 무엇인지 알아볼 필요를 느낀다.

6. 현행 외래어 표기법의 문제점

현행 외래어 표기법은 1986년에 제정된 후, 약 20년이 되고 있다. 그
동안 시행되면서 여러 가지 문제점이 나타났다. 따라서 현행 외래어 표
기법에 대해 언중들이 혼란해 하는 이유를 이제는 정리해서 이를 근거
로 새롭게 손질할 때가 되었다고 본다.

현행 외래어 표기법에서 특별히 문제되는 사항을 간단하게 살펴보겠
다. 서양 외래어 중 특히 영어10)를 알아보자. 영어 외의 다른 외래어들

---

10) 국립국어원에서는 정식으로 고시된 것은 아니나, 외래어 표기법에 준하는 규칙
　　의 지위를 지니는 것으로, <외래어 표기 용례의 표기 원칙>을 제시하였다. 그
　　내용 중 영어의 표기에 대한 내용만 발췌하면 다음과 같다.
　　(가) 어말의 -a[ə]는 '아'로 적는다.
　　(나) 어말의 -s[z]는 '스'로 적는다.
　　(다) [ə]의 음가를 가지는 i와 y는 '이'로 적는다.
　　(라) -ton은 모두 '턴'으로 적는다.
　　(마) 접두사 Mac-, Mc-은 자음 앞에서는 '맥'으로, 모음 앞에서는 '매크'로 적
　　되, c나 k, q 앞에서는 '매'로, l 앞에서는 '매클'로 적는다.

도 문제가 없는 것은 아니나, 영어를 중심으로 함은 특히 타 언어의 그것에 비해 그 문제점이 훨씬 심하기 때문이다.

우선 제1장 표기의 기본 원칙, 제1항의 '현용 24자모만 적는다'는 점에 문제가 있다. 박창원 · 김수현(2004 : 20)은 이 문제점을 다음과 같이 명쾌하게 제시한다.

> 한글맞춤법에서는 한글 자모의 스물넉 자 중 모음 10개를 'ㅏ, ㅑ, ㅓ, ㅕ, ㅗ, ㅛ, ㅜ, ㅠ, ㅡ, ㅣ' 등으로 제시하고 있다. 외래어 표기에서 흔히 사용되고 있는 단모음 'ㅔ, ㅐ'를 비롯하여 이중모음 'ㅘ, ㅝ' 등 많은 모음들이 제외되고 있는 것이다. 이러한 문제점을 그냥 둘 것인가 아니면 관례적인 표현으로 인정하고 그냥 사용할 것인가? 각각의 경우 어떤 문제점이 야기될 것인가. 이에 대한 연구도 앞으로 해야 할 것이다.

다음으로, 제1장 표기의 기본 원칙, 제2항에 명시되어 있는 '원칙적'이라는 용어가 문제가 된다. 중복되어 표기되는 경우가 나타남으로써 1음운 1기호 원칙이 깨지기 때문이다. 외래어 표기는 제2장 표기 일람표 <표1>에 국제음성기호에 따름을 명시하여 두고, [ð]와 [d]가 모두 'ㄷ'으로, [z]와 [ʣ]가 'ㅈ'으로, [s]와 [θ]가 'ㅅ'으로, [p]와 [f]가 'ㅍ'으로, [ts]와 [tʃ]가 'ㅊ'으로 표기하도록 하고 있다. 이는 1음운 1기호의 원칙을 깨는 것으로, 2음운 1기호를 따르는 것이다. 게다가 주10>에 제시된 용례의 표기 원칙을 보면, [ə]가 'ㅓ' 외에도 위치나 몇몇 알파벳 철자에 따라 'ㅏ'나 'ㅣ'로도 표기할 수 있으며, [z] 또한 '스'로도 표기할 수 있다. 이것은 1음운 2~3기호[11])로 쓸 수 있다는 것이다.

제1장 표기의 기본 원칙, 제4항의 경우는 표기의 통일과 인쇄의 편리함을 위한 것이라 하는데, 이러한 원칙이 2004년 <동남아시아 언어 외래어 표기법>에서는 적용되지 않음으로써 스스로 이 항이 무리가 있었

(바) and로 연결된 말은 and를 빼고 표기하되, 언제나 띄어 쓴다.

11) 임홍빈(1996 : 35)도 1음운 1기호 원칙의 부당성에 대해 지적한다. 한 음운에 대하여 거의 체계적으로는 2기호가 대응되는 모습을 띠고 있다는 것이다.

음을 인정하는 것이다. 또 컴퓨터와 그 주변기기의 획기적 발전으로 인쇄에 불편함도 없는 것이 요즘의 현실이다. 파열음12)을 제외한 마찰음과 파찰음의 된소리 표기가 인정된 경우는 중국어 설치음과 일본어 표기의 쌍시옷뿐이다. 그러나 실제적으로 외래어 표기에 파열음을 된소리로 쓰지 않는다는 규정은 파찰음과 마찰음까지 포함하는 것으로 보여진다. 따라서 짜장면13)을 '자장면', [s]음이 어두에서 모음과 연결14)된 어휘들 — 한 예로 썬글라스(sunglass)를 '선글라스'로, 싸이버(cyber)를 '사이버'로 — 의 ㅅ표기 등15)이 나타난다. 그러나 이는 파찰음과 마찰음이 명문화되지 않았으므로, 자장면을 '짜장면'으로, 선글라스를 '썬글라스'로, 사이버를 '싸이버'로 하는 것이 타당하며, 대다수 언중들이 그렇게 실생활에 사용할 뿐만 아니라 현지 원음에도 더 가깝기 때문이다.16)

현지 원음 중시의 외래어 표기에 평음과 격음만을 인정함으로써 다양한 외국어음 표기에 장애가 되고 평음과 격음만으로 현지 원음을 중시하여 표기하는 것이 오히려 더 어렵다는 말이다. 특히 프랑스어, 이탈리

---

12) 외래어 표기법에 파열음이 된소리로 표기된 단어로, '빵, 삐라, 빨치산, 껌' 등이 있다.

13) 중국어 중 국어의 '자장면'에 해당하는 단어로 '炸醬麵'이 있다. 이 단어의 중국음은 'Zhajiangmian(표준국어대사전)'이며, 어두의 zh[ㄓ]를 'ㅈ'으로 표기하는 원칙에 따라 표기하면 '자장면'이 된다. 참고로 짬뽕은 일본말로, 'ちゃんぽん / チャンポン'에서 유래한 것으로 제3장 표기세칙에 따르면, '잔폰'이라 함이 옳을 것이다. 중국식 요리이나 그 어휘는 일본어에서 유래한 경우이다. 이 말이 우리말에 들어오면서 '섞다'라는 뜻도 생긴 것이다. 표준국어대사전에는 '짬뽕'을 'champon'에서 온 것으로 보고, 음식의 의미일 때는 '초마면'으로, 서로 뒤섞음의 의미일 때는 '뒤섞기'로 순화하여야 한다고 설명한다.

14) [s]어두음 다음에 모음이 연결되었음에도 된소리가 나지 않는 단어로 '사이다(cider)', '소다(soda)', '사카린(saccharine)', '수니파(Sunni派)', '사탄(Satan)' 등이 있다. 이 단어들은 제5항 관용표기로 보아, 예외 항목으로 설정할 수밖에 없다. 단 이는 [s]음이 어두에 온 경우만 한정되며, [ʃ]음이 어두에 온 경우는 된소리로 적지 않고, '샤, 셔' 등의 'ㅅ'으로 적는다.

15) 김상준(1996 : 64)에 제시된 예를 보면, 산타 클로스(Santa Claus), 서비스(service), 서핑(surfing), 소나타(sonata), 수프(soup), 색슨(saxon), 세컨드(second), 시트(seat), 심포니(symphony) 등이 있다.

16) 임동훈(1996 : 52)도 영어의 마찰음 표기에 된소리를 전혀 쓰지 못하는 것은 다소 거부감이 있다고 하였다.

아어, 스페인어, 러시아어 등의 파열음은 무성과 유성의 대립이 존재하나 영어와 달리 무성 파열음의 발음이 무기음이므로 그 발음이 국어의 거센소리와 꽤 다르기 때문에 실제 발음을 고려한다면 이들 언어의 파열음은 국어의 경음으로 적어야 옳다(임동훈, 1996 : 51).[17]

제1장 표기의 기본 원칙, 제5항은 관용표기라는 용어를 넣어 언중들의 혼동을 피하기 위한 표기법의 여유를 보여주는 것이라 할 수 있다. 그러나 관용 표기의 용례나 범위를 결정하지 않음으로써 명백한 기준으로서는 적합하지 않다. 물론 그 용례를 1986년, 1988년, 1993년, 1995년, 2004년 발간하였지만 모든 것을 나타냈다고 보기 힘들고, 이 용례에 벗어난 경우는 언중 스스로 표기법에 따른 표기가 어렵다.

관용 표기를 인정하는 단어는 어떤 것인가가 문제가 된다. 현재 코스모스(cosmos), 시스템(system), 마사지(massage), 사디즘(sadism) 등은 관용 표기를 인정하는 단어들이다. 외래어 표기법 <표1> 국제음성기호와 한글 대조표에 따라 표기하면, 코즈모스[kɔzmɔs], 시스텀[sistəm], 매사지[mæsa : ʒ], 세이디즘[seidizm] 등이 옳기 때문이다. 이렇게 관용 표기를 인정하는 단어는 정책적으로 기관에서 제시하고 홍보하지 않는다면 언중이 옳게 표기하기란 불가능에 가깝다.

관용표기로 지정된 경우도 언중들의 실제 발음과는 달리 규정되는 경우[18]가 나타나는데, 예를 들어 '지르박'도 이미 관용으로 굳어진 것으로 본다면, '지루박'이 실생활의 발음과 근접하기에 더 좋지 않을까 하는 생각이다.

특히 현실에서 언중들이 실제 발음하는 것과 표기가 다르면서 이중적인 언어생활을 하게 되는데, '[써비스] : 서비스'처럼 [s]음이 어두에서 모음과 연결될 때가 가장 심하며 그 외에도 '[빼찌] : 배지, [까운-] : 가

---

17) 이들 언어 외에도 된소리 표기가 필요한 경우가 있다. 바로 동남아의 언어들인데, 이를 위해 2004년도 <동남아시아 언어 외래어 표기법>에 된소리 표기를 하고 있다.

18) 김세중(1998 : 10)은 그런 예로 '앰뷸런스(앰브란스)', '팸플릿(팜플렛)', '더그아웃(덕아웃)' 등을 제시하였다. - ( )는 실제 언중들의 언어 모습을 표시한다.

운, [마싸지] : 마사지, [샤씨] : 새시' 등이 있다.

영어사전상의 제1발음기호는 미국식을, 제2발음기호는 영국식을 나타
내는데, 영국식 발음기호인 제2발음기호를 대부분 표기의 원칙으로 삼
았으나, 그렇지 않은 경우가 있어 일관성 측면에서도 문제가 된다. 예를
들어, 선글라스(sunglass), 노크(knock)는 영국식을, 칼럼(column) - 영국식 발
음 '콜럼', 댄스(dance) - 영국식 발음 '단스', 패스(path) - 영국식 발음
'파스'는 미국식을 기준으로 표기한다.19) 따라서 영어의 외래어 표기 기
준 발음을 한 가지로 통일할 필요가 있다.

그런데 영어사전상에 영국식 발음을 외래어 표기의 기준을 삼아도 전
혀 문제가 없는 것은 아니다. 현지 발음의 형태나 어휘형이 시대가 흐
르면서 다른 모습으로 바뀔 가능성이 있기 때문이다. 우리말도 1988년
표준어를 대대적으로 바꾼 경우가 있지 않은가. 주19>에서 제시한 것처
럼, 영국영어가 18세기 초부터 [æ]가 [ɑ :]로 바뀌었던 현상이나, 최근
미국의 현지 발음 중 t음이 r음화 되어가는(치조음의 설전음화) 예가 그 예
들이라 할 수 있다. 이런 경우 우리말의 외래어표기도 바꿔야 하는가가
문제된다. 따라서 1차적으로 번역어 형태를 취하는 것이 우리의 외래어
표기 시 나타나는 혼란을 최소화할 수 있을 것이다.

또, 하나의 원칙이 적용되지 못하고 관용과 원음 표기를 둘 다 인정한
경우가 나타난다. 복수외래어가 그것인데, 대표적인 것으로 '지르박 / 지
터버그(jitterbug), 잠바 / 점퍼(jumper), 빨치산 / 파르티잔(partisan), 라벨 / 레이블
(label)' 등이 있다. 이와는 별도로, 하나의 외래어가 그 표기에 따라 의미
를 달리 하는 경우도 나타나는데, 'cut(컷 / 커트)'20), 'type(타입 / 타이프)'21),
'shoot(슛 / 슈트)'22), 'trot(트롯 / 트로트)'23), 'box(복스 / 박스)'24)가 대표적이다.

19) 전상범(2005)을 참고하면, path나 dance의 a가 [ɑ :]로 소리 나는 것은 영국에서
18세기 초부터 [æ]가 [ɑ :]로 변하기 시작하면서 나타난 발음이다.
20) ① 컷 : 필름의 한 컷
② 커트 : 전체에서 일부를 잘라 내거나 탁구의 용어
21) ① 타입 : 어떤 부류의 형식이나 형태
② 타이프 : 타자기

따라서 의미에 따라 표기법을 다르게 표현해야 하는데, 언중들이 이를 인식하여 구분하는 표기를 사용하기란 여간 혼란스럽지 않다.

마지막으로 표기의 기본 원칙이 잘 지켜지지 않은 어휘들이 나타난다는 것이다. 외래어표기법 제1절 영어의 표기 제1항에서 짧은 모음과 유음・비음([l], [r], [m], [n]) 이외의 자음 사이에 오는 무성파열음([p], [t], [k])은 받침으로 적는다는 규칙이 있다. 그럼에도 불구하고 'knock[nɔk]'을 '노크'로 표기하고 있다. 즉 올바른 표기가 '녹'이 아니라는 것이다.

7. 현행 외래어 표기법의 문제점에 대한 대안

먼저 가장 큰 문제점은 표기의 기본 원칙 자체가 지켜지지 못한다는 것이다. 따라서 본고의 제5장 설문조사에서 본 바처럼, 언중들은 표기에 어려움을 느끼고 혼란스럽거나 어렵다는 사고가 팽배하다. 이를 효과적으로 해결하기 위해서는 외래어 수용에 있어 1차적으로는 번역하여 받아들이고[25], 2차적으로는 국어화한 어형과 발음으로 가는 방식을 취하

---

22) ① 숏 : 영화 따위의 촬영 시작. 구기에서 공을 차거나 던지는 일
　　② 슈트 : 야구의 변화
23) ① 트롯 : 승마에서, 말의 총총걸음을 이르는 말
　　② 트로트 : 대중가요의 하나
24) ① 복스 : 무두질한 송아지 가죽. 권투 경기에서 경기를 계속 진행하라는 주심의 구령
　　② 박스 : 물건을 넣어 두기 위하여 만든 네모 난 그릇이나 그 그릇에 넣어 그 분량을 세는 단위. '상자, 갑, 곽'으로 순화
25) 譯語로 할 경우, 고유어보다는 한자어로 될 가능성이 높다. 경제성을 고려한다는 명분일 것이다. 그러나 고유어로 하는 것이 우선시되어야 할 것이다. 그 이유는 평범한 언중들에게 각인되기 편하다는 면을 고려했기 때문이다. 피치 못할 상황에서만 한자어로 하는 것이 옳다고 본다. 예를 들어 벨트(belt)를 '요대(腰帶)'보다는 '허리띠'로 하는 것이 그것이다.
　한편 강신항(2004 : 18)은 무리하게 한자어나 외래어를 고유어로 직역하는 방식을 경계하고, 고유어를 갈고 발전시켜야 할 때 전제할 것은 일반 대중의 관용어

여야 한다. 예를 들어, 스테이플러(stapler)를 번역하고 받아들여 '찍개'26) 나 '지철기(紙綴器)' 등으로 고쳐야 할 것이다. 중국이나 북녘에서 이러한 작업을 진작부터 수행하고 있는 것은 주지의 사실이다. 우리도 이와 같 이 할 때, 점점 더 늘어가는 외래어를 고유어나 한자어로 대체할 수 있 는 성과를 이루어낼 수 있다. 그렇다고 모든 것을 다 번역하여 순화하 는 방식을 택하는 것은 금물이다. 붉은 빛을 내서 '홍차', 초록빛을 내 서 '녹차'라 하는 것처럼, 혹자가 갈색 빛을 낸다는 의미로 커피(coffee)를 '갈차'라고 한다면, 이는 정착어 단계의 '커피'라는 용어를 '갈차'라는 새로운 어휘를 제시하여 다시 기억을 해야만 하므로 오히려 언중들에게 혼동을 가중시키는 꼴이 되고 말 것이다.

우리말로 번역하여 받아들이기가 힘든 경우에는 영국식 발음기호를 위주로 관용화 이전에 외래어 표기형을 정해여야 할 것이다. 또 이렇게 하여 새로 생긴 외래어는 정책적으로 국립국어원 등의 기관을 통해 연1 회 이상 용례집을 발간하여 계도하여야 할 것이다. 물론 전제되어야 할 사항은 언중들의 편의성과 노력 경제성, 사고경향성 등을 충분히 고려 해서 해야 한다는 것27)이다.

그리고 우선, 현행 외래어 표기법 제1장의 제1항은 삭제되어야 한다. 실제 표기에 있어 모음 부문이 10개가 훨씬 넘게 표현되기 때문이다. 이 부문은 굳이 표기 원칙에 명시할 것이 아니라, 표기 세칙으로 대신 하는 것이 타당하리라 본다.

그 다음으로, 현행 외래어 표기법 제1장의 제4항에는 ㅅ[s]계 마찰음 이 어두의 위치에서 모음 앞에 오는 경우, 서양 외래어는 된소리를 인 정한다는 내용을 첨기(添記)해야 한다. 따라서 써비스, 썬글라스, 싸이렌

가 가장 중요한 기준이어야 함을 강조했다.

26) stapler의 현행 외래어 표기법은 '스테이플러'라 하고 있지만, 사전에서 보충하길 '찍개'로 순화해야 함을 적고 있다.

27) 임동훈(1996 : 48)은 외래어 표기를 정할 때, 우선 어느 표기가 교양 있는 사람 들이 두루 사용하는 현대 서울말을 반영한 것인지 따져 보아야 함을 강조하고, 언어 실태 조사를 소홀히 하고 원지음에만 충실히 표기하다 보면 언중들에게 외면당함을 경계하였다.

등으로 표기하는 것이 현지 원음과도 유사할 뿐만 아니라, 우리의 언중
의 실제 사용을 충실히 적용한 것이라 할 수 있다.

또 제1장 표기의 기본 원칙에 넣기는 어렵지만, 제3장 표기 세칙에
새로운 항을 신설하여, 영어나 미어가 서로 달리 발음할 때, 영국식 발
음기호를 기준으로 삼는다고 명문화할 필요가 있다. 이를 표기의 기본
원칙에 두지 않고 표기 세칙에 두는 것은 내용의 범위 측면이나 외래어
중 영어에만 한정된다는 특이성 때문이다.

과거 미국식 발음기호에 따른 외래어 표기가 몇몇 단어 있었다. 이는
표기 원칙을 혼동하거나 무지에서 온 소치이다. 그러나 앞으로 들어올
외래어의 경우는 철저하게 이 세칙을 적용해 영국식 발음기호를 외래어
표기의 기준으로 삼아야 할 것이다. 이런 항목 설정은 과거 1958년 <로
마자의 한글화 표기법>의 4항에는 모음의 표기원칙을 '영어 · 미어(美語)
가 서로 달리 발음될 경우에는 그것을 구별하여 적는다'로 한 경우가
있기 때문에 이를 설정함은 낯섦이 없는 것으로 여긴다.

마지막으로 현행 언중들에게 정서법에 대한 올바른 인식과 원칙을 계
속적으로 홍보하고 교육시켜야 한다. 이것은 언론기관이나 학교를 통해
이루어져야 할 것이다. 얼마 전까지 흔하게 사용되었던 노견(路肩)이 '갓
길', 인터체인지(IC)를 '나들목'28), 리플(reply)을 '댓글'29) 등으로 고쳐 일
반 언중들에게 공용화시킨 예는 좋은 경우라 하겠다.

외래어의 영향으로 우리의 음운 체계 면에서 라이터(lighter), 라디오
(radio), 란제리(lingerie), 뉴스(news), 누드(nude), 노트(note) 등처럼 어두에 'ㄹ'
이나 'ㄴ'이 오는 현상이 가능하게 하였고, 어휘 면에서는 고유어의 생
산력이 위축됨이라는 측면도 있었다. 그러나 다양한 외래어의 유입으로
인해 표현의 다양성이 커진 것만은 인정하지 않을 수 없는 장점이다.

---

28) 현재 방송용어로 '나들목'이라는 용어를 사용하여 대중화를 꾀하고 있다. 그러
나 아직 <표준국어대사전>에는 등재가 되지 않았으며, 여기에는 '입체 교차로'
로 순화하여야 할 것으로 적고 있다.

29) 리플(reply)은 아직 사전에 '댓글'로 올라와 있지 않으나, 국립국어원에서 '댓
글'로 쓰도록 권장하고 있다.

그러나 결국 음운 면은 외래어에만 나타나는 특수한 현상으로 처리할 수도 있지만, 어휘 면에서는 몇몇의 장점에도 불구하고 우리말 혼란을 야기하는 경우가 더 많음을 인식하고, 이에 대해 언중들과 학자들의 순화의식 고취가 계속되어야 할 것이다.

이상에서 제안된 내용을 가지고, 외래어 표기법의 표기 기본원칙만을 새로 정하다면 다음과 같다.

제1항, 외래어의 1음운 1기호로 적음이 원칙이나, 특수한 경우는 예외로 한다.

제2항, 받침에는 'ㄱ, ㄴ, ㄹ, ㅁ, ㅂ, ㅅ, ㅇ'만을 쓴다.[30]

제3항, 된소리를 쓰지 않는 것을 원칙으로 한다. 단, [s]어두음이 모음과 연결될 경우, 그리고 관용으로 굳어진 경우는 예외로 한다.

제4항, 이미 굳어진 외래어는 관용을 존중하되, 그 범위와 용례는 따로 정한다.

덧붙여 새로 첨가할 제3장 표기 세칙의 항목은 다음과 같다.

제1항, 영어나 미어가 서로 달리 발음할 때, 영국식 발음기호를 기준으로 삼는다.

단, 이러한 외래어 표기법을 정함에 있어, 고려한 것은 먼저, 표기를 복잡하게 하지 않는 간단명료함과 언중들의 사고경향성과 편의성 그리고 실용성을 충분히 감안하였으며, 현지 원음을 중시함 또한 중요하다.

제1항은 현행 외래어 표기법의 '제2항, 외래어의 1음운은 원칙적으로 1기호로 적는다'는 문장 자체가 경우에 따라서는 1음운 1기호의 원칙을 벗어날 수 있음을 전제하고 있다고 하지만, '원칙적'이라는 말의 뉘앙스

---

30) 이 항에 대해서도 김하수(1999 : 255)는 굳이 기본 원칙으로 제시할 필요 없이 세부 규정으로 제시해야 함을 주장한다. 자유스러운 표기를 위해 열린 원칙을 마련하자는 이유 때문이다. 그러나 표기의 간결성 측면에서 이 규정은 그대로 유지함이 타당하다고 본다. 너무 개방적이면 언중들의 혼란만을 가중시키기 때문이다.

가 꼭 원칙을 지켜야 한다는 의미도 지닐 수 있다. 따라서 이에 대한 구체적인 기술이 있어야 한다고 본다.

현행 외래어 표기법 제4항 문장의 처음에 있는 '파열음'이라는 내용을 삭제한다. 현행 규정이 파열음만 제시했어도 마찰음과 파찰음 모두 된소리 표기를 제한하기 때문에 굳이 '파열음'이라는 것을 넣을 필요는 없다고 본다.

세계 정치경제의 대국인 미국으로부터 수많은 외국어가 들어오고 있다. 이에 해당하는 적당한 우리말이 없을 때는 외래어로 정착할 것이 자명하다. 따라서 표기 세칙 제3장에 하나의 항을 신설한 것은 자칫 미국식 발음 위주로 수용되는 외래어를 미연에 방지하는 역할을 할 것이다.

이 책에 수록된 논문들의 출전 ●

一. 형태소에 대하여

I. 「후행음절 고유어의 경음화에 대하여」, 『한어문교육』 13, 한국언어어문학교육학회, 2005. 1, pp.147-160.

II. 「이음절 한자어의 후행음절 경음화에 대하여」, 『한어문교육』 14, 한국언어어문학교육학회, 2005. 8, pp.25-54.

III. 「형태소 '-ㄱ'에 대한 연구」: 새로 보충

IV. 「존재의 보조동사 '시-'에 대한 통시적 고찰」, 『語文研究』 121, 한국어문교육연구회, 2004. 3, pp.105-126.

V. 「현대어의 ㅎ尾音 形態素 연구」, 『한어문교육』 15, 한국언어어문학교육학회, 2006. 1.

二. 차자표기에 대하여

I. 「백제 유물 속의 백제어 소고」, 『百濟文化』 34, 공주대 부설 백제문화연구소, 2005. 12.

II. 「조선후기 이두 학습서의 이두 고찰」, 『한어문교육』 7, 한국언어어문학교육학회, 1999. 12, pp.105-136.

III. 「여말·선초 『능엄경』 순독구결의 문자체계 고찰」, 『國文學論集』 19, 단국대 국어국문학과, 2003. 12, pp.1-30.

IV. 「능엄경의 구결 '커시니' 연구」: 새로 보충

V. 「『大學章句』의 구결 연구」, 『國文學論集』 18, 단국대 국어국문학과, 2002. 8, pp.91-126.

VI. 「『향약채취월령』에 나타난 고유어와 한자어의 연구」, 『한어문교육』 9·10·11, 한국언어어문학교육학회, 2001-2003.

VII. 「『玆山魚譜』에 나타난 魚名의 再檢討」: 새로 보충

Ⅷ. 「魚名의 命名法에 대한 어휘론적 고찰」, 『國文學論集』 17, 단국대 국어국문학과, 2000. 12, pp.71-112.

Ⅸ. 「『牛海異魚譜』에 나타난 차자표기법 연구」, 『語文研究』 109, 한국어문교육연구회, 2001. 3, pp.100-134.

三. 기타

Ⅰ. 「경제 용어 방언의 언어지리학적 고찰」, 『한어문교육』 6, 한국언어문학교육학회, 1998. 12, pp.111-140.

Ⅱ. 「외래어 표기의 실제와 그 대안에 대하여」, 『새국어교육』 70, 한국국어교육학회, 2005. 8, pp.199-220.

참고문헌 ●

1. 기초자료

鷄林類事(1103), 原本影印, 孫穆 作, 한양대 부설 국학연구원.
廣才物譜(19세기 초), 서울대 가람문고본, 한글색인, 弘文閣.
同文類解(1748), 國語國文學叢林, 大提閣.
蒙語類解(1790)·倭語類解(18세기 초)·捷解新語(1627), 國語國文學叢林, 大提閣.
物名考(1824), 柳僖 作.
物譜(1820), 李嘉煥 作.
方言類釋(1778), (一名 方言集釋), 弘文閣.
譯語類解(1690), 서울대 古圖書本, 亞細亞文化社.
牛海異魚譜(1803), 潭庭遺藁 卷之七, 坎窌日記 중에서.
玆山魚譜(1814), 정약전 作.
千字文(1995), 光州千字文(1575)·石峰千字文(1601)·註解千字文(1804) 合本,
　　　　　東洋學研究所, 檀大出版部.
訓蒙字會(1527), 重刊本, 奎章閣本, 최세진 作.

김종권 譯(1960), 三國史記, 明文堂.
부여박물관(2003), 百濟의 文字, 하이센스.
서울대 古典刊行會 編(1971), 蒙語類解(影印本), 서울대 出版部.
서울대 국어교육연구소(2002), 고등학교 문법, 교육인적자원부, pp.116~117.
안덕균 주해(1983), 향약채취월령, 세종대왕기념사업회.
정양완 외(1997), 朝鮮後期漢字語彙檢索辭典 － 物名考·廣才物譜 －, 한국정
　　　　　신문화연구원.
한국정신문화연구원(1987~1993), 한국방언자료집 각 道편.
한국학문헌연구소 編(1975), 吏讀資料選集, 亞細亞文化社.

국립국어원(2001), 표준국어대사전, 국립국어원.

남광우(1971), 補訂 古語辭典, 일지사.

_____(1987), 『補訂 古語辭典』, 一潮閣.

_____(1997), 敎學 古語辭典, 敎學社.

서울대 동아문화연구소 編1989), 國語國文學事典, 新丘文化社.

신기철·신용철 編著(1988), 새우리말 큰사전, 삼성이데아.

耘虛 龍夏(1999), 佛敎辭典, 東國譯經院.

유창돈(1964), 李朝語辭典, 연세대 출판부.

이기갑 외(1998), 전남방언사전, 태학사.

이은정 編1995), 국어학·언어학 용어 사전, 국어문화사.

이희승(1961), 國語大辭典, 民衆書館

장삼식 編著(1984), 大漢韓辭典, 集文堂.

장지영, 장세경(1984), 이두사전, 정음사.

中文大辭典(中華民國六十二年), 中國文化大學出版部.

한국정신문화연구원(1991), 「한국민족문화대백과사전」, 한국정신문화연구원.

홍윤표 외(1995), 17세기 국어사전, 韓國精神文化研究院.

정문기(1977a), 韓國魚圖譜, 일지사.

_____(1977b), 玆山魚譜 - 흑산도의 물고기들, 지식산업사.

최기철(1991a), 민물고기를 찾아서, 한길사.

_____(1991b), 컬러백과 - 생활편람 - 한국의 물고기, 서문당.

_____(1992), 참붕어의 사랑고백, 웅진출판.

_____(1994), 우리가 정말 알아야 할 우리 민물고기 백가지, 현암사.

2. 논 문

강신항(1972), 朝鮮館譯語 新釋, 「大東文化研究」 8, 成均館大 大東文化研究院

_____(1985), 근대화 이후의 외래어 유입 양상, 「국어생활」 2, 국어연구소,
        pp.25~36.

_____(2004), 외래어가 국어에 끼친 공과, 「새국어생활」 14-2, 국립국어원,
        pp.17~18(홈페이지 자료).

강헌규(1987), 百濟圈 學術踏查報告, 「百濟文化」 17, 公州大 百濟文化研究所.

_____(1996), 백제어 연구의 현황과 그 문제점, 「百濟文化」 25, 공주대 백제문화연구소, p.207-p.217.

권인한(1997), 현대국어 한자어의 음운론적 고찰, 「국어학」 29, 국어학회, pp.250-254.

김대식(1981), 玆山魚譜考, 「首善論集」 6, 성균관대 대학원, pp.1-41.

김문웅(1985), 十五世紀 한글 口訣의 研究, 啓明大 大學院 博士學位論文.

김민수(1952), ㅎ助詞 研究, 「국어국문학」 1, 국어국문학회, pp.11-14.

김상준(1996), 외래어와 발음 문제, 「새국어생활」 6-4, 국립국어원, pp.62∼65.

김세중(1996), 외래어 표기법에 대한 비판 분석, 「새국어생활」 6-4, 국립국어원, pp.167∼173.

_____(1998), 외래어의 개념과 변천사, 「새국어생활」8-2, 국립국어원, pp. 5∼10.

김수현(2003), 외래어 표기법 연구, 이화여대 박사학위논문, pp.3∼6, pp.115∼135.

김영배(1958), 「ㅎ」을 取하는 特殊名詞小攷, 「國語國文學報」 창간호, 동국대 국어국문학회.

_____(1962), 「ㅎ」特殊名詞攷, 「國語國文學 論文集」 6, 동국대 국어국문학회.

김영욱(2003), 百濟 吏讀에 대하여, 구결학회 홈페이지 자료실.

김영일(1986), 韓國語와 알타이어의 接尾辭 比較研究, 曉星女大 大學院 博士論文.

김완진(1975), 文學作品의 解釋과 文法, 「言語科學이란 무엇인가」, 文學과 知性社.

김정숙(1987), 향가에 나타난 「ㅎ」末音 연구, 「語文論集」 27, 고려대 국어국문학연구회. p.736.

김종학(1988), 鄕藥文獻에 나타난 藥材名語彙 研究, 중앙대대학원 석사논문.

김진규(1986), 國語 硬音의 辨別的 機能에 대하여, 「어문연구」 49, 일조각, pp.84-87.

김하수(1999), 한국어 외래어 표기법의 문제점, 「배달말」 25, 배달말학회, pp.254∼258.

김형규(1963), ㅎ末音 體言攷, 「아세아연구」 6-1, 고려대 아세아문제연구소.

김홍석(1996), 韓國産 魚類名稱의 語彙論的 研究, 공주대 대학원 석사논문.

_____(2000), 魚名의 命名法에 대한 語彙論的 考察, 「國文學論集」 17, 檀國大 國語國文學科.

_____(2001), 「牛海異魚譜」에 나타난 借字表記法 研究, 「語文研究」 29-1, 韓國語文教育研究會, pp.100-134.

_____(2002), <大學章句>의 口訣 研究, 「國文學論集」 18, 檀國大 國語國文學科.

_____(2003), 麗末・鮮初『楞嚴經』順讀口訣의 敍法 研究, 檀國大 博士學位論文.

_____(2004a), 存在의 補助動詞 '시-'에 대한 통시적 고찰, 「語文研究」 32-1, 韓國語文教育研究會, pp.110-115.

_____(2005a), 후행음절 고유어의 硬音化에 대하여, 「한어문교육」 13. 한국언어문학교육학회.

남경란(1997), 고려본 <능엄경> 입곁과 'ㅣ'형 종결법연구, 효성가톨릭대 碩士學位論文.

_____(2001), <능엄경>의 음독 입곁 연구, 대구가톨릭대 博士學位論文.

남풍현(1974), 고대국어의 이두표기, 「東洋學」 4, 檀國大 東洋學研究所.

_____(1976), 第二新羅帳籍에 대하여, 「美術資料」 19, 일조각.

_____(1980a), 借字表記法의 用字法에 대하여, 「蘭汀南廣祐博士華甲紀念論叢」, 一潮閣.

_____(1980b), 口訣과 吐, 「國語學」 9, 國語學會.

_____(1985), 國語 속의 借用語, 「국어생활」 2, 국어연구소, pp.6～10.

_____(1987), 中世國語의 過去時制語尾 '-드-'에 대하여, 「國語學」 16, 國語學會.

_____(1990), 고려말・조선초기의 구결연구, 「진단학보」 69, 震檀學會.

_____(1993), 高麗本『瑜伽師地論』의 釋讀口訣에 대하여, 「東方學志」 81, 延世大 國學研究院.

_____(1995), 朴東燮本 楞嚴經의 解題, 「口訣資料叢書一, 高麗時代 楞嚴經」, 太學社.

_____(1997), 淨兜寺造塔形止記의 解讀, 「文書研究」 12, 韓國古文書學會.

_____(1998), 古代國語의 文法形態, 「한국학 논총」, 제3차 환태평양 한국학 국제회의 조직위원회.

_____(1998a), 鄕歌 解讀論, 「국문학연구총서 1 향가연구」, 국어국문학회 編, 太學社.

남풍현・이건식(1994), 陶山書院 所藏 校正廳本 ≪大學諺解≫, ≪中庸諺解≫ 解題, 「大學諺解・中庸諺解 索引」, 退溪學研究所.

노동헌(1993), 선어말어미 '-오-'의 분포와 기능에 대한 연구, 서울대 석사학위논문.

도수희(1994), 百濟語 研究(Ⅲ), 백제문화개발연구원.

_____(1996), 百濟의 後期語에 관한 연구 Ⅰ, 「語文研究」 28, 한국어문교육 연구회, pp.61-88.

_____(2003), 百濟 前期語와 隣國語의 關係 Ⅱ, 「百濟論叢」 7, 백제문화개발 연구원, pp.135-164.

박성종(1996), 宋成文本 楞嚴經의 解題, 「口訣資料集三, 朝鮮初期 楞嚴經」, 韓國精神文化研究院.

박진호(1996), 奎章閣 所藏 口訣資料 楞嚴經 2種에 대하여, 「口訣研究」 1, 口訣學會.

박창원・김수현(2004), 외래어 표기 양상의 변천, 「새국어생활」 14-2, 국립 국어원, pp.20～21(홈페이지 자료).

방종현(1972), 鄕藥名研究, 「一衰國語學論集」, 民衆書館

배주채(2003), 한자어의 경음화에 대하여, 「성심어문논집」 25, 성심어문학회, pp.248-281.

백두현(1995), 高麗時代 釋讀口訣의 경어법 선어말어미 '-ㅅ-', '-白-'의 분 포와 기능에 관한 연구, 「어문론총」 29, 경북어문학회.

_____(1996), 高麗時代 口訣의 文字體系와 通時的 變遷－高麗時代 釋讀口訣 자료와 麗末鮮初 자료를 대상으로－, 第1回 아시아 諸民族의 文字에 대한 國際學術會議. 口訣學會.

_____(1997a), 高麗時代 釋讀口訣에 나타난 선어말어미의 계열관계와 통합 관계, 「口訣研究」 2, 口訣學會.

_____(1997b), 차자 표기와 형태론, 「새국어생활」 7-4, 국립국어연구원.

서종학(1984), 借字 '有'와 '在', 「울산어문논집」 1, 울산대.

小倉進平(昭和 4년), 鄕歌及び吏讀の研究, 「小倉進平博士著作集(1)」, 京都大學 國文學會.

손병태(1996), 鄕藥 藥材名의 國語學的 研究, 영남대대학원 박사논문.

_____(1997), 慶北 東南 地域의 魚類 名稱語 研究, 「嶺南語文學」 32, 영남대 학교, pp.149-163.

송철의(1993), 언어변화와 언어의 화석, 「國語史 資料와 國語學의 研究」, 서 울대 大學院 國語研究會.

_____(1998), 외래어의 순화 방안과 수용 대책, 「새국어생활」 8-2, 국립국

어원, pp.21~29.

신형욱(1996), 외래어 표기법과 나의 의견,「새국어생활」6-4, 국립국어원, pp.140~159.

안명철(1985), 補助助詞 '-서'의 意味,「國語學」14, 國語學會, pp.481-504.

안병희(1977a), 養蠶經驗撮要와 牛疫方의 吏讀研究,「東洋學」7, 檀國大 東洋學研究所.

여찬영(1994), 우리말 물고기 명칭어 연구,「曉星女大 韓國傳統文化研究」9, 曉星女大 韓國傳統文化研究所.

오대순(1998), 現代 國語의 硬音化 現象, 충북대 석사논문, p.107.

오창명(1995), 朝鮮前期 吏讀의 國語史的 研究-古文書 자료를 중심으로-, 단국대 박사학위논문.

유만근(1995), '外來語'표기와 '外國語'표기,「어문연구」87, 한국어문교육연구회, pp.216~219.

_____(1996), 外國語를 歸化시켜 국어다운 外來語로!,「새국어생활」6-4, 국립국어원, pp.108~111.

유재원(1989), 현대 국어의 된소리와 거센소리에 대한 연구,「한글」203, 한글학회, pp.30-31.

_____(2004), 외래어의 올바른 수용 태도,「새국어생활 14-2, 국립국어원, pp.4~5(홈페이지 자료).

유철환(1987), 한글 口訣의 統辭·意味論的 연구, 慶北大 敎育大學院 碩士學位論文.

이건식(1996), 高麗時代 釋讀口訣의 助詞에 대한 研究, 단국대 박사학위논문.

이광정(1983), ㅎ 末音考,「關大論文集」11, 關東大學校.

이금영(2000), 선어말어미 '-거/어-'의 통시적 연구, 충남대 박사학위논문.

이기문(1957), 朝鮮館譯語의 編纂年代,「서울大 文理大學報」5-1, 서울대.

_____(1968), 朝鮮館譯語의 綜合的 檢討,「서울大 論文集」14, 서울대.

이덕봉(1963), <鄕藥救急方>의 方中鄕藥目 研究,「아세아연구」6-2, 아세아문제연구소.

이상억(1982), 외래어 표기법 문제의 종합 검토,「말」7, 연세대 한국어학당, pp.57~58.

이숭녕(1935), 魚名雜攷,「眞檀學報」2, 震檀學會, pp.134-149.

_____(1971), 百濟語研究와 資料面의 問題點,「百濟研究」2, 충남대 백제연

구소, pp.157-166.

_____(1976), 15世紀 國語의 雙形語 '잇다, 시다'의 發達에 대하여, 「國語學」 4, 國語學會.

_____(1986), 魚名雜攷, 一潮閣.

이승재(1989), 고려시대의 이두자료와 그 판독, 「진단학보」 67, 震檀學會.

_____(1993a), 여말선초의 구결자료, 「국어사자료와 국어학의 연구」, 문학과 지성사.

_____(1993b), 高麗本 華嚴經의 口訣字에 대하여, 「國語學」 23, 國語學會.

_____(1994), 高麗中期 口訣資料의 形態音素論的 研究, 「震檀學報」 78, 震檀學會.

_____(1995), 南權熙本 楞嚴經의 解題, 「口訣資料叢書一, 高麗時代 楞嚴經」, 太學社.

_____(1996), 高麗中期 口訣資料의 主體敬語法 先語末語尾 '-ナ(겨)-', 이기문교수 정년퇴임 기념논총, 신구문화사, pp.531-540.

_____(2001), 古代 吏讀의 尊敬法 '-在[겨]-'에 대하여, 「語文研究」 29-4, 韓國語文教育研究會.

이희승(1933), 「ㅎ」바침 문제, 「한글」 1-8, 한글학회, p.325.

임동훈(1996), 외래어 표기법의 원리와 실제, 「새국어생활」 6-4, 국립국어원, pp.41~56.

임홍빈(1981), 사이시옷 문제의 해결을 위하여, 「국어학」 10, 국어학회, pp.3-8, pp.13-16.

_____(1996), 외래어 표기의 역사, 「새국어생활」 6-4, 국립국어원, pp.35~37.

전광현(1978), 18世紀 前期 國語의 一考察 － 『오류전비언해』를 中心으로, 「語學」 5.

_____(1988), 17世紀 國語의 接尾派生語에 대하여, 「東洋學」 18, 檀國大 東洋學研究所.

_____(1995), 全羅北道 方言區劃 試考, 「東洋學」 25, 檀國大 東洋學研究所.

전병용(1995), 中世國語의 語尾 '-니'에 대한 研究, 단국대 박사학위논문.

정 광(2002), 成三問의 學問과 譯學, 「梅竹軒 成三問의 忠義와 學問」, 韓國語文教育研究會, pp.10-11.

정언학(2000), 15세기 국어 '시-'에 대한 재고, 「國語學」 36, 國語學會.

정재영(1995), 'ㅅ'형 부사와 'ㄷ'형 부사, 「국어사와 차자표기」, 태학사.

_____(1996), 祇林寺本 楞嚴經의 解題, 「口訣資料集二, 朝鮮初期 楞嚴經」, 韓

國精神文化研究院.

_____(1997), 借字表記 연구의 흐름과 방향, 「새국어생활」 7-4, 국립국어연구원.

정철주(1988), 신라시대 이두의 연구, 계명대 박사학위논문.

정호반(1997), 宋成文本 楞嚴經 口訣의 助詞 研究, 關東大 碩士學位論文.

정희원(2004), 외래어의 개념과 범위, 「새국어생활」 14-2, 국립국어원, pp. 6~8(홈페이지 자료).

조성오(1982), <鄕藥採取月令>의 借字表記體系 研究, 단국대대학원 석사논문.

조재훈(1973), 百濟語研究序說, 「百濟文化」 6, 공주대 백제문화연구소, pp.6-17.

_____(1974), <山有花歌> 研究, 「百濟文化」 7·8, 공주대 백제문화연구소, p.26.

차재은(2001), /ㅎ/의 음운 자질과 음운 현상, 「어문논집」 43, 민족어문학회.

최기호(1995), 백제어의 연구-문헌자료에 관하여-, 「人文科學研究」 4, 상명여대 인문과학연구소, pp.93-118.

최남희(1997), 고대국어 표기자료 [只의 소리값, 「동의어문논집」 10, 동의대.

최명옥(1994), 慶尙道의 方言區劃 試論, 「우리말의 연구」(외골 권재선박사 회갑기념논문집), 우골탑.

최범훈(1987), ≪玆山魚譜≫의 魚類名 借字表記 研究, 「이상보박사 회갑논총」, 형설출판사.

한국학연구원(1988), 『原本 四書諺解』解題, 「原本 四書諺解」, 大提閣.

한상화(1994), 祇林寺本 楞嚴經 口訣의 研究, 성심여대 석사학위논문.

현평효(1975), 高麗歌謠에 나타난 /-고시-/ 形態에 대하여, 「國語學」 3, 國語學會.

홍순탁(1963), 『玆山魚譜』와 黑山島方言, 「湖南文化研究」 1, 全南大學校, pp.42-59.

3. 단행본

강신항(1991), 鷄林類事 「高麗方言」 研究, 成均館大出版部.

강헌규(1988), 韓國語 語源 研究史, 集文堂.

_____(2000), 국어학논문집, 公州大學校 出版部.

김공칠(1988), 方言學, 新雅社.

김완진(2000), 향가와 고려가요, 서울대학교출판부.

김일훈(1994), <民俗神藥> 1, 2, 3, 4 묶음집, 탑출판사.

김진규(1993), 訓蒙字會 語彙研究, 螢雪出版社.

_____(2005), 맞춤법과 표준어, 공주대학교 출판부.

김차균(1993), 우리말의 성조, 太學社.

김형규(1986a), 國語學 槪論. 一潮閣.

_____(1986b), 韓國 方言 研究, 서울대 出版部.

김홍석(2004b), 麗末·鮮初의 敍法 研究, 한국문화사.

남권희(2002), 高麗時代 記錄文化 研究, 淸州古印刷博物館.

남기심·고영근(1989), 표준 국어문법론, 塔出版社.

남풍현(1981), 借字表記法 研究, 단국대출판부.

_____(1999), 「瑜伽師地論」 釋讀 口訣의 研究, 太學社.

_____(1999a), 國語史를 위한 口訣 研究, 太學社.

_____(2000), 吏讀研究, 太學社.

도수희(1977), 百濟語 研究, 아세아문화사.

문선규(1972), 朝鮮館譯語 研究, 景仁文化社.

서울대대학원 국어연구회 編(1990), 國語研究 어디까지 왔나, 東亞出版社.

_____(1993), 國語史 資料와 國語學의 研究, 文學과 知
        性社.

서정범(1989), 우리말의 뿌리, 고려원.

서종학(1995), 吏讀의 歷史的 研究, 영남대출판부.

안병호(1985), 계림류사와 고려시기 조선어, 민족문화사.

안병희(1977b), 中世國語口訣의 研究, 一志社.

_____(1987), 史文과 史文大師, 탑출판사.

안병희·이광호(1990). 中世國語文法論, 學研社.

양주동(1942), 古歌研究, 一潮閣.

_____(1947), 麗謠箋注, 을유문화사.

_____(1965), 增訂 古歌研究, 一潮閣.

유창돈(1973), 語彙史 研究, 宣明文化社.

이기문(1982), 國語史 槪說, 塔出版社.

_____(1987), 國語音韻史研究, 國語學會.

_____(1991), 國語 語彙史 硏究, 동아출판사.

이숭녕(1981), 中世 國語 文法 ─ 15世紀語를 主로 하여 ─, 乙酉文化社.

_____(1982), 國語學 硏究, 螢雪出版社.

이승재(1992), 高麗時代의 吏讀, 太學社.

이익섭(1998), 방언학, 민음사.

이태원(2002a), 『현산어보』를 찾아서 1, 청어람미디어.

_____(2002b), 『현산어보』를 찾아서 2, 청어람미디어.

이현희(1994), 中世國語 構文硏究, 新丘文化社.

임홍빈(1998), 국어 문법의 심층 1─문장 범주와 굴절─, 太學社.

전상범(2005), 영어음성학개론, 을유문화사.

정문기(1974), 魚類博物誌, 一志社.

조석필(1995), 산경표를 위하여, 도서출판 산악문화.

조항범(1994), 國語 語源硏究 叢說 (Ⅰ) ─ 1910~1930년대, 太學社.

최명옥(1998), 한국어 方言硏究의 실제, 태학사.

최범훈(1981), 中世韓國語文法論, 이우출판사.

홍윤표(1994), 근대국어연구(Ⅰ), 태학사.

_____(1999), 근대국어어휘론, 단국대 대학원 강의책.

_____(2000), 『근대국어연구』, 단국대 대학원 강의책.

홍윤표 외(2003), 21세기 세종기획 국어 어휘의 역사 검색 프로그램, 국립
            국어원.

홍종선(1990), 國語體言化構文의 硏究, 고려대 민족문화연구소.

▎ 저자 약력

김홍석(金洪錫)
1968년 충청북도 출생
공주대학교 사범대학 국어교육과 졸업
동 대학원 교육학석사(국어교육 전공)
단국대학교 대학원 문학박사(국어학 전공)

전 단국대(서울) 강사
현 공주대 강사
　　한국언어문학교육학회 연구이사

저서 : 『麗末·鮮初의 敍法 硏究』, 한국문화사(2004).
논문 : 「'牛海異魚譜'에 나타난 借字表記法 硏究」(2001) 외 다수

인쇄 | 2006년 2월 16일
발행 | 2006년 2월 24일

저자 | 김홍석
발행인 | 이대현
편집 | 김보라
발행처 | 도서출판 역락 / 서울 성동구 성수2가 3동 301-80
　　　　전화·02-3409-2058, 2060
　　　　팩시밀리·02-3409-2059
　　　　홈페이지·http://www.youkrack.com
　　　　등록·1999년 4월 19일 제303-2002-000014호
정가 | 22,000원
ISBN | 89-5556-461-9-93710
파본은 교환해 드립니다.